Treasures for Scholars Worldwide

龙向洋 编

哈佛燕京图书馆书目丛刊第20种

美国哈佛大学哈佛燕京图书馆藏中文年鉴目录

Catalogue of the Chinese Yearbooks
in the Harvard-Yenching Library,
Harvard University, U.S.A

·1·

广西师范大学出版社
·桂林·

Meiguo Hafo Daxue Hafo-Yanjing Tushuguan Cang Zhongwen Nianjian Mulu

图书在版编目（CIP）数据

美国哈佛大学哈佛燕京图书馆藏中文年鉴目录：全3册／龙向洋编．—桂林：广西师范大学出版社，2019.5
ISBN 978-7-5598-1694-8

Ⅰ．①美… Ⅱ．①龙… Ⅲ．①哈佛大学－院校图书馆－年鉴－图书馆目录－中国 Ⅳ．①Z88：Z52

中国版本图书馆 CIP 数据核字（2019）第 060381 号

广西师范大学出版社出版发行
（广西桂林市五里店路9号　邮政编码：541004）
　网址：http://www.bbtpress.com
出版人：张艺兵
全国新华书店经销
广西广大印务有限责任公司印刷
（桂林市临桂区秧塘工业园西城大道北侧广西师范大学出版社集团有限公司创意产业园内　邮政编码：541199）
开本：787 mm×1 092 mm　1/16
印张：95.25　　　字数：1 860 千字
2019年5月第1版　2019年5月第1次印刷
定价：1568.00元（全三册）

如发现印装质量问题，影响阅读，请与出版社发行部门联系调换。

前　言

美国哈佛大学哈佛燕京图书馆是当代世界收藏中国新方志和中文年鉴最丰富的学术图书馆之一。此次编纂出版的《美国哈佛大学哈佛燕京图书馆藏中文年鉴目录》，为《美国哈佛大学哈佛燕京图书馆藏中国新方志目录》的姊妹篇，旨在对哈佛燕京图书馆历年入藏的中文年鉴进行一次较为系统的书目记录和馆藏卷辑单册记录的数据整理，以呈现哈佛燕京图书馆中文年鉴藏书的总体面貌，为学者的检索利用提供便利。

一、目录的编纂

此次目录编纂是在哈佛燕京图书馆中文年鉴 MARC 格式书目数据和馆藏卷辑单册记录的基础上进行的，编纂过程包括数据采集、文本整理、条目编排和索引编制四个环节。本目录从最初的数据采集到最后的索引编制，都是利用数据库各种功能来实现的。

（一）数据采集

在基础数据采集方面，我们根据中文年鉴书目数据的基本特征，以及目录检索系统查询条件，从任意词、文献语种和馆藏地三个方面设计哈佛燕京图书馆中文年鉴书目数据及馆藏单册记录的检索采集策略。检索条件的基本设置是：WRD＝年鉴 and WLG＝chi and WSL＝HYL。这里任意词（WRD）为年鉴（拼音"nianjian"和英文"yearbook"），语种（WLG）为中文（chi），馆藏地（WSL）为哈佛燕京图书馆（HYL）。本次目录整理依据此查询条件，先采集哈佛燕京图书馆入藏并编目的中文年鉴完整 MARC 书目数据，再通过每一条书目记录链接来采集中文年鉴所有馆藏的单册记录，然后在数据库中分别创建书目数据表和单册记录表，保存全部采集的基础数据，并以书目记录号(HOLLIS number)作为关联字段,形成本次书目编纂的工作数据库。

(二) 文本整理

此次编纂的目录依据哈佛燕京图书馆书目记录号(HOLIIS number)设立条目,原则上一个书目记录号为一个条目。每一条目所著录的各款目内容与哈佛燕京图书馆 MARC 记录及馆藏卷辑单册记录对应关系是:

1. 题名、编纂者款目内容取自 245 字段。
2. 变异题名款目内容取自 246 字段。
3. 出版地、出版社、出版年款目内容取自 260 字段。
4. 馆藏卷辑款目内容取自中文年鉴馆藏单册记录。

同一种年鉴不同年份卷辑在出版过程中,其题名、编纂者、出版地、出版社有时会有所改变。哈佛燕京图书馆中文年鉴 MARC 记录是按照连续出版物进行合并著录的,原则上一种年鉴合并著录为一条 MARC 格式书目记录,凡同一种年鉴有不同年份卷辑的,其编纂者、出版地、出版社、出版年款目内容,只是依据某一年份年鉴的信息进行著录。在此次目录编纂过程中,我们依照哈佛燕京图书馆 MARC 格式书目记录进行文本数据的整理,对于同一种年鉴在编纂者和版本项等方面变化情况,也不再增加著录内容。

原 MARC 记录著录各款目内容文字有简体字、繁体字、异体字、异形字等,字形并不统一。在文本整理过程中,我们利用字频统计方法对于全部文本的用字情况进行分析,并依据《通用规范汉字表》(中华人民共和国国务院 2013 年 6 月 5 日公布)进行了字形上的规范和统一。除用于专名的保留适当的异体字外,本次编纂的书目都采用通用规范汉字。

原 MARC 数据著录的版本项款目内容,出版地为行政区划单位、城市名称的,今在文本整理时,省去了单位名称末尾的"省""市""县""区"等文字,如"北京市"作"北京","崇明县"作"崇明","杨浦区"作"杨浦",等等。但一些特殊情况也予以保留,如"芒市""南县""沙县""峰峰矿区"等。在文本整理时,出版年款目统一使用公元纪年。

原馆藏卷辑单册记录,在数据整理时,按照各卷辑年份先后次序罗列。跨年份卷辑的起止年份之间统一用"/"作为分隔符号,如《杨浦年鉴》馆藏卷辑中的"1991/1994、1995/1996、1997/1998"。

在文本整理过程中,对于同一种年鉴有多条书目记录的,适当地进行了合并,并在相应条目的馆藏卷辑款目内以"△"符号注明。只是这种情况比较少,合并记录仅有十余处。

（三）条目编排

此次目录按照2016年中华人民共和国民政部编《中华人民共和国行政区划简册》（以下简称《简册》）和中国图书馆分类法编辑委员会编《中国图书馆分类法》（以下简称"中图分类法"）进行编排。书目正文共分为两个部分：

第一部分：凡是能够以县级及县级以上行政区划为单元进行编排的中文年鉴，全部列入该部分。在这部分条目编排过程中，中文年鉴条目与所列入的行政区划单元的关联方式主要有以下几种：

1.各条目行政区划信息主要来源于中文年鉴题名或编纂者款目内容，一般情况下可直接列入《简册》相应的行政区划单元。如《上海年鉴》列入上海市，《桂林市年鉴》列入桂林市。

2.来源于中文年鉴题名或编纂者的行政区划单位名称有所变更的，则根据行政区划单位变更情况列入《简册》相应的行政区划单位。如：2000年撤消上海市黄浦区和南市区而设立新的黄浦区，2011年撤消上海市黄浦区和卢湾区而设立新的黄浦区，因此《南市年鉴》《卢湾年鉴》《黄浦年鉴》三种年鉴都列入黄浦区。

3.学校年鉴列入学校所在城市的行政区划单位，如《北京大学年鉴》列入北京市，《复旦大学年鉴》列入上海市，《湖南大学年鉴》列入长沙市。工矿企业年鉴列入工矿企业总部所在城市的行政区划单位，如《红兴隆热电厂年鉴》列入宝清县，《中州铝厂年鉴》列入修武县，《辽河油田年鉴》列入盘锦市，《黄河钻井总公司年鉴》列入东营市。江河水利年鉴列入水利管理委员会所在城市的行政区划单位，如《黄河年鉴》列入水利部黄河水利委员会的所在地郑州市，《海河年鉴》列入水利部海河水利委员会的所在地天津市。

4.凡一个条目兼及多个行政区划单位的，一般只关联其中一个行政区划单位，在目录正文中不作参见，如《东北年鉴》列入辽宁省，《长三角年鉴》列入上海市。

第二部分：凡是不能以行政区划为单元进行编排的中文年鉴，全部列入该部分。中文年鉴条目以中图分类法一级类目为单元进行编排，共分为二十大类，类目名称及次序依据《中国图书馆分类法》（第四版）：B.哲学、宗教；C.社会科学总论；D.政治、法律；E.军事；F.经济；G.文化、科学、教育、体育；H.语言、文字；I.文学；J.艺术；K.历史、地理；N.自然科学总论；P.天文学、地球科学；Q.生物科学；R.医药、卫生；S.农业科学；T.工业技术；U.交通运输；V.航空、航天；X.环境科学、安全科学；Z.综合性图书。同一单元内各条目按中图分类法二级类目的先后次序进行编排，二级类目之内各条目依据《简册》行政区划单位次序编排。

（四）索引编制

为方便读者的检索利用，在书目正文编排完成之后，我们将书目正文第一部分和正文第二部分全部条目著录的年鉴题名析出,分别编制题名笔画索引和题名分类索引,附于书目正文之后。

索引以目录正文条目著录的全部中文年鉴题名(含变异题名)作为索引词款目,标明该索引词对应的正文条目HOLLIS number所在页码。同一条目中的题名与变异题名之间用"/"分隔。

目录正文条目著录中文年鉴时,详细列出了馆藏卷辑单册的年份。在索引编制时,对卷辑年份进行了适当的合并,列于相应的索引词之后。凡连续年份馆藏卷辑单册记录,在合并时用"－"符号列出起始年份,如"2001,2002,2003,2006",合并后为"2001－2003,2006"。

笔画索引以索引词首字汉字笔划顺序进行编排。首字为阿拉伯数字或英文字母的索引词,在索引编排中当作〇画处理,置于一画之前。索引词以目录正文条目中的变异题名开头时,则在该索引词前以"＊"注明。如:

008434159 安康市年鉴 / 安康年鉴 / 安康地区年鉴 2001－2010,2012－2013 /766

008434159 ＊安康地区年鉴 / 安康市年鉴 / 安康年鉴 2001－2010,2012－2013 /766

008434159 ＊安康年鉴 / 安康市年鉴 / 安康地区年鉴 2001－2010,2012－2013 /766

分类索引以中文年鉴的中图分类进行编排。在分类索引编制过程中,我们参考了中国国家图书馆、复旦大学图书馆、华东师范大学图书馆等多家收藏单位对所藏中文年鉴的中图分类,并在实际的编排过程中进行了适当的调整。

为便于读者检索哈佛燕京图书馆详细的书目记录和馆藏卷辑的单册情况,今在各索引词前列出哈佛燕京图书馆书目记录号(HOLLIS number)。读者既可直接以HOLLIS number作为检索词在哈佛大学图书馆书目系统查阅书目记录,也可以利用HOLLIS number生成URL列表通过互联网快捷地查阅:

HOLLIS number	索引词	页码	URL
004943418	北京年鉴	3	http://id.lib.harvard.edu/alma/990049434180203941/catalog
007918358	上海年鉴	221	http://id.lib.harvard.edu/alma/990079183580203941/catalog
005032888	南京年鉴	252	http://id.lib.harvard.edu/alma/990050328880203941/catalog
001992622	杭州年鉴	292	http://id.lib.harvard.edu/alma/990019926220203941/catalog

二、哈佛燕京图书馆的中文年鉴

此次编纂出版的《美国哈佛大学哈佛燕京图书馆藏中文年鉴目录》共收录哈佛燕京图书馆所藏中文年鉴7585种计47290卷/册,反映了哈佛燕京图书馆2016年1月15日之前入藏并编目的中文年鉴收藏情况。下面通过对此次整理出版的目录进行年代、地区、学科分布的统计,介绍哈佛燕京图书馆中文年鉴藏书的特点。

(一)中文年鉴年代分布

哈佛燕京图书馆收藏的中文年鉴,其馆藏卷辑年份自1901至2015年之间没有间断过,平均每年411卷/册,而以2008年的年鉴数量为最多,达到了2937卷/册。从表一年代统计情况来看,中文年鉴主要集中于1990—2015年区间,计有45117卷/册,占全部馆藏中文年鉴收藏的95.4%;特别是2000—2009年十年间,中文年鉴多达24289卷/册,占全部馆藏中文年鉴的51.36%;而在1901—1989年这九十年间,计有2154卷/册,仅占4.56%。因此,从年代分布特点来说,哈佛燕京图书馆中文年鉴主要为学者研究二十世纪九十年代以来当代中国提供翔实的统计资料。

表一 哈佛燕京图书馆中文年鉴年代分布

卷辑年代	卷辑数量(卷/册)	年代卷辑比重
1901—1909年	9	0.02%
1910—1919年	12	0.03%
1920—1929年	20	0.04%
1930—1939年	107	0.23%
1940—1949年	61	0.13%
1950—1959年	53	0.11%
1960—1969年	74	0.16%
1970—1979年	85	0.18%
1980—1989年	1733	3.66%
1990—1999年	10025	21.20%
2000—2009年	24289	51.36%
2010—2015年	10803	22.84%
年代不详	19	0.04%
合计	47290	100.00%

(二) 中文年鉴地区分布

目录正文的第一部分按照《中华人民共和国行政区划简册》编入的中文年鉴共有6456种40843卷/册,品种数量占全部馆藏中文年鉴的85.12%,卷/册数量占86.37%。按照《中华人民共和国行政区划统计表》进行统计,则哈佛燕京图书馆收藏的中文年鉴覆盖了地级行政区划单位334个,覆盖率为100%,覆盖了县级行政区划单位1784个,覆盖率为62.57%。从地区覆盖率来看,哈佛燕京图书馆收藏的中文年鉴能够为研究当代中国各个地区经济文化提供丰富的统计资料。

从表二省级行政区划单位中文年鉴统计中,我们可以看到哈佛燕京图书馆入藏中文年鉴的地区差异。其中入藏中文年鉴数量较多的地区主要有:华北地区的河北省、山西省;东北地区的辽宁省、黑龙江省;华东地区的山东省、浙江省、江苏省;华中地区的河南省、湖北省;华南地区的广东省;西南地区的四川省、云南省;西北地区的陕西省、新疆维吾尔自治区。哈佛燕京图书馆入藏中文年鉴的地区差异,在表二县级行政区划单位覆盖率统计中也有体现:北京市、上海市的覆盖率达到了100%,江苏省、浙江省、湖北省、重庆市、四川省、云南省覆盖率在80%以上。

表二 哈佛燕京图书馆中文年鉴地区分布

(按省级行政区划单位统计)

行政区划单位代码	省级行政区划单位	中文年鉴		县级行政区划单位	
		种数	卷/册	合计	覆盖率
110000	北京市	418	2407	16	100.00%
120000	天津市	87	487	12	75.00%
130000	河北省	222	1191	62	36.90%
140000	山西省	217	1071	70	58.82%
150000	内蒙古自治区	124	732	36	34.95%
210000	辽宁省	254	1647	57	57.00%
220000	吉林省	159	890	42	70.00%
230000	黑龙江省	292	1621	66	51.56%
310000	上海市	216	1569	16	100.00%
320000	江苏省	299	2742	86	89.58%
330000	浙江省	307	2121	75	84.27%
340000	安徽省	155	1103	51	48.57%

续表

行政区划单位代码	省级行政区划单位	中文年鉴 种数	中文年鉴 卷/册	县级行政区划单位 合计	县级行政区划单位 覆盖率
350000	福建省	186	1085	59	69.41%
360000	江西省	162	858	56	56.00%
370000	山东省	453	2684	109	79.56%
410000	河南省	343	2221	117	74.05%
420000	湖北省	319	1995	86	83.50%
430000	湖南省	231	1566	66	54.10%
440000	广东省	344	2512	91	75.21%
450000	广西壮族自治区	180	959	62	55.86%
460000	海南省	30	181	11	47.83%
500000	重庆市	80	455	31	81.58%
510000	四川省	366	2345	163	89.07%
520000	贵州省	95	499	38	43.18%
530000	云南省	275	2339	116	89.92%
540000	西藏自治区	21	102	1	1.35%
610000	陕西省	167	971	62	57.94%
620000	甘肃省	126	647	27	31.40%
630000	青海省	42	231	10	23.26%
640000	宁夏回族自治区	77	385	16	72.73%
650000	新疆维吾尔自治区	166	993	74	70.48%
810000	香港特别行政区	16	123	—	—
820000	澳门特别行政区	3	12	—	—
710000	台湾省	*24	*99	—	—
	合计	6456	40843	1874	62.57%

（三）中文年鉴学科分布

本目录题名分类索引是按中图分类法对哈佛燕京图书馆全部中文年鉴进行分类编排，因而，这一分类索引实际上可以揭示哈佛燕京图书馆中文年鉴的学科分布特点。

一级类目"综合性图书"之下中文年鉴是通常意义上的综合年鉴,计有2131种16377卷/册。除此之外,其它各大类之下的中文年鉴都属于专科年鉴,计5484种32805卷/册。下列表三的统计数据,反映了哈佛燕京图书馆入藏中文年鉴在学科方面的差异。在专科年鉴中,以经济年鉴的数量为最多,计2374种12223卷/册,其卷/册数量占全部馆藏中文年鉴的四分之一。经济大类年鉴所属各类别,以工业经济类年鉴最多,计3217卷/册,占该大类年鉴的26.32%。其它如:农业经济628卷/册,占5.14%;交通运输经济1659卷/册,占13.57%;邮电经济660卷/册,占5.40%;贸易经济804卷/册,占6.58%;财政、金融1861卷/册,占15.23%。从分类统计情况来看,哈佛燕京图书馆中文年鉴收藏无疑可为研究中国当代经济提供宏富的统计资料。

表三　哈佛燕京图书馆中文年鉴学科分布

分类号	类别名称	种数	卷/册	卷/册比重
B	哲学、宗教	13	100	0.21%
C	社会科学总论	985	8803	18.61%
D	政治、法律	494	2241	4.74%
E	军事	24	88	0.19%
F	经济	2374	12223	25.85%
G	文化、科学、教育、体育	825	4473	9.46%
H	语言、文字	3	10	0.02%
I	文学	59	232	0.49%
J	艺术	143	473	1.00%
K	历史、地理	45	246	0.52%
N	自然科学总论	6	32	0.07%
O	数理科学和化学	4	15	0.03%
P	天文学、地球科学	46	329	0.70%
Q	生物科学	7	21	0.04%
R	医药、卫生	170	939	1.99%
S	农业科学	25	82	0.17%
T	工业技术	152	635	1.34%
U	交通运输	21	103	0.22%
V	航空、航天	3	4	0.01%

续表

分类号	类别名称	种数	卷/册	卷/册比重
X	环境科学、安全科学	55	233	0.49%
Z	综合性图书	2131	16008	33.85%
	合计	7585	47290	100.00%

通过对中文年鉴题名(含变异题名)的词频统计分析,我们也可以了解哈佛燕京图书馆中文年鉴的藏书特色。表四是从题名分类索引的索引词中析出主题词表,按照同一索引词中出现的主题词只计算一次的原则统计了包含该主题词的中文年鉴的品种数量和馆藏卷辑数量。因为所有的索引词中都包含有"年鉴"一词,故该栏显示的统计结果即是本次编纂目录所辑入的全部中文年鉴品种数量和馆藏卷辑数量。表中列出了100个主题词的统计数据,在某种程度上也体现了哈佛燕京图书馆入藏中文年鉴内容的丰富性和多样性。

表四　哈佛燕京图书馆中文年鉴词频统计

主题词	品种统计		馆藏卷辑统计	
	种数	比例(%)	卷/册	比例(%)
年鉴	7585	100.00	47290	100.00
统计	1433	18.89	11616	24.56
经济	511	6.74	3083	6.52
大学	245	3.23	1175	2.48
公司	233	3.07	1033	2.18
教育	169	2.23	934	1.98
工业	166	2.19	1079	2.28
企业	125	1.65	426	0.90
普查	105	1.38	166	0.35
卫生	99	1.31	538	1.14
铁路	96	1.27	839	1.77
技术	90	1.19	341	0.72
交通	88	1.16	515	1.09
科技	81	1.07	647	1.37

续表

主题词	品种统计		馆藏卷辑统计	
	种数	比例(%)	卷/册	比例(%)
科学	80	1.05	446	0.94
管理	76	1.00	296	0.63
财政	67	0.88	555	1.17
工程	65	0.86	323	0.68
石油	59	0.78	292	0.62
设计	58	0.76	178	0.38
贸易	57	0.75	309	0.65
信息	56	0.74	233	0.49
电信	55	0.73	185	0.39
农业	52	0.69	281	0.59
艺术	51	0.67	145	0.31
农村	49	0.65	362	0.77
产业	47	0.62	159	0.34
银行	46	0.61	203	0.43
金融	45	0.59	339	0.72
市场	44	0.58	191	0.40
师范	44	0.58	165	0.35
邮政	42	0.55	277	0.59
邮电	42	0.55	135	0.29
开发区	41	0.54	157	0.33
产品	41	0.54	135	0.29
公安	40	0.53	192	0.41
法院	40	0.53	180	0.38
工商	37	0.49	150	0.32
通信	37	0.49	99	0.21
电力	36	0.47	195	0.41
环境	36	0.47	125	0.26

续表

主题词	品种统计		馆藏卷辑统计	
	种数	比例(%)	卷/册	比例(%)
房地产	35	0.46	183	0.39
美术	34	0.45	134	0.28
铁道	33	0.44	255	0.54
体育	31	0.41	232	0.49
电视	30	0.40	232	0.49
商务	30	0.40	165	0.35
税务	29	0.38	179	0.38
商业	29	0.38	88	0.19
水利	28	0.37	228	0.48
保险	28	0.37	93	0.20
工会	27	0.36	162	0.34
政协	26	0.34	143	0.30
车辆	25	0.33	155	0.33
劳动	24	0.32	114	0.24
汽车	24	0.32	100	0.21
机械	23	0.30	150	0.32
国税	23	0.30	119	0.25
林业	22	0.29	116	0.25
广播	21	0.28	221	0.47
检察	21	0.28	121	0.26
检验	21	0.28	102	0.22
学校	21	0.28	50	0.11
检疫	20	0.26	105	0.22
博物馆	20	0.26	55	0.12
油田	19	0.25	163	0.34
旅游	19	0.25	133	0.28
文学	19	0.25	123	0.26

续表

主题词	品种统计		馆藏卷辑统计	
	种数	比例(%)	卷/册	比例(%)
石化	19	0.25	99	0.21
医院	19	0.25	57	0.12
投资	18	0.24	115	0.24
物价	18	0.24	90	0.19
疾病	17	0.22	57	0.12
钢铁	15	0.20	128	0.27
资产	15	0.20	106	0.22
医药	15	0.20	71	0.15
人口	14	0.18	120	0.25
文物	14	0.18	101	0.21
气象	14	0.18	90	0.19
中医	14	0.18	68	0.14
化工	14	0.18	64	0.14
运输	13	0.17	85	0.18
考试	13	0.17	71	0.15
精神文明	13	0.17	65	0.14
航空	13	0.17	62	0.13
文艺	13	0.17	51	0.11
证券	12	0.16	107	0.23
特区	12	0.16	96	0.20
城市建设	12	0.16	65	0.14
招生	12	0.16	61	0.13
出版	9	0.12	97	0.21
食品	9	0.12	60	0.13
司法	9	0.12	59	0.12
人力资源	9	0.12	57	0.12
戏剧	8	0.11	64	0.14

续表

主题词	品种统计		馆藏卷辑统计	
	种数	比例(%)	卷/册	比例(%)
计划生育	8	0.11	64	0.14
电影	8	0.11	58	0.12
新闻	8	0.11	51	0.11
渔业	8	0.11	50	0.11
天然气	7	0.09	53	0.11
哲学	7	0.09	50	0.11

以上所述为此次目录编纂的经过，以及书目数据统计反映出来的哈佛燕京图书馆中文年鉴的特色。需要说明的是，此次编纂出版的《美国哈佛大学哈佛燕京图书馆藏中文年鉴目录》，在编纂方法和编排体例方面，与之前出版的《美国哈佛大学哈佛燕京图书馆藏中国新方志目录》尽可能地保持一致，以便于读者更好地利用这两种目录。

致　谢

本目录的编纂出版一直得到哈佛燕京图书馆馆长郑炯文先生的大力支持和不断鼓励。在目录的整理过程中，也得到了哈佛燕京图书馆马小鹤先生、杨丽瑄女士、邱玉芬女士、陈祖瑶女士、王系女士、邹宗光先生、宋小惠先生一如既往的指导和帮助。广西师范大学出版社对本目录编纂出版给予了极大的关心和支持，责任编辑马艳超先生为本目录的编辑工作付出了辛勤的劳动。本书目编纂计划也得到哈佛大学哈佛燕京学社2013年访问研究项目的资助。对上述的各方面支持和帮助，今在此一并致以衷心的感谢。

凡　例

一、本书目是以美国哈佛大学哈佛燕京图书馆中文年鉴MARC格式书目记录和馆藏卷辑单册记录为基础数据整理编纂而成的，共著录哈佛燕京图书馆2016年1月15日之前入藏并编目的中文年鉴7585种47290卷/册。

二、书目正文著录的中文年鉴，原则上依据哈佛燕京图书馆书目记录号(HOLIIS number)设立条目，一条书目记录设立为一个条目。每一条目著录有HOLIIS number、题名(含变异题名)、编纂者、出版地、出版单位、出版年、馆藏卷辑等内容。

三、本书目正文分为两个部分：第一部分著录的中文年鉴，是以县及县级以上行政区划为单元进行编排，行政区划次序依据中华人民共和国民政部编《中华人民共和国行政区划简册》(2016)。第二部分著录的中文年鉴，是以《中国图书馆分类法》(第四版)一级类目为单元进行分类编排。在条目编排上，两个部分著录的中文年鉴互不重复，凡未能按照行政区划单元编入第一部分的，则按照中图分类法编入第二部分。

四、本书目于正文之后附有中文年鉴题名笔画索引和题名分类索引。题名笔画索引按题名首字笔划顺序编排，首字为英文字母列入一画之前的〇画；题名分类索引则参考《中国图书馆分类法》(第四版)进行编制。

五、索引以全部正文条目的题名(含变异题名)为索引词，标引其正文条目HOLIIS number所在的页码。索引词中题名与变异题名之间用"/"符号分隔，在题名笔画索引中凡变异题名移前的索引词以"＊"为标识。

六、正文条目著录的全部馆藏卷辑，以简洁的形式列于索引词之后。凡连续年份卷辑均进行数据合并，在索引中仅列出起止年份并以"-"符号分隔。

七、读者在使用本书目时，可以用HOLIIS number快捷地查询哈佛燕京图书馆书目系统中文年鉴详细书目记录和馆藏卷期情况。

目 录

第一部分

北京市 ………………………… 3
 东城区 ………………………… 39
 西城区 ………………………… 39
 朝阳区 ………………………… 41
 丰台区 ………………………… 41
 石景山区 ……………………… 42
 海淀区 ………………………… 42
 门头沟区 ……………………… 43
 房山区 ………………………… 44
 通州区 ………………………… 44
 顺义区 ………………………… 45
 昌平区 ………………………… 45
 大兴区 ………………………… 46
 怀柔区 ………………………… 47
 平谷区 ………………………… 47
 密云区 ………………………… 48
 延庆区 ………………………… 48

天津市 ………………………… 49
 河西区 ………………………… 56
 和平区 ………………………… 56
 河东区 ………………………… 56
 南开区 ………………………… 56
 河北区 ………………………… 56
 红桥区 ………………………… 57
 东丽区 ………………………… 57
 西青区 ………………………… 57
 北辰区 ………………………… 57
 武清区 ………………………… 57
 滨海新区 ……………………… 58

宁河区	59	邯郸市	75
		邯山区	76
河北省	60	峰峰矿区	76
石家庄市	66	永年区	76
长安区	69	成安县	77
桥西区	69	大名县	77
新华区	69	涉县	77
藁城区	69	磁县	77
鹿泉区	70	魏县	77
栾城区	70	曲周县	77
晋州市	70	邢台市	78
新乐市	70	桥东区	78
井陉县	70	沙河市	79
正定县	71	邢台县	79
行唐县	71	威县	79
高邑县	71	清河县	79
赞皇县	71	保定市	79
平山县	71	涿州市	80
赵县	71	定州市	80
唐山市	72	曲阳县	81
路北区	73	张家口市	81
古冶区	73	桥东区	81
丰南区	73	宣化区	82
丰润区	73	赤城县	82
迁安市	73	承德市	82
滦县	73	平泉市	82
乐亭县	73	兴隆县	82
迁西县	74	滦平县	82
秦皇岛市	74	丰宁满族自治县	82
海港区	74	围场满族蒙古族自治县	83
山海关区	75	沧州市	83
北戴河区	75	泊头市	84
青龙满族自治县	75	任丘市	84

河间市	85	黎城县	100	
沧县	85	壶关县	100	
南皮县	85	长子县	101	
献县	85	沁县	101	
廊坊市	86	沁源县	101	
霸州市	86	**晋城市**	101	
三河市	86	城区	102	
香河县	86	高平市	102	
衡水市	87	沁水县	102	
深州市	87	陵川县	103	
		泽州县	103	
山西省	88	**朔州市**	103	
太原市	92	平鲁区	103	
小店区	95	右玉县	103	
古交市	95	**晋中市**	104	
清徐县	95	榆次区	104	
娄烦县	96	介休市	104	
大同市	96	和顺县	104	
浑源县	97	昔阳县	104	
阳泉市	97	寿阳县	105	
城区	97	太谷县	105	
郊区	98	灵石县	105	
平定县	98	**运城市**	105	
盂县	98	盐湖区	106	
长治市	98	永济市	106	
城区	99	河津市	106	
郊区	99	临猗县	106	
潞城市	99	万荣县	106	
长治县	99	闻喜县	107	
襄垣县	100	稷山县	107	
屯留县	100	新绛县	107	
平顺县	100	垣曲县	107	
		夏县	107	

平陆县	108	包头市	121
忻州市	108	土默特右旗	121
临汾市	108	**乌海市**	122
尧都区	109	海勃湾区	122
侯马市	110	**赤峰市**	122
霍州市	110	红山区	122
曲沃县	110	松山区	123
翼城县	110	宁城县	123
襄汾县	111	阿鲁科尔沁旗	123
洪洞县	111	巴林左旗	123
安泽县	111	巴林右旗	123
浮山县	111	翁牛特旗	123
吉县	111	喀喇沁旗	124
乡宁县	111	**通辽市**	124
隰县	112	科尔沁区	124
永和县	112	奈曼旗	125
蒲县	112	**鄂尔多斯市**	125
汾西县	112	东胜区	125
吕梁市	112	达拉特旗	126
离石区	113	准格尔旗	126
孝义市	113	鄂托克旗	126
汾阳市	113	乌审旗	126
文水县	113	伊金霍洛旗	126
交城县	114	**呼伦贝尔市**	127
临县	114	海拉尔区	127
柳林县	114	满洲里市	128
方山县	114	牙克石市	128
中阳县	114	扎兰屯市	128
		额尔古纳市	128
内蒙古自治区	116	新巴尔虎右旗	129
呼和浩特市	119	莫力达瓦达斡尔族自治旗	129
新城区	120	**巴彦淖尔市**	129

临河区	129	瓦房店市	148
乌拉特中旗	130	普兰店区	149
乌拉特后旗	130	庄河市	149

乌兰察布市 …… 130
 集宁区 …… 130

兴安盟 …… 131
 乌兰浩特市 …… 131
 突泉县 …… 131
 扎赉特旗 …… 131

锡林郭勒盟 …… 131
 锡林浩特市 …… 132
 正镶白旗 …… 132

阿拉善盟 …… 132
 额济纳旗 …… 132

辽宁省 …… 133
 沈阳市 …… 138
  沈河区 …… 143
  和平区 …… 143
  大东区 …… 143
  皇姑区 …… 143
  铁西区 …… 144
  于洪区 …… 144
  辽中区 …… 144
  法库县 …… 144
 大连市 …… 144
  西岗区 …… 147
  中山区 …… 147
  沙河口区 …… 147
  甘井子区 …… 147
  旅顺口区 …… 148
  金州区 …… 148

  瓦房店市 …… 148
  普兰店区 …… 149
  庄河市 …… 149
  长海县 …… 149
 鞍山市 …… 149
  铁东区 …… 150
  立山区 …… 150
  千山区 …… 150
  海城市 …… 151
  台安县 …… 151
  岫岩满族自治县 …… 151
 抚顺市 …… 151
  抚顺县 …… 152
 本溪市 …… 152
  桓仁满族自治县 …… 153
 丹东市 …… 153
  东港市 …… 153
  宽甸满族自治县 …… 154
 锦州市 …… 154
  太和区 …… 155
  凌海市 …… 155
  义县 …… 155
 营口市 …… 155
  盖州市 …… 156
  大石桥市 …… 156
 阜新市 …… 156
  清河门区 …… 156
  彰武县 …… 156
  阜新蒙古族自治县 …… 157
 辽阳市 …… 157
  文圣区 …… 157
  灯塔市 …… 158

辽阳县	158
盘锦市	158
兴隆台区	159
大洼区	159
铁岭市	160
银州区	160
清河区	160
调兵山市	161
开原市	161
铁岭县	161
昌图县	161
朝阳市	162
双塔区	162
北票市	162
凌源市	162
朝阳县	163
建平县	163
喀喇沁左翼蒙古族自治县	163
葫芦岛市	163
连山区	164
兴城市	164
绥中县	164
建昌县	164
吉林省	165
长春市	168
南关区	172
宽城区	172
九台区	172
榆树市	172
德惠市	172
吉林市	173

龙潭区	173
丰满区	173
蛟河市	173
桦甸市	174
舒兰市	174
磐石市	174
永吉县	174
四平市	175
铁东区	175
公主岭市	175
双辽市	175
梨树县	175
辽源市	176
东丰县	176
通化市	176
东昌区	177
梅河口市	177
集安市	177
通化县	177
辉南县	178
柳河县	178
白山市	178
浑江区	179
江源区	179
临江市	179
抚松县	179
靖宇县	179
长白朝鲜族自治县	179
松原市	180
宁江区	180
前郭尔罗斯蒙古族自治县	180
白城市	181
洮南市	181

大安市	……	181	讷河市 …… 198
通榆县	……	181	依安县 …… 199

延边朝鲜族自治州 …… 182　　富裕县 …… 199
　延吉市 …… 182　　克山县 …… 199
　图们市 …… 182　　克东县 …… 199
　敦化市 …… 183　　拜泉县 …… 199
　珲春市 …… 183　**鸡西市** …… 200
　龙井市 …… 183　　虎林市 …… 200
　和龙市 …… 183　　密山市 …… 201
　汪清县 …… 184　　鸡东县 …… 201
　安图县 …… 184　**鹤岗市** …… 201
　　　　　　　　　东山区 …… 202

黑龙江省 …… 185　　萝北县 …… 202
哈尔滨市 …… 190　　绥滨县 …… 202
　道里区 …… 193　**双鸭山市** …… 202
　南岗区 …… 193　　集贤县 …… 203
　道外区 …… 193　　友谊县 …… 204
　呼兰区 …… 194　　宝清县 …… 204
　阿城区 …… 194　　饶河县 …… 205
　双城区 …… 194　**大庆市** …… 205
　尚志市 …… 194　　让胡路区 …… 207
　依兰县 …… 194　　大同区 …… 207
　方正县 …… 194　　肇源县 …… 207
　巴彦县 …… 195　　林甸县 …… 208
　木兰县 …… 195　**伊春市** …… 208
　通河县 …… 195　　友好区 …… 208
　延寿县 …… 195　　西林区 …… 208
齐齐哈尔市 …… 196　　汤旺河区 …… 209
　建华区 …… 198　　上甘岭区 …… 209
　龙沙区 …… 198　　铁力市 …… 209
　富拉尔基区 …… 198　　嘉荫县 …… 209
　碾子山区 …… 198　**佳木斯市** …… 209
　梅里斯达斡尔族区 …… 198　　富锦市 …… 211

抚远市 …………………	212
桦南县 …………………	212
桦川县 …………………	212
汤原县 …………………	212
七台河市 ………………	212
勃利县 …………………	213
牡丹江市 ………………	213
绥芬河市 ………………	215
海林市 …………………	215
宁安市 …………………	215
穆棱市 …………………	215
东宁市 …………………	216
林口县 …………………	216
黑河市 …………………	216
北安市 …………………	217
五大连池市 ……………	217
嫩江县 …………………	217
逊克县 …………………	217
孙吴县 …………………	218
绥化市 …………………	218
北林区 …………………	218
海伦市 …………………	218
望奎县 …………………	219
庆安县 …………………	219
大兴安岭地区 …………	219
塔河县 …………………	220
上海市 …………………	221
黄浦区 …………………	239
徐汇区 …………………	240
长宁区 …………………	240
静安区 …………………	240
普陀区 …………………	240
虹口区 …………………	241
杨浦区 …………………	241
闵行区 …………………	241
宝山区 …………………	241
嘉定区 …………………	242
浦东新区 ………………	242
金山区 …………………	244
松江区 …………………	244
青浦区 …………………	244
奉贤区 …………………	245
崇明区 …………………	245
江苏省 …………………	246
南京市 …………………	252
玄武区 …………………	256
秦淮区 …………………	257
建邺区 …………………	257
鼓楼区 …………………	257
浦口区 …………………	257
栖霞区 …………………	258
雨花台区 ………………	258
江宁区 …………………	258
六合区 …………………	258
溧水区 …………………	258
高淳区 …………………	259
无锡市 …………………	259
锡山区 …………………	260
惠山区 …………………	261
梁溪区 …………………	261
江阴市 …………………	261
宜兴市 …………………	261
徐州市 …………………	261

贾汪区	……………………	262
铜山区	……………………	263
新沂市	……………………	263
邳州市	……………………	263
丰县	……………………	263
沛县	……………………	263
睢宁县	……………………	264

常州市 …………………… 264
 新北区 …………………… 264
 钟楼区 …………………… 265
 武进区 …………………… 265
 金坛区 …………………… 265
 溧阳市 …………………… 266

苏州市 …………………… 266
 姑苏区 …………………… 266
 虎丘区 …………………… 267
 吴中区 …………………… 267
 吴江区 …………………… 267
 常熟市 …………………… 267
 张家港市 …………………… 268
 昆山市 …………………… 268
 太仓市 …………………… 269

南通市 …………………… 269
 通州区 …………………… 270
 启东市 …………………… 270
 如皋市 …………………… 270
 海门市 …………………… 270
 海安县 …………………… 270
 如东县 …………………… 271

连云港市 …………………… 271
 海州区 …………………… 272
 连云区 …………………… 272
 赣榆区 …………………… 272
 东海县 …………………… 272
 灌云县 …………………… 273
 灌南县 …………………… 273

淮安市 …………………… 273
 淮安区 …………………… 274
 淮阴区 …………………… 274
 清江浦区 …………………… 274
 洪泽区 …………………… 274
 涟水县 …………………… 274
 盱眙县 …………………… 275
 金湖县 …………………… 275

盐城市 …………………… 275
 亭湖区 …………………… 276
 盐都区 …………………… 276
 大丰区 …………………… 276
 东台市 …………………… 276
 响水县 …………………… 277
 滨海县 …………………… 277
 阜宁县 …………………… 277
 射阳县 …………………… 277
 建湖县 …………………… 278

扬州市 …………………… 278
 邗江区 …………………… 278
 广陵区 …………………… 279
 江都区 …………………… 279
 仪征市 …………………… 279
 高邮市 …………………… 279
 宝应县 …………………… 280

镇江市 …………………… 280
 京口区 …………………… 281
 润州区 …………………… 281
 丹徒区 …………………… 281
 丹阳市 …………………… 281

扬中市 …………………… 281
　　句容市 …………………… 282
　泰州市 …………………… 282
　　高港区 …………………… 282
　　姜堰区 …………………… 282
　　兴化市 …………………… 282
　　靖江市 …………………… 283
　　泰兴市 …………………… 283
　宿迁市 …………………… 283
　　宿城区 …………………… 283
　　宿豫区 …………………… 284
　　沭阳县 …………………… 284
　　泗阳县 …………………… 284
　　泗洪县 …………………… 284

浙江省 …………………… 285
　杭州市 …………………… 292
　　拱墅区 …………………… 297
　　上城区 …………………… 297
　　下城区 …………………… 298
　　西湖区 …………………… 298
　　滨江区 …………………… 298
　　萧山区 …………………… 298
　　余杭区 …………………… 299
　　富阳区 …………………… 299
　　临安区 …………………… 300
　　建德市 …………………… 300
　　桐庐县 …………………… 300
　　淳安县 …………………… 301
　宁波市 …………………… 301
　　北仑区 …………………… 302
　　鄞州区 …………………… 302
　　奉化区 …………………… 303
　　余姚市 …………………… 303
　　慈溪市 …………………… 303
　　象山县 …………………… 303
　　宁海县 …………………… 303
　温州市 …………………… 304
　　鹿城区 …………………… 305
　　龙湾区 …………………… 305
　　瓯海区 …………………… 305
　　洞头区 …………………… 305
　　瑞安市 …………………… 305
　　乐清市 …………………… 306
　　永嘉县 …………………… 306
　　平阳县 …………………… 306
　　苍南县 …………………… 306
　　文成县 …………………… 306
　　泰顺县 …………………… 307
　嘉兴市 …………………… 307
　　海宁市 …………………… 307
　　平湖市 …………………… 307
　　桐乡市 …………………… 308
　　嘉善县 …………………… 308
　　海盐县 …………………… 308
　湖州市 …………………… 309
　　南浔区 …………………… 309
　　德清县 …………………… 309
　　安吉县 …………………… 310
　绍兴市 …………………… 310
　　越城区 …………………… 311
　　柯桥区 …………………… 311
　　上虞区 …………………… 312
　　诸暨市 …………………… 312
　　嵊州市 …………………… 312

新昌县	313	缙云县	321
金华市	313	松阳县	321
婺城区	314	云和县	321
金东区	314	庆元县	322
兰溪市	314		
义乌市	314	**安徽省**	323
东阳市	314	**合肥市**	327
永康市	314	蜀山区	329
衢州市	315	瑶海区	329
柯城区	315	巢湖市	329
衢江区	315	长丰县	330
江山市	315	肥东县	330
常山县	315	肥西县	330
开化县	316	庐江县	330
龙游县	316	**芜湖市**	330
舟山市	316	鸠江区	331
定海区	316	镜湖区	331
普陀区	316	弋江区	331
岱山县	317	三山区	331
嵊泗县	317	芜湖县	331
台州市	317	繁昌县	331
椒江区	318	**蚌埠市**	332
黄岩区	318	**淮南市**	332
路桥区	319	八公山区	333
温岭市	319	**马鞍山市**	333
临海市	319	当涂县	333
玉环市	319	和县	333
三门县	320	**淮北市**	334
天台县	320	濉溪县	334
仙居县	320	**铜陵市**	334
丽水市	320	义安区	335
莲都区	321	枞阳县	335
龙泉市	321		

安庆市 ………………………… 335
　桐城市 ………………………… 335
　怀宁县 ………………………… 336
　潜山县 ………………………… 336
　太湖县 ………………………… 336
　宿松县 ………………………… 336
　望江县 ………………………… 336
　岳西县 ………………………… 336
黄山市 ………………………… 336
　黄山区 ………………………… 337
　歙县 …………………………… 337
　休宁县 ………………………… 337
滁州市 ………………………… 337
　天长市 ………………………… 338
　全椒县 ………………………… 338
阜阳市 ………………………… 338
　颍州区 ………………………… 339
　界首市 ………………………… 339
　临泉县 ………………………… 339
　太和县 ………………………… 339
　颍上县 ………………………… 339
宿州市 ………………………… 339
　砀山县 ………………………… 340
　灵璧县 ………………………… 340
六安市 ………………………… 340
　金安区 ………………………… 340
　霍邱县 ………………………… 341
　舒城县 ………………………… 341
　霍山县 ………………………… 341
亳州市 ………………………… 341
　谯城区 ………………………… 341
　涡阳县 ………………………… 342

利辛县 ………………………… 342
池州市 ………………………… 342
　东至县 ………………………… 342
　青阳县 ………………………… 342
宣城市 ………………………… 343
　宁国市 ………………………… 343
　广德县 ………………………… 343
　泾县 …………………………… 343
　绩溪县 ………………………… 344

福建省 ………………………… 345
福州市 ………………………… 350
　鼓楼区 ………………………… 352
　仓山区 ………………………… 352
　马尾区 ………………………… 352
　长乐区 ………………………… 353
　福清市 ………………………… 353
　闽侯县 ………………………… 353
　连江县 ………………………… 353
　罗源县 ………………………… 353
　闽清县 ………………………… 353
　永泰县 ………………………… 354
　平潭县 ………………………… 354
厦门市 ………………………… 354
　思明区 ………………………… 355
　湖里区 ………………………… 356
　集美区 ………………………… 356
莆田市 ………………………… 356
　城厢区 ………………………… 357
　涵江区 ………………………… 357
三明市 ………………………… 357
　梅列区 ………………………… 357

永安市	358		漳平市	366
明溪县	358		长汀县	366
清流县	358		上杭县	366
宁化县	358		武平县	366
大田县	358		连城县	366
尤溪县	358		**宁德市**	366
沙县	359		蕉城区	367
泰宁县	359		福安市	367
建宁县	359		福鼎市	367

泉州市 …… 359
  丰泽区 …… 360
  鲤城区 …… 360
  泉港区 …… 360
  石狮市 …… 360
  晋江市 …… 361
  南安市 …… 361
  安溪县 …… 361
  永春县 …… 361
  德化县 …… 362
  金门县 …… 362

漳州市 …… 362
  龙海市 …… 363
  东山县 …… 363
  南靖县 …… 363

南平市 …… 363
  建阳区 …… 363
  武夷山市 …… 364
  建瓯市 …… 364
  浦城县 …… 364
  政和县 …… 364

龙岩市 …… 365
  新罗区 …… 365
  永定区 …… 365

  霞浦县 …… 367
  古田县 …… 367
  寿宁县 …… 368
  周宁县 …… 368
  柘荣县 …… 368

江西省 …… 369
  南昌市 …… 373
    东湖区 …… 375
    青云谱区 …… 375
    湾里区 …… 375
    青山湖区 …… 376
    南昌县 …… 376
    安义县 …… 376
    进贤县 …… 376
  景德镇市 …… 376
    乐平市 …… 377
    浮梁县 …… 377
  萍乡市 …… 377
    莲花县 …… 378
  九江市 …… 378
    紫桑区 …… 378
    瑞昌市 …… 379

  庐山市 ……… 379
  武宁县 ……… 379
 新余市 ……… 379
  渝水区 ……… 380
  分宜县 ……… 380
 鹰潭市 ……… 380
  贵溪市 ……… 381
 赣州市 ……… 381
  章贡区 ……… 381
  南康区 ……… 382
  赣县区 ……… 382
  瑞金市 ……… 382
  大余县 ……… 382
  上犹县 ……… 382
  崇义县 ……… 382
  安远县 ……… 382
  定南县 ……… 383
  宁都县 ……… 383
  于都县 ……… 383
  兴国县 ……… 383
  会昌县 ……… 383
  寻乌县 ……… 383
  石城县 ……… 384
 吉安市 ……… 384
  吉州区 ……… 384
  青原区 ……… 384
  井冈山市 ……… 384
  吉安县 ……… 385
  吉水县 ……… 385
  新干县 ……… 385
  泰和县 ……… 385
  安福县 ……… 385
  永新县 ……… 385

 宜春市 ……… 385
  丰城市 ……… 386
  樟树市 ……… 386
  高安市 ……… 386
  万载县 ……… 386
  宜丰县 ……… 386
  铜鼓县 ……… 386
 抚州市 ……… 387
  临川区 ……… 387
  黎川县 ……… 387
  金溪县 ……… 387
  广昌县 ……… 388
 上饶市 ……… 388
  信州区 ……… 388
  广丰区 ……… 389
  德兴市 ……… 389
  弋阳县 ……… 389
  婺源县 ……… 389

山东省 ……… 390
 济南市 ……… 398
  市中区 ……… 403
  历下区 ……… 404
  槐荫区 ……… 404
  天桥区 ……… 404
  历城区 ……… 404
  长清区 ……… 405
  章丘区 ……… 405
  平阴县 ……… 405
  济阳县 ……… 406
  商河县 ……… 406
 青岛市 ……… 406

市南区 …………………… 409	莱阳市 …………………… 421
市北区 …………………… 409	莱州市 …………………… 421
黄岛区 …………………… 410	蓬莱市 …………………… 421
崂山区 …………………… 410	招远市 …………………… 422
李沧区 …………………… 411	海阳市 …………………… 422
城阳区 …………………… 411	**潍坊市** …………………… 422
即墨区 …………………… 411	奎文区 …………………… 423
胶州市 …………………… 411	潍城区 …………………… 423
平度市 …………………… 412	坊子区 …………………… 423
莱西市 …………………… 412	青州市 …………………… 423
淄博市 …………………… 412	诸城市 …………………… 423
张店区 …………………… 414	寿光市 …………………… 423
博山区 …………………… 414	高密市 …………………… 424
临淄区 …………………… 414	昌邑市 …………………… 424
周村区 …………………… 415	临朐县 …………………… 424
桓台县 …………………… 415	**济宁市** …………………… 424
高青县 …………………… 415	任城区 …………………… 425
枣庄市 …………………… 415	兖州区 …………………… 426
薛城区 …………………… 416	曲阜市 …………………… 426
市中区 …………………… 417	邹城市 …………………… 426
台儿庄区 ………………… 417	微山县 …………………… 427
山亭区 …………………… 417	金乡县 …………………… 427
滕州市 …………………… 417	嘉祥县 …………………… 427
东营市 …………………… 418	汶上县 …………………… 428
东营区 …………………… 419	泗水县 …………………… 428
河口区 …………………… 419	**泰安市** …………………… 428
垦利区 …………………… 419	泰山区 …………………… 429
利津县 …………………… 419	新泰市 …………………… 429
广饶县 …………………… 419	肥城市 …………………… 429
烟台市 …………………… 420	宁阳县 …………………… 430
芝罘区 …………………… 421	东平县 …………………… 430
福山区 …………………… 421	**威海市** …………………… 430
牟平区 …………………… 421	环翠区 …………………… 431

文登区	431	高唐县	441
荣成市	432	滨州市	441
乳山市	432	滨城区	441
日照市	433	沾化区	442
东港区	433	惠民县	442
岚山区	433	阳信县	442
五莲县	434	无棣县	442
莒县	434	博兴县	442
莱芜市	434	邹平县	443
莱城区	435	菏泽市	443
临沂市	435	定陶区	443
兰山区	436	成武县	444
罗庄区	436	郓城县	444
河东区	436	鄄城县	444
沂南县	437	东明县	444
郯城县	437		
沂水县	437	河南省	445
兰陵县	437	郑州市	452
费县	437	中原区	455
平邑县	438	二七区	456
莒南县	438	管城回族区	456
蒙阴县	438	金水区	456
临沭县	438	上街区	457
德州市	438	惠济区	457
禹城市	439	巩义市	457
平原县	439	荥阳市	457
武城县	439	新密市	458
聊城市	439	新郑市	458
东昌府区	440	中牟县	458
临清市	440	开封市	459
阳谷县	440	兰考县	459
茌平县	440	洛阳市	459
东阿县	440		

西工区 …………………… 461	红旗区 …………………… 469
涧西区 …………………… 461	凤泉区 …………………… 469
吉利区 …………………… 461	牧野区 …………………… 469
洛龙区 …………………… 461	卫辉市 …………………… 470
偃师市 …………………… 461	辉县市 …………………… 470
孟津县 …………………… 462	新乡县 …………………… 470
新安县 …………………… 462	获嘉县 …………………… 470
栾川县 …………………… 462	原阳县 …………………… 470
嵩县 …………………… 462	延津县 …………………… 470
宜阳县 …………………… 462	封丘县 …………………… 471
洛宁县 …………………… 462	长垣县 …………………… 471
伊川县 …………………… 462	焦作市 …………………… 471
平顶山市 …………………… 463	解放区 …………………… 472
新华区 …………………… 463	中站区 …………………… 472
卫东区 …………………… 463	马村区 …………………… 472
湛河区 …………………… 464	山阳区 …………………… 472
舞钢市 …………………… 464	沁阳市 …………………… 472
汝州市 …………………… 464	孟州市 …………………… 472
宝丰县 …………………… 464	修武县 …………………… 473
叶县 …………………… 464	博爱县 …………………… 473
鲁山县 …………………… 465	武陟县 …………………… 473
郏县 …………………… 465	温县 …………………… 473
安阳市 …………………… 465	濮阳市 …………………… 474
林州市 …………………… 466	华龙区 …………………… 474
安阳县 …………………… 466	清丰县 …………………… 475
汤阴县 …………………… 466	南乐县 …………………… 475
内黄县 …………………… 466	范县 …………………… 475
鹤壁市 …………………… 467	台前县 …………………… 475
淇滨区 …………………… 467	濮阳县 …………………… 475
浚县 …………………… 467	许昌市 …………………… 475
淇县 …………………… 467	建安区 …………………… 476
新乡市 …………………… 468	禹州市 …………………… 476
卫滨区 …………………… 469	长葛市 …………………… 476

鄢陵县	476	潢川县	485
襄城县	477	淮滨县	485
漯河市	477	息县	485
舞阳县	477	**周口市**	485
三门峡市	477	项城市	486
湖滨区	478	扶沟县	486
陕州区	478	西华县	486
义马市	478	商水县	486
灵宝市	478	太康县	486
渑池县	478	鹿邑县	486
卢氏县	479	**驻马店市**	487
南阳市	479	西平县	487
卧龙区	480	上蔡县	487
宛城区	480	正阳县	487
邓州市	481	确山县	488
南召县	481	泌阳县	488
方城县	481	汝南县	488
淅川县	481	遂平县	488
唐河县	481	新蔡县	488
新野县	481	**省直辖县级行政单位**	488
商丘市	482	济源市	488
睢阳区	482		
永城市	482	**湖北省**	490
睢县	482	**武汉市**	496
柘城县	483	江岸区	503
虞城县	483	江汉区	504
夏邑县	483	硚口区	504
信阳市	483	汉阳区	504
浉河区	484	武昌区	504
平桥区	484	青山区	505
罗山县	484	洪山区	505
新县	484	东西湖区	505
固始县	484		

汉南区 …… 505	鄂州市 …… 514
蔡甸区 …… 505	华容区 …… 514
江夏区 …… 505	荆门市 …… 515
黄陂区 …… 506	东宝区 …… 516
新洲区 …… 506	掇刀区 …… 516
黄石市 …… 506	钟祥市 …… 516
大冶市 …… 507	京山县 …… 516
阳新县 …… 507	沙洋县 …… 516
十堰市 …… 507	**孝感市** …… 516
茅箭区 …… 508	孝南区 …… 517
张湾区 …… 508	应城市 …… 517
郧阳区 …… 508	安陆市 …… 517
丹江口市 …… 508	汉川市 …… 518
郧西县 …… 509	孝昌县 …… 518
竹山县 …… 509	大悟县 …… 518
竹溪县 …… 509	云梦县 …… 518
房县 …… 509	**荆州市** …… 519
宜昌市 …… 509	沙市区 …… 519
伍家岗区 …… 511	石首市 …… 520
夷陵区 …… 511	洪湖市 …… 520
当阳市 …… 511	松滋市 …… 520
枝江市 …… 511	公安县 …… 520
长阳土家族自治县 …… 511	监利县 …… 520
五峰土家族自治县 …… 511	江陵县 …… 521
襄阳市 …… 512	**黄冈市** …… 521
襄城区 …… 512	黄州区 …… 522
襄州区 …… 513	麻城市 …… 522
老河口市 …… 513	武穴市 …… 522
枣阳市 …… 513	团风县 …… 523
宜城市 …… 513	红安县 …… 523
南漳县 …… 513	罗田县 …… 523
谷城县 …… 514	浠水县 …… 523
保康县 …… 514	蕲春县 …… 524

咸宁市	……	524	长沙县	…… 541
咸安区	……	524	株洲市	…… 541
赤壁市	……	524	醴陵市	…… 543
嘉鱼县	……	525	株洲县	…… 543
通城县	……	525	攸县	…… 543
崇阳县	……	525	茶陵县	…… 544
通山县	……	525	炎陵县	…… 544
随州市	……	525	湘潭市	…… 544
曾都区	……	526	湘乡市	…… 545
广水市	……	526	湘潭县	…… 545
随县	……	526	衡阳市	…… 545
恩施土家族苗族自治州	……	526	南岳区	…… 546
恩施市	……	527	耒阳市	…… 546
利川市	……	527	常宁市	…… 546
建始县	……	527	衡阳县	…… 546
巴东县	……	527	衡山县	…… 546
宣恩县	……	527	衡东县	…… 546
咸丰县	……	527	邵阳市	…… 547
来凤县	……	528	武冈市	…… 547
鹤峰县	……	528	邵东县	…… 547
省直辖县级行政单位	……	528	邵阳县	…… 547
仙桃市	……	528	隆回县	…… 547
潜江市	……	529	岳阳市	…… 548
天门市	……	529	岳阳楼区	…… 548
神农架林区	……	529	云溪区	…… 548
			汨罗市	…… 549
湖南省	……	530	临湘市	…… 549
长沙市	……	536	岳阳县	…… 549
雨花区	……	540	华容县	…… 549
望城区	……	540	湘阴县	…… 549
浏阳市	……	540	平江县	…… 550
宁乡市	……	540	常德市	…… 550
			武陵区	…… 550

鼎城区	550	湘西土家族苗族自治州	557
津市市	550	吉首市	558
安乡县	551	泸溪县	558
汉寿县	551	凤凰县	558
澧县	551	花垣县	558
临澧县	551	保靖县	558
桃源县	551	古丈县	559
石门县	552	永顺县	559
张家界市	552	龙山县	559
武陵源区	552		
桑植县	552	**广东省**	560
益阳市	553	广州市	566
赫山区	553	越秀区	571
沅江市	553	荔湾区	571
南县	553	海珠区	572
桃江县	553	天河区	572
安化县	553	白云区	572
郴州市	554	黄埔区	572
北湖区	554	番禺区	573
苏仙区	554	花都区	573
永兴县	554	南沙区	573
永州市	554	增城区	573
冷水滩区	555	从化区	573
零陵区	555	韶关市	574
怀化市	555	浈江区	574
鹤城区	556	武江区	574
洪江市	556	曲江区	574
会同县	556	乐昌市	574
芷江侗族自治县	556	南雄市	575
通道侗族自治县	556	仁化县	575
娄底市	557	翁源县	575
冷水江市	557	新丰县	575
涟源市	557		

乳源瑶族自治县	575	徐闻县	589
深圳市	575	**茂名市**	589
福田区	580	茂南区	589
罗湖区	580	电白区	589
南山区	580	高州市	589
宝安区	580	化州市	590
龙岗区	581	信宜市	590
盐田区	581	**肇庆市**	590
珠海市	582	端州区	591
汕头市	583	鼎湖区	591
潮阳区	583	高要区	591
澄海区	583	四会市	591
南澳县	584	广宁县	592
佛山市	584	怀集县	592
禅城区	584	封开县	592
南海区	584	德庆县	592
顺德区	585	**惠州市**	592
三水区	585	惠城区	593
高明区	585	惠阳区	593
江门市	586	博罗县	593
蓬江区	586	惠东县	593
新会区	586	龙门县	593
台山市	586	**梅州市**	594
开平市	587	梅县区	594
鹤山市	587	兴宁市	594
恩平市	587	大埔县	595
湛江市	587	丰顺县	595
赤坎区	588	五华县	595
霞山区	588	平远县	595
廉江市	588	蕉岭县	595
雷州市	588	**汕尾市**	596
吴川市	588	海丰县	596
遂溪县	588	**河源市**	596

紫金县 …… 597	良庆区 …… 612
连平县 …… 597	邕宁区 …… 612
东源县 …… 597	武鸣区 …… 612
阳江市 …… 597	隆安县 …… 613
阳东区 …… 598	马山县 …… 613
清远市 …… 598	上林县 …… 613
清城区 …… 598	宾阳县 …… 613
清新区 …… 598	横县 …… 613
英德市 …… 599	**柳州市** …… 614
连州市 …… 599	柳北区 …… 614
佛冈县 …… 599	鱼峰区 …… 615
阳山县 …… 599	柳江区 …… 615
连山壮族瑶族自治县 …… 599	柳城县 …… 615
东莞市 …… 600	鹿寨县 …… 615
中山市 …… 600	融安县 …… 615
潮州市 …… 601	三江侗族自治县 …… 615
饶平县 …… 601	**桂林市** …… 616
揭阳市 …… 601	临桂区 …… 617
普宁市 …… 602	秀峰区 …… 617
揭西县 …… 602	阳朔县 …… 617
云浮市 …… 602	**梧州市** …… 617
云城区 …… 602	岑溪市 …… 618
云安区 …… 603	藤县 …… 618
罗定市 …… 603	蒙山县 …… 618
新兴县 …… 603	**北海市** …… 618
	合浦县 …… 618
广西壮族自治区 …… 604	**防城港市** …… 619
南宁市 …… 610	东兴市 …… 619
青秀区 …… 611	**钦州市** …… 619
兴宁区 …… 612	灵山县 …… 619
江南区 …… 612	浦北县 …… 620
西乡塘区 …… 612	**贵港市** …… 620

港北区 …………………… 620
　　桂平市 …………………… 620
　玉林市 …………………… 621
　　玉州区 …………………… 621
　　北流市 …………………… 621
　　容县 ……………………… 621
　　陆川县 …………………… 621
　　博白县 …………………… 621
　　兴业县 …………………… 622
　百色市 …………………… 622
　　右江区 …………………… 622
　　靖西市 …………………… 622
　　田阳县 …………………… 622
　　田东县 …………………… 622
　　德保县 …………………… 623
　　凌云县 …………………… 623
　　田林县 …………………… 623
　　西林县 …………………… 623
　　隆林各族自治县 ………… 623
　贺州市 …………………… 623
　　八步区 …………………… 624
　　昭平县 …………………… 624
　　钟山县 …………………… 624
　　富川瑶族自治县 ………… 624
　河池市 …………………… 625
　　南丹县 …………………… 625
　来宾市 …………………… 625
　　兴宾区 …………………… 626
　　忻城县 …………………… 626
　　象州县 …………………… 626
　　武宣县 …………………… 626
　　金秀瑶族自治县 ………… 626
　崇左市 …………………… 626
　　江州区 …………………… 627
　　凭祥市 …………………… 627
　　宁明县 …………………… 627
　　龙州县 …………………… 627
　　大新县 …………………… 627
　　天等县 …………………… 627

海南省 …………………… 628
　海口市 …………………… 629
　　琼山区 …………………… 630
　三亚市 …………………… 630
　三沙市 …………………… 630
　儋州市 …………………… 630
　省直辖县级行政单位 …… 631
　　五指山市 ………………… 631
　　琼海市 …………………… 631
　　文昌市 …………………… 631
　　万宁市 …………………… 631
　　定安县 …………………… 631
　　临高县 …………………… 631
　　昌江黎族自治县 ………… 632
　　乐东黎族自治县 ………… 632
　　陵水黎族自治县 ………… 632
　　琼中黎族苗族自治县 …… 632

重庆市 …………………… 633
　渝中区 …………………… 636
　万州区 …………………… 637
　涪陵区 …………………… 637
　沙坪坝区 ………………… 638
　九龙坡区 ………………… 638
　南岸区 …………………… 638

北碚区 …………………… 638	龙泉驿区 ………………… 656
綦江区 …………………… 638	青白江区 ………………… 656
大足区 …………………… 638	新都区 …………………… 656
渝北区 …………………… 639	温江区 …………………… 656
巴南区 …………………… 639	双流区 …………………… 657
黔江区 …………………… 639	郫都区 …………………… 657
长寿区 …………………… 639	都江堰市 ………………… 657
江津区 …………………… 639	彭州市 …………………… 657
合川区 …………………… 640	邛崃市 …………………… 657
永川区 …………………… 640	崇州市 …………………… 657
璧山区 …………………… 640	简阳市 …………………… 658
荣昌区 …………………… 640	金堂县 …………………… 658
开州区 …………………… 640	大邑县 …………………… 658
武隆区 …………………… 640	蒲江县 …………………… 658
丰都县 …………………… 641	新津县 …………………… 658
垫江县 …………………… 641	**自贡市** …………………… 659
忠县 ……………………… 641	自流井区 ………………… 659
云阳县 …………………… 641	大安区 …………………… 660
奉节县 …………………… 641	荣县 ……………………… 660
巫山县 …………………… 641	富顺县 …………………… 660
巫溪县 …………………… 642	**攀枝花市** ………………… 660
石柱土家族自治县 ……… 642	东区 ……………………… 661
秀山土家族苗族自治县 …… 642	西区 ……………………… 661
酉阳土家族苗族自治县 …… 642	仁和区 …………………… 661
彭水苗族土家族自治县 …… 642	米易县 …………………… 661
	盐边县 …………………… 661
四川省 …………………… 643	**泸州市** …………………… 662
成都市 ………………… 649	江阳区 …………………… 662
武侯区 …………………… 655	纳溪区 …………………… 662
锦江区 …………………… 655	龙马潭区 ………………… 662
青羊区 …………………… 655	泸县 ……………………… 663
金牛区 …………………… 655	合江县 …………………… 663
成华区 …………………… 656	叙永县 …………………… 663

古蔺县	……………	663
德阳市	……………	663
旌阳区	……………	663
罗江区	……………	664
广汉市	……………	664
什邡市	……………	664
绵竹市	……………	664
中江县	……………	664
绵阳市	……………	665
涪城区	……………	666
游仙区	……………	666
安州区	……………	666
江油市	……………	666
三台县	……………	666
盐亭县	……………	667
梓潼县	……………	667
平武县	……………	667
北川羌族自治县	……………	667
广元市	……………	668
利州区	……………	668
昭化区	……………	668
朝天区	……………	668
旺苍县	……………	668
青川县	……………	669
剑阁县	……………	669
苍溪县	……………	669
遂宁市	……………	669
船山区	……………	670
蓬溪县	……………	670
射洪县	……………	670
大英县	……………	670
内江市	……………	670
隆昌市	……………	671
资中县	……………	671
乐山市	……………	671
市中区	……………	671
沙湾区	……………	672
五通桥区	……………	672
金口河区	……………	672
峨眉山市	……………	672
犍为县	……………	672
井研县	……………	672
夹江县	……………	673
沐川县	……………	673
峨边彝族自治县	……………	673
马边彝族自治县	……………	673
南充市	……………	674
顺庆区	……………	674
高坪区	……………	674
嘉陵区	……………	674
阆中市	……………	675
南部县	……………	675
营山县	……………	675
蓬安县	……………	675
仪陇县	……………	675
西充县	……………	675
眉山市	……………	676
东坡区	……………	676
彭山区	……………	676
仁寿县	……………	677
洪雅县	……………	677
丹棱县	……………	677
青神县	……………	677
宜宾市	……………	677
翠屏区	……………	678
南溪区	……………	678

宜宾县 …………………… 678	通江县 …………………… 684
江安县 …………………… 678	平昌县 …………………… 684
长宁县 …………………… 678	**资阳市** …………………… 684
高县 ……………………… 678	雁江区 …………………… 685
珙县 ……………………… 679	乐至县 …………………… 685
筠连县 …………………… 679	安岳县 …………………… 685
兴文县 …………………… 679	**阿坝藏族羌族自治州** …… 685
屏山县 …………………… 679	马尔康市 ………………… 686
广安市 …………………… 679	汶川县 …………………… 686
广安区 …………………… 680	理县 ……………………… 686
华蓥市 …………………… 680	茂县 ……………………… 686
岳池县 …………………… 680	松潘县 …………………… 686
武胜县 …………………… 680	九寨沟县 ………………… 686
邻水县 …………………… 680	金川县 …………………… 686
达州市 …………………… 681	小金县 …………………… 687
通川区 …………………… 681	黑水县 …………………… 687
达川区 …………………… 681	壤塘县 …………………… 687
万源市 …………………… 681	若尔盖县 ………………… 687
宣汉县 …………………… 681	红原县 …………………… 687
开江县 …………………… 682	**甘孜藏族自治州** ………… 688
大竹县 …………………… 682	康定市 …………………… 688
渠县 ……………………… 682	泸定县 …………………… 688
雅安市 …………………… 682	丹巴县 …………………… 688
雨城区 …………………… 682	九龙县 …………………… 688
名山区 …………………… 682	雅江县 …………………… 689
荥经县 …………………… 683	道孚县 …………………… 689
汉源县 …………………… 683	炉霍县 …………………… 689
石棉县 …………………… 683	甘孜县 …………………… 689
天全县 …………………… 683	新龙县 …………………… 689
芦山县 …………………… 683	德格县 …………………… 689
宝兴县 …………………… 683	色达县 …………………… 689
巴中市 …………………… 684	理塘县 …………………… 690
巴州区 …………………… 684	巴塘县 …………………… 690

乡城县 …… 690	务川仡佬族苗族自治县 …… 699
稻城县 …… 690	**安顺市** …… 700
得荣县 …… 690	西秀区 …… 700
凉山彝族自治州 …… 690	平坝区 …… 700
西昌市 …… 691	普定县 …… 700
德昌县 …… 691	镇宁布依族苗族自治县 …… 700
会东县 …… 691	紫云苗族布依族自治县 …… 700
宁南县 …… 691	**毕节市** …… 701
布拖县 …… 691	大方县 …… 701
金阳县 …… 691	黔西县 …… 701
喜德县 …… 691	金沙县 …… 701
冕宁县 …… 692	织金县 …… 702
美姑县 …… 692	纳雍县 …… 702
	赫章县 …… 702
贵州省 …… 693	**铜仁市** …… 702
贵阳市 …… 695	松桃苗族自治县 …… 702
乌当区 …… 696	**黔西南布依族苗族自治州** …… 703
花溪区 …… 697	兴义市 …… 703
白云区 …… 697	普安县 …… 703
清镇市 …… 697	晴隆县 …… 703
开阳县 …… 697	**黔东南苗族侗族自治州** …… 703
六盘水市 …… 697	凯里市 …… 704
钟山区 …… 698	黎平县 …… 704
水城县 …… 698	榕江县 …… 704
遵义市 …… 698	**黔南布依族苗族自治州** …… 704
汇川区 …… 698	都匀市 …… 704
红花岗区 …… 698	福泉市 …… 704
播州区 …… 699	贵定县 …… 705
仁怀市 …… 699	平塘县 …… 705
绥阳县 …… 699	三都水族自治县 …… 705
正安县 …… 699	
湄潭县 …… 699	**云南省** …… 706

昆明市 …………………………… 711
　呈贡区 ………………………… 714
　五华区 ………………………… 714
　盘龙区 ………………………… 714
　官渡区 ………………………… 715
　西山区 ………………………… 715
　晋宁区 ………………………… 715
　安宁市 ………………………… 716
　富民县 ………………………… 716
　宜良县 ………………………… 716
　嵩明县 ………………………… 716
　石林彝族自治县 ……………… 716
　禄劝彝族苗族自治县 ………… 716
　寻甸回族彝族自治县 ………… 717
曲靖市 …………………………… 717
　麒麟区 ………………………… 718
　沾益区 ………………………… 718
　宣威市 ………………………… 718
　马龙县 ………………………… 718
　陆良县 ………………………… 718
　师宗县 ………………………… 718
　罗平县 ………………………… 719
　富源县 ………………………… 719
　会泽县 ………………………… 719
玉溪市 …………………………… 719
　红塔区 ………………………… 720
　江川区 ………………………… 720
　澄江县 ………………………… 721
　通海县 ………………………… 721
　华宁县 ………………………… 721
　易门县 ………………………… 721
　峨山彝族自治县 ……………… 721
　新平彝族傣族自治县 ………… 722

元江哈尼族彝族傣族自治县 ……
　………………………………… 722
保山市 …………………………… 722
　龙陵县 ………………………… 723
　昌宁县 ………………………… 723
昭通市 …………………………… 723
　昭阳区 ………………………… 723
　鲁甸县 ………………………… 724
　盐津县 ………………………… 724
　大关县 ………………………… 724
　永善县 ………………………… 724
　绥江县 ………………………… 724
　镇雄县 ………………………… 724
　彝良县 ………………………… 725
　威信县 ………………………… 725
　水富县 ………………………… 725
丽江市 …………………………… 725
　古城区 ………………………… 726
　永胜县 ………………………… 726
　华坪县 ………………………… 726
　玉龙纳西族自治县 …………… 726
　宁蒗彝族自治县 ……………… 726
普洱市 …………………………… 727
　思茅区 ………………………… 727
　墨江哈尼族自治县 …………… 727
　景谷傣族彝族自治县 ………… 727
　镇沅彝族哈尼族拉祜族自治县 …
　………………………………… 727
　孟连傣族拉祜族佤族自治县 ……
　………………………………… 728
临沧市 …………………………… 728
　临翔区 ………………………… 728
　凤庆县 ………………………… 729

云县 …… 729
镇康县 …… 729
双江拉祜族佤族布朗族傣族自治县
…… 729
耿马傣族佤族自治县 …… 729
沧源佤族自治县 …… 729
楚雄彝族自治州 …… 730
楚雄市 …… 730
双柏县 …… 730
牟定县 …… 731
南华县 …… 731
姚安县 …… 731
大姚县 …… 731
永仁县 …… 731
元谋县 …… 731
武定县 …… 732
禄丰县 …… 732
红河哈尼族彝族自治州 …… 732
蒙自市 …… 733
个旧市 …… 733
开远市 …… 733
弥勒市 …… 734
建水县 …… 734
石屏县 …… 734
泸西县 …… 734
元阳县 …… 734
红河县 …… 734
绿春县 …… 735
屏边苗族自治县 …… 735
金平苗族瑶族傣族自治县 …… 735
河口瑶族自治县 …… 735
文山壮族苗族自治州 …… 735
文山市 …… 736

砚山县 …… 736
西畴县 …… 736
麻栗坡县 …… 736
马关县 …… 737
丘北县 …… 737
广南县 …… 737
富宁县 …… 737
西双版纳傣族自治州 …… 737
景洪市 …… 737
勐海县 …… 738
勐腊县 …… 738
大理白族自治州 …… 738
大理市 …… 739
祥云县 …… 739
宾川县 …… 739
弥渡县 …… 739
永平县 …… 740
云龙县 …… 740
洱源县 …… 740
剑川县 …… 740
鹤庆县 …… 740
漾濞彝族自治县 …… 740
南涧彝族自治县 …… 740
巍山彝族回族自治县 …… 741
德宏傣族景颇族自治州 …… 741
芒市 …… 741
瑞丽市 …… 741
盈江县 …… 742
陇川县 …… 742
怒江傈僳族自治州 …… 742
泸水市 …… 742
福贡县 …… 742
贡山独龙族怒族自治县 …… 743

兰坪白族普米族自治县 …… 743

迪庆藏族自治州 …… 743
 香格里拉市 …… 743
 德钦县 …… 743

西藏自治区 …… 744
 拉萨市 …… 745
  墨竹工卡县 …… 745
 日喀则市 …… 746
 昌都市 …… 746
 林芝市 …… 746
 山南市 …… 746
 那曲市 …… 747
 阿里地区 …… 747

陕西省 …… 748
 西安市 …… 752
  碑林区 …… 755
  莲湖区 …… 755
  阎良区 …… 755
  长安区 …… 755
  高陵区 …… 755
 铜川市 …… 756
  耀州区 …… 756
 宝鸡市 …… 756
  陈仓区 …… 757
  凤翔县 …… 757
  岐山县 …… 757
  眉县 …… 757
 咸阳市 …… 757
  秦都区 …… 758
  兴平市 …… 758

  三原县 …… 758
  乾县 …… 758
  礼泉县 …… 758
  旬邑县 …… 759
  淳化县 …… 759
  武功县 …… 759
 渭南市 …… 759
  韩城市 …… 759
  华阴市 …… 760
  华州区 …… 760
  潼关县 …… 760
  大荔县 …… 760
  合阳县 …… 760
  澄城县 …… 760
  富平县 …… 761
 延安市 …… 761
  宝塔区 …… 761
  安塞区 …… 761
  延长县 …… 761
  延川县 …… 762
  子长县 …… 762
  志丹县 …… 762
  吴起县 …… 762
  甘泉县 …… 762
  富县 …… 763
  洛川县 …… 763
  黄龙县 …… 763
  黄陵县 …… 763
 汉中市 …… 763
  汉台区 …… 763
  南郑区 …… 764
  城固县 …… 764
  洋县 …… 764

西乡县	764
勉县	764
略阳县	764
留坝县	764

榆林市 765
 榆阳区 765
 神木市 765
 府谷县 765
 靖边县 766
 定边县 766
 子洲县 766

安康市 766
 汉滨区 767
 汉阴县 767
 石泉县 767
 岚皋县 767

商洛市 768
 商州区 768
 洛南县 768
 丹凤县 768
 商南县 768
 镇安县 769
 柞水县 769

甘肃省 770

兰州市 774
 七里河区 776

嘉峪关市 776

金昌市 777

白银市 777
 白银区 778
 平川区 778
 会宁县 778
 景泰县 778

天水市 778

武威市 779
 天祝藏族自治县 779

张掖市 779
 甘州区 780
 民乐县 780
 临泽县 780
 高台县 780
 山丹县 780

平凉市 781
 崆峒区 781
 灵台县 781
 崇信县 781
 华亭县 781
 庄浪县 782
 静宁县 782

酒泉市 782
 敦煌市 782
 金塔县 783
 阿克塞哈萨克族自治县 783

庆阳市 783
 西峰区 783
 镇原县 783

定西市 784

陇南市 784

临夏回族自治州 784
 临夏市 785
 永靖县 785
 和政县 785
 积石山保安族东乡族撒拉族自治县 785

甘南藏族自治州	785	平罗县	801
卓尼县	786	吴忠市	801
		利通区	801
青海省	787	青铜峡市	802
西宁市	789	盐池县	802
城西区	789	固原市	802
大通回族土族自治县	789	原州区	802
海东市	790	西吉县	802
乐都区	790	隆德县	802
化隆回族自治县	790	泾源县	803
海北藏族自治州	790	彭阳县	803
祁连县	790	中卫市	803
刚察县	791	海原县	803
门源回族自治县	791		
黄南藏族自治州	791	**新疆维吾尔自治区**	804
河南蒙古族自治县	791	乌鲁木齐市	807
海南藏族自治州	791	水磨沟区	808
果洛藏族自治州	792	头屯河区	808
玉树藏族自治州	792	达坂城区	808
海西蒙古族藏族自治州	792	米东区	808
德令哈市	792	乌鲁木齐县	809
格尔木市	793	克拉玛依市	809
		克拉玛依区	810
宁夏回族自治区	794	独山子区	810
银川市	798	白碱滩区	810
金凤区	799	乌尔禾区	810
兴庆区	800	吐鲁番市	811
灵武市	800	高昌区	811
永宁县	800	鄯善县	811
贺兰县	800	托克逊县	811
石嘴山市	800	哈密市	811
惠农区	801	伊州区	812

伊吾县 ………… 812
巴里坤哈萨克自治县 ……… 812
阿克苏地区 ………… 812
　阿克苏市 ………… 813
　温宿县 ………… 813
　库车县 ………… 813
　沙雅县 ………… 813
　新和县 ………… 813
　拜城县 ………… 814
　乌什县 ………… 814
　阿瓦提县 ………… 814
喀什地区 ………… 814
　喀什市 ………… 814
　疏附县 ………… 815
　疏勒县 ………… 815
　泽普县 ………… 815
　莎车县 ………… 815
　叶城县 ………… 815
　麦盖提县 ………… 815
　岳普湖县 ………… 815
　巴楚县 ………… 816
和田地区 ………… 816
　和田市 ………… 816
　墨玉县 ………… 816
　民丰县 ………… 816
昌吉回族自治州 ………… 817
　昌吉市 ………… 817
　阜康市 ………… 817
　呼图壁县 ………… 817
　玛纳斯县 ………… 817
　奇台县 ………… 818
　吉木萨尔县 ………… 818
　木垒哈萨克自治县 ……… 818

博尔塔拉蒙古自治州 ………… 818
巴音郭楞蒙古自治州 ………… 819
　库尔勒市 ………… 819
　尉犁县 ………… 819
　若羌县 ………… 820
　且末县 ………… 820
　和静县 ………… 820
　博湖县 ………… 820
　焉耆回族自治县 ………… 820
克孜勒苏柯尔克孜自治州 ……… 820
伊犁哈萨克自治州 ………… 821
　伊宁市 ………… 821
　奎屯市 ………… 822
　伊宁县 ………… 824
　霍城县 ………… 824
　巩留县 ………… 824
　新源县 ………… 824
　昭苏县 ………… 824
　特克斯县 ………… 824
　尼勒克县 ………… 824
塔城地区 ………… 825
　塔城市 ………… 825
　乌苏市 ………… 825
　额敏县 ………… 825
　沙湾县 ………… 825
　托里县 ………… 825
　裕民县 ………… 826
　和布克赛尔蒙古自治县 ……… 826
阿勒泰地区 ………… 826
　布尔津县 ………… 826
　富蕴县 ………… 826
　福海县 ………… 827
　哈巴河县 ………… 827

青河县	……………	827		
吉木乃县	……………	827	香港特别行政区	…………… 829
自治区直辖县级行政单位	……	827		
石河子市	……………	827	澳门特别行政区	…………… 831
阿拉尔市	……………	828		
五家渠市	……………	828	台湾省	…………… 832

第二部分

哲学、宗教	…………… 837	自然科学总论	…………… 944
社会科学总论	…………… 839	天文学、地球科学	…………… 945
政治、法律	…………… 843	生物科学	…………… 948
军　事	…………… 856	医药、卫生	…………… 949
经　济	…………… 858	农业科学	…………… 953
文化、科学、教育、体育	…… 915	工业技术	…………… 955
语言、文字	…………… 927	交通运输	…………… 964
文　学	…………… 928	航空、航天	…………… 966
艺　术	…………… 933	环境科学、安全科学	…………… 967
历史、地理	…………… 941	综合性图书	…………… 969

笔画索引检字表	…………… 971	分类索引目录	…………… 1249

※ 第一部分 ※

北京市

004943418
北京年鉴
北京市地方志编纂委员会编 北京 中国城市出版社 1990—
〔馆藏卷期〕1990 1991 1992 1993 1994 1995 1996 1997 1998 1999 2000 2001 2002 2003 2004 2006 2007 2008 2009 2010 2011 2012 2013 2014

008908663
清华哲学年鉴
清华大学哲学系编 保定 河北大学出版社 2000—
〔馆藏卷期〕2000 2001 2002 2004 2005 2006 2007 2008

009806798
中共中央党校哲学学科年鉴
北京 中共中央党校出版社
〔馆藏卷期〕2002/2003 2004/2005 2006/2007 2008/2009 2010/2011

007767742
华北宗教年鉴
兴亚宗教协会编 北京 兴亚宗教协会 1941
〔馆藏卷期〕1941

008849835
北京社会科学年鉴
北京市社会科学界联合会编著 北京 北京出版社 2000—
〔馆藏卷期〕2000 2001 2002 2003 2005 2006 2007 2008 2009 2010 2011 2012 2013

012361612
中央文史研究馆年鉴
中央文史研究馆编 北京 线装书局 2009—
〔馆藏卷期〕2009 2010 2011

010223787
北京农村统计年鉴

国家统计局北京市农村社会经济调查队编 北京 国家统计局 2005—

〔馆藏卷期〕2005 2010

009062435

北京区域统计年鉴

北京市统计局编 北京 同心出版社 2002—

〔馆藏卷期〕2002 2003 2004 2005/2006 2007 2008 2009 2010 2011 2012 2013 2014

008119479

〔（伪）北京特别市〕市政统计年鉴

（伪）北京特别市公署秘书处编 北京 （伪）北京特别市公署秘书处 1940

〔馆藏卷期〕1939

003549330

北京统计年鉴

北京社会经济统计年鉴

北京市统计局编 北京 中国统计出版社 1992—

〔馆藏卷期〕1992 1993 1994 1995 1996 1997 1998 1999 2000 2001 2002 2003 2004 2006 2007 2008 2009 2010 2011 2012 2013 2014

011500255

北京市人口和计划生育年鉴

北京市人口和计划生育委员会编 北京 中国人口出版社 2008—

〔馆藏卷期〕2007 2008 2009 2010 2011 2012 2013

008784546

中共中央党校函授教育年鉴

黄士安主编 中共中央党校函授学院年鉴编辑部编 北京 中共中央党校出版社

〔馆藏卷期〕1996 1997 1998 1999 2000 2001 2002 2003 2004 2005 2006

004899388

中共中央党校年鉴

党校年鉴

中共中央党校年鉴编委会编 北京 中共中央党校出版社 1985—1986

〔馆藏卷期〕△1984 1985 1990 1992 1994 1995 1996 2001

011399841

中国青年政治学院年鉴

中国青年政治学院·中央团校年鉴 2003—

中国青年政治学院院办公室编 北京 中国青年政治学院

〔馆藏卷期〕2002 2003 2006 2007 2008 2009 2010 2012

010223762

北京工业大学共青团工作年鉴

共青团北京工业大学委员会编 北京 北京工业大学共青团

〔馆藏卷期〕2000/2001 2003/2004

010101869

北京建筑工程学院团学工作年鉴

共青团北京建筑工程学院委员会编 北京 共青团北京建筑工程学院委员会

〔馆藏卷期〕2004 2005

010223777

北京理工大学共青团工作年鉴

共青团北京理工大学委员会编 北京 北京理工大学共青团

〔馆藏卷期〕2005

009502098

北京林业大学共青团工作年鉴

共青团工作年鉴

共青团北京林业大学委员会编 北京 共青团北京林业大学委员会

〔馆藏卷期〕2002 2003 2004 2005 2006 2007 2008 2010 2011 2012

010223795

北京师范大学共青团工作年鉴

北京师范大学共青团编 北京 北京师范大学共青团

〔馆藏卷期〕2002/2003 2005 2006

012593440

〔北京邮电大学〕信息与通信工程学院分团委年鉴

北京邮电大学信息与通信工程学院分团委编 北京 北京邮电大学信息与通信工程学院 2009—

〔馆藏卷期〕2008/2009

012591930

民航空管系统共青团和青年工作年鉴

民用航空总局空中交通管理局团委编 北京 民航局空管局办公室 2009—

〔馆藏卷期〕2009 2010

010101907

中央民族大学共青团工作年鉴

共青团中央民族大学委员会工作年鉴 2007—

共青团中央民族大学委员会编 北京 共青团中央民族大学委员会

〔馆藏卷期〕2004 2005 2006 2007 2008 2009 2011

011500228

北京市教育工会工作年鉴

北京市教育工会年鉴 2007—

北京市教育工作工会年鉴编辑委员会编 北京 北京市教育工会工作年鉴编辑委员会 2007—

〔馆藏卷期〕2005 2006 2007 2008 2009 2010

008476789

北京青少年年鉴

共青团北京市委员会编 北京 北京出版社 1992—

〔馆藏卷期〕1991

012242427

当代世界研究中心年鉴

于洪君主编 北京 当代世界出版社

2004—
〔馆藏卷期〕2004 2005

009928156
社会主义学院年鉴
社会主义学院年鉴编委会编 北京 华文出版社 2001—
〔馆藏卷期〕2000

013713442
北京影响力年鉴
北京影响力企业管理有限公司编 北京 北京影响力企业管理有限公司
〔馆藏卷期〕2012

009195504
北京政协年鉴
中国人民政治协商会议北京市委员会编 北京 中国人民政治协商会议北京市委员会
〔馆藏卷期〕1993 1996 1997 1998 1999 2000 2001 2002 2004 2005 2006 2007 2008 2009 2010 2011 2012 2013

013603065
干部三局年鉴
中共中央组织部干部三局编 北京 中共中央组织部干部三局
〔馆藏卷期〕2011

013926370
干部四局年鉴
中共中央组织部中央与国家机关干部局(四局)办公室编 北京 中共中央组织部干部四局
〔馆藏卷期〕2010

012047169
干部五局年鉴
中共中央组织部干部五局编 北京 中共中央组织部干部五局 2005—
〔馆藏卷期〕2004

009588912
新华社人事年鉴
新华社人事局编 北京 新华出版社
〔馆藏卷期〕1995 1996

012923487
国家预防腐败局年鉴
国家预防腐败局办公室编 北京 中国方正出版社 2010—
〔馆藏卷期〕2007/2009 2010/2011

009360556
北京公安年鉴
北京市公安局编 北京 中国人民公安大学出版社 2001—
〔馆藏卷期〕2001 2002 2003 2004 2005 2006 2007 2008 2009

008437490
北京民政年鉴
北京民政年鉴编纂委员会编 北京 北京民政年鉴编纂委员会

〔馆藏卷期〕1992 1993 1994 1995 1996 1997 1998 1999 2000 2001 2002 2003 2004 2005 2006 2007 2008 2009 2010 2012 2013

009437208

北京市民政统计年鉴

北京市民政局编 北京 北京市民政局

〔馆藏卷期〕2001 2002 2003 2004 2005 2006 2007 2008 2009 2010 2012 2013

009933314

首都精神文明建设年鉴

首都精神文明建设年鉴编辑委员会编 首都精神文明建设委员会办公室主办 北京 中国画报出版社 2005—

〔馆藏卷期〕2005 2006 2007

010226696

中华全国工商业联合会直属会员商会年鉴

商会年鉴

中华全国工商业联合会编 北京 中华工商联合出版社 2006—

〔馆藏卷期〕2005 2006 2007/2009

009927775

北京市残疾人联合会年鉴

北京市残疾人事业志编纂委员会编 北京 北京市残疾人联合会 2004—

〔馆藏卷期〕1999/2002 2003 2004 2005 2007

012616973

北京市残疾人事业统计年鉴

北京市残疾人联合会编 北京 北京市残疾人联合会

〔馆藏卷期〕2008

012351719

北京社会建设年鉴

中共北京市委社会工作委员会 北京市社会建设工作办公室编 北京 北京出版社 2009—

〔馆藏卷期〕2009 2010 2011 2012

008957926

北京法院年鉴

北京法院工作年鉴 1990

北京法院年鉴编辑委员会编 北京 北京市高级人民法院

〔馆藏卷期〕1993 1994 1995 1996 1997 1998 1999 2000 2001 2002 2003 2004 2005/2006 2007 2008 2009 2010 2011 2012 2013

009425762

北京检察年鉴

北京市人民检察院编 北京 北京市人民检察院

〔馆藏卷期〕1987 1988 1989 1990 1991 1992 1993 1994 1995 1996/1997 1998 1999 2000 2001 2002 2003 2004 2005 2006 2007 2008 2009 2010 2011 2012 2013 2014

009519993

北京监狱年鉴

北京监狱劳教年鉴 1999

北京监狱管理局编 北京 北京监狱管理局

〔馆藏卷期〕1998 1999 2003 2004 2006 2007 2011

009520046

北京司法行政年鉴

吴玉华主编 北京 北京市司法局

〔馆藏卷期〕1990/1996 1997 1998 1999 2000 2001 2002 2003 2004 2005 2006 2007 2008 2009 2010 2013

009615289

北京知识产权审判年鉴

北京市高级人民法院民三庭编 北京 知识产权出版社 2005—

〔馆藏卷期〕2005

013790822

北京军事年鉴

北京卫戍区年鉴 2007—2008

北京军事年鉴编纂委员会编 中国人民解放军北京卫戍区司令部主办 北京 北京军事年鉴编纂委员会 2009—

〔馆藏卷期〕2009

010101900

武警北京总队年鉴

中国人民武装警察部队北京市总队编史办公室编 北京 中国人民武装警察部队北京市总队编史办公室 2000—

〔馆藏卷期〕2000 2003

014014916

天则经济研究所年鉴

北京天则经济研究所编 北京 天则经济研究所

〔馆藏卷期〕2008

011139627

北京市国有资产监督管理年鉴

北京市人民政府国有资产监督管理委员会编 北京 北京市人民政府国有资产监督管理委员会 2005—

〔馆藏卷期〕2005 2006 2007 2008 2009 2010 2011 2012 2013

013714552

北京经济技术开发区年鉴

北京经济技术开发区年鉴编纂委员会编 北京 方志出版社 2013—

〔馆藏卷期〕2012 2013

010223775

北京经济普查年鉴

北京市第一次全国经济普查领导小组办公室编 北京 中国统计出版社 2006—

〔馆藏卷期〕2004 2008

009698664

北京经济信息年鉴

北京经济报主编 北京 北京改革出版社

〔馆藏卷期〕1999/2000

011139629
北京市国资委年鉴
北京市人民政府国有资产监督管理委员会编 北京 北京市人民政府国有资产监督管理委员会 2005—
〔馆藏卷期〕2003

001784309
北京市社会经济统计年鉴
北京社会经济统计年鉴
北京市统计局编 北京 中国统计出版社 1986—
〔馆藏卷期〕1985 1986 1987

001784311
北京社会经济统计年鉴
北京市社会经济统计年鉴
北京统计年鉴
北京市统计局编 北京 中国统计出版社 1987—1991
〔馆藏卷期〕1987 1988 1989 1990 1991

011822104
环渤海区域经济年鉴
环渤海区域经济年鉴编纂委员会编 北京 中国城市出版社 2008—
〔馆藏卷期〕2007 2008 2009 2010 2011

008273029
中国京九发展年鉴
中国京九发展年鉴编委会编 北京 中国

言实出版社 1997—
〔馆藏卷期〕1997

011395208
北京市国土资源年鉴
北京国土资源局编 北京 中国计量出版社 2007—
〔馆藏卷期〕2007 2008 2009 2010 2011 2012 2013

013809413
北京市质量技术监督统计年鉴
北京质量技术监督局编 北京 北京市质量技术监督局
〔馆藏卷期〕2010

009288906
兵器工业部物资工作年鉴
兵器工业部物资管理局编 北京 兵器工业部物资管理局
〔馆藏卷期〕1986

011139599
BG 北控年鉴
北京控股集团有限公司年鉴
北京控股集团有限公司年鉴编辑委员会编纂 北京 北京控股集团有限公司 2006—
〔馆藏卷期〕2005 2006 2007 2008 2009

008370726
中国企业登记年鉴 北京专辑
北京市工商行政管理局编 北京 中国民

主法制出版社 1992—
〔馆藏卷期〕1991

011968298

中国企业集团财务公司年鉴

中国财务公司协会编 北京 中国财务公司协会 2008—
〔馆藏卷期〕2008 2009 2010 2011 2012 2013

004156473

中国外向型企业年鉴 北京卷

于哲林主编 北京 光明日报出版社 1990—
〔馆藏卷期〕1989

008182268

北京房地产年鉴

孟晓苏等主编 北京 中国计划出版社
〔馆藏卷期〕1998/1999

009933254

北京房地产市场年鉴 透视与分析 1999—2000 精选 100 话题

阚天泽主编 北京 改革出版社 2000
〔馆藏卷期〕1999

012351715

北京华宅年鉴

北京华宅年鉴编委会编 北京 楼市传媒 2008—
〔馆藏卷期〕2008 2009

008439068

北京居民购房年鉴

刘印生主编 北京 中国城市出版社
〔馆藏卷期〕1999

010223829

[北京市房地产管理局]统计年鉴

北京市房地产管理局编 北京 北京市房地产管理局
〔馆藏卷期〕1988 1990

009309052

北京市房地产年鉴

北京市国土资源和房屋管理局编 北京 中国标准出版社 2003—
〔馆藏卷期〕2003 2004 2005 2006 2007 2008 2009 2010 2011 2012 2013

008643772

北京住宅年鉴

匡洪广主编 北京 中国城市出版社
〔馆藏卷期〕2000

010101892

北京住总集团年鉴

北京住宅开发建设集团总公司经理办编 北京 北京住宅开发建设集团总公司
〔馆藏卷期〕1993/1994

012521651

中国城市房地产开发商策略联盟年鉴

中国城市房地产开发商策略联盟秘书

处编 北京 中城联盟秘书处
〔馆藏卷期〕2008

014015049
中国铁建地产集团年鉴
中国铁建房地产集团有限公司年鉴编审委员会编 北京 中国铁建房地产集团有限公司 2013—
〔馆藏卷期〕2008/2012

009036159
中国新建设年鉴 北京奥运卷
北京 中国建材工业出版社
〔馆藏卷期〕2002/2003

010223782
北京林业年鉴
北京市林业局编纂 北京 中国林业出版社 2006—
〔馆藏卷期〕2005 2006

013932986
西山林场年鉴
西山林场人事科 西山林场办公室编 北京 西山林场办公室
〔馆藏卷期〕2010

008802291
北京农村年鉴
中共北京市委农村工作委员会编 北京 中国农业出版社 2001—
〔馆藏卷期〕2001 2002 2003 2004 2005 2006 2007 2008 2009 2010 2011 2012 2013 2014

010223394
北京大唐发电股份有限公司年鉴
北京 中国电力出版社
〔馆藏卷期〕2000 2001 2002 2003

009913056
北京电力公司年鉴
北京市电力公司年鉴 2008—
国网北京市电力公司年鉴 2013—
北京电力公司年鉴编委会编 北京 中国电力出版社 2005—
〔馆藏卷期〕2005 2006 2007 2008 2009 2010 2011 2012 2013

009698589
北京电力建设公司年鉴
北京电力建设公司编 北京 北京电力建设公司 1999—
〔馆藏卷期〕1998 1999 2000 2001 2002 2006

009698660
北京金隅集团年鉴
北京金隅集团年鉴编纂委员会编 北京 北京金隅集团年鉴编纂委员会
〔馆藏卷期〕2001 2002 2003 2004 2005 2006 2008

011500207
北京燃气年鉴
北京市燃气集团有限责任公司年鉴编

辑委员会编纂 北京 北京市燃气集团有限责任公司 2007—

〔馆藏卷期〕2006 2008 2010 2011 2012

012243199

北京烟草年鉴

北京市烟草专卖局(公司)编 北京 北京烟草年鉴编撰委员会

〔馆藏卷期〕2005 2006 2007 2008 2009

009616743

北京印钞厂年鉴

北京印钞厂年鉴编纂委员会编 北京 方志出版社 2004—

〔馆藏卷期〕2002/2003 2004 2005 2006 2007 2008

010224263

国家电网公司年鉴

国家电网公司年鉴编辑委员会编 北京 中国电力出版社 2006—

〔馆藏卷期〕2006 2007 2008 2009 2010 2011 2012 2013 2014

013603197

民航华北空管局年鉴

民航华北空管局年鉴编写委员会编 北京 民航华北空管局 2011—

〔馆藏卷期〕2011

009933317

首钢年鉴

首钢总公司史志年鉴编委会编著 北京

华夏出版社 2006—

〔馆藏卷期〕2004/2005 2006 2007 2008 2009 2010 2011 2012 2013

012079791

中钞油墨有限公司年鉴

中钞油墨有限公司年鉴编纂委员会编 上海 上海社会科学院出版社 2005—

〔馆藏卷期〕2002/2005

011823322

中电国华电力股份有限公司北京热电分公司年鉴

北京热电分公司年鉴

中电国华电力股份有限公司北京热电分公司编 北京 中电国华北京热电分公司 2004—

〔馆藏卷期〕2003 2005 2006

008977313

中国北方机车车辆工业集团公司年鉴

中国北车年鉴 2006—

中国北方机车车辆工业集团公司年鉴编辑委员会编 北京 中国铁道出版社 2002—

〔馆藏卷期〕2002 2003 2004 2005 2006 2007 2008 2009 2010 2011 2012 2013 2014

011399756

中国大唐集团年鉴

中国大唐集团年鉴编纂委员会编 北京 中国大唐集团公司 2006—

〔馆藏卷期〕2004 2005 2006 2007 2008 2009

012048990

中国电力科学研究院年鉴

中国电力科学研究院年鉴编辑委员会编 北京 中国电力科学研究院 2006—

〔馆藏卷期〕2006 2010

009726426

中国国电集团年鉴

中国国电集团年鉴编委会编 北京 中国电力出版社 2004—

〔馆藏卷期〕2004 2005 2006 2007 2009 2010 2011 2012 2013

011503866

中国航空工业第一集团公司年鉴

中国航空工业第一集团公司年鉴编纂委员会编 北京 航空工业出版社 2002—

〔馆藏卷期〕1999/2000

010227063

中国核工业集团公司年鉴

核工业档案馆编 北京 原子能出版社

〔馆藏卷期〕2004

010227066

中国华电集团公司年鉴

中国华电集团公司年鉴编委会编 北京 中国电力出版社 2006—

〔馆藏卷期〕2006 2006/2007 2008 2009 2010 2011 2012

012803136

中国机械工业集团有限公司年鉴

中国机械工业集团年鉴 2011—

中国机械工业集团有限公司年鉴编辑部编 北京 中国经济出版社 2010—

〔馆藏卷期〕2010 2011 2012 2013

013680408

中国煤炭科工集团有限公司科技年鉴

中国煤炭科工集团有限公司编 北京 中国煤炭科工集团有限公司

〔馆藏卷期〕2011

009045388

中国南方机车车辆工业集团公司年鉴

中国南车年鉴 2008

中国南方机车车辆工业集团公司年鉴编辑委员会编 北京 中国铁道出版社 2002—

〔馆藏卷期〕2002 2003 2004 2005 2006 2007 2008 2009 2010 2011 2012 2013

013758850

中国石化润滑油公司年鉴

中国石化润滑油公司年鉴编纂委员会编 北京 北京出版社

〔馆藏卷期〕2009

013379155

中国石油长城钻探工程公司年鉴

中国石油集团长城钻探工程有限公司
编 北京 石油工业出版社

〔馆藏卷期〕2010

010226833

中国石油华北销售分公司投资统计年鉴

华北销售分公司投资管理处编 北京 中国石油华北销售分公司

〔馆藏卷期〕1999/2003

005949531

中国石油化工总公司年鉴

中国石油化工集团公司年鉴

中国石油化工总公司编 北京 中国石化出版社 1991—

〔馆藏卷期〕1988 1991 1994 1997

009288960

中国石油化工集团公司年鉴

中国石油化工总公司年鉴

中国石油化工集团公司编 北京 中国石化出版社 1999—

〔馆藏卷期〕1999 2000 2001 2002 2003 2004 2005 2006 2007 2008 2009 2010 2011 2012 2013 2014

008773119

中国石油天然气集团公司规划设计总院年鉴

中国石油天然气股份有限公司规划总院年鉴 2000—

中国石油天然气集团公司规划设计总院年鉴编辑部编 北京 中国石油天然气集团公司规划设计总院

〔馆藏卷期〕1998 2000 2001 2002

008426297

中国石油天然气集团公司年鉴

中国石油天然气工业年鉴

中国石油天然气集团公司编 北京 石油工业出版社 2000—

〔馆藏卷期〕1999 2000 2001 2003 2004 2005 2006 2007 2008 2009 2010 2011 2012 2013 2014

012200532

中国石油天然气集团公司统计工作年鉴

中国石油天然气集团公司规划计划部编 北京 中国石油天然气集团公司规划计划部

〔馆藏卷期〕1998 2008

008802334

中国石油天然气总公司规划设计总院年鉴

中国石油天然气总公司规划设计总院院长办公室编 北京 石油规划设计总院院长办公室 1996—

〔馆藏卷期〕1995 1997

009928160

中国石油天然气总公司石油勘探开发

科学研究院年鉴

石油勘探开发科学研究院年鉴 1996—2000

中国石油勘探开发研究院年鉴 2001—
中国石油天然气总公司石油勘探开发科学研究院史志年鉴编委会编 北京 中国石油天然气总公司 1996—

〔馆藏卷期〕1996 1997 1998 1999 2000 2001 2002 2003 2004 2005 2006 2007 2010 2011

009806879

中国水利水电建设集团公司年鉴

中国水利水电建设集团公司编 北京 中国电力出版社 2006—

〔馆藏卷期〕2003/2005 2006 2007 2008 2009 2010 2011 2012 2013 2014

010226835

中国五矿集团公司统计年鉴

中国五矿集团公司企业规划发展部编 北京 中国五矿集团公司

〔馆藏卷期〕2005 2006

011399919

中国冶金科工集团公司年鉴

黄丹丰编 北京 中国经济出版社 2007—

〔馆藏卷期〕2007 2009

011503933

中国印钞造币总公司技术中心年鉴

中国印钞造币总公司技术中心 中国人民银行印制科学技术研究所编 中国印钞造币总公司主办 北京 中国印钞造币总公司

〔馆藏卷期〕2007

007211359

北京工业年鉴

北京市经济委员会编 北京 科学出版社 1991—

〔馆藏卷期〕1991 1992 1994 1995 1996 1997 1998 1999 2000 2001 2002 2003 2005 2006 2007 2008 2009 2010 2011 2012 2013

012723193

北京交通年鉴

北京市交通委员会编 北京 北京市交通委员会 2010—

〔馆藏卷期〕2010 2011 2012 2013 2014

006915861

北京铁路分局年鉴

北京铁路分局志编委会编 北京 中国铁道出版社 1989—

〔馆藏卷期〕1989/1990 1991 1992 1993 1994 1995 1996 1997 1998 1999 2000 2001 2002 2003 2004 2005

004187256

北京铁路局年鉴

北京铁路局路史编辑委员会编 北京 中国铁道出版社

〔馆藏卷期〕1987 1988 1989 1990 1991

1992 1993 1994 1995 1996 1997
1998 1999 2000 2001 2002 2003
2004 2005 2006 2007 2008 2009
2010 2011 2012 2014

010102789

电化局建筑工程处年鉴

电化局建筑工程处年鉴编辑部编 北京 电化局建筑工程处 2000—

〔馆藏卷期〕1999/2000

008670263

铁道部第十六工程局年鉴

中铁第十六工程局年鉴 2002—

铁道部第十六工程局史志编审委员会编 北京 中国铁道出版社

〔馆藏卷期〕1994 1995 1996 1997 1998 1999 2000 2002

008195667

铁道部建厂工程局年鉴

铁道部建厂工程局史志编辑委员会编 北京 铁道部建厂工程局史志编辑委员会 1994—

〔馆藏卷期〕1994 1995 1996 1997 1998

008435299

中国铁道建筑总公司年鉴

中国铁建年鉴 2008

中国铁道建筑总公司史志编审委员会编 北京 中国铁道出版社

〔馆藏卷期〕1993 1994 1995 1996 1997 1998 1999 2000 2001 2002 2003

2004 2005 2006 2007 2008 2009
2010 2011 2012 2013

010102817

中国铁道建筑总公司铁路运输处年鉴

铁路运输处史志编审委员会编 北京 铁路运输处

〔馆藏卷期〕1998

009618451

中国铁路工程总公司年鉴

中国铁路工程总公司年鉴编委会编 北京 中国铁道出版社 2004—

〔馆藏卷期〕2003 2004 2005 2006 2007 2008 2009 2010 2011 2012

009618453

中国铁路通信信号总公司年鉴

中国铁路通信信号总公司史志编辑委员会编 北京 中国铁道出版社 1998—

〔馆藏卷期〕1997

009841286

中铁电气化工程局年鉴

中铁电气化局集团年鉴 2002—

中铁电气化局集团有限公司史志编纂委员会编 北京 中铁电气化局集团有限公司 2001—

〔馆藏卷期〕1999/2000 2002 2003 2004 2005 2006 2008 2010

011824404
中铁工程设计咨询集团有限公司年鉴
中铁咨询史志编纂委员会编 北京 中铁工程设计咨询集团有限公司
〔馆藏卷期〕2006

008643768
中铁建厂工程局年鉴
中铁建工集团年鉴 2004
中铁建厂工程局年鉴编辑部编 北京 中铁建厂工程局史志编纂委员会
〔馆藏卷期〕1999 2000 2002 2003 2004 2005 2006

011503945
中铁行包快递年鉴
中铁行包快递有限责任公司年鉴
中铁快运年鉴 2007—
中铁行包快递有限责任公司年鉴编委会编 中铁行包快递有限责任公司主办 北京 中铁行包快递有限责任公司年鉴编委会 2005—
〔馆藏卷期〕2005 2006 2007

012079041
北京首发集团年鉴
北京市首都公路发展集团有限公司编 北京 北京市首都公路发展集团有限公司
〔馆藏卷期〕2006/2007 2008 2009

009287777
首发公司年鉴
北京市首都公路发展有限责任公司编印 北京 北京市首都公路发展有限责任公司
〔馆藏卷期〕1999/2001 2001/2002 2002/2003 2003/2004

009460014
北京首都国际机场统计年鉴
北京首都机场集团公司统计年鉴
北京首都国际机场股份有限公司统计年鉴
首都国际机场计划经营处编 北京 首都国际机场计划经营处 1998—
〔馆藏卷期〕1991 1992 1993 1994 1995 1996 1997 1998 2000 2007

009618434
中国国际航空公司统计年鉴
中国国际航空股份有限公司统计年鉴
中国国际航空公司规划发展部编 北京 中国国际航空公司规划发展部
〔馆藏卷期〕1990 1991 1992 1993 1994 1995 1998 2000 2001 2002 2003 2004 2005 2006

009841217
中国航空油料总公司统计年鉴
中国航空油料公司统计年鉴 1949—1990
中国航空油料有限责任公司综合统计年鉴 2007—
中国航空油料总公司计划处编 北京 中国航空油料总公司
〔馆藏卷期〕1949/1990 1992 1993 1994

1995 1996 1997 1998 1999 2000
2001 2002 2003 2004 2005 2006
2007 2008 2009

010226831
中国民航华北管理局统计年鉴
民航华北管理局计划处编 北京 民航华北管理局
〔馆藏卷期〕1999 2000 2001 2002

013758847
中国民用航空局空中交通管理局年鉴
民航局空管局年鉴编写委员会编 北京 空中交通管理局
〔馆藏卷期〕2010

009933298
北京公安交通管理年鉴
北京市公安局公安交通管理局办公室编 北京 北京市公安局公安交通管理局 2004—
〔馆藏卷期〕2004 2005 2006 2007 2008 2009 2010 2012

008633708
北京市旅游统计年鉴
北京旅游统计年鉴 2007
北京市旅游事业管理局编 北京 北京市旅游事业管理局
〔馆藏卷期〕1997 1998 1999 2000 2001 2002 2003 2005 2006 2007 2009

009157722
北京邮政年鉴
北京邮政年鉴编辑部编 北京 北京邮政年鉴编辑部
〔馆藏卷期〕2002 2003 2004 2005 2006 2007 2008 2009 2010 2011 2012 2013

009406270
北京物价年鉴
北京市物价局编 北京 北京市物价局 1988—
〔馆藏卷期〕1988

009933295
北京商务年鉴
北京市商务局编 北京 华龄出版社 2005—
〔馆藏卷期〕2005 2006 2007 2008 2009 2010 2011 2012 2013 2014

007412813
中华人民共和国海关统计年鉴
中国海关统计年鉴
海关总署编 北京 中华人民共和国海关总署 1992—
〔馆藏卷期〕1993 1995 1996 1997 1998 1999 2000 2001 2002 2003 2004 2005 2006 2007 2008 2009 2010 2011 2012 2013

011139625
北京市对外经济贸易简明统计年鉴
北京商务局编 北京 北京市商务局

〔馆藏卷期〕2002 2005

007712967

北京财政年鉴

北京财政年鉴编辑委员会编 北京 北京财政年鉴编辑委员会

〔馆藏卷期〕1993 1994 1995 1996 1997 1998 1999 2000 2001 2002 2004 2005 2006 2007 2008 2009 2010 2011 2012

008588859

北京地方税务年鉴

北京市地方税务局编 北京 北京市地方税务局

〔馆藏卷期〕1996 1997 1998 1999 2000 2001 2002 2004 2005 2006 2007 2008 2012

008957979

北京国税年鉴

北京市国家税务局编 北京 北京市国税局年鉴编辑组

〔馆藏卷期〕1996 1997 1998

010223863

北京市政府采购中心年鉴

北京市政府采购中心年鉴编写组编 北京 北京市政府采购中心

〔馆藏卷期〕2005 2006 2007

008957981

北京税务年鉴

北京市税务局编 北京 新华出版社

〔馆藏卷期〕1991 1992 1993 1994

009036131

中国工商银行年鉴

中国工商银行年鉴编辑委员会编 北京 中国金融出版社

〔馆藏卷期〕2001 2002 2003 2004 2005 2006 2007 2008 2009 2010 2011 2012 2013 2014

009618428

中国工商银行统计年鉴

中国工商银行资产负债统计年鉴

中国工商银行编 北京 中国工商银行 1999—

〔馆藏卷期〕1984/1998 1999 2000 2002 2003 2004

009459731

中国建设银行北京市分行年鉴

中国建设银行股份有限公司北京市分行年鉴

中国建设银行北京市分行编 北京 中国建设银行北京市分行

〔馆藏卷期〕1996 1997 1998 1999 2000 2001 2002 2003 2004 2005 2006 2007 2008 2010 2011

010102082

中国建设银行劳动工资统计年鉴

中国建设银行人教部编 北京 中国建设银行

〔馆藏卷期〕1984/1990 1991/1995 1996/1997 1998/2000

010102806

中国建设银行年鉴

中国建设银行年鉴编辑委员会编 北京 中国金融出版社 2008—

〔馆藏卷期〕2007 2008 2009 2010 2011 2012 2013

013634275

中国进出口银行统计年鉴

中国进出口银行编 北京 中国进出口银行 2011—

〔馆藏卷期〕1994/2013 2011 2012

007855067

中国农业发展银行统计年鉴

中国农业发展银行编 北京 中国统计出版社 1996—

〔馆藏卷期〕1995 1996 1997 1998 1999 2000 2001 2002 2003 2004 2005 2006 2007 2011 2012 2013

009589157

中国农业银行劳动人事统计年鉴

中国农业银行人力资源统计年鉴 2009
中国农业银行人事部编 北京 中国农业银行人事部

〔馆藏卷期〕1991 1992 1993 1994 1995 1996 1998 1999 2002 2003 2004 2005 2007 2008 2009 2010 2011 2012

008440585

中国农业银行统计年鉴

中国农村金融统计年鉴

中国农业银行编 北京 中国统计出版社 2000—

〔馆藏卷期〕1979/2008 1997/1999 2000/2002 2003/2006

010686517

中国农业银行资金组织年鉴

中国农业银行资金组织部编著 北京 中国经济出版社

〔馆藏卷期〕1996

012909298

北京信用年鉴

北京市经济和信息化委员会编 北京 北京燕山出版社 2011—

〔馆藏卷期〕2011

008432670

北京证券业年鉴

北京证券业年鉴编辑委员会编 北京 中国经济出版社

〔馆藏卷期〕1998

008272117

北京市金融年鉴

北京市金融年鉴编辑部编 北京 北京市金融年鉴编辑部

〔馆藏卷期〕1987 1988 1989 1990 1991

1992 1993 1994 1995 1996 1997
1998 1999 2000 2001 2002 2003
2004 2005 2006 2007 2008 2009
2010 2011 2012 2013

008440601
中保集团年鉴
中保集团办公室编 北京 人民出版社
〔馆藏卷期〕1996

009933302
北京文化艺术年鉴
北京文化艺术年鉴编辑部编 北京 方志出版社 2006—
〔馆藏卷期〕2005 2006 2007 2008 2009 2010 2011 2012 2013

009036850
北京信息化年鉴
北京市信息协会编 北京 北京出版社 2002—
〔馆藏卷期〕2001 2003 2004 2010 2011 2012 2013 2014

008957435
北京青年报社年鉴
北京青年报社暨北京青年报业总公司年鉴
陈星 肖培编 北京 中国民族摄影艺术出版社
〔馆藏卷期〕1993 1994 1995 1996 1997 1998 1999 2000 2001 2002

011821243
丽日传播·IT媒体年鉴
IT媒体年鉴
丽日传播·媒介服务中心编 丽日传播·媒介服务中心主办 北京 丽日媒介服务中心
〔馆藏卷期〕2007

008670265
新华社年鉴
新华社年鉴编辑部编 北京 新华出版社
〔馆藏卷期〕1997 1998 1999 2000 2001 2002 2003 2004 2005 2006 2007 2008 2009 2010 2011

007211314
中央电视台年鉴
中国中央电视台年鉴
中央电视台研究室编 北京 人民出版社 1994—
〔馆藏卷期〕1994 1995 1996 1997 1998 1999

008610679
中国中央电视台年鉴
中央电视台年鉴
中央电视台研究室编 北京 中国广播电视出版社 2000—
〔馆藏卷期〕2000 2001 2002 2003 2004 2005 2006 2007 2008 2009 2010 2011 2012 2013

010227256
中央电视台办公室年鉴
中央电视台办公室编印 北京 CCTV办公室
〔馆藏卷期〕2005 2006 2007

009934820
中央电视台广告监测年鉴
长城国际广告有限公司信息部编 北京 长城国际广告有限公司
〔馆藏卷期〕2001

011965625
北京电视台年鉴
北京电视台年鉴编辑部编 北京 中国广播电视出版社 2008—
〔馆藏卷期〕2008 2009 2010 2011 2012 2014

009933276
北京广播影视年鉴
北京广播影视年鉴编辑委员会编 北京 北京广播影视年鉴编辑委员会 2005—
〔馆藏卷期〕2005 2006 2007 2008 2009 2010 2011 2012 2013

009406263
北京人民广播电台年鉴
北京人民广播电台年鉴编辑委员会编 北京 北京人民广播电台
〔馆藏卷期〕1994 1995 1996 1997 1998 1999 2000 2001 2002 2003 2004 2005 2006 2007 2008 2009

012802577
中国出版集团公司年鉴
中国出版集团公司年鉴编委会编 北京 中国大百科全书出版社 2010—
〔馆藏卷期〕2010 2011 2012

009913073
北京市青年宫年鉴
北京市青年宫办公室编 北京 北京市青年宫
〔馆藏卷期〕2004 2007 2009 2010 2011

013104825
国家图书馆年鉴
国家图书馆编 北京 国家图书馆出版社 2011—
〔馆藏卷期〕2011 2012 2013 2014

007263209
北京博物馆年鉴
北京博物馆学会主编 北京 北京燕山出版社 1989—
〔馆藏卷期〕1912/1987 1988/1991 1992/1994 1995/1998 1999/2003 2004/2008

009913841
故宫博物院年鉴
故宫博物院编 北京 紫禁城出版社 2005—
〔馆藏卷期〕2004 2005 2006 2007 2008

2009　2010　2011

012361629
中国国家博物馆年鉴
国家博物馆编　北京　中国国家博物馆
〔馆藏卷期〕2007　2008　2009　2010　2011　2012　2013

012200556
中央档案馆国家档案局年鉴
中央档案馆编　北京　中央档案馆国家档案局年鉴编委会　2008—
〔馆藏卷期〕2007　2008　2009　2010　2011　2012

008245672
北京科技年鉴
北京市科学技术委员会编　北京　北京科学技术出版社
〔馆藏卷期〕1989　1991　1992　1993　1994　1995　1996　1997　1998　1999　2000　2001　2002　2004　2005　2006　2007　2008　2009　2010　2011　2012　2013

009360561
北京科协年鉴
北京市科学技术协会编辑委员会编　北京　北京市科学技术协会
〔馆藏卷期〕1992　1993　1995　1996　1998　1999　2000　2001　2002　2003　2004　2005　2006　2007　2008　2009

008378190
中国科学院年鉴
中国科学院办公厅编　北京　科学出版社
〔馆藏卷期〕1996　1997　1998　1999　2000　2001　2002　2003　2004　2005　2006　2007　2008　2009　2010　2011　2012　2013　2014

008426175
中国科学院统计年鉴
中国科学院综合计划局　中国科学院计划财务局编　北京　科学出版社
〔馆藏卷期〕1992　1993　1994　1995　1996　1997　1998　1999　2000　2001　2002　2003　2004　2005　2006　2007　2008　2009　2010　2011　2012　2013　2014

010227083
中国科学院研究生院年鉴
中国科学院研究生院办公室编　北京　中国科学院研究生院
〔馆藏卷期〕2003　2004　2005　2006

008251252
中国社会科学院年鉴
中国社会科学院编　北京　中国社会科学出版社　1995—
〔馆藏卷期〕1993　1994　1995　1996　1997　1998　1999　2000　2001　2002　2003　2004　2006　2007　2008　2009　2010　2011　2012

007543171

北京高等教育年鉴

北京市普通教育年鉴

北京教育年鉴

北京市高等教育局编 北京 北京工业大学出版社 1992—1996

〔馆藏卷期〕1991 1992 1993 1994 1995

010223849

北京市普通高等学校成人高等教育招生工作年鉴

北京市普通高等学校招生委员会办公室编 北京 中央广播电视大学出版社

〔馆藏卷期〕1985/1995

009492230

北京市普通高等学校招生年鉴

北京市普通高等学校招生年鉴编写委员会编 北京 教育科学出版社 1992—

〔馆藏卷期〕1977/1991

007733437

北京教育年鉴

北京高等教育年鉴

北京市普通教育年鉴

北京市教育委员会编 北京 北京出版社 1997—

〔馆藏卷期〕1997 1998 1999 2000 2001 2002 2003 2004 2005 2006 2007 2008 2009 2010 2011 2012 2013 2014

004705476

北京市普通教育年鉴

北京高等教育年鉴

北京教育年鉴

北京市教育志编纂委员会编 北京 北京出版社 1992—1996

〔馆藏卷期〕1949/1991 1992 1993 1994 1995 1996

009926232

北京师大附中年鉴

北京师大附中学校办公室编 北京 北京师大附中

〔馆藏卷期〕2008

012525915

北京师范大学第二附属中学年鉴

北京师范大学第二附属中学编 北京 北京师范大学第二附属中学

〔馆藏卷期〕2008 2009

010223435

北京市第三十五中学教育教学年鉴

北京市第三十五中学编 北京 北京市第三十五中学

〔馆藏卷期〕2001

009492581

北方交通大学年鉴

北京交通大学年鉴

北方交通大学年鉴编委会编 北京 北方交通大学

〔馆藏卷期〕1998/1999 2000/2001 2002

2005　2006　2007　2008　2009　2010
2011　2012

011139608
北京大学国际关系学院年鉴
北京大学国际关系学院编　北京　北京大学国际关系学院　2000—
〔馆藏卷期〕2000　2001　2002　2003　2004/2005　2007/2008

008462571
北京大学年鉴
北京大学年鉴编辑部编　北京　北京大学出版社
〔馆藏卷期〕1999　2000　2001　2002　2003　2004　2005　2006

010223400
北京大学肾脏病研究所暨北京大学第一医院肾脏内科年鉴
北京大学第一医院肾脏内科北京大学肾脏疾病研究所中华人民共和国卫生部肾脏疾病重点实验室年鉴 2008　北京　北京大学肾脏病研究所
〔馆藏卷期〕2005　2008

011500181
北京大学哲学系年鉴
北京大学哲学系资料室编　北京　北京大学哲学系
〔馆藏卷期〕1994/1995

008956859
北京电影学院年鉴
北京电影学院办公室编　北京　北京电影学院
〔馆藏卷期〕1996/1999　2011

010101864
北京工商大学年鉴
北京工商大学年鉴编辑委员会编　北京　北京工商大学
〔馆藏卷期〕2005

013157463
北京工业大学科技年鉴
北京工业大学科学技术处　北京工业大学科学开发研究院编　北京　北京工业大学
〔馆藏卷期〕2001　2002

009726007
北京工业大学年鉴
北京工业大学年鉴编委会编　北京　北京工业大学出版社　2004—
〔馆藏卷期〕2004　2005　2006　2007　2008　2009　2010　2011　2012

012176849
北京航空航天大学计算机学院计算机应用研究室工作年鉴
北京航空航天大学计算机学院计算机应用研究室编　北京　北京航空航天大学　2005—
〔馆藏卷期〕2004

012656100

北京航空航天大学学生会工作年鉴

〔馆藏卷期〕2008

012723182

北京化工大学年鉴

北京化工大学年鉴编委会编 北京 北京化工大学年鉴编委会

〔馆藏卷期〕2006 2011

010223766

北京建筑工程学院年鉴

北京建筑工程学院办公室编 北京 北京建筑工程学院

〔馆藏卷期〕2004

012046940

北京交通大学学生会年鉴

北京交通大学学生会编 北京 北京交通大学学生会 2007—

〔馆藏卷期〕2007

009346352

北京科技大学年鉴

北京科技大学年鉴编辑委员会编 北京 中国大百科全书出版社 2003—

〔馆藏卷期〕2003 2004 2005 2006 2007 2008 2009 2010 2011 2012 2013

009933284

北京理工大学年鉴

校长办公室编 北京 北京理工大学出版社

〔馆藏卷期〕1995 1996 1998 1999 2001 2002 2003 2004 2005 2006 2007 2008 2010 2011 2012

009805028

北京理工大学学生工作年鉴

刘明奇主编 北京 北京理工大学工作部

〔馆藏卷期〕2003 2004 2005 2011

013965147

北京理工后勤集团总务后勤部年鉴

北京理工大学后勤集团总务后勤部综合管理办公室编 北京 北京理工大学

〔馆藏卷期〕2004

013809406

北京林业大学工学院学生工作年鉴

共青团北京林业大学工学院委员会编 北京 北京林业大学工学院团委

〔馆藏卷期〕2007

012525912

北京林业大学年鉴

北京林业大学编 北京 中国林业出版社 2009—

〔馆藏卷期〕2009 2010 2011 2012

011395253

北京农学院年鉴

北京农学院党政办公室编 北京 北京农学院 2005—

〔馆藏卷期〕2003 2004 2005 2007 2008 2010 2011

012079037

北京师范大学对外交流与合作年鉴

北京师范大学校长办公室编 北京 北京师范大学

〔馆藏卷期〕2006 2007 2008

013470785

北京师范大学教育学部年鉴

北京师范大学教育学部编 北京 北京师范大学教育学部

〔馆藏卷期〕2011 2012

012909292

北京师范大学教育学部学生工作年鉴

北京师范大学教育学部学生工作办公室编 北京 北京师范大学

〔馆藏卷期〕2009/2010

009502350

北京师范大学年鉴

北京师范大学校长办公室编 北京 北京师范大学

〔馆藏卷期〕1992 1993/1994 1995/1996 1997 1998/1999 2000 2002 2003 2004 2005

011395266

北京师范大学学生处(学工部武装部)年鉴

北京师范大学学生处编 北京 北京师范大学

〔馆藏卷期〕2003 2005 2006 2007/2008

010101885

北京师范大学学生会工作年鉴

北京师范大学学生会编 北京 北京师范大学

〔馆藏卷期〕2005/2006 2007/2008

009698682

北京市建筑设计研究院年鉴

北京市建筑设计研究院信息部编 北京 建筑创作杂志社

〔馆藏卷期〕1985 1991 1992 1993 1994 1995 1996 1997 1999 2000

009460024

北京体育大学年鉴

北京体育大学校办公室编 北京 北京体育大学校办公室 1997—

〔馆藏卷期〕1997 1999 2000 2003 2004 2005

012046969

北京外国语大学年鉴

北京外国语大学编 北京 北京外国语大学 2007—

〔馆藏卷期〕2005 2006 2010

012591666

北京外国语大学学生会工作年鉴

共青团北京外国语大学委员会 北京外国语大学学生会编 北京 北京外国语大学学生会 2008—

〔馆藏卷期〕2007/2008

011395441
北京物资学院年鉴
北京物资学院年鉴编辑委员会编 北京 北京物资学院 2007—
〔馆藏卷期〕2006 2011

012176860
北京信息科技大学年鉴
北京信息科技大学校长办公室编 北京 北京信息科技大学 2005—
〔馆藏卷期〕2003/2004 2008 2009 2010

011139630
北京印刷学院年鉴
北京印刷学院年鉴编辑委员会编 北京 北京艺术与科学电子出版社 2006—
〔馆藏卷期〕2003/2004 2005/2006

009805029
北京语言大学年鉴 2002—
董立均主编 北京 北京语言大学出版社 2003—
〔馆藏卷期〕2000 2001 2002 2003 2004

010223873
北京中医药大学学生学术年鉴
共青团北京中医药大学委员会 北京中医药大学学生会编 北京 北京中医药大学
〔馆藏卷期〕2004 2005 2007

009588886
对外经济贸易大学年鉴
对外经济贸易大学校长办公室编 北京 对外经济贸易大学
〔馆藏卷期〕2001/2003 2004/2005

013747804
国防大学年鉴
国防大学年鉴编纂委员会编 北京 国防大学科研部
〔馆藏卷期〕2012

011397480
华北电力大学年鉴
党委办公室 校长办公室编 北京 华北电力大学
〔馆藏卷期〕2005 2006 2007 2010 2011 2012

011398551
华北科技学院年鉴
华北科技学院编 北京 华北科技学院
〔馆藏卷期〕2002 2004 2005 2011 2012 2013

012592246
清华大学产业年鉴
北京 清华大学
〔馆藏卷期〕2004

012592253
清华大学党委研究生工作部工作年鉴
清华大学党委研究生工作部编 北京 清华大学党委研究生工作部
〔馆藏卷期〕2001

009616754
清华大学电子工程系年鉴
清华大学电子工程系编 北京 清华大学电子工程系
〔馆藏卷期〕1998 1999 2002 2003 2004

013471048
清华大学法学院年鉴
清华大学法学院编 北京 清华大学法学院
〔馆藏卷期〕2012

013932351
清华大学计算机科学与技术系年鉴
清华大学计算机科学与技术系编 北京 清大计算机系
〔馆藏卷期〕1997 1999 2000 2001 2003 2004 2005 2007 2009

012792681
清华大学科研院文科建设处年鉴
北京 清华大学
〔馆藏卷期〕2006

010101895
清华大学年鉴
清华大学校长办公室编 北京 清华大学
〔馆藏卷期〕1999 2000 2001

013714935
清华大学信息技术研究院年鉴
清华大学信息技术研究院办公室编 北京 清华大学信息技术研究院办公室
〔馆藏卷期〕2011

011140548
清华大学学生部(处)武装部年鉴
清华大学编 北京 清华大学
〔馆藏卷期〕2004

012592258
清华大学自动化系年鉴
清华大学自动化系编 北京 清华大学自动化系 1996—
〔馆藏卷期〕1995

011140698
石油大学(北京)年鉴
中国石油大学(北京)年鉴 2005—
石油大学(北京)党委办公室 石油大学(北京)校长办公室编 东营 中国石油大学出版社
〔馆藏卷期〕2003/2004 2005 2010 2011

013603303
首都经济贸易大学年鉴
首都经济贸易大学年鉴编纂委员会编 北京 首都经济贸易大学出版社 2011—
〔馆藏卷期〕2011 2012

011398884
首都师范大学年鉴
首都师范大学编 北京 首都师范大学
〔馆藏卷期〕2003 2004 2005 2006

013939616

中国传媒大学年鉴

中国传媒大学党委 中国传媒大学校长办公室编 北京 中国传媒大学

〔馆藏卷期〕2010

009806871

中国农业大学年鉴

中国农业大学年鉴编委会编 北京 中国农业大学出版社

〔馆藏卷期〕2002 2003 2004 2005 2006 2007 2008 2009 2010 2011

009492898

中国人民大学年鉴

中国人民大学年鉴编辑委员会编 北京 中国人民大学出版社

〔馆藏卷期〕2002 2003 2005 2006 2007 2008 2009 2010 2011 2012

013772703

中国人民大学文学院年鉴

中国人民大学文学院年鉴编辑委员会编 北京 中国人民大学文学院年鉴编辑委员会

〔馆藏卷期〕2011

009309902

中国协和医科大学研究生院年鉴

李介祚主编 北京 中国协和医科大学研究生院

〔馆藏卷期〕1996/1997

009264604

中国医学科学院中国协和医科大学年鉴

中国医学科学院北京协和医学院年鉴 2008—

中国协和医科大学编 北京 中国医学科学院

〔馆藏卷期〕1990 1991 1993 1995 1996 1996/1997 1997 1998 1999 2000 2001 2002 2003 2004 2005 2006 2007 2008 2009 2010 2011

012983911

中国政法大学科研工作年鉴

中国政法大学科研处编 北京 中国政法大学科研处

〔馆藏卷期〕2007 2009 2010 2011 2012

009520246

中国政法大学年鉴

中国政法大学年鉴编写组编 北京 中国政法大学出版社 2004—

〔馆藏卷期〕2004 2006 2010 2011

009425887

中央财经大学年鉴

中央财经大学校长办公室编 北京 中央财经大学

〔馆藏卷期〕1998 2006

008385239

中央民族大学年鉴

任中夏 左治国主编 北京 中央民族大

学出版社 1999—
〔馆藏卷期〕1998 1999 2000 2001 2002 2004 2005 2006 2007 2008 2009 2010 2011 2012

011824410
中央民族大学学生会工作年鉴
中央民族大学学生委员会编 北京 中央民族大学学生委员会
〔馆藏卷期〕2006/2007

012243170
中央美术学院本科毕业生作品年鉴
中央美术学院毕业生作品年鉴
中央美术学院编 长春 吉林美术出版社
〔馆藏卷期〕2000 2001

009542215
中央戏剧学院年鉴
中央戏剧学院办公室编 北京 中央戏剧学院办公室
〔馆藏卷期〕2003 2005 2006 2007 2008 2009 2010 2011

012079024
北京成人教育年鉴
北京市成人教育局编 北京 北京市成人教育局 1991—1993
〔馆藏卷期〕△1990 1991 1994

011821779
北京广播电视大学年鉴
北京广播电视大学编 北京 北京广播电视大学
〔馆藏卷期〕2006

013677501
北京体育产业年鉴
北京体育休闲产业协会 体育博览杂志社编 北京 北京体育产业年鉴编辑部 2012—
〔馆藏卷期〕2012 2013

008956867
北京体育年鉴
北京市体育运动委员会编 北京 北京市体育运动委员会
〔馆藏卷期〕1995 1997 1998 1999 2000 2001 2002 2003 2004 2005 2007 2008 2009 2010 2011 2013

008901582
北京老舍文艺基金会年鉴
北京老舍文艺基金会编 北京 北京老舍文艺基金会
〔馆藏卷期〕1999 2000

004329398
北京文艺年鉴
北京市社会科学研究所 北京文艺年鉴编辑部编 北京 工人出版社 1982—
〔馆藏卷期〕1981 1982

011503929
中国文学艺术界联合会年鉴
中国文学艺术界联合会年鉴编委会编

北京 新华出版社 2008—
〔馆藏卷期〕2007 2008 2009 2010 2011 2012 2013 2014

012616964
北京画院美术馆年鉴
北京画院美术馆编 北京 文化艺术出版社 2010—
〔馆藏卷期〕2005/2008 2009 2011 2012

008957917
中国美术馆年鉴
杨立舟主编 北京 中国美术馆
〔馆藏卷期〕2001 2002 2003 2004 2005 2006 2007 2008 2009 2010 2011 2012

011399936
中国艺术研究院研究生院年鉴
中国艺术研究院研究生院编 北京 中国艺术研究
〔馆藏卷期〕2004

013790819
北京凤凰岭书院中国书画学精英班教学年鉴
北京凤凰岭书院首届中国书画学精英班教学年鉴
韩国栋主编 天津 天津人民美术出版社 2012—
〔馆藏卷期〕2010/2012

011139611
北京画院研修生作品年鉴
北京画院编 北京 北京画院 1999—
〔馆藏卷期〕1987/1999

013677359
博宝艺术网潜力艺术家年鉴
潜力艺术家年鉴
博宝艺术编辑部编 北京千渡网讯科技有限公司主办 北京 博宝艺术编辑部
〔馆藏卷期〕2011 2012

013396735
韩墨现代彩墨研修班艺术年鉴
清华大学美术学院韩墨现代彩墨研修班艺术年鉴
韩墨主编 北京 中国文艺出版社
〔馆藏卷期〕2011 2012

014015039
中国书画创作基地名家年鉴
中国文联出版社编 北京 中国文联出版社
〔馆藏卷期〕2010

008969055
北京书法艺术年鉴
北京书法艺术年鉴编辑委员会编 北京 知识出版社
〔馆藏卷期〕1997 1998 1999 2000/2001 2002/2003 2004/2005

014014863
早晨设计年鉴
早晨设计顾问有限公司编 上海 上海人民美术出版社
〔馆藏卷期〕2008

010223450
北京儿童艺术剧院股份有限公司年鉴
北京儿童艺术剧院股份有限公司编 北京 北京儿童艺术剧院股份有限公司
〔馆藏卷期〕2004

012593514
中国国家话剧院艺术年鉴
中国国家话剧院艺术研究与交流中心编 北京 中国国家话剧院艺术研究与交流中心
〔馆藏卷期〕2009 2010 2011 2012

010227037
中国电影电视技术学会年鉴
中国电影电视技术学会编 北京 中国电影电视技术学会
〔馆藏卷期〕2005

010223383
北京出土文物年鉴
北京市文物工作队编 北京 北京市文物工作队 1984
〔馆藏卷期〕1949/1984

011821789
北京文物年鉴
北京文物事业管理局史志办公室编 北京 北京市文物局史志办公室 2008—
〔馆藏卷期〕2008 2009 2010 2011 2012 2014

009927764
北京市民生活年鉴
北京年鉴社编 北京 方志出版社 2005—
〔馆藏卷期〕2005 2009 2010

011503851
中国长城年鉴
长城年鉴
中国长城学会编 北京 长城出版社
〔馆藏卷期〕2006

009492623
中国工程院年鉴
中国工程院编 北京 中国工程院 1997—
〔馆藏卷期〕1994/1997 2001 2002 2004 2005 2006 2007 2008 2009 2010 2011 2012

011822097
化学科学部年鉴
国家自然科学基金委员会化学科学部年鉴
国家自然科学基金委员会化学科学部编 北京 国家自然科学基金委员会化学科学部 2006—
〔馆藏卷期〕2005 2006 2007 2012

009618463

中国稀土学会年鉴

中国稀土学会年鉴编辑委员会编 北京 中国稀土学会年鉴编辑部 2002—

〔馆藏卷期〕1997/2002 2003 2004 2005 2006 2008 2009 2010 2011

011141311

中国科学院测量与地球物理研究所综合年鉴

中国科学院测量与地球物理研究所编 北京 科学出版社 2007—

〔馆藏卷期〕1957/2004

009934721

国家气象中心年鉴

国家气象中心年鉴编委会编 北京 国家气象中心

〔馆藏卷期〕1994 1995

013821890

中国气象局气象探测中心年鉴

中国气象局气象探测中心年鉴编写组编 北京 中国气象局气象探测中心

〔馆藏卷期〕2008 2009

004594257

中华人民共和国地质矿产部年鉴

地质矿产部年鉴

地质矿产部编 北京 地质出版社 1986—

〔馆藏卷期〕1985

009806802

中国地质调查局年鉴

中国地质调查局办公室编 北京 中国地质调查局办公室

〔馆藏卷期〕1999 2000 2001 2002 2003 2004 2005 2006 2007 2008 2009 2010

012591661

北京市平原区地下水位年鉴

北京水文地质总站编 北京 北京水文地质总站 1981—

〔馆藏卷期〕1980

011395363

北京市中心区地下水位年鉴

北京地质局水文一大队编 北京 北京市地质局水文一大队 1976—

〔馆藏卷期〕1956/1975 1976/1978

011141314

中国科学院动物研究所年鉴

动物研究所综合办公室编 北京 中国科学院动物研究所综合办公室

〔馆藏卷期〕2004 2005 2006 2007 2008 2009 2011

011141322

中国科学院生物物理研究所年鉴

中国科学院生物物理研究所创新文化建设与政策研究室编 北京 中国科学院生物物理研究所

〔馆藏卷期〕2004 2005 2006

011141326
中国科学院微生物研究所年鉴
微生物所办公室主编 北京 中国科学院微生物研究所
〔馆藏卷期〕1996 1997 1998

013791087
中国国际神经科学研究所年鉴
中国国际神经科学研究所编 北京 首都医科大学宣武医院
〔馆藏卷期〕2010

009436809
中国医学科学院年鉴
中国医学科学院 中国协和医科大学编 北京 中国医学科学院
〔馆藏卷期〕1985/1986

011139612
北京出入境检验检疫年鉴
北京检验检疫年鉴
北京出入境检验检疫年鉴编纂委员会编 北京 北京出入境检验检疫年鉴编纂委员会 2005—
〔馆藏卷期〕2005 2006 2007 2008 2009 2010 2011 2013

009588916
卫生部卫生监督中心年鉴
卫生部卫生监督中心编委会编 北京 卫生部卫生监督中心
〔馆藏卷期〕2004 2005 2006 2007 2008 2009 2010

012046955
北京市爱国卫生工作年鉴
北京市爱国卫生运动委员会办公室编 北京 北京市爱国卫生运动委员会 2008—
〔馆藏卷期〕2008 2011

009698695
北京卫生防疫工作年鉴
北京市卫生防疫站编 北京 北京市卫生防疫站
〔馆藏卷期〕1990 1991 1992 1993 1994 1995 1996 1997 1998 1999 2000

013467782
中国药品生物制品检定所年鉴
中国药品生物制品检定所编 北京 中国医药科技出版社
〔馆藏卷期〕2008 2009

013820262
天坛脑血管病中心年鉴
天坛脑血管病中心编 北京 天坛脑血管病中心 2012—
〔馆藏卷期〕2010/2012

009618435
中国疾病预防控制中心年鉴
中国疾病预防控制中心年鉴编委会编 北京 中国协和医科大学出版社 2003—
〔馆藏卷期〕2003 2004 2005 2006 2007 2008 2009

008241741
北京卫生年鉴
北京市卫生局 北京卫生年鉴编辑委员会编 北京 北京科学技术出版社 1991—
〔馆藏卷期〕1991 1992 1993 1994 1995 1996 1997 1998 1999 2000 2001 2002 2003 2004 2005 2006 2007 2008 2009 2010 2011 2012 2013

009618348
航天中心医院年鉴
航天中心医院年鉴编委会编 北京 航天中心医院 2001—
〔馆藏卷期〕2001 2003 2006

009914379
中国中医研究院年鉴
中国中医研究院宣传部 中国中医研究院报编 北京 中国中医研究院 1992—
〔馆藏卷期〕1991 1992 1993 1994 1995 1996

009934814
中国中医研究院针灸研究所年鉴
中国中医研究院针灸研究所编 北京 中国中医研究院 1987—
〔馆藏卷期〕1986

011395300
北京市药品监督管理局朝阳分局年鉴
北京市药品监督管理局朝阳分局编 北京 北京市药品监督管理局朝阳分局 2006—
〔馆藏卷期〕2001/2006 2007/2011

009436804
中国农业科学院年鉴
中国农业科学院办公室编 北京 中国农业科学技术出版社 2003—
〔馆藏卷期〕2002 2003 2004 2005 2006 2007 2008 2009 2010 2011 2012 2013

012351729
北京市园林绿化统计年鉴
北京园林绿化局编 北京 北京市园林绿化局
〔馆藏卷期〕2006

013711365
煤炭科学研究总院科研年鉴
煤炭科学研究总院编 北京 煤炭科学研究总院
〔馆藏卷期〕2006/2009

013174702
中国石油安全环保技术研究院环保技术研究所年鉴
中国石油集团安全环保技术研究院环保技术研究所编 北京 中国石油安全环保技术研究院环保技术研究所
〔馆藏卷期〕2010

011399876

CNACL 中国实验室国家认可委员会金属专业能力检验证工作组工作年鉴

中国实验室国家认可委员会金属专业能力检验证工作组工作年鉴

中国实验室国家认可委员会金属专业能力检验证工作组编 北京 CNACL 金属专业能力检验证工作组

〔馆藏卷期〕2000

010101861

东方化工厂年鉴

北京东方石油化工有限公司东方化工厂年鉴 2006

东方化工厂党委宣传部编 北京 东方化工厂

〔馆藏卷期〕2003/2004 2005 2006

013758853

中国食品药品检定研究院年鉴

中国食品药品检定研究院编 北京 中国医药科技出版社

〔馆藏卷期〕2010

010102807

中国建筑科学研究院年鉴

中国建筑科学研究院院办公室编 北京 中国建筑科学研究院

〔馆藏卷期〕2005

009589180

北京市勘察设计年鉴

北京市勘察设计管理处编 北京 北京市勘察设计管理处

〔馆藏卷期〕2001 2002 2003

011503839

中关村环保科技示范园年鉴

环保园年鉴编辑部编 北京 中关村环保科技示范园 2006—

〔馆藏卷期〕2006

011395229

北京建设年鉴

北京市建设委员会编 北京 中国人口出版社 2007—

〔馆藏卷期〕2007 2008 2009 2010 2011 2012 2013 2014

009698688

北京市政年鉴

北京市政史志编纂委员会编 北京 北京市市政工程局 1992—

〔馆藏卷期〕1992 1993

009698678

北京市公园风景名胜区协会年鉴

景长顺主编 北京 北京市公园风景名胜区协会

〔馆藏卷期〕2004

012046961

北京市公园年鉴

北京市公园管理中心 北京市公园绿地协会编 北京 北京市公园管理中心

2007—

〔馆藏卷期〕2007 2008 2009 2010 2011 2012 2013

008327874

北京园林年鉴

北京园林绿化年鉴 2007—

北京市园林局编 北京 北京市园林局 1991—

〔馆藏卷期〕1984/1989 1990 1991 1992 1994 1995 1996 1997 1998 1999 2000 2001 2002 2003 2004 2005 2006 2007 2008 2009 2013 2014

013751805

北京市水务统计年鉴

北京水务局编 北京 北京市水务局

〔馆藏卷期〕2009 2010

008397432

铁道部科学研究院年鉴

铁科院年鉴 1991

铁道科学研究院年鉴 2002—

中国铁道科学研究院年鉴 2007—

铁道部科学研究院年鉴编委会编 北京 铁道部科学研究院年鉴编委会 1992—

〔馆藏卷期〕1991 1992 1993 1994 1995 1996 1997 1998 2000 2001 2002 2003 2004 2005 2006 2007 2008 2009 2010 2011 2012

008196236

铁道部专业设计院年鉴

铁道部专业设计院院志编纂委员会编 北京 铁道部专业设计院 1995—

〔馆藏卷期〕1995 1996 1997 1998 1999 2000 2001

010227088

中国空间技术研究院年鉴

中国空间技术研究院年鉴编辑部编 北京 中国空间技术研究院 1994—

〔馆藏卷期〕1993 2010

009913049

21世纪初中国生态年鉴 绿色北京

舒志钢编著 北京 中国社会出版社 2004

〔馆藏卷期〕2004

011500198

北京减灾年鉴

北京减灾协会编 北京 解放军出版社 2007—

〔馆藏卷期〕2001/2004 2005/2007 2008/2010

012176841

北京安全生产年鉴

北京煤矿安全监察分局编 北京 北京燕山出版社 2009—

〔馆藏卷期〕2003/2007 2008 2009 2011 2012 2013 2014

东城区

009081272

北京崇文年鉴

北京市崇文区地方志编纂委员会编 北京 中华书局

〔馆藏卷期〕2002 2003 2004 2005 2006 2007 2008 2009 2010

008493902

北京东城年鉴

北京东城年鉴编委会编 北京 奥林匹克出版社

〔馆藏卷期〕1996 1997 1998 1999 2000 2001 2003 2004 2005 2006 2007 2008 2009 2010 2011 2012 2013

010101874

北京市崇文区统计年鉴

崇文统计年鉴 2006—

北京市崇文区统计局编 北京 崇文区统计局

〔馆藏卷期〕2002 2003 2004 2005 2006 2007 2008 2009 2010

009698700

东城统计年鉴

东城区统计局编 北京 东城区统计局

〔馆藏卷期〕2002 2003 2004 2005 2006 2007 2008 2009 2010 2011 2012

013363367

北京市崇文区经济普查年鉴

北京市崇文区第二次全国经济普查领导小组办公室 北京市崇文区经济社会调查队编 北京 北京市崇文区统计局

〔馆藏卷期〕2008

012616943

北京崇文财政年鉴

崇文区财政局编 北京 北京市崇文区财政局

〔馆藏卷期〕2006

012591765

东城区黑芝麻胡同小学年鉴

黑芝麻胡同小学年鉴

北京市东城区黑芝麻胡同小学年鉴 2013

东城区黑芝麻胡同小学编 北京 东城区黑芝麻胡同小学 2008—

〔馆藏卷期〕2007 2008 2009 2010 2011 2012 2013

010223819

北京市东城区疾病预防控制中心年鉴

北京市东城区疾病预防控制中心编 北京 北京市东城区疾病预防控制中心

〔馆藏卷期〕2004 2005 2008

西城区

008728167

北京西城年鉴

北京市西城区地方志编纂委员会编 北

京 中华书局

〔馆藏卷期〕2000 2001 2002 2003 2004 2005 2006 2007 2008 2009 2010 2011 2012 2013 2014

009135246

北京宣武年鉴

北京市宣武区地方志编纂委员会编 北京 中国对外翻译公司

〔馆藏卷期〕2002 2003 2004 2005 2006 2007 2008 2009 2010

008957058

西城统计年鉴

西城统计年鉴 2011—

北京市西城区统计局编 北京 北京市西城区统计局

〔馆藏卷期〕1996 1997 1998 1999 2000 2001 2002 2003 2004 2005 2006 2007 2008 2009 2011 2012 2013 2014

012751642

北京西城统计年鉴

北京市西城区全国经济普查领导小组办公室 北京市西城区经济社会调查队编 北京 北京市西城区统计局

〔馆藏卷期〕2008

012660380

宣武区区域统计年鉴

宣武区统计局编 北京 北京市宣武区统计局 2007—

〔馆藏卷期〕2007 2008

010101903

宣武统计年鉴

北京市宣武区统计年鉴 2009—

北京市宣武区统计局编 北京 宣武区统计局

〔馆藏卷期〕2002 2003 2004 2006 2007 2008 2009

012593325

西城消防工作年鉴

西城区公安消防支队年鉴

西城区公安消防支队编 北京 西城区公安消防支队

〔馆藏卷期〕2009

012723210

北京市西城区经济普查年鉴

北京市西城区第二次全国经济普查领导小组办公室 北京市西城区经济社会调查队编 北京 北京市西城区统计局 2009

〔馆藏卷期〕2008

009492668

西城区教育年鉴

北京市西城区教育委员会编 北京 北京市西城区教育委员会

〔馆藏卷期〕1992 1994 1996 1998/1999 2000/2001 2002 2003 2004 2005 2006 2007 2008 2009 2010

012079563
宣武集邮年鉴
北京市宣武区集邮协会编 北京 北京市宣武区集邮协会 2001—
〔馆藏卷期〕1999/2000 2001 2002 2003 2004 2005 2006

013757923
景山公园年鉴
景山公园年鉴汇编
景山公园管理处编 北京 景山公园管理处
〔馆藏卷期〕2003/2010

011141216
宣武园林年鉴 初稿
宣武区园林市政管理局编 北京 宣武区园林市政管理局
〔馆藏卷期〕1983/1988

朝阳区

009933208
北京朝阳年鉴
北京市朝阳区地方志编纂委员会编 北京 方志出版社 2006—
〔馆藏卷期〕2005 2006 2007 2008 2009 2010 2011 2012 2013

008997579
北京市朝阳区统计年鉴
北京市朝阳区统计局编 北京 北京市朝阳区统计局
〔馆藏卷期〕2002 2003 2004 2005 2006 2007 2008 2009 2010 2011 2012 2013 2014

011965614
北京朝阳政协年鉴
中国人民政治协商会议北京市朝阳区委员会编 北京 朝阳区政协 2008—
〔馆藏卷期〕2007 2008 2009 2010 2011 2013

010223909
朝阳区教育年鉴
北京市朝阳区教育委员会编 北京 北京市朝阳区教育委员会
〔馆藏卷期〕2005

010223898
北京朝阳绿化年鉴
朝阳绿化年鉴
朝阳园林绿化年鉴 2010—
北京市朝阳区绿化局编 北京 北京市朝阳区绿化局
〔馆藏卷期〕2003/2004 2005 2006 2007 2008 2009 2010 2011 2012 2013 2014

丰台区

009065092
北京丰台年鉴
北京市丰台区地方志编纂委员会编 北京 中华书局
〔馆藏卷期〕1991/2000 2002 2003 2004

2005 2006 2007 2008 2009 2010 2011 2013

008997584

北京市丰台区统计年鉴

北京市丰台区社会经济统计资料 2000

北京市丰台区统计局编 北京 北京市丰台区统计局

〔馆藏卷期〕2000 2002 2003 2004 2005 2006 2007 2008 2009 2011 2012

012351793

丰台车辆段年鉴

丰台车辆段年鉴编委会编 北京 丰台车辆段年鉴编委会 2009—

〔馆藏卷期〕2007 2008 2009 2010

石景山区

010223800

北京石景山年鉴

北京市石景山区地方志编纂委员会编 北京 中华书局 2006—

〔馆藏卷期〕1997/2005 2006 2007 2008 2009 2010 2011 2012 2013 2014

009616757

北京市石景山区统计年鉴

北京石景山统计年鉴 2011

石景山区统计局编 北京 北京市石景山区统计局

〔馆藏卷期〕2002 2003 2004 2005 2006 2007 2009 2011 2014

011500218

北京石景山区科技年鉴

北京市石景山区科学技术委员会编 北京 北京市石景山区科学技术委员会 2006—

〔馆藏卷期〕2006

011139614

北京石景山教育年鉴

北京市石景山区教育委员会编 北京 北京市石景山区教育委员会

〔馆藏卷期〕2006 2007 2008

海淀区

009104867

北京海淀年鉴

北京海淀年鉴编纂委员会编 北京 中国城市出版社 2003—

〔馆藏卷期〕2002 2003 2004 2005 2006 2007 2008 2009 2010 2011 2012 2014

009913092

北京市海淀区统计年鉴

海淀统计年鉴 2004

北京市海淀区国民经济统计年鉴 1996—2000

北京海淀统计年鉴 2011—

北京市海淀区统计局编 北京 北京市海淀区统计局

〔馆藏卷期〕1996 1998 1999 2000 2002 2003 2004 2005 2006 2007 2008

2009 2010 2011 2012 2013

011502072
海淀区发展和改革委员会年鉴
海淀区发展和改革委员会编 北京 海淀区发展和改革委员会 2006—
〔馆藏卷期〕2004/2005

012200470
中关村科技园区年鉴
中关村国家自主创新示范区年鉴
中关村科技园区管理委员会编 北京 京华出版社
〔馆藏卷期〕2008 2009

012802564
中关村国家自主创新示范区年鉴
中关村科技园区年鉴
中关村科技园区管理委员会编 北京 京华出版社 2010—
〔馆藏卷期〕2010 2011 2012 2013 2014

012194150
海淀区教育督导年鉴
海淀区人民政府教育督导室编印 北京 海淀区人民政府教育督导室 2009
〔馆藏卷期〕1989/2009

011502076
海淀区校外教育年鉴
海淀区教育委员会编印 北京 海淀区教育委员会 2007—
〔馆藏卷期〕1957/2007

012194158
海淀区卫生防疫站工作年鉴
北京市海淀区卫生防疫站编 北京 北京市海淀区卫生防疫站
〔馆藏卷期〕2000

门头沟区

009081276
北京门头沟年鉴
北京门头沟年鉴编辑委员会编 北京 同心出版社 2002—
〔馆藏卷期〕2002 2003 2004 2005 2006 2007 2008 2009 2010 2011 2012 2013

009698672
北京市门头沟区统计年鉴
门头沟区统计局编 北京 北京市门头沟区统计局
〔馆藏卷期〕2003 2006 2008 2009 2010 2011 2012

013311456
北京市门头沟区经济普查年鉴
北京市门头沟区第二次全国经济普查领导小组办公室 北京市门头沟区经济社会调查队编 北京 北京市门头沟区统计局
〔馆藏卷期〕2008

009616682
北京市顺义区统计年鉴

北京顺义统计年鉴 2004—

顺义区统计局编 北京 顺义区统计局

〔馆藏卷期〕2000 2002 2003 2004 2005 2006 2007 2008 2011

房山区

008476866

房山区年鉴

北京房山年鉴

房山区委史志办公室编 北京 房山区地方志编纂委员会办公室

〔馆藏卷期〕1987 1988 1989 1990 1991 1992 1993 1994 1995 1998

008957972

北京房山年鉴

房山区年鉴

北京市房山区地方志编纂委员会编 北京 中国城市出版社

〔馆藏卷期〕2000 2001 2002 2003 2004 2005 2006 2007 2008 2009 2010 2011 2012 2013

009406279

北京市房山区统计年鉴

北京市房山区统计局编 北京 北京市房山区统计局

〔馆藏卷期〕2002 2003 2004 2005 2006 2007 2008 2009 2010 2011 2012 2013

009726020

房山区教师进修学校年鉴

房山区教师进修学校办公室编 北京 房山区教师进修学校

〔馆藏卷期〕2001 2002

通州区

008579615

北京通州年鉴

北京市通州区史志办公室编 北京 北京市通州区史志办公室

〔馆藏卷期〕2000 2001 2002 2003 2004 2005 2006 2007 2008 2009 2010 2011 2012 2013 2014

010101879

北京市通州区统计年鉴

北京市通州区统计局编 北京 通州区统计局

〔馆藏卷期〕2003 2005 2006 2007 2008 2010 2011 2013

012941677

宋庄当代艺术年鉴

宋庄艺术促进会编 北京 华艺出版社 2007—

〔馆藏卷期〕2006 2007 2008 2009

011503512

宋庄艺术年鉴

杨卫主编 长沙 湖南美术出版社 2007—

〔馆藏卷期〕2006

顺义区

011965704
北京顺义年鉴
北京市顺义区党史区志办公室编 北京 中华书局 2008—
〔馆藏卷期〕2007 2008 2009 2010 2011 2012 2013

012617465
顺义教育年鉴
顺义区教育委员会编 北京 顺义区教育委员会
〔馆藏卷期〕1995/2005 2006/2010

昌平区

009805002
北京昌平年鉴
北京市昌平区党史(区志)办公室编 北京 中共党史出版社 2005—
〔馆藏卷期〕2005 2006 2007 2008 2009 2010 2011 2012 2013

009926204
北京市昌平区统计年鉴
北京昌平区统计年鉴 2011
北京市昌平区统计局编 北京 北京市昌平区统计局
〔馆藏卷期〕2002 2003 2004 2005 2006 2007 2008 2009 2010 2011 2012

014014935
武警森林指挥学校年鉴
武警森林指挥学校政治部组织科编 北京 中国人民武装警察部队森林指挥学校政治部组织科
〔馆藏卷期〕2006

009913076
北京市昌平区科技年鉴
昌平区科学技术委员会编 北京 昌平区科学技术委员会
〔馆藏卷期〕2002 2003 2004 2005 2006 2007 2008

011395736
昌平区教育年鉴
昌平教育年鉴 2009—
昌平区教育委员会编 北京 昌平区教育委员会 2006—
〔馆藏卷期〕2006 2007 2008 2009 2010 2011 2012 2013

011139623
北京市昌平实验中学年鉴
北京市昌平实验中学编 北京 北京市昌平实验中学 2007—
〔馆藏卷期〕2007 2009

大兴区

009840723

北京大兴年鉴

大兴年鉴

北京市大兴区史志办公室编 北京 中央文献出版社 2008—

〔馆藏卷期〕2008 2009 2010 2011 2012 2013

010101878

北京市大兴区统计年鉴

北京市大兴区统计局编 北京 大兴区统计局

〔馆藏卷期〕2002 2003 2004 2007 2008 2010

013603420

新区（大兴—开发区）统计年鉴

北京经济技术开发区经济社会调查队编 北京 北京市大兴区统计局

〔馆藏卷期〕2012

012617006

北京市大兴区经济普查年鉴

北京市大兴区全国经济普查领导小组办公室编 北京 国家统计局大兴调查队

〔馆藏卷期〕2008

009520018

北京市大兴县社会经济统计年鉴

大兴县社会经济统计年鉴

大兴县统计局编 北京 大兴县统计局

〔馆藏卷期〕1998 1999 2000

013790880

大兴公路年鉴

北京路政局大兴公路分局编 北京 北京市路政局大兴公路分局

〔馆藏卷期〕1997/2006

013636592

大兴教育年鉴

大兴区教育委员会编 北京 大兴区教育委员会 2012—

〔馆藏卷期〕2012 2013 2014

009698704

黄村七中教育年鉴

北京市大兴区黄村第七中学教育年鉴

大兴七中教育年鉴 2005—

北京市大兴区第七中学教育年鉴 2007

北京市大兴区第七中学编 北京 黄村第七中学

〔馆藏卷期〕2001 2002 2003 2005 2007

013635223

北京市大兴区教师进修学校年鉴

北京市大兴区教师进修学校年鉴编会编 北京 北京市大兴区教师进修学校

〔馆藏卷期〕2011/2012

怀柔区

013680402
北京怀柔年鉴
北京市怀柔区地方志编纂委员会编 北京 北京市怀柔区地方志编纂委员会 2012—
〔馆藏卷期〕2012 2013

009460001
怀柔区统计年鉴
北京怀柔区统计年鉴 2013—
怀柔区统计局编 北京 怀柔区统计局
〔馆藏卷期〕2002 2003 2004 2005 2006 2007 2008 2009 2010 2011 2013 2014

013680414
怀柔人大工作年鉴
怀柔区人民代表大会常务委员会编 北京 北京市怀柔区人大常委会
〔馆藏卷期〕2012 2013

010225591
怀柔政协年鉴
怀柔政协年鉴编纂委员会编 北京 怀柔区政协
〔馆藏卷期〕2004 2005

012176953
发展和改革工作年鉴
怀柔区发展和改革工作年鉴
北京市怀柔区发展和改革工作年鉴
怀柔区发展和改革委员会编 北京 怀柔区发展和改革委员会
〔馆藏卷期〕2007 2008

009492545
怀柔财政年鉴
怀柔县财政局编 北京 怀柔县财政局
〔馆藏卷期〕1995 2000

平谷区

009840718
北京市平谷区统计年鉴
平谷区统计局编 北京 平谷区统计局
〔馆藏卷期〕2003 2004 2005 2006 2007 2008 2009 2013

012617019
北京市平谷区经济普查年鉴
北京市平谷区全国经济普查领导小组办公室编 北京 国家统计局平谷调查队
〔馆藏卷期〕2008

010223832
北京市平谷工商行政管理年鉴
北京市平谷工商行政管理学会年鉴编辑部 北京市工商行政管理局平谷分局年鉴编辑部编 北京 北京市工商行政管理局平谷分局年鉴编辑部 北京市平谷工商行政管理学会年鉴编辑部 2005
〔馆藏卷期〕1978/2004

密云区

011965635

北京密云年鉴

密云年鉴 2012—

北京市密云县地方志编纂委员会编 北京 中共党史出版社 2008—

〔馆藏卷期〕2008 2009 2010 2011 2012 2013

009616746

密云县统计年鉴

密云统计年鉴 2006—

北京市密云县统计年鉴 2011—

密云县统计局编 北京 密云县统计局

〔馆藏卷期〕1996 1997 2000 2001 2002 2003 2004 2005 2006 2007 2008 2009 2011 2012

009927807

密云县工会年鉴

密云县工会年鉴编纂委员会编 北京 密云县总工会

〔馆藏卷期〕1999/2003

延庆区

009616687

北京延庆年鉴

延庆县史志办公室编 北京 方志出版社 2004—

〔馆藏卷期〕2004 2005 2006 2007 2008 2009 2010 2011 2012 2013

011395283

北京市延庆县统计年鉴

延庆县统计局编 北京 北京市延庆县统计局

〔馆藏卷期〕2003 2004 2006 2007 2008 2009 2011 2012 2013 2014

天津市

008604937
天津年鉴
天津经济年鉴
天津市人民政府主办编 天津 天津年鉴编辑部 2000—
〔馆藏卷期〕2000 2001 2002 2003 2005 2006 2007 2008 2009 2010 2011 2012 2013 2014

008643545
天津区县年鉴
郭凤岐编著 天津市人民政府主办 天津 天津古籍出版社 2000—
〔馆藏卷期〕2000 2001 2002 2003 2004 2005 2006 2007 2008 2009 2010 2011 2012 2014

009618296
天津社会科学年鉴
天津社会科学界联合会编著 天津 天津社会科学院出版社
〔馆藏卷期〕2004 2005 2006 2008 2009 2010 2011 2012

012199669
天津调查年鉴
国家统计局天津调查总队编 北京 国家统计局
〔馆藏卷期〕2007 2008 2009 2010 2011 2012 2013 2014

009835559
天津郊区统计年鉴
天津市农村社会经济统计年鉴
天津市农村社会经济调查队编 天津 天津市农村社会经济调查队 2004—
〔馆藏卷期〕2004 2005

008229386
天津市统计年鉴
天津市政府统计委员会编 天津 天津市政府统计委员会 1935
〔馆藏卷期〕1928/1932

003601362

天津统计年鉴

天津市统计局编 北京 中国统计出版社

〔馆藏卷期〕1984 1985 1986 1987 1988 1990 1991 1992 1993 1994 1995 1996 1997 1998 1999 2000 2001 2002 2003 2004 2005 2006 2007 2008 2009 2010 2011 2012 2013 2014

012199700

天津市纪检监察年鉴

中共天津市委纪律检查委员会编 天津 中共天津市纪律检查委员会 2005

〔馆藏卷期〕2005

008878936

天津公安年鉴

天津公安年鉴编辑部编纂 天津 天津市公安局

〔馆藏卷期〕2000 2001 2002 2003 2004 2005 2006 2010

011399062

天津市民政统计年鉴

天津市民政局编 天津 天津市民政局

〔馆藏卷期〕1998 2000 2010

011399057

天津市精神文明建设年鉴

天津市精神文明建设委员会办公室编 天津 天津古籍出版社 2009—

〔馆藏卷期〕2003/2004 2005/2006

013603317

天津市人民检察院第一分院年鉴

天津市人民检察院第一分院年鉴编辑委员会编 天津 天津市人民检察院第一分院

〔馆藏卷期〕2011

010102765

天津武警年鉴

武警天津市总队编史办编 天津 中国人民武装警察部队天津市总队 2000—

〔馆藏卷期〕2000 2001

009934586

天津市城市居民生活与物价调查统计年鉴

天津城市居民生活与物价调查统计年鉴 2002/2004

天津市城市社会经济调查队编 天津 天津市城市社会经济调查队

〔馆藏卷期〕2000/2003 2002/2004

008728232

天津市农村社会经济统计年鉴

天津郊区统计年鉴

天津市农村社会经济调查队编 天津 天津市农村社会经济统计年鉴编辑委员会

〔馆藏卷期〕1996 1998 2000 2001 2002 2003

011139937

天津经济普查年鉴

天津市第一次经济普查领导小组办公室 天津市统计局编 天津 天津市第一次经济普查领导小组办公室 天津市统计局

〔馆藏卷期〕2004 2008

006036512

天津经济年鉴

天津经济年鉴编辑部编 天津 天津人民出版社 1986—

〔馆藏卷期〕1986 1987 1988 1989 1990 1991 1992 1993 1994 1995 1996 1997 1998 1999

011823205

天津市国土资源和房屋管理年鉴

天津市国土资源和房屋管理局编 天津 天津市社会科学院出版社 2008—

〔馆藏卷期〕2008 2009 2010 2011 2013

009015861

天津企业年鉴

天津市企业调查队编 天津 天津人民出版社 2002—

〔馆藏卷期〕1997/2001 2002 2003

008239298

天津市畜牧业经济历史年鉴

天津市畜牧局编 石家庄 河北科学技术出版社

〔馆藏卷期〕1988

009197899

天津农村年鉴

中共天津市委农村工作委员会 天津市农村工作委员会编 天津 天津人民出版社 2003—

〔馆藏卷期〕2003

010227001

天津农业资源区划年鉴

天津市农业区划委员会办公室编 天津 农业区划委员会

〔馆藏卷期〕1997

013859462

渤海钻探工程公司年鉴

渤海钻探工程公司年鉴编辑部编 天津 渤海钻探工程公司 2009—

〔馆藏卷期〕2009 2010

009618350

华北电力工业统计年鉴

华北电业管理局编 北京 华北电业管理局

〔馆藏卷期〕1983 1984 1985 1986 1987

010102758

天津机械统计年鉴

天津机械统计年鉴编委会编 天津 天津机械统计年鉴编委会

〔馆藏卷期〕1994 1998 1999

008851382

天津石化年鉴

天津石化公司史志编修委员会编 天津
　　天津石化公司
〔馆藏卷期〕1993 1994 2000

009036955
天津水利年鉴
天津水务年鉴 2010—
天津市引滦工程管理局编 天津 天津市
　　水利局
〔馆藏卷期〕1991/1996 1998 1999 2000
　　2001 2002 2003 2004 2005 2006
　　2007 2008 2009 2010

007782478
津浦铁路年鉴
津浦年鉴
津浦铁路年鉴编纂委员会编辑 天津 津
　　浦铁路管理委员会 1933
〔馆藏卷期〕1932

008137895
天津铁路分局年鉴
天津铁路分局路史编辑委员会编 天津
　　天津铁路分局路史编辑委员会
〔馆藏卷期〕1987 1988 1989 1990 1991
　　1992 1993 1994 1995 1996 1997
　　1998 1999 2000 2001 2002

009406156
中铁第十八工程局年鉴
铁道部第十八工程局年鉴 1997
中铁十八局集团年鉴 2001/2002—
中铁第十八工程局史志编审委员会编

天津 中铁第十八工程局
〔馆藏卷期〕1997 1999/2000 2001/2002
　　2002/2003 2004/2006

011967417
天津邮电年鉴
天津邮电年鉴编审委员会编 天津 天津
　　邮电年鉴编审委员会 1998—
〔馆藏卷期〕1997

008851392
天津邮政年鉴
天津市邮政局年鉴
天津邮政年鉴编辑委员会编 天津 天津
　　市邮政局
〔馆藏卷期〕1996 1998 1999 2000 2001
　　2002 2003 2004 2005 2006 2007
　　2008 2009 2010 2011 2013 2014

010102762
天津市电话局年鉴
天津市电话局年鉴编辑部编 天津 天津
　　市电话局
〔馆藏卷期〕1996 1998 1999

009015857
天津餐饮年鉴
天津餐饮年鉴编辑委员会编 天津 天津
　　人民出版社 2002—
〔馆藏卷期〕2001

009980878
天津商务年鉴

天津对外经济贸易年鉴

天津商务年鉴编辑部编 天津 天津社会科学院出版社 2005—

〔馆藏卷期〕2005 2006 2007 2008

008944134
天津对外经济贸易年鉴

天津市对外经济贸易年鉴 1997,1999
天津商务年鉴

天津对外经济贸易委员会编 天津 天津人民出版社

〔馆藏卷期〕1996 1997 1998 1999 2001 2002 2003 2004

008957528
天津财政年鉴

天津市财政局编 天津 天津古籍出版社

〔馆藏卷期〕1997 1998 1999 2000 2001 2002 2004 2005 2006 2007 2008 2009 2010 2011 2012 2013

013790788
中国人民建设银行天津市分行年鉴

中国人民建设银行天津市分行投资研究所编 天津 中国人民建设银行天津市分行

〔馆藏卷期〕1990

012806208
天津保险年鉴

天津市保险行业协会 天津市保险学会编 天津市保险行业协会 天津市保险学会主办 天津 天津保险年鉴编辑部

〔馆藏卷期〕1991/1996 2007 2009

011399036
中国人民保险公司天津市分公司保险业务统计年鉴

中国人民保险公司天津市分公司编 天津 中国人民保险公司天津市分公司

〔馆藏卷期〕1996/2000

009405996
天津信息化年鉴

天津市人民政府信息化办公室 天津市发展计划委员会主编 天津市信息协会编辑 天津 天津人民出版社

〔馆藏卷期〕2003 2004 2005 2006 2007 2008

009926373
天津科技年鉴

天津科技年鉴编辑部编 长春 长春出版社 2004—

〔馆藏卷期〕2004 2005 2006 2007 2008 2009 2010 2011 2012 2013 2014

012199673
天津科技统计年鉴

天津市科学技术委员会 天津市教育委员会编 天津 天津市科学技术委员会

〔馆藏卷期〕2005 2011

008866884
天津教育招生考试年鉴

天津市教育招生考试中心编 天津 天津社会科学院出版社

〔馆藏卷期〕2000 2001 2002

008789157
天津教育年鉴

天津市教育委员会编 天津 天津社会科学院出版社 1999—

〔馆藏卷期〕1999 2000 2001 2002 2004 2005 2006 2007 2008 2009 2010 2011 2013

005032989
天津普通教育年鉴

天津市教育局教育志编修办公室编 天津 天津市教育局教育志编修办公室 1986—

〔馆藏卷期〕1986 1987 1988 1989 1990 1994 1996 1998

013396630
天津南开中学年鉴

南开中学年鉴编辑委员会编 天津 天津教育出版社 2011—

〔馆藏卷期〕2011 2012 2013 2014

009618302
南开大学年鉴

南开大学办公室编 天津 南开大学出版社

〔馆藏卷期〕2002 2003 2004 2005 2006 2007 2008 2009 2010 2011

011823055
南开大学外国语学院行政年鉴

南开大学外国语学院编 天津 南开大学 2003—

〔馆藏卷期〕1997/2002

012199661
天津大学建筑学院年鉴

天津大学建筑学院编 天津 天津大学出版社 2007—

〔馆藏卷期〕2005/2006

009081501
天津大学年鉴

天津 天津大学出版社

〔馆藏卷期〕1993/1994 1995 1996 1997 1998 1999 2000 2001 2002 2004 2005 2007 2008

009934582
天津工业大学年鉴

天津工业大学编 天津 天津人民出版社

〔馆藏卷期〕2004 2005 2006 2007 2008 2009

008851386
天津体育年鉴

天津市体育运动委员会编 天津 天津社会科学院出版社

〔馆藏卷期〕1995 1996 1997 1998 1999 2000 2001 2002 2003 2004

012530207
天津戏剧年鉴
天津市文化局戏剧研究室编 天津 天津市文化局戏剧研究室
〔馆藏卷期〕1981/1982

014014113
陈省身数学研究所年鉴
南开大学陈省身数学研究所编 天津 南开大学陈省身数学研究所 2009—
〔馆藏卷期〕2008

009926376
天津市卫生防病中心年鉴
天津市卫生防病中心年鉴编委会编 天津 天津市卫生防病中心
〔馆藏卷期〕2004 2005

011823209
天津市疾病预防控制中心年鉴
天津市疾病预防控制中心年鉴编纂委员会编 天津 天津市疾病预防控制中心
〔馆藏卷期〕2006 2009 2010 2011 2012

012530204
天津市卫生局公共卫生监督所年鉴
天津卫生局公共卫生监督所编 天津 公共卫生监督所 2000—
〔馆藏卷期〕2000

011967391
天津卫生监督工作年鉴
天津市卫生监督所编 天津 天津市卫生监督所 2007—
〔馆藏卷期〕2007

010102763
天津卫生年鉴
天津卫生年鉴编辑委员会编 天津 天津科技翻译出版公司 2006—
〔馆藏卷期〕2005 2006 2007 2008 2009 2010

012361494
天津规划年鉴
天津市规划局编 天津 天津科学技术出版社 2009—
〔馆藏卷期〕2009 2010 2011 2012 2013 2014

011503531
天津市政年鉴
天津市市政工程局年鉴 1999
天津市市政工程局编 天津 天津市市政工程局
〔馆藏卷期〕1999 2001 2003 2005

009395401
海河年鉴
水利部海河水利委员会编 天津 水利部海河水利委员会
〔馆藏卷期〕1999 2000 2001 2002 2003 2004 2006 2007 2008 2009 2010 2011 2012

009065038

铁道第三勘察设计院年鉴

铁道部第三勘测设计院年鉴 1997

铁道第三勘测设计院年鉴 2000

铁道第三勘察设计院集团有限公司年鉴 2007—

铁三院年鉴编辑部编 天津 铁道第三勘察设计院

〔馆藏卷期〕1997 1999 2000 2001 2002 2003 2004 2005 2006 2007 2008

河西区

009182884

河西年鉴

天津市河西区地方史志办公室编纂 天津市河西区人民政府主办 天津 天津市河西区人民政府

〔馆藏卷期〕1996/2000 2001 2002 2003 2004 2005 2006 2007 2008 2012 2013

和平区

009426242

和平年鉴

天津市和平区人民政府地方志编修委员会办公室编 天津市和平区人民政府主办 天津 天津市和平区人民政府

〔馆藏卷期〕2000 2001/2002 2003 2004/2005 2011 2013

河东区

009618298

河东年鉴

天津·河东年鉴 2008

天津市河东区地方志编修委员会编 天津 河东区地方志编修委员会 2003—

〔馆藏卷期〕2001/2003 2005 2006 2008 2009 2010

南开区

006997349

南开区年鉴

天津市南开区年鉴 1984—1987

天津南开年鉴

天津市南开区档案馆编 天津 天津市南开区档案馆 1985—

〔馆藏卷期〕1984 1985 1986 1987 1989 1990 1992 1993 1994 1995 1996 1997/2001 2002 2003 2004 2005 2006 2007 2008 2010 2012

河北区

009501703

河北区年鉴

天津市河北年鉴 2007—

河北年鉴 2009—

河北区人民政府编 天津 河北区人民政府 2003—

〔馆藏卷期〕1997/2003 2004 2005 2006

2007　2008　2009　2010　2011

红桥区

012047270

红桥年鉴

天津市红桥区档案局编　天津　天津市红桥区档案局　2006—

〔馆藏卷期〕2001/2006

东丽区

013379114

天津市东丽年鉴

东丽年鉴

天津市东丽区人民政府主办　天津　东丽区人民政府

〔馆藏卷期〕2010

西青区

009726375

西青年鉴

西青区年鉴　1999

天津市西青区年鉴编辑委员会编　天津　天津市西青区档案局

〔馆藏卷期〕1999　2005　2006　2007

013790092

西青经济开发区年鉴

天津市西青经济开发区年鉴

西青经济开发区编　天津　西青经济开发区管委会

〔馆藏卷期〕2004　2005

北辰区

009926369

北辰区年鉴

天津市北辰年鉴　2008—

天津市北辰区地方志编修委员会办公室编　天津市北辰区人民政府主办　北京　方志出版社　2005—

〔馆藏卷期〕1998/2002　2003　2004　2005　2006　2008　2009　2013

武清区

011503529

武清年鉴

天津市武清区地方志编修委员会编著　天津　天津市武清区地方志办公室　2007—

〔馆藏卷期〕2001/2005

011140147

天津市武清区统计年鉴

武清县统计年鉴　1992—

武清区统计年鉴

天津市武清区统计局编　天津　天津市武清区统计局

〔馆藏卷期〕1992　1994　2003　2004　2007

滨海新区

008851325
大港区年鉴
天津市大港区政府地方史志办公室主编 天津 天津市大港区政府地方史志办公室
〔馆藏卷期〕1992

011141176
天津汉沽年鉴
天津市汉沽区人民政府编著 天津 天津科学技术出版社 2006—
〔馆藏卷期〕2006

011503521
天津市塘沽年鉴
塘沽年鉴
天津市滨海新区塘沽年鉴 2011—
中共天津市塘沽区委员会 天津市塘沽区人民政府编 北京 中国档案出版社 2008—
〔馆藏卷期〕2007 2008 2009 2010 2011 2012 2013

011140144
天津滨海新区统计年鉴
天津市滨海新区管理委员会编 天津 天津市统计局
〔馆藏卷期〕1994/1998 1999 2000 2004 2005 2010 2011 2012 2013 2014

013397356
滨海新区年鉴
天津市滨海新区人民政府编 天津 天津社会科学院出版社 2011—
〔馆藏卷期〕2011 2012 2013

011140132
塘沽区国民经济和社会发展统计年鉴
塘沽区统计局编 天津 天津市塘沽区统计局
〔馆藏卷期〕2003 2009

012361491
天津滨海高新技术产业开发区年鉴
天津滨海高新技术产业开发区年鉴编辑委员会编 天津滨海高新技术产业开发区管理委员会主办 北京 中华书局 2009—
〔馆藏卷期〕2009

010226996
天津经济技术开发区年鉴
天津经济技术开发区（南港工业区）年鉴 2011—
天津经济技术开发区年鉴编纂委员会编 天津经济技术开发区（南港工业区）管理委员会主办 北京 中华书局 2006—
〔馆藏卷期〕2006 2007 2008 2009 2012 2013 2014

008604254
大港油田年鉴

大港油田集团公司年鉴 2001—
大港油田年鉴编辑委员会编 北京 石油
　工业出版社
〔馆藏卷期〕1995/1996 1997/1998 1999
　2000 2001 2002

013758168
塘沽区海洋管理年鉴
塘沽区海洋管理年鉴编纂委员会编 天
　津 塘沽区海洋局 2005—
〔馆藏卷期〕2001/2005

宁河区

013174651
天津·宁河年鉴
宁河年鉴
宁河县地方史志编修委员会编 宁河县
　人民政府主办 宁河 宁河县地方史志
　编修委员会 2009—
〔馆藏卷期〕2009

河北省

004187761
河北年鉴
河北年鉴编纂委员会编 石家庄 河北年
鉴社 1992—
〔馆藏卷期〕1991 1992 1993 1994 1995
1996 1997 1998 1999 2000 2001
2002 2003 2005 2006 2007 2008
2009 2010 2011 2012 2013 2014

011502097
河北社会科学年鉴
河北省社会科学界联合会编著 石家庄
河北人民出版社 2007—
〔馆藏卷期〕2007 2008 2009 2010 2011
2012 2013 2014

008245751
河北农村统计年鉴
河北省人民政府办公厅 河北省统计局
主编 北京 中国统计出版社
〔馆藏卷期〕1995 1996 1997 1998 1999
2000 2001 2002 2003 2004 2005
2006 2007 2008 2009 2010 2011
2012 2013 2014

008129562
河北省统计年鉴
河北省政府秘书处编 河北 河北省政府
秘书处
〔馆藏卷期〕1929/1930

009933538
河北人口调查年鉴
河北人口调查队编 石家庄 河北省人口
调查队 1995—
〔馆藏卷期〕1991/1994

009617173
中共河北年鉴
中共河北省委党史研究室编 中共河北
省委主办 北京 中国文史出版社
〔馆藏卷期〕2002 2003 2004 2005 2006
2007 2008 2009 2010 2011 2012

012525982

河北共青团年鉴

共青团河北省委编 河北 共青团河北省委 2009—

〔馆藏卷期〕2009

008957902

河北省精神文明建设年鉴

河北省精神文明建设年鉴编辑委员会编 石家庄 河北人民出版社

〔馆藏卷期〕2001 2002 2003 2004 2005 2006 2007 2008 2009 2010

012079145

河北省人民法院年鉴

河北省高级人民法院编 石家庄 河北省高级人民法院 1999—

〔馆藏卷期〕1993/1997

009264659

河北法制年鉴

河北法制年鉴编纂委员会编 河北省人民政府法制办公室主办 北京 中国物价出版社

〔馆藏卷期〕2002 2004 2006 2008 2010 2012

009617178

河北政法年鉴

冉彦金主编 石家庄 河北人民出版社 2001—

〔馆藏卷期〕2000

013467353

河北省国有资产监督管理年鉴

刘清芳 魏建厂主编 保定 河北大学出版社

〔馆藏卷期〕2010

007464835

河北经济统计年鉴

河北经济年鉴

河北省社会科学院经济研究所编 北京 中国统计出版社 1985—1994

〔馆藏卷期〕1985 1986 1987 1988 1989 1990 1991 1992 1993

006633795

河北经济年鉴

河北经济统计年鉴

河北省人民政府编 北京 中国统计出版社 1995—

〔馆藏卷期〕1995 1996 1997 1998 1999 2000 2001 2002 2005 2006 2007 2008 2009 2010 2011 2012 2013 2014

012983919

河北经济普查年鉴

河北省第二次经济普查领导小组办公室编 北京 中国统计出版社 2011—

〔馆藏卷期〕2008

009589235

河北省开发区年鉴

河北省开发区年鉴编辑委员会编 石家

庄 河北省开发区年鉴编辑委员会 1996—

〔馆藏卷期〕1996 1997 1998 1999 2000 2001 2002 2003 2004 2005 2006 2008 2009 2010 2011 2012

004187771

河北县镇年鉴

河北省人民政府办公厅 河北省统计局编 北京 中国统计出版社

〔馆藏卷期〕1990 1991

009195512

河北乡镇经济年鉴

河北省人民政府办公厅 河北省统计局主编 北京 经济科学出版社

〔馆藏卷期〕2001 2004 2005 2007 2008 2009 2011

011822056

河北国土资源年鉴

河北省国土资源厅编 石家庄 河北省国土资源厅 2005—

〔馆藏卷期〕2005/2006

012591731

河北企业年鉴

河北省企业联合会 国家统计局河北调查总队编 北京 中共党史出版社 2009—

〔馆藏卷期〕2009 2010 2011 2012 2013

013965247

河北省住房公积金统计年鉴

河北省住房公积金监督管理办公室 河北省住房公积金研究会编 石家庄 河北省住房公积金监督管理办公室

〔馆藏卷期〕1992/2010

013369887

河北住宅与房地产业年鉴

河北省建设厅住宅产业化促进中心编 河北省住房和城乡建设厅主办 石家庄 河北省住房和城乡建设厅

〔馆藏卷期〕2009

011966574

河北省土地调查统计年鉴

河北省国土资源厅编 石家庄 河北省国土资源厅 2007—

〔馆藏卷期〕2006 2007

009913138

河北电力工业统计年鉴

河北省电力公司编 石家庄 河北省电力公司

〔馆藏卷期〕1998 2000 2001 2002 2003 2008

012923512

河北能源统计年鉴

河北省统计局能源处编 石家庄 河北省统计局能源处

〔馆藏卷期〕2005/2007

011396292
河北水利统计年鉴
河北省水利厅编 石家庄 河北省水利厅
〔馆藏卷期〕2002 2006 2008 2009 2010

012080561
河北交通年鉴
河北交通年鉴编纂委员会编 河北省交通厅主办 石家庄 河北人民出版社
〔馆藏卷期〕1987 1989 1994 1995

012047193
河北省道路运输管理年鉴
河北省道路运输年鉴 2001—
河北省交通厅道路运输管理局编 石家庄 河北省交通厅道路运输管理局
〔馆藏卷期〕1986 1987 1988 1997 1998 1999 2001 2002 2003 2007 2008

012047204
河北邮电年鉴
河北省邮电管理局 河北省邮政局编 石家庄 河北省邮电管理局 1999—
〔馆藏卷期〕1998 1999

009157757
河北邮政年鉴
河北省邮政局编 石家庄 河北省邮政局
〔馆藏卷期〕2001 2002/2003 2004/2005 2006/2007

012923506
河北电信年鉴
中国电信集团河北省电信公司编 石家庄 河北省电信公司
〔馆藏卷期〕2001

009452699
河北通信年鉴
河北网通年鉴
中国网通集团河北省通信公司编 河北 中国网通集团河北省通信公司
〔馆藏卷期〕2002 2003 2004 2005 2006 2007

008437480
河北市场年鉴
河北市场年鉴编辑委员会编 河北省人民政府主办 北京 社会科学文献出版社 1995—
〔馆藏卷期〕1996 1997

008849877
河北财政年鉴
河北省财政厅编 石家庄 河北人民出版社
〔馆藏卷期〕1993 1997 1999 2000 2001 2002 2003 2005 2006 2007 2008 2009 2010 2011 2012 2013

008993676
河北地方税务年鉴
河北省地方税务局编 石家庄 河北省地方税务局
〔馆藏卷期〕1994 1995 1996 1997 1998 1999 2000 2002 2003 2004 2005

2006　2007　2008　2009

012047183
河北国税年鉴
河北国税年鉴编纂委员会编　石家庄　河北国税年鉴编纂委员会
〔馆藏卷期〕2007　2008　2009　2010　2011　2012

013935943
河北税收年鉴
河北省税务局编　石家庄　河北省税务局
〔馆藏卷期〕1991　1993

008491884
河北城市金融年鉴
河北城市金融年鉴编辑委员会编　北京　中国金融出版社
〔馆藏卷期〕1989/1991

006296720
河北金融年鉴
河北金融年鉴编辑部编　北京　新华出版社　1991—
〔馆藏卷期〕1991　1992　1993　1994　1995　1996　1997　1998　1999　2000　2001　2002　2003　2004　2005　2006　2007　2008　2009　2010　2011　2012　2013

012080566
河北农村金融年鉴
北京　中央编译出版社　1995—
〔馆藏卷期〕1989/1993　1994/1997　1998/2000　2001/2005

012792523
河北省文化文物统计年鉴
河北省文化厅编　石家庄　河北省文化厅
〔馆藏卷期〕2009　2011　2012

013898627
河北文化艺术年鉴
河北省文化厅编　石家庄　河北人民出版社　1989—
〔馆藏卷期〕1987　1988　1989

008923244
河北省广播电视年鉴
河北省广播电视年鉴编辑委员会编　石家庄　河北人民出版社
〔馆藏卷期〕1995　1996　1997　1998　1999/2000　2001/2002　2003　2004　2005　2006　2007　2008　2009　2010　2011　2012　2013

008902156
河北科技年鉴
河北科技年鉴编辑部编　石家庄　河北科技年鉴编辑部
〔馆藏卷期〕1998　2000　2001　2002　2003　2004　2005　2006　2007　2008　2009　2010　2011　2012　2013

009913143
河北教育考试年鉴
河北教育考试院编　石家庄　河北教育出

版社 2005—

〔馆藏卷期〕2002

009698790

河北教育年鉴

河北教育年鉴编纂委员会编 河北省教育厅主办 北京 中国对外翻译出版公司

〔馆藏卷期〕2002 2003 2004 2005 2006

008902159

河北体育年鉴

河北省体育局编 北京 北京市体育运动委员会

〔馆藏卷期〕1991/1993 1995 1996 1997/1998 1999/2000 2001/2002 2003/2004

012047200

河北文学评论年鉴

石家庄 河北省作家协会

〔馆藏卷期〕2001 2002 2003 2004 2005 2006

009346332

河北地震年鉴

河北省地震局编 北京 地震出版社

〔馆藏卷期〕2001 2002 2003 2004 2005 2006 2007

011966570

河北出入境检验检疫年鉴

河北出入境检验检疫年鉴编纂委员会编 石家庄 河北检验检疫年鉴编纂委员会 2006—

〔馆藏卷期〕2002/2003 2004 2005 2006

011140246

河北卫生监督年鉴

河北卫生监督年鉴编委会编 河北 河北省卫生厅卫生监督局

〔馆藏卷期〕2001/2003 2004/2005 2009 2010

008941741

河北卫生年鉴

河北卫生年鉴编辑委员会编 石家庄 河北科学技术出版社

〔馆藏卷期〕1986 1989/1999 2001 2002 2003 2004 2005 2006 2007 2008 2009 2010 2011 2012

012047190

河北环境保护年鉴

河北环境保护年鉴编辑委员会编 石家庄 河北人民出版社 2008—

〔馆藏卷期〕2008 2009 2010 2012 2013

石家庄市

008397956

石家庄年鉴

石家庄年鉴编纂委员会编 北京 中国对外翻译出版公司

〔馆藏卷期〕1993/1994 1995/1996 1997 1999 2000 2001 2002 2003 2004 2005 2006 2007 2008 2009 2010 2011 2012 2013 2014

010102241

石家庄高新技术产业开发区统计年鉴

石家庄高新技术产业开发区经济科技局编 石家庄 开发区经济科技局

〔馆藏卷期〕1996 1999 2000 2002 2003 2004 2005

008276764

石家庄统计年鉴

石家庄市统计年鉴

石家庄市统计局编 北京 中国统计出版社 1997—

〔馆藏卷期〕1992 1993 1994 1995 1997 1998 1999 2000 2001 2002 2003 2004 2005 2006 2007 2008 2009 2011 2012 2013

013820239

石家庄市中级人民法院年鉴

中级人民法院编 石家庄 河北省石家庄市中级人民法院

〔馆藏卷期〕2009 2010

013788261

河北钢铁集团有限公司统计年鉴

河北钢铁集团有限公司安全生产部编 石家庄 河北钢铁集团有限公司

〔馆藏卷期〕2010

008439203

石家庄车辆厂年鉴

中国南车集团石家庄车辆厂年鉴 2002—2007

南车石家庄车辆有限公司年鉴 2008—

石家庄车辆厂年鉴编纂委员会编 石家庄 石家庄车辆厂年鉴编纂委员会

〔馆藏卷期〕1997 1998 2000 2001 2002 2003 2004 2005 2006 2007 2008 2009

012521593

石家庄电力工业统计年鉴

石家庄供电公司编 石家庄 石家庄供电公司

〔馆藏卷期〕2007

009927862

石家庄印钞厂年鉴

石家庄印钞厂年鉴编辑委员会编 石家庄 石家庄印钞厂

〔馆藏卷期〕2002/2003 2004 2005 2006 2007 2008

010102251
石家庄市交通年鉴
石家庄市公路交通年鉴
石家庄市交通局年鉴
石家庄市交通局编 石家庄 石家庄市交通局
〔馆藏卷期〕1999 2000 2001 2004 2008 2010

012530199
石家庄车辆段年鉴
石家庄车辆段年鉴编辑委员会编 石家庄 石家庄车辆段年鉴编辑委员会
〔馆藏卷期〕1997 1999 2001

008588922
石家庄铁路分局年鉴
石家庄铁路分局史志办公室编 石家庄 石家庄铁路分局 1988—
〔馆藏卷期〕1988 1989 1990 1991 1992 1994 1996 1997 1998 1999 2000 2001 2003

012194193
河北公路工程建设集团有限公司年鉴
河北公路工程建设集团有限公司编 石家庄 河北公路工程建设集团有限公司 2005—
〔馆藏卷期〕1999

010102235
河北移动通信有限责任公司年鉴
河北移动通信有限责任公司年鉴编写委员会编 石家庄 河北移动通信有限责任公司 2005—
〔馆藏卷期〕2002 2003 2005

012048585
石家庄市电信局年鉴
石家庄市电信局编 石家庄 石家庄市电信局
〔馆藏卷期〕1997 1998

012754761
中国移动通信集团河北有限公司年鉴
中国移动通信集团河北有限公司编 石家庄 中国移动通信集团河北有限公司 2009—
〔馆藏卷期〕2008

011967329
石家庄地方税务年鉴
石家庄市地方税务局编 石家庄 石家庄市地方税务局
〔馆藏卷期〕1994 1995 1996 1997 1999 2000 2002 2004 2005 2006 2007 2009 2011

013333837
石家庄南车辆段年鉴 文件选编
石家庄南车辆段年鉴编写委员会编 石家庄 石家庄南车辆段年鉴编写委员会
〔馆藏卷期〕1999 2004

008438127
河北出版年鉴
河北出版集团年鉴 2005—
河北出版年鉴编辑部编 石家庄 河北人民出版社
〔馆藏卷期〕1992 1993 1994 1995 1996 1997 1998 1999 2000 2001 2002 2003 2004 2005 2006 2007 2008

011398858
石家庄新闻出版年鉴
石家庄市新闻出版局编 石家庄 石家庄市新闻出版局
〔馆藏卷期〕1996 1997 1998 2002 2004 2005 2008

012521516
河北省博物馆年鉴
河北省博物馆年鉴编辑委员会编 石家庄 河北省博物馆年鉴编辑委员会 1988—
〔馆藏卷期〕1987 1988/2000

014014270
河北大学年鉴
河北大学校长办公室编 保定 河北大学出版社
〔馆藏卷期〕1991

011966747
军械工程学院年鉴
军械工程学院年鉴编辑委员会编 石家庄 军械工程学院 2003—
〔馆藏卷期〕1997 2002 2003 2004 2005 2006

012617459
石家庄经济学院年鉴
石家庄经济学院年鉴编纂委员会编 石家庄 石家庄经济学院年鉴编纂委员会 2008—
〔馆藏卷期〕2005 2006

010102253
石家庄铁道学院年鉴
石家庄铁道学院校长办公室编 石家庄 石家庄铁道学院
〔馆藏卷期〕1998 2000 2005

012079336
石家庄邮电职业技术学院年鉴
石家庄邮电职业技术学院党委办公室 石家庄邮电职业技术学院院长办公室编 石家庄 石家庄邮电职业技术学院 2005—
〔馆藏卷期〕2004 2005

013926007
大名人艺术年鉴
河北大名人书画院编 香港 中国国际文化出版社 2007—
〔馆藏卷期〕2006/2007 2008/2009 2010/2011

012048595
石家庄市卫生防疫站年鉴
石家庄市卫生防疫站年鉴编纂委员会

编 石家庄 石家庄市卫生防疫站 2004—
〔馆藏卷期〕2003 2005

013634271
石家庄市卫生年鉴
石家庄市卫生年鉴编撰委员会编 石家庄 石家庄市卫生年鉴编撰委员会
〔馆藏卷期〕2011

008643411
河北省农林科学院年鉴
河北省农林科学院办公室编 河北省 河北省农林科学院
〔馆藏卷期〕1986/1990 1991/1995 1996/1998 1999 2000 2001

长安区

009195476
石家庄市桥东区年鉴
石家庄市桥东区地方志办公室编 石家庄 石家庄市桥东区地方志办公室
〔馆藏卷期〕1996/1997 1998/1999

桥西区

009933548
石家庄市桥西区年鉴
石家庄市桥西区档案局 石家庄市桥西区统计局编 石家庄 石家庄市桥西区档案局

〔馆藏卷期〕1990 1995 1996 1997 2000 2002 2007 2009

新华区

012199595
石家庄市新华区年鉴
新华区统计局编 石家庄 石家庄市新华区档案局 2003—
〔馆藏卷期〕1999 2000 2001 2002 2003 2004 2005 2007

012199603
石家庄市新华区统计年鉴
新华区统计局编 石家庄 石家庄市新华区统计局 2007—
〔馆藏卷期〕2006 2008 2009

013758114
石家庄市新华区档案年鉴
石家庄市新华区档案馆编 石家庄 石家庄市新华区档案馆
〔馆藏卷期〕2008

藁城区

009395390
藁城年鉴
藁城市年鉴编纂委员会编 呼和浩特 远方出版社 2002—
〔馆藏卷期〕1997/2001 2002/2004 2005/2006 2007/2010

鹿泉区

009182881

获鹿县年鉴

获鹿县年鉴编辑部编 广州 新世纪出版社 1993—

〔馆藏卷期〕1991 1992 1993

008438178

鹿泉市年鉴

鹿泉年鉴 2004—

鹿泉市史志编纂委员会办公室编 石家庄 河北人民出版社

〔馆藏卷期〕1994 1995 1996 1997 1998 1999 2000 2001 2002 2003 2004 2005 2006 2007 2008

栾城区

008604922

栾城年鉴

栾城县史志编纂委员会编 北京 方志出版社

〔馆藏卷期〕1998 1999 2000 2001 2002/2003 2003 2005 2006 2007 2008 2009 2011 2012 2013

晋州市

008553709

晋州年鉴

河北省晋州年鉴编纂工作委员会编 北京 中国对外翻译出版公司

〔馆藏卷期〕1991/1996 1997/2000 2001/2005 2007 2008 2010 2011 2012 2013

012526061

晋州市农村经济年鉴

晋州市统计局编 晋州 晋州市统计局 2001—

〔馆藏卷期〕2000

新乐市

008553467

新乐年鉴

新乐年鉴编纂委员会编 北京 中国对外翻译出版公司

〔馆藏卷期〕1993/1996 2000 2004

井陉县

008977173

井陉县年鉴

井陉年鉴

井陉县史志办公室编 石家庄 河北人民出版社 1990—

〔馆藏卷期〕1989 1997 2004 2005 2006 2007 2009 2010 2011 2012 2013

011966741

井陉财政年鉴

井陉县财政局编 石家庄 河北人民出版

社 2008—
〔馆藏卷期〕2008

正定县

008277827
正定县年鉴 河北年鉴增刊
河北年鉴
正定县年鉴编辑委员会编 石家庄 河北年鉴社 1993—
〔馆藏卷期〕1991 1992/1993 1994/1995 1996/1998 2001/2002 2003 2004 2005 2006 2007/2008 2010 2011 2012 2013

行唐县

013859268
行唐年鉴
行唐县地方志办公室编 石家庄 河北人民出版社 2013—
〔馆藏卷期〕2012

高邑县

007733602
高邑县年鉴
河北年鉴增刊
路全国主编 石家庄 河北年鉴出版社 1995—
〔馆藏卷期〕1995

赞皇县

013793259
赞皇年鉴
赞皇县地方志办公室编 赞皇县人民政府主办 北京 中国国际文化出版社
〔馆藏卷期〕2012

平山县

008557137
平山年鉴
平山县年鉴编纂委员会编 保定 中国县镇年鉴社
〔馆藏卷期〕1992/1998 2000 2000/2002 2003/2005 2006/2007 2008 2009 2010

赵县

013634392
赵县年鉴
赵县年鉴编纂委员会编 赵县人民政府主办 北京 中国国际文化出版社
〔馆藏卷期〕2011 2012 2013

唐山市

009616909
唐山年鉴
唐山市人民政府编 石家庄 河北人民出版社 2008—
〔馆藏卷期〕2008 2009 2010 2011 2012 2014

008432465
新区年鉴
唐山市新区年鉴编辑委员会编 北京 方志出版社
〔馆藏卷期〕1991/1995

006296708
唐山统计年鉴
唐山市统计局编 北京 中国统计出版社
〔馆藏卷期〕1992 1993 1994 1995 1996 1998 1999 2000 2001 2002 2003 2004 2005 2006 2007 2008 2009 2010 2011 2012 2013 2014

009360550
中共唐山年鉴
中共唐山年鉴编纂委员会编 北京 中央文献出版社 2003—
〔馆藏卷期〕2002 2003 2004 2005 2006 2007 2008 2009 2010 2011 2012 2013 2014

009805120
冀东油田年鉴
中国石油天然气股份有限公司冀东油田分公司年鉴
冀东油田年鉴编纂委员会编 北京 石油工业出版社 2004—
〔馆藏卷期〕1999/2000 2001/2002 2003 2004 2005 2006 2007 2008 2009 2010 2011 2013

009406192
开滦年鉴
开滦矿务局史志办公室编 开滦 开滦矿务局史志办公室
〔馆藏卷期〕1963/1985 2002 2010

012983775
唐山机车车辆厂年鉴
唐山机车车辆厂年鉴编审委员会编 唐山 唐山机车车辆厂年鉴编审委员会 1996—
〔馆藏卷期〕1996

012194287
华北煤炭医学院年鉴
华北煤炭医学院史志年鉴编写组编 唐山 华北煤炭医学院史志年鉴编写组 2009—
〔馆藏卷期〕2007

路北区

011968215
中共路北年鉴
中共路北年鉴编纂委员会编 北京 中央文献出版社 2006—
〔馆藏卷期〕2006 2007 2009 2011 2012

古冶区

013603490
中共古冶区委年鉴
中共古冶年鉴
中共古冶区委党史研究办公室编 古冶 中共古冶区委 2012—
〔馆藏卷期〕2011

丰南区

012593478
中共丰南年鉴
中共唐山市丰南区委党史研究室编 丰南 中共唐山市丰南区委
〔馆藏卷期〕2004/2005 2006/2007 2010/2011

丰润区

013397023
丰润年鉴
唐山市丰润区年鉴编纂委员会编 唐山市丰润区人民政府主办 北京 中国文史出版社 2012—
〔馆藏卷期〕2011 2012 2013

迁安市

008604928
迁安年鉴
迁安市年鉴编纂委员会办公室编 迁安 迁安市年鉴编纂委员会办公室
〔馆藏卷期〕1987/1995 1997 1998/1999 2000 2001 2003 2004 2005 2006 2007 2008 2009 2010 2011 2012 2013 2014

滦县

008465925
滦县年鉴
滦县地方志编纂委员会编 天津 天津人民出版社
〔馆藏卷期〕1986/1996

乐亭县

013757955
乐亭县统计年鉴
乐亭县统计局编 乐亭 乐亭县统计局
〔馆藏卷期〕2010

迁西县

008553693
迁西年鉴
迁西年鉴编纂委员会编 沈阳 沈阳出版社
〔馆藏卷期〕1987/1995

秦皇岛市

007683403
秦皇岛年鉴
秦皇岛市年鉴编辑部编 北京 中国标准出版社 1990—
〔馆藏卷期〕1996 1997 1998 1999 2001 2002 2003 2004 2005 2006 2007 2008 2009 2010 2011 2012 2013 2014

008403132
秦皇岛统计年鉴
秦皇岛市统计局编 北京 中国标准出版社
〔馆藏卷期〕1995 1996 1997 1998 1999 2001 2002 2003 2004 2005 2006 2007 2008 2009 2011 2012 2013

010102345
中国·秦皇岛经济技术开发区年鉴
秦皇岛经济技术开发区地方志编纂委员会编 北京 方志出版社 2005—
〔馆藏卷期〕2005 2006 2007 2008 2009 2010 2011 2012 2013

013396743
秦皇岛金融年鉴
秦皇岛市金融工作办公室编 北京 中国金融出版社 2011—
〔馆藏卷期〕2011 2012

011140541
秦皇岛图书馆年鉴
秦皇岛图书馆编 秦皇岛 秦皇岛图书馆
〔馆藏卷期〕2005 2007

009289768
燕山大学年鉴
燕山大学年鉴编委会编 秦皇岛 燕山大学年鉴编委会
〔馆藏卷期〕1997/1999

海港区

008438863
秦皇岛市海港区年鉴
海港区年鉴
秦皇岛市海港区年鉴编纂委员会编 秦皇岛 秦皇岛市海港区年鉴编纂委

员会

〔馆藏卷期〕1989/1992 1998 1998/2002 2003/2004 2005/2006 2007/2008 2009/2010 2012 2013

山海关区

008839681

山海关年鉴

山海关年鉴编纂委员会编纂 天津 天津人民出版社

〔馆藏卷期〕1995/1996 1997/1998 1999 2000

008396929

山桥年鉴

铁道部山海关桥梁工厂年鉴编委会编 河北 铁道部山海关桥梁工厂年鉴编

委会

〔馆藏卷期〕1990/1991 1992/1993 1994/1995

北戴河区

013470779

北戴河年鉴

秦皇岛市北戴河区地方志编纂委员会办公室编 北京 方志出版社 2012—

〔馆藏卷期〕2011

青龙满族自治县

013471037

青龙满族自治县年鉴

青龙满族自治县县志办公室编 北京 方志出版社 2012—

〔馆藏卷期〕2011 2012

邯郸市

013821952

邯郸地区年鉴

邯郸地区年鉴编辑部编 北京 中国科学技术出版社 1991

〔馆藏卷期〕1990

008901584

邯郸年鉴

邯郸市地方志办公室编 邯郸市人民政府主办 北京 新华出版社 2001—

〔馆藏卷期〕2001 2002 2003 2004 2005 2006 2007 2008 2010 2011 2012 2013

007698496

邯郸农村统计年鉴

邯郸市人民政府办公厅 邯郸市统计局编 北京 中国统计出版社 1996—

〔馆藏卷期〕1996

007998870
邯郸统计年鉴
邯郸市统计局编 北京 中国统计出版社
〔馆藏卷期〕1994 1995 1996 1997 1998 1999 2000 2001 2002 2003 2004 2005 2006 2007 2008 2009 2010 2011 2012 2013 2014

009459883
中共邯郸年鉴
中共邯郸市委编 中共邯郸市委主办 北京 中共党史出版社
〔馆藏卷期〕2002 2003 2004 2005 2006 2007 2009 2010

010224285
邯郸文化年鉴
邯郸市文化局编 邯郸 邯郸市文化局
〔馆藏卷期〕2004 2005 2006 2007

010224281
邯郸教育年鉴
邯郸市教育局编 北京 大众文艺出版社 2006—
〔馆藏卷期〕2004

邯山区

011502083
邯郸县年鉴
邯郸县年鉴编纂委员会编 邯郸 邯郸县年鉴编纂委员会
〔馆藏卷期〕2004 2007 2008 2009 2010 2012 2013

013898541
邯郸县统计年鉴
邯郸县统计局编 邯郸 邯郸县统计局
〔馆藏卷期〕2004/2005 2008/2009

012723386
邯郸县供电公司年鉴
邯郸县供电公司年鉴编辑委员会编 邯郸 邯郸县供电公司 2010—
〔馆藏卷期〕2010

峰峰矿区

013996004
峰峰年鉴
邯郸市峰峰矿区党史区志办公室编 中共邯郸市峰峰矿区委员会 邯郸市峰峰矿区人民政府主办 邯郸 邯郸市峰峰矿区党史区志办公室
〔馆藏卷期〕2011 2012 2013/2014

永年区

009287769
永年统计年鉴
永年县统计局编 永年 永年县统计局
〔馆藏卷期〕2002 2004

成安县

009926260

中共成安年鉴

中共成安县委员会党史研究室编 中共成安县委员会主办 成安 中共成安县委 2005—

〔馆藏卷期〕2004 2005 2006 2007

大名县

013793137

大名年鉴

大名县地方志办公室编 大名县人民政府主办 大名 大名县地方志办公室 2013—

〔馆藏卷期〕2012

011823345

中共大名年鉴

中共大名县委党史研究室编 中共大名县委主办 大名 中共大名县委

〔馆藏卷期〕2005 2010

涉县

011823179

涉县年鉴

中共涉县县委党史研究室编 中共涉县县委 涉县人民政府主办 涉县 中共涉县县委 2005—

〔馆藏卷期〕2005 2007 2010

磁县

012617033

磁县年鉴

磁县地方志办公室编 磁县人民政府主办 郑州 中州古籍出版社 2009—

〔馆藏卷期〕2007/2008

魏县

012724399

中共魏县年鉴

中共魏县县委党史研究室编 中共魏县县委主办 魏县 中共魏县县委党史研究室 2010—

〔馆藏卷期〕2006/2008

曲周县

012617399

曲周年鉴

曲周年鉴编纂委员会编 曲周 曲周年鉴编纂委员会 2010—

〔馆藏卷期〕2010 2011 2012 2013 2014

012802550

中共曲周年鉴

中共曲周县委党史研究室编 曲周 中共曲周县委党史研究室

〔馆藏卷期〕2001/2003 2004/2006 2007/2009 2014

012048455
曲周国土资源年鉴
曲周县国土资源局编 曲周 曲周县国土
资源局 2005—
〔馆藏卷期〕1997/2004

邢台市

008553671
邢台年鉴
邢台年鉴编纂工作委员会承编 石家庄
河北人民出版社
〔馆藏卷期〕1999 2001 2002 2003 2004
2005 2006 2007 2008 2011 2012
2014

012048960
中共邢台年鉴
中共邢台年鉴编纂委员会编 北京 中国
广播电视出版社 2005—
〔馆藏卷期〕2003 2004

008432650
邢台经济统计年鉴
邢台统计年鉴 2003—
邢台市统计局编 北京 中国统计出版社
〔馆藏卷期〕1999 2000 2001 2002 2003
2004 2005 2006 2007 2008 2009
2010 2011

011140249
河北兴泰发电有限责任公司年鉴
河北兴泰发电有限责任公司编 北京 中
国广播电视出版社 2007—

〔馆藏卷期〕2003/2005

013758212
邢台市邮电年鉴
邢台市邮电年鉴编写组编 石家庄 河北
人民出版社
〔馆藏卷期〕1990

009360543
邢台教育年鉴
河北省邢台市教育局编 河北省邢台市
教育局主办 邢台 河北省邢台市教
育局
〔馆藏卷期〕2000 2001 2002 2003 2004
2005 2006 2007 2008

桥东区

012521552
桥东区年鉴
邢台市桥东区年鉴编纂工作委员会编
邢台市桥东区人民政府主办 北京 人
民日报出版社
〔馆藏卷期〕1993/1997 1998/2002

沙河市

009617188

沙河年鉴

冀彤军主编 沙河市人民政府主办 大连 大连出版社

〔馆藏卷期〕1997/2003 2012 2013

邢台县

008477440

邢台县年鉴

邢台县年鉴编纂委员会编 北京 中国人事出版社 1995—

〔馆藏卷期〕1989/1993 1994/1996

威县

013758174

威县年鉴

威县年鉴编纂委员会编 北京 中央文献出版社

〔馆藏卷期〕2010

清河县

008433978

清河年鉴

清河年鉴编委会编 北京 中国城市出版社

〔馆藏卷期〕1990/1995 1996/2000 2006/2011

保定市

008433699

保定年鉴

保定市地方志办公室编 北京 人民出版社

〔馆藏卷期〕1995/1997 1999 2000 2001/2002 2003 2004/2005 2006 2007/2008 2009 2010 2011 2012 2013

008002103

保定市年鉴

保定市地方志委员会编 北京 中国文史出版社 1993—

〔馆藏卷期〕1991

007916468

保定经济统计年鉴

保定市人民政府主办 保定市统计局编 北京 中国统计出版社 1995—

〔馆藏卷期〕1995 1996 1997 1998 1999 2000 2001 2002 2003 2006 2007 2008 2009 2010 2011 2012 2013

2014

012351706
保定化纤厂年鉴
保定化纤厂年鉴编纂委员会编 保定 保定化纤厂年鉴编纂委员会 1994—
〔馆藏卷期〕1987/1991

008788768
保定天鹅化纤集团有限公司年鉴
保定天鹅化纤集团有限公司年鉴编纂委员会编 保定 保定天鹅化纤集团有限公司
〔馆藏卷期〕1992/1996 1997/2006

009589775
保定电信年鉴
保定电信年鉴编纂委员会编 保定 保定电信年鉴编纂委员会
〔馆藏卷期〕2000 2002

011821772
保定文化年鉴
保定市文化局编 保定 保定市文化局 2006—
〔馆藏卷期〕2005 2006

涿州市

008245051
涿州年鉴
涿州市地方志编纂委员会办公室编 石家庄 河北人民出版社

〔馆藏卷期〕1990 1995 1996/1999

009572697
石油地球物理勘探局年鉴
中国石油集团地球物理勘探局年鉴
石油地球物理勘探局史志编纂委员会编 涿州 石油地球物理勘探局
〔馆藏卷期〕1997 1998 1999

008438944
中国石油集团地球物理勘探局年鉴
石油地球物理勘探局年鉴
中国石油集团东方地球物理勘探有限责任公司年鉴
中国石油集团地球物理勘探局编 涿州 中国石油集团地球物理勘探局 2001—
〔馆藏卷期〕2001 2002

009746453
中国石油集团东方地球物理勘探有限责任公司年鉴
中国石油集团地球物理勘探局年鉴
中国石油集团东方地球物理勘探有限责任公司编 涿州 东方地球物理勘探有限责任公司 2003—
〔馆藏卷期〕2003 2004 2005 2008 2009 2010 2011

定州市

012047131
定州年鉴

定州市人民政府编 石家庄 河北人民出版社 2009—
〔馆藏卷期〕2006/2008 2011 2012

曲阳县人民政府编 北京 九州出版社 2011—
〔馆藏卷期〕2010

曲阳县

013758038
曲阳年鉴

张家口市

012724382
张家口年鉴
张家口市人民政府编 石家庄 河北人民出版社 2010—
〔馆藏卷期〕2010 2011 2012 2013 2014

008957550
张家口经济社会统计年鉴
张家口经济年鉴
张家口经济社会统计年鉴编辑部编 北京 中国统计出版社 1994—
〔馆藏卷期〕1994 1995/2000 2005 2006 2007 2008 2009 2010 2011 2012 2013 2014

009588815
张家口财政年鉴
张家口市财政局编 张家口 张家口市财政局 2003—
〔馆藏卷期〕2003 2004 2005 2006 2007 2008

011968142
张家口市国家税务局税务年鉴
税务年鉴
张家口市国家税务局 张家口市税务学会编 张家口 张家口市国家税务局 2007—
〔馆藏卷期〕2006

011141244
张家口文化年鉴
张家口市文化局编 张家口 张家口市文化局 2006—
〔馆藏卷期〕2005 2006 2007

桥东区

012678382
桥东年鉴

张家口市桥东年鉴编辑部编 张家口市桥东区人民政府主办 张家口 张家口市桥东年鉴编辑部
〔馆藏卷期〕2006

宣化区

013312072
张家口市宣化区年鉴
宣化区档案史志局编 张家口市宣化区人民政府主办 北京 线装书局 2010—

〔馆藏卷期〕2005 2006 2007 2008 2009 2010

赤城县

012916363
赤城年鉴
赤城县档案史志局编 北京 中国文史出版社 2010—
〔馆藏卷期〕2009 2010 2011 2012 2013

承德市

010223916
承德市交通年鉴
承德市交通局编 承德 承德市交通局
〔馆藏卷期〕1990 1996

平泉市

012724210
平泉年鉴
平泉年鉴编纂委员会编 呼和浩特 内蒙古人民出版社 2011—
〔馆藏卷期〕2009 2011 2012

兴隆县

013090426
兴隆年鉴

兴隆年鉴编纂委员会办公室（史志办）编 兴隆 兴隆县史志办公室
〔馆藏卷期〕2009

滦平县

011140373
滦平年鉴
滦平年鉴编纂委员会编 滦平 滦平年鉴编纂委员会 2009—
〔馆藏卷期〕2003/2007 2011 2012

丰宁满族自治县

008406278
丰宁满族自治县年鉴
丰宁县年鉴 1949/1981

丰宁满族自治县地方志编纂委员会编
    北京 中国物价出版社
〔馆藏卷期〕1949/1981 1991/1995 2005
    2006 2007 2008 2009 2010

011139692
丰宁满族自治县统计年鉴
丰宁县统计年鉴 1985
河北省丰宁满族自治县统计局编 丰宁
    丰宁县统计局
〔馆藏卷期〕1985 2000 2001 2004 2005
    2006 2008

011966341
丰宁水电站年鉴
丰宁水电站筹建处编 丰宁 丰宁水电站
    筹建处 2007—
〔馆藏卷期〕1995/2006

围场满族蒙古族自治县

012925145
围场年鉴
围场年鉴编纂委员会编 石家庄 河北人
    民出版社 2011—
〔馆藏卷期〕2010 2011 2012 2013

沧州市

009033486
沧州年鉴
沧州年鉴编纂委员会编 石家庄 河北人
    民出版社
〔馆藏卷期〕2000 2002 2006 2008 2010
    2012 2013

008749097
沧州经济统计年鉴
沧州统计年鉴 2007—
沧州市人民政府办公室 沧州市统计局
    编 沧州 沧州市人民政府办公室
〔馆藏卷期〕1999 2000 2001 2002 2003
    2004 2005 2006 2007 2008 2010
    2011 2012

013925311
沧州市交通年鉴
沧州交通年鉴 2002/2003—
沧州市交通局办公室编 沧州 沧州市交
    通局
〔馆藏卷期〕1998 2001 2002/2003

011139650
沧州邮电年鉴
沧州市邮电局史志办编 沧州 沧州市邮
    电局史志办公室 1993—
〔馆藏卷期〕1989/1993

009616907
沧州财政年鉴

沧州市财政局编 沧州 沧州市财政
　　局 2000—
〔馆藏卷期〕1996/1998 1999

013369654
沧州地方税务年鉴
沧州市地方税务年鉴 2008
沧州市地方税务局编 沧州 沧州市地方
　　税务局
〔馆藏卷期〕2008 2009 2010

013898423
沧州地区科技年鉴
沧州市科技年鉴 1990/1993—
沧州地区科技年鉴编辑部编 天津 天津
　　科学技术出版社 1992—
〔馆藏卷期〕1986/1989 1990/1993

012909300
沧州教育年鉴
沧州市教育局编 沧州 沧州市教育局
〔馆藏卷期〕1999 1999/2000 2005 2006
　　2011 2012 2013

泊头市

008574174
泊头年鉴
泊头市年鉴编纂委员会编 北京 中国劳
　　动社会保障出版社
〔馆藏卷期〕1998 1999

008476830
泊头市交通年鉴
泊头市交通局编 泊头 泊头市交通局
〔馆藏卷期〕1986 1994

任丘市

013932373
任丘统计年鉴
任丘市统计局编 任丘 任丘市统计局
〔馆藏卷期〕2001

013898769
任丘经济年鉴
任丘市计划统计局编 任丘 任丘市计划
　　统计局
〔馆藏卷期〕2003 2004 2005 2006

008432902
华北油田年鉴
华北石油管理局年鉴编纂委员会编 任
　　丘 华北石油管理局
〔馆藏卷期〕1997 1999

013711500
中国石油华北石化公司年鉴
中国石油华北石化公司编委会编 任丘
　　中国石油华北石化公司
〔馆藏卷期〕2008 2010

河间市

008553649
河间年鉴
河间年鉴编纂委员会编 北京 中国画报出版社
〔馆藏卷期〕1991/1993 1993/1996 1995/1998 1999/2000

沧县

008438189
沧县年鉴
沧县年鉴编纂委员会编 北京 中国文史出版社
〔馆藏卷期〕1995 1997 1998 1999 2001 2004

013925291
沧县统计年鉴
沧县统计局编 沧县 沧县统计局
〔馆藏卷期〕2010

013859467
沧县交通年鉴
沧县交通局办公室编 沧县 沧县交通局办公室
〔馆藏卷期〕1989/1997 1999 2002

南皮县

013936051
南皮年鉴
南皮县志办公室年鉴编辑部编 南皮 南皮县志办公室年鉴编辑部
〔馆藏卷期〕2007/2009

008977022
南皮县交通年鉴
南皮县交通局编 南皮 南皮县交通局
〔馆藏卷期〕1992/1993 1995/1997 1998 2009

013965402
南皮县国家税务局年鉴
南皮县国税年鉴
南皮县国家税务局编 南皮 南皮县国家税务局
〔馆藏卷期〕1994/1996

献县

013932995
献县经济年鉴
献县统计局编 献县 献县统计局
〔馆藏卷期〕2004 2007 2008 2009

廊坊市

009014822

廊坊年鉴

廊坊年鉴编修委员会 曹渊主编 北京 方志出版社 2002—

〔馆藏卷期〕2000/2001 2002/2003 2004/2005 2006/2007 2008 2009 2010 2011 2012 2013

011399657

中共廊坊年鉴

中共廊坊市委党史研究室编 中共廊坊市委主办 廊坊 中共廊坊市委党史研究室 2006—

〔馆藏卷期〕2005

008397439

廊坊经济统计年鉴

廊坊市统计局编 北京 中国统计出版社 1997—

〔馆藏卷期〕1997 1998 1999 2000 2001 2002 2003 2004 2005 2006 2007 2008 2009 2010 2011 2012 2013 2014

013608637

廊坊市图书馆年鉴

刘东君主编 北京 中国水利水电出版社 2012—

〔馆藏卷期〕1996/2011

霸州市

011395197

霸州年鉴

霸州市年鉴编修委员会编 北京 长城出版社 2008—

〔馆藏卷期〕2004/2006

三河市

011503764

中共三河年鉴

中共三河市委党史研究室编著 呼和浩特 远方出版社 2005

〔馆藏卷期〕2005 2006 2007 2008

香河县

011503576

香河年鉴

香河县地方志编纂委员会编 香河县人民政府主办 香河 香河县地方志编纂委员会 2005—

〔馆藏卷期〕2002/2003 2004/2005 2006/2007 2008/2009

衡水市

008401627
衡水年鉴
衡水市人民政府编 石家庄 河北人民出版社
〔馆藏卷期〕1997 1998 1999 2000 2001 2002 2003 2004 2005 2006 2007 2008 2009 2010 2011 2012 2013 2014

008433774
衡水统计年鉴
衡水市人民政府办公室 衡水市统计局编 北京 中国统计出版社
〔馆藏卷期〕1997 1998 1999 2000 2001 2003 2004 2005 2006 2007 2008 2009 2010 2011 2012 2013

深州市

009933543
深州年鉴
深州市地方志编纂委员会办公室编 石家庄 河北人民出版社 2006—
〔馆藏卷期〕2005 2009

山西省

001994869
山西年鉴
山西省地方志编纂委员会编 太原 山西人民出版社 1985—
〔馆藏卷期〕1985 1986 1987 1988 1989 1990 1991 1992 1993 1994 1995 1996 1997 1998 1999 2000 2001 2002 2003 2004 2005 2006 2007 2008 2009 2010 2011 2012 2013 2014

011398737
山西简要统计年鉴
山西省统计局编 北京 中国统计出版社
〔馆藏卷期〕2006

008749284
[山西省]农村统计年鉴
山西省农村统计年鉴
山西省农村社会经济调查队编 太原 山西省农村社会经济调查队
〔馆藏卷期〕1997 1998 1999 2000 2001 2002

008119606
山西省统计年鉴
山西省政府秘书处编 太原 山西省政府秘书处
〔馆藏卷期〕1933 1934

003602047
山西统计年鉴
山西省统计局编 太原 山西人民出版社
〔馆藏卷期〕1983 1985 1986 1987 1988 1989 1990 1991 1992 1993 1994 1995 1996 1997 1998 1999 2000 2001 2002 2003 2004 2005 2007 2008 2009 2010 2011 2012 2013 2014

011399721
中共山西年鉴
山西省史志研究院 中共山西省委编 中共山西省委主办 北京 中共党史出版

社 2007—
〔馆藏卷期〕2006 2007 2009 2010 2011 2012

006038431
山西政协年鉴
山西省人民政协研究所编 山西省人民政协研究所主办 太原 山西人民出版社 1991—
〔馆藏卷期〕1991 1992 1993/1994 1995 1996/1997 1998/1999 2000/2001 2002/2003 2004 2005/2006 2007/2008 2009 2010/2011

009928037
山西民政年鉴
山西省民政厅编 太原 山西省民政厅
〔馆藏卷期〕1997 1999 2000 2002 2003 2004 2005 2006 2007 2008 2009

009288991
山西检察年鉴
山西省人民检察院法律政策研究室编 太原 山西省人民检察院
〔馆藏卷期〕2000 2001 2003 2004 2005 2009 2010 2011 2012

013932402
山西司法行政年鉴
山西省司法厅编 太原 山西省司法厅
〔馆藏卷期〕2009

011503423
山西省国有资产监督管理年鉴
北京 中国经济出版社 2007—
〔馆藏卷期〕2006 2007 2008 2009 2010 2011 2012

006058694
山西经济年鉴
山西经济年鉴编辑委员会编 香港 中华书局香港分局
〔馆藏卷期〕1985 1986 1987 1988 1989 1990 1991 1992 1993 1994 1995 1996 1997 1998 1999 2000 2001 2002 2003 2005 2006 2007 2008 2009 2010 2011 2012 2013 2014

010226722
山西经济普查年鉴
山西省第一次全国经济普查领导小组办公室编 北京 中国统计出版社 2006
〔馆藏卷期〕2004 2008

013379006
山西省开发区年鉴
山西省开发区年鉴编辑委员会编 太原 山西省开发区年鉴编辑委员会
〔馆藏卷期〕2008 2010

011967175
山西人保年鉴
中保财产保险山西年鉴
中国人民保险公司山西省分公司办公

室编 太原 中国人民保险公司山西省分公司 2000—
〔馆藏卷期〕1999

013603255
山西人力资源和社会保障年鉴
山西人力资源和社会保障年鉴编辑部编 太原 山西省人力资源和社会保障厅
〔馆藏卷期〕2011 2012 2013

013790006
山西省企业和产品年鉴
山西省质量技术监督信息所编 太原 山西人民出版社 2008—
〔馆藏卷期〕2008

013311880
山西住房和城乡建设年鉴
山西住房和城乡建设年鉴编纂委员会编 北京 方志出版社 2011—
〔馆藏卷期〕2008/2009

012048475
山西电力年鉴
山西省电力工业局史志鉴编纂委员会编 太原 山西省电力工业局 1998—
〔馆藏卷期〕1995 1996 1997 1998 1999

013379007
山西水利统计年鉴
山西省水利统计年鉴 1995—
山西省水利厅编 太原 山西省水利厅

〔馆藏卷期〕1995 1996 1997 2000 2003 2005 2006 2007

007698703
山西造产年鉴
刘杰等编辑 太原 造产救国社 1936
〔馆藏卷期〕1936

008275283
山西交通年鉴
山西省交通厅史志编委会编 太原 山西人民出版社
〔馆藏卷期〕1990 1991 1996 1997 1998 1999 2000 2001 2002 2003 2004 2005 2006 2007 2008 2009 2010 2011 2012 2013 2014

013815047
山西公路统计年鉴
山西省公路局编 太原 山西省公路局
〔馆藏卷期〕1993 1999 2000 2002 2003 2004 2005 2006 2007 2008 2009 2010

013379010
山西邮政年鉴
山西邮政年鉴编纂委员会编 太原 山西邮政年鉴编纂委员会
〔馆藏卷期〕2003 2004 2008 2009

012651921
山西网通·山西联通年鉴
山西网通年鉴

中国联合网络通信有限公司山西省分公司编著 太原 山西人民出版社 2010—
〔馆藏卷期〕2008

008923182
山西电信年鉴
山西通信年鉴
山西网通年鉴
山西电信年鉴编纂委员会编 太原 山西人民出版社 2001
〔馆藏卷期〕2001

011319169
山西通信年鉴
山西电信年鉴
山西网通年鉴
中国网通集团山西省通信公司编 太原 山西人民出版社 2003—2006
〔馆藏卷期〕2002 2003 2004 2005

011140586
山西网通年鉴
山西电信年鉴
山西通信年鉴
山西网通年鉴编纂委员会编 太原 山西出版集团 2007—
〔馆藏卷期〕2006 2007

011398743
山西省工商联(总商会)年鉴
郎宝山编 北京 中华工商联合出版社 2007—

〔馆藏卷期〕2000/2007

009104900
山西财政年鉴
原崇信主编 北京 经济科学出版社 2002—
〔馆藏卷期〕1999/2000 2001 2003 2005 2006 2007 2008 2009 2010 2011 2012 2013

013932413
山西银行业监管统计年鉴
山西银监局编 太原 山西经济出版社
〔馆藏卷期〕2004 2005 2006 2007

012079287
山西企业养老保险统计年鉴
山西省企业养老保险管理服务中心编 太原 山西省企业养老保险管理服务中心 2005—
〔馆藏卷期〕1988/2003

011967193
山西文化统计年鉴
山西省文化厅编印 太原 山西省文化厅
〔馆藏卷期〕2000 2001 2002 2003 2004 2005 2006 2007 2011

011823163
山西广播影视年鉴
山西广播影视年鉴编辑委员会编 太原 山西广播影视年鉴编辑委员会
〔馆藏卷期〕2006 2008 2009 2010

009928034
山西科技年鉴
山西省科学技术委员会编 太原 山西科学技术出版社
〔馆藏卷期〕1992 1993 1995 1996 1998 1999 2000 2002 2003 2004 2006 2008 2009 2011 2012

012079292
山西省科学技术统计年鉴
山西省科学技术委员会编 太原 山西省统计局 1996—
〔馆藏卷期〕1995 2005 2006 2007 2011

013711415
山西省社会科学院科研年鉴
山西省社会科学院科研组织处编 太原 山西省社会科学院
〔馆藏卷期〕2010

010231769
山西省教育统计年鉴
山西省教育委员会编 太原 山西省教育委员会
〔馆藏卷期〕1991/1992 1995/1996 1997/1998 2001/2002

013711422
山西省文学艺术界联合会年鉴
山西省文学艺术界联合会年鉴编辑委员会编 太原 山西省文学艺术界联合会
〔馆藏卷期〕2009 2010

009589239
山西检验检疫年鉴
山西出入境检验检疫年鉴 2008
山西出入境检验检疫局编 太原 山西出入境检验检疫局
〔馆藏卷期〕2002 2003 2004 2005 2006 2007 2008 2009 2010 2011 2012 2013

013898971
山西卫生统计年鉴
山西省卫生厅编 北京 中国统计出版社
〔馆藏卷期〕1992 1993 1994 1995

008944131
山西卫生年鉴
山西省卫生厅编 太原 山西人民出版社
〔馆藏卷期〕2000 2001 2002 2003 2004 2006 2007 2008 2009 2010

太原市

008825441
太原年鉴
太原年鉴编辑部编 太原 山西人民出版社

〔馆藏卷期〕1989 1990/1991 1992/1993 1994 1995 1996 1997 1998 1999 2000 2001 2002 2003 2004 2005 2006 2007 2008 2009 2010 2011 2013

008993737

太原统计年鉴

太原市统计局编 北京 中国统计出版社

〔馆藏卷期〕2000 2008 2009 2010 2011 2012 2013 2014

013932397

山西煤炭进出口集团有限公司纪委年鉴

山西煤炭进出口集团有限公司编 太原 山西煤炭进出口集团有限公司

〔馆藏卷期〕2010

013711448

太原组织工作年鉴

中共太原市委组织部编 太原 中共太原市委组织部

〔馆藏卷期〕2004 2006 2008 2009 2010

014014249

共青团中北大学委员会工作年鉴

共青团中北大学委员会编 太原 中北大学共青团

〔馆藏卷期〕2008

009036946

太原社会经济统计年鉴

太原市统计局编 太原 太原市统计局

〔馆藏卷期〕2001/2002 2003 2004 2005 2007

012079537

太原市农业年鉴

太原市农村社会经济调查队编 太原 太原市农村社会经济调查队 2002—

〔馆藏卷期〕1988/2001

012048489

山西省电力公司年鉴

山西省电力公司编 太原 山西省电力公司 2007—

〔馆藏卷期〕2007 2008 2009 2010

008245566

太钢年鉴

太钢史志鉴编辑委员会编 北京 中国科学技术出版社

〔馆藏卷期〕1990 1991 1992 1993 1994 1995 1996 1997 1998 1999 2000 2001 2002 2003 2004 2005 2006 2007 2008 2009 2011 2012 2013 2014

012048612

太原供电分公司年鉴

太原供电分公司编 太原 太原供电分公司

〔馆藏卷期〕2006 2007 2008 2010

009928040

太原机车车辆厂年鉴

中国北车集团太原机车车辆厂年鉴 2003

太原机车车辆厂年鉴编纂委员会编 太原 太原机车车辆厂年鉴编纂委员会

〔馆藏卷期〕1998 2003

011141206

西山煤电集团年鉴

西山煤电集团公司史志办公室编纂 太原 山西科学技术出版社 2006—

〔馆藏卷期〕2006 2007 2008 2009 2010 2011 2012

008749292

太原铁路分局年鉴

太原铁路局年鉴

太原铁路分局年鉴编辑委员会编 太原 太原铁路分局年鉴编辑委员会

〔馆藏卷期〕1989 1995 1996 1999/2000 2002 2003 2004 2005 2006 2007 2008 2009 2010 2011

008396948

铁道部第十二工程局年鉴

中铁十二局集团年鉴 1999—

铁道部第十二工程局史志编审委员会编 太原 铁道部第十二工程局史志编审委员会

〔馆藏卷期〕1995 1996 1997 1998 1999 2000 2001 2003 2004 2005 2006 2010

008397001

铁道部第十七工程局年鉴

中铁第十七工程局年鉴 2000

中铁十七局集团年鉴 2001—

铁道部第十七工程局史志编审委员会编 太原 铁道部第十七工程局史志编审委员会

〔馆藏卷期〕1994 1995 1996 1997 1998 1999 2000 2001 2002 2003 2004 2006 2008 2009 2010 2011

008140296

铁道部第三工程局年鉴

铁道部第三工程局局史编纂委员会编 铁道部第三工程局主办 太原 铁道部第三工程局局史编纂委员会 1995—

〔馆藏卷期〕1994 1995 1996 1997 1998 1999 2000

009425965

中铁三局集团有限公司年鉴

铁道部第三工程局年鉴

中铁三局集团有限公司史志编审委员会编辑 中铁三局集团有限公司主办 太原 中铁三局集团有限公司史志编辑委员会

〔馆藏卷期〕2001 2002 2003 2005 2010

013936500

太原市电信年鉴

中国电信山西省电信公司太原市分公司编 太原 山西省电信公司太原市分公司

〔馆藏卷期〕1999/2000

010226992

太原财政年鉴

梁争平主编 太原 太原市财政局

〔馆藏卷期〕2002 2003/2004 2007/2008 2009 2010

012048618

太原市教育统计年鉴

太原市教育事业统计年鉴 2005/2006
太原教育事业统计年鉴 2006/2007
太原市教育局编 太原 太原市教育局

〔馆藏卷期〕2002/2003 2003/2004 2004 2005/2006 2006/2007 2008/2009 2009/2010

013173582

山西财经大学年鉴

山西财经大学年鉴编审委员会编 太原 山西财经大学年鉴编审委员会

〔馆藏卷期〕2001 2002 2003 2004 2005 2006 2007 2008 2009 2010

013379003

山西大学年鉴

山西大学校长办公室编 太原 山西大学

〔馆藏卷期〕2002

小店区

012925090

太原市小店区年鉴

小店区年鉴 2007
小店区史志办公室编 太原 小店区史志办公室

〔馆藏卷期〕1998/2003 2007 2008 2010

古交市

011501931

古交年鉴

古交市史志办公室编纂 古交市人民政府主办 古交 古交市史志办公室

〔馆藏卷期〕2004 2006 2007 2008 2011

013312063

西曲矿年鉴

西曲矿档案室史志组编 古交 西曲矿档案室史志组

〔馆藏卷期〕2004/2009 2010

013173268

镇城底矿年鉴

镇城底矿年鉴编纂委员会编 古交 西山煤电·镇城底矿

〔馆藏卷期〕2006/2010

清徐县

009928042

清徐年鉴

清徐县史志办公室编 清徐 清徐县史志办公室

〔馆藏卷期〕2006/2008

013965439

清徐社会经济统计年鉴

清徐县统计局编 清徐 清徐县统计局

〔馆藏卷期〕2008/2009

娄烦县

010226245

尖山铁矿十年鉴

太原钢铁集团有限公司矿业分公司尖山铁矿十年鉴编委会编 娄烦 尖山铁矿十年鉴编委会 2002

〔馆藏卷期〕1992/2002

大同市

006036535

大同年鉴

大同市地方志编纂委员会大同年鉴编辑部编 北京 经济日报出版社 1987—

〔馆藏卷期〕1987 1988 1989 1990 1991 1992 1993 1994 1995/1996 1997/1998 1999/2000 2001/2002 2003/2004 2005/2006 2007/2008 2009/2010

013899363

雁北年鉴

中共雁北地委秘书处编 雁北 中共雁北地委秘书处

〔馆藏卷期〕1983 1984 1985

013991069

雁北年鉴

雁北年鉴编辑部编 雁北 雁北行署地方志办公室 1989—

〔馆藏卷期〕1987

009081321

大同统计年鉴

大同市统计局编 北京 中国统计出版社

〔馆藏卷期〕2002 2003/2004 2005 2006 2007 2008 2011 2012 2013 2014

008017455

大同矿务局年鉴

大同煤矿年鉴 1999—2000

大同煤矿集团有限责任公司年鉴 2001—

大同矿务局年鉴编辑委员会 大同矿务局文化工作委员会史志编纂部编 大同 大同煤矿集团有限责任公司年鉴编辑委员会

〔馆藏卷期〕1992 1993 1994 1995 1996 1997 1998 1999 2000 2001 2002

2003 2004 2005 2006 2007 2008

013752833
大同交通年鉴
大同市交通运输局编 太原 山西人民出版社
〔馆藏卷期〕2010 2011

008476848
大同铁路分局年鉴
大同铁路分局编 大同 大同铁路分局
〔馆藏卷期〕1989

浑源县

011140348
浑源年鉴
狄金柱主编 太原 山西人民出版社 2007—
〔馆藏卷期〕2001/2004

阳泉市

006035345
阳泉年鉴
阳泉市地方志编纂委员会编 北京 书目文献出版社 1989—
〔馆藏卷期〕1989 1990 1991 1992 1993/2000 2001 2002 2003 2004 2005 2006 2007 2008 2009 2010 2011 2012 2013 2014

011968073
阳泉统计年鉴
阳泉市统计年鉴 2006
阳泉市统计局编 北京 中国统计出版社
〔馆藏卷期〕2006 2008 2009 2010 2011 2012 2013 2014

013821803
阳泉供电分公司年鉴
阳泉供电分公司编 阳泉 阳泉供电分公司
〔馆藏卷期〕2010

013635482
阳泉卫生年鉴
阳泉市卫生局编 阳泉 阳泉市卫生局
〔馆藏卷期〕2011

城区

008923187
阳泉市城区年鉴
阳泉市城区地方志编纂委员会 阳泉市城区年鉴编辑部编 太原 山西科学技术出版社
〔馆藏卷期〕1991/1995 1996/2000 2001/2005 2006/2010

郊区

010227014

阳泉市郊区年鉴

阳泉市郊区地方志编纂委员会编 阳泉 阳泉市郊区地方志编纂委员会 2005—

〔馆藏卷期〕1994/2002

平定县

008278830

平定年鉴

平定年鉴编辑部编 太原 山西经济出版社 1994—

〔馆藏卷期〕1991/1993 1994/1996 1997/2000 2001/2003

盂县

008957893

盂县年鉴

盂县年鉴编辑部编 北京 中共党史出版社 2000—

〔馆藏卷期〕1991/1999

长治市

008805273

长治年鉴

长治市地方志办公室编 长治 长治市地方志办公室

〔馆藏卷期〕1986 1987 1988 1989 1990 1991 1992/1993 1994 1995 1996 1997/1998 1999/2000 2001 2002 2003 2004 2005 2006 2007 2008 2009 2010 2011 2013 2001 2002 2003 2004 2005 2006 2008 2009 2010 2011 2012 2013 2014

011141254

中共长治年鉴

中共长治年鉴编纂委员会编 太原 山西人民出版社 2007—

〔馆藏卷期〕2004 2006 2007 2012

009460028

长治统计年鉴

山西省长治市统计局编 长治 山西省长治市统计局

〔馆藏卷期〕1990 1992 1995 1996 1997

011500348

长治人大年鉴

长治市人大常委会研究室编 长治 长治市人大常委会

〔馆藏卷期〕2000 2002 2003

011139665

长治政协年鉴

政协长治市委员会文史处编 长治 长治市政协 1993—

〔馆藏卷期〕1993 1994 1995 1996 1997 1998 1999 2000 2001 2002 2003 2004 2005 2006 2008 2009 2010 2011 2012 2013 2014

012591681

长治经济普查年鉴

长治市第一次全国经济普查办公室编 长治 长治经济普查编辑委员会 2006—

〔馆藏卷期〕2004

013939546

长治市档案工作年鉴

长治市档案局编 长治 长治市档案局

〔馆藏卷期〕1988 1989

城区

012909486

长治城区年鉴

长治市城区年鉴 2008— 城区史志办公室编 香港 银河出版社 2009—

〔馆藏卷期〕2005/2007 2008 2009

郊区

012617023

长治市郊区年鉴

长治市郊区地方志办公室编 长治 炎黄出版社 2008—

〔馆藏卷期〕2005/2006 2007 2008 2009

013932518

王庄煤矿工作年鉴

潞安集团王庄煤矿年鉴编辑委员会编 长治 潞安集团王庄煤矿调研室

〔馆藏卷期〕2010

潞城市

011399663

潞城年鉴

中共潞城市委党史研究室编 北京 中共党史出版社 2007—

〔馆藏卷期〕2007 2008

长治县

009913736

长治县年鉴

冯龙珍主编 长治县人民政府主办 太原 山西人民出版社 2005—

〔馆藏卷期〕2001/2003

013609321

中共长治县年鉴

中共长治县年鉴编纂委员会编 北京 中共党史出版社 2010—
〔馆藏卷期〕2006/2007

011503491
司马煤业有限公司年鉴
潞安集团司马煤业有限公司调研室编 长治 司马煤业有限公司 2006—
〔馆藏卷期〕2006 2010

襄垣县

011399419
襄垣年鉴
襄垣县史志编纂委员会办公室编印 襄垣 襄垣县史志办公室 1986—
〔馆藏卷期〕1985

012617361
潞安集团年鉴
潞安集团年鉴编辑部 潞安集团史志编纂委员会编 长治 潞安集团年鉴编辑部 2009—
〔馆藏卷期〕2009

屯留县

011967480
屯留年鉴
屯留县史志编委会编 中共屯留县委 屯留县人民政府主办 屯留 屯留县史志编委会 2006—

〔馆藏卷期〕2002/2005 2006/2007 2008 2009 2010

平顺县

009160730
平顺年鉴
平顺年鉴编纂委员会编 太原 山西人民出版社
〔馆藏卷期〕1997/2001 2001/2003 2004 2005 2006 2007 2008 2009 2010

012048916
中共平顺年鉴
中共平顺县委党史研究室编 太原 山西人民出版社 2009—
〔馆藏卷期〕2008

黎城县

008440593
黎城年鉴
黎城县志编纂委员会编 北京 红旗出版社 1996—
〔馆藏卷期〕1991/1995 1997/1999

壶关县

011966608
壶关年鉴
壶关县史志办公室编 香港 银河出版社 2008—

〔馆藏卷期〕2008

长子县

009934503
长子政协年鉴
政协长子县委员会编 长子 政协 2005—
〔馆藏卷期〕2005 2013

沁县

013677823
沁县年鉴
沁县史志办公室编 太原 三晋出版社 2012—
〔馆藏卷期〕2011

沁源县

013932279
沁新集团年鉴
沁新集团年鉴编辑部编 沁源 沁新集团
〔馆藏卷期〕2010

晋城市

009406127
晋城年鉴
秦海轩主编 太原 山西人民出版社
〔馆藏卷期〕1999/2000 2001/2002 2003/2004 2005/2006 2007/2008 2009/2010 2011/2012

009806760
晋城市统计年鉴
晋城统计年鉴
山西省晋城市统计局编 晋城 山西省晋城市统计局 1990—
〔馆藏卷期〕1989 1992 1993 1994 1995 1996 1997 2001 2002 2003 2007 2008 2009 2010 2011 2012 2014

012723588
晋城经济普查年鉴
晋城市统计局编 北京 中国统计出版社 2010—
〔馆藏卷期〕2008

013936036
晋城煤业集团年鉴
晋城煤业集团史志编纂委员会编 晋城 晋城煤业集团
〔馆藏卷期〕2010

013788389

晋钢年鉴

晋城钢铁厂编 晋城 晋城钢铁厂

〔馆藏卷期〕1993

014014342

晋城金融年鉴

晋城金融年鉴编纂委员会编 晋城 晋城
　　金融年鉴编纂委员会

〔馆藏卷期〕1997

011140460

晋城文化年鉴

晋城市三晋文化研究会编 太原 山西古
　　籍出版社 2007—

〔馆藏卷期〕1991/1995 1996/2000
2001/2003 2004 2005 2006 2007
2008 2009

城区

012723591

晋城市城区年鉴

晋城市城区年鉴编纂委员会编 太原 山
　　西人民出版社 2010—

〔馆藏卷期〕2009 2010 2012 2013

高平市

012351806

高平年鉴

文战胜主编 太原 三晋出版社 2009—

〔馆藏卷期〕2008 2009 2010 2011 2012

012351831

高平市统计年鉴

高平市统计局编 高平 高平市统计局

〔馆藏卷期〕2005

沁水县

012724224

沁水年鉴

山西沁水年鉴 2010—

晋城市沁水年鉴 2012—

沁水县地方志办公室编 沁水 沁水县地
　　方志办公室

〔馆藏卷期〕1989 1990 1991 1992 1993
1994 1996 1997 1998 1999 2000
2001 2002 2003 2005 2006 2007
2008 2009 2010 2011 2012 2013

013898754

沁水统计年鉴

沁水县统计局编 沁水 沁水县统计局

〔馆藏卷期〕2003 2005 2007 2010

013898751

沁水交通年鉴

沁水县交通局编 沁水 沁水县交通
　　局 2000—

〔馆藏卷期〕1990/1999

陵川县

013996068
陵川年鉴
陵川县地方志编纂委员会编 太原 山西人民出版社
〔馆藏卷期〕2012

泽州县

008849897
泽州统计年鉴
泽州县统计局编 泽州 泽州县统计局
〔馆藏卷期〕1998 2000

朔州市

009492539
朔州年鉴
朔州年鉴编辑委员会编 北京 中国统计出版社 2002—
〔馆藏卷期〕2002 2003 2004/2005

011824460
朔州统计年鉴
朔州市统计局编 北京 中国统计出版社 2008—
〔馆藏卷期〕2008 2010 2011 2012 2013 2014

011967340
朔州经济普查年鉴
朔州市第一次全国经济普查领导小组办公室编 朔州 朔州经济普查年鉴编辑委员会 2006
〔馆藏卷期〕2004

平鲁区

011503177
平鲁年鉴
平鲁年鉴编纂委员会编 太原 三晋出版社 2008—
〔馆藏卷期〕2006/2007

右玉县

013899402
右玉统计年鉴
右玉县统计局编 右玉 右玉县统计局
〔馆藏卷期〕2009

晋中市

008788913
晋中年鉴
晋中年鉴编纂委员会编 太原 山西古籍出版社
〔馆藏卷期〕1997/1998 1999/2000 2003 2003/2004 2005/2006 2007/2008 2009/2010 2012 2013

011824449
晋中统计年鉴
晋中市统计局编 北京 中国统计出版社 2008—
〔馆藏卷期〕2008 2011 2012

013370012
晋中纠风年鉴
晋中市纠正行业不正之风办公室编 晋中 晋中市纠风办
〔馆藏卷期〕1990/2010

010226721
山西晋中经济普查年鉴
山西省晋中市第一次全国经济普查领导小组办公室编 北京 中国统计出版社 2006
〔馆藏卷期〕2004

榆次区

013608915
榆次年鉴
榆次年鉴编纂委员会编 榆次 榆次年鉴编纂委员会
〔馆藏卷期〕2006/2007

介休市

012923638
介休年鉴
介休年鉴编纂委员会 介休史志办公室编 介休 介休史志办公室
〔馆藏卷期〕2005/2007 2008/2010

和顺县

009726275
和顺年鉴
太原 山西经济出版社 2005—
〔馆藏卷期〕2000/2003

昔阳县

011967520
昔阳年鉴
昔阳年鉴编纂委员会编 北京 方志出版社 2005—

〔馆藏卷期〕1998/2002

寿阳县

008250227
寿阳年鉴
寿阳年鉴编委会编 北京 中国城市出版社 1991—
〔馆藏卷期〕1985/1987 1988/1990 1991/1996 1997/2000 2001/2003

太谷县

009913738
太谷年鉴
程素仁主编 太原 山西人民出版社 2005—
〔馆藏卷期〕2000/2002

灵石县

012357154
灵石年鉴
灵石年鉴编纂委员会编 灵石 灵石年鉴编纂委员会
〔馆藏卷期〕2005

运城市

009199693
运城地区年鉴
运城地区年鉴编纂委员会编 北京 中华书局 2000
〔馆藏卷期〕1998/1999

008802325
运城年鉴
运城年鉴编纂委员会编 北京 中华书局 2002—
〔馆藏卷期〕2000 2002 2003 2004/2006 2007/2009 2010 2011 2012 2013

008998306
运城统计年鉴
运城统计年鉴编委会编 运城 运城地区行政公署统计局
〔馆藏卷期〕1997 2007 2008 2011 2012 2013 2014

008998298
运城地区社会经济统计年鉴
山西省运城行政公署统计局编 运城 山西省运城行政公署统计局
〔馆藏卷期〕1985 1986 1987 1988 1989 1990 1991 1992 1993 1994

009324798
运城经济统计年鉴
运城经济统计年鉴编委会编 北京 中国统计出版社 2002—
〔馆藏卷期〕2002

盐湖区

010102783
盐湖年鉴
盐湖区地方志办公室编 运城 盐湖区地方志办公室 2005—
〔馆藏卷期〕2001/2004

永济市

008438600
永济年鉴
永济年鉴编纂委员会编 永济 永济年鉴编纂委员会
〔馆藏卷期〕1992/1993 1994/1995 1996/1997 1998/1999 2000/2003

008879255
中国北车集团永济电机厂年鉴
永济电机厂年鉴
永济电机厂史志编纂委员会编 北京 中国铁道出版社
〔馆藏卷期〕2000 2001 2002 2003 2004 2005 2006

河津市

008435209
河津市年鉴
河津年鉴 2003
河津市地方志办公室编 西安 西安地图出版社
〔馆藏卷期〕1994 1995 1997 1998 1999 2000 2001 2002 2003 2004 2005 2006 2007 2008 2009 2010 2011 2012 2013 2014

临猗县

009492244
临猗年鉴
山西省临猗县年鉴编纂委员会编 临猗 山西省临猗县年鉴编纂委员会
〔馆藏卷期〕1991/1998 1999/2000 2001

013788396
临猗县统计年鉴
临猗县建国 60 周年统计年鉴
临猗县统计局编 临猗 山西省临猗县统计局
〔馆藏卷期〕2008

万荣县

009502667
万荣年鉴
万荣年鉴编纂委员会编著 万荣 万荣年

鉴编纂委员会 2001—
〔馆藏卷期〕1996/2000

闻喜县

010226860
闻喜年鉴
闻喜县县志编纂委员会编 闻喜县人民政府主办 闻喜 闻喜县人民政府
〔馆藏卷期〕2003 2004 2007 2009 2010

012200205
闻喜教育年鉴
闻喜县教育局编 闻喜县教育局主办 闻喜 闻喜县教育局 2009—
〔馆藏卷期〕2009

稷山县

004574722
稷山年鉴
稷山年鉴研究会编 稷山 稷山年鉴研究会
〔馆藏卷期〕1987 1996/1997 1998/1999 2000/2003 2003/2004 2005 2006 2007/2008 2009/2011

新绛县

014014945
新绛年鉴
新绛县县志编纂委员会办公室编 新绛县县志编纂委员会办公室 2006—
〔馆藏卷期〕2006 2009

垣曲县

012593451
垣曲年鉴
山西省垣曲县县志编纂委员会办公室编 山西省垣曲县人民政府主办 垣曲 山西省垣曲县县志编纂委员会办公室
〔馆藏卷期〕2001 2002/2003 2005/2006

012049079
中条山集团年鉴
中条山集团年鉴编纂委员会编 垣曲 中条山集团 2006—
〔馆藏卷期〕2005

夏县

012925179
夏县年鉴
夏县年鉴编纂委员会编 夏县 夏县年鉴编纂委员会
〔馆藏卷期〕1998/1999

012593333
夏县国税年鉴
夏县国税十年鉴 1994/2003
夏县国家税务局编 夏县 夏县国家税务

局 2004—
〔馆藏卷期〕1994/2003

平陆县

009588930
平陆年鉴
平陆县志编纂委员会编 平陆 平陆县志编纂委员会 1995—
〔馆藏卷期〕1991/1994 1995 2004

008998266
平陆经济年鉴
平陆县人民政府主办 北京 中国统计出版社 1996—
〔馆藏卷期〕1994 1996

012261441
平陆经济统计年鉴
平陆县统计局编 平陆 平陆县统计局
〔馆藏卷期〕2008

忻州市

012048748
忻州统计年鉴
忻州统计局编 北京 中国统计出版社 2009—
〔馆藏卷期〕2008 2009 2010 2011 2012 2013 2014

临汾市

011881626
临汾年鉴
山西省临汾年鉴编纂委员会编 香港 香港天马出版社 2001— 北京 方志出版社 2003—
〔馆藏卷期〕△1998/1999 2002 2003 2004 2005 2006 2007 2008 2009 2010 2011 2013 2014

008274932
临汾统计年鉴
临汾年鉴 1999—2001
临汾地区统计局编 北京 中国统计出版社 1998—
〔馆藏卷期〕1998 1999 2000 2001

012762453
临汾统计年鉴
临汾市统计局编 北京 中国统计出版社 2008—
〔馆藏卷期〕2008 2009 2010 2011 2012 2013

012199185

临汾人大年鉴

临汾市人民代表大会常务委员会办公厅编 临汾 临汾市人大常委会办公厅 2002—

〔馆藏卷期〕2001 2002 2003 2004 2005 2006 2008 2009 2011 2012

011822998

临汾政协年鉴

临汾市政协办公厅编 临汾 临汾市政协办公厅 2007—

〔馆藏卷期〕2002/2003 2004/2005 2006/2007

012047443

临汾供电分公司年鉴

临汾供电公司年鉴

山西省电力公司临汾供电分公司编 临汾 临汾供电分公司 2005—

〔馆藏卷期〕2005 2006 2007 2008 2010 2011

011966807

临钢·新临钢年鉴

太钢集团临汾钢铁有限公司·山西新临钢钢铁有限公司年鉴

临钢·新临钢年鉴编辑室编 临汾 临钢·新临钢年鉴编辑室 2003—

〔馆藏卷期〕2000 2001 2002 2003 2004 2005 2006 2007 2008 2009 2010 2011 2012

008749128

临汾铁路分局年鉴

临汾铁路分局年鉴编纂委员会编 北京 中国铁道出版社 2000—

〔馆藏卷期〕2000 2001

012361646

中国人民银行临汾市中心支行年鉴

中国人民银行临汾分行年鉴 1997

中国人民银行临汾地区中心支行年鉴 2000

中国人民银行临汾市中心支行档案资料编委会编 临汾 中国人民银行临汾市中心支行档案资料编委会 2002—

〔馆藏卷期〕1997 2000 2001 2004

012199198

临汾信合年鉴

山西省信用联社临汾办事处编 临汾 山西省信用联社临汾办事处

〔馆藏卷期〕2006

011967185

山西师范大学年鉴

山西师范大学党委办公室 山西师范大学校长办公室编 临汾 山西师范大学

〔馆藏卷期〕1998 1999 2001 2006 2007 2011

尧都区

011399594

尧都年鉴

临汾市尧都区地方志编纂委员会办公室编 尧都 临汾市尧都区地方志编纂委员会办公室 2004—

〔馆藏卷期〕1999/2002 2003/2008

侯马市

010225584

侯马年鉴

侯马市志编纂委员会办公室编 中共侯马市委 侯马市人民政府主办 侯马 侯马市志编纂委员会办公室

〔馆藏卷期〕2005 2007 2007/2008 2009/2010

霍州市

013898863

霍州煤电集团有限责任公司纪委年鉴

霍州煤电集团有限责任公司编 霍州 霍州煤电集团有限责任公司

〔馆藏卷期〕2009

009062480

霍州发电厂年鉴

国电霍州发电厂年鉴 2002/2005

霍州发电厂年鉴编委会编 北京 中国电力出版社

〔馆藏卷期〕1997/2001 2002/2005 2006/2008

011966658

霍州煤电集团公司年鉴

霍州煤电集团有限责任公司年鉴 2006

霍州煤电集团有限责任公司年鉴编纂委员会编 霍州 霍州煤电集团有限责任公司 2005—

〔馆藏卷期〕2005 2006 2007 2008 2009 2010 2011 2012

曲沃县

009309795

曲沃年鉴

山西省曲沃县县志编纂委员会办公室编 山西省曲沃县人民政府主办 曲沃 山西省曲沃县县志编纂委员会办公室

〔馆藏卷期〕1989/2001

翼城县

009501713

翼城年鉴

翼城县史志办公室编纂 翼城 翼城县史志办公室 2003—

〔馆藏卷期〕2000/2002 2006/2010

012521625

翼城人大年鉴

翼城县人民代表大会常务委员会办公室编 翼城 翼城县人大常委会办公室 2008—

〔馆藏卷期〕2005 2008

012079735
翼城政协年鉴
中国人民政治协商会议翼城县委员会办公室编 翼城 翼城县政协 2008—
〔馆藏卷期〕2007 2008 2009 2010 2011

襄汾县

009360547
襄汾年鉴
襄汾县志编纂委员会编 襄汾 襄汾县志编纂委员会 1992—
〔馆藏卷期〕1991 1992 2000 2007/2010

013711462
襄汾县教育年鉴
襄汾县教育志编纂委员会编 襄汾 襄汾县教育志编纂委员会 1993—
〔馆藏卷期〕1986/1992 1993/2000

洪洞县

012923532
洪洞县年鉴
洪洞县志编委会办公室 洪洞县年鉴编委会编 洪洞 洪洞县年鉴编委会
〔馆藏卷期〕1995/1999 2000/2001 2003/2005

安泽县

013608597
安泽年鉴
安泽县史志办公室编 安泽 安泽县史志办公室
〔馆藏卷期〕2003/2004 2005/2006

浮山县

012517873
浮山年鉴
山西省浮山县志编纂委员会办公室编 山西省浮山县人民政府主办 浮山 山西省浮山县志编纂委员会办公室
〔馆藏卷期〕2003 2006 2006/2009

吉县

008149046
吉县年鉴
吉县志编纂委员会办公室编 吉县 吉县志编纂委员会办公室 1990—
〔馆藏卷期〕1989

乡宁县

008554415
乡宁年鉴
乡宁县志编纂委员会办公室编 乡宁 乡宁县志编纂委员会办公室 1986—
〔馆藏卷期〕1985 1986 1987 1988

2002/2003 2004/2005

012593426
乡宁政协年鉴
中国人民政治协商会议乡宁县委员会文史委员会编 乡宁 乡宁县政协文史委 2010—
〔馆藏卷期〕2009

012361523
乡宁县国土资源年鉴
乡宁县国土资源五年鉴 2002.7—2007.6
乡宁县国土资源局编 乡宁 乡宁县国土资源局 2007—
〔馆藏卷期〕2002/2007

隰县

008479556
隰县年鉴
隰县史志编纂委员会编 隰县 隰县史志编纂委员会 1987—
〔馆藏卷期〕1987

永和县

012925201
永和年鉴
永和县史志办公室编 永和 永和县史志办公室
〔馆藏卷期〕2004

蒲县

012983703
蒲县年鉴
蒲县地方志编纂委员会办公室编 蒲县 蒲县地方志编纂委员会办公室
〔馆藏卷期〕2000/2002 2009 2010

汾西县

013157473
汾西年鉴
汾西年鉴编纂委员会 汾西县史志办公室编 汾西 汾西县史志办公室
〔馆藏卷期〕2007/2008

吕梁市

008331583
吕梁年鉴
吕梁地区地方志编纂委员会编 吕梁 吕梁地区地方志编纂委员会 1990—

〔馆藏卷期〕1986/1988 1989/1990 1991/1993

009617922
吕梁统计年鉴
吕梁统计年鉴编纂委员会编 吕梁 吕梁统计年鉴编纂委员会
〔馆藏卷期〕1989/2000 2006/2007 2008 2010

012357167
吕梁政协年鉴
中国人民政治协商会议吕梁市委员会编 政协吕梁市委员会主办 吕梁 吕梁市政协
〔馆藏卷期〕2003/2004 2005/2006 2007/2008 2009/2010 2011/2012

013898691
吕梁山林局年鉴
山西省吕梁山国有林管理局编 吕梁 山西省吕梁山国有林管理局
〔馆藏卷期〕2010

013898957
山西省吕梁市人民医院年鉴
吕梁市人民医院年鉴编纂委员会编 吕梁 吕梁市人民医院年鉴编纂委员会
〔馆藏卷期〕2008/2010

离石区

013609003
离石年鉴
离石区史志办公室编 离石 离石区史志办公室 2007—

〔馆藏卷期〕2004/2006 2007/2010

孝义市

008315307
孝义年鉴
山西省孝义县地方志办公室编 孝义 孝义县地方志办公室编
〔馆藏卷期〕1984/1985 1986/1987 1988 1992/1993 1994/1995 1996/1997 1998/1999 2000 2001/2002 2005/2006 2007/2008 2009/2010

汾阳市

010102650
汾阳年鉴
汾阳年鉴编纂委员会编 汾阳 汾阳年鉴编纂委员会
〔馆藏卷期〕2001 2002/2003

文水县

008998215
文水年鉴
文水年鉴编纂委员会编辑 香港 香港天马图书有限公司 1999—
〔馆藏卷期〕1986/1993

交城县

013935963
交城年鉴
山西省交城县史志办公室编 山西省交城县县委 县政府主办 交城 山西省交城县史志办公室
〔馆藏卷期〕2006/2010

临县

012047448
临县年鉴
山西省临县史志办公室编 山西省临县县委 临县县政府主办 临县 山西省临县史志办公室 2006—
〔馆藏卷期〕2005/2006 2007/2008 2009/2010 2011/2012

柳林县

010686520
柳林年鉴
山西省柳林县党史县志办公室编印 山西省柳林县人民政府主办 柳林 党史县志办公室 2006—
〔馆藏卷期〕2000/2004 2005/2007

013898946
柳林统计年鉴
山西柳林统计年鉴
柳林县统计局编 柳林 柳林县统计局 2002—
〔馆藏卷期〕1999/2001

012199225
柳林政协年鉴
山西柳林政协书院政协年鉴编写组编 柳林 山西柳林政协书院政协年鉴编写组
〔馆藏卷期〕2002 2003 2004 2005 2006 2007 2008

013898673
柳林县民间剪纸协会年鉴
柳林县民间剪纸协会编 柳林 柳林县民间剪纸协会 2011—
〔馆藏卷期〕2010

方山县

008433992
方山年鉴
方山县地方志编纂委员会编 方山 方山县地方志编纂委员会
〔馆藏卷期〕1986/1990 2007/2008

中阳县

012530655
中阳年鉴
中阳县史志编纂委员会办公室编 中阳县人民政府主办 中阳 中阳县史志编纂委员会 2007—

〔馆藏卷期〕2006 2008　　　　　　　中阳县统计局编　中阳　中阳县统计局
　　　　　　　　　　　　　　　　　　〔馆藏卷期〕2005/2010

014015062
中阳统计年鉴

山西省·吕梁市

内蒙古自治区

008403683
内蒙古年鉴
内蒙古自治区人民政府主办　内蒙古自治区地方志办公室承办编　北京　方志出版社　1998—

〔馆藏卷期〕1998　1999/2000　2001　2002　2003　2005　2006　2007　2008　2009　2010　2011　2012　2013　2014

001992563
内蒙古统计年鉴
内蒙古自治区统计年鉴

内蒙古城市社会经济统计年鉴1992/1993

内蒙古自治区统计局编　北京　中国统计出版社

〔馆藏卷期〕1982　1983　1984　1985　1986　1988　1989　1990　1991　1992　1992/1993　1993　1994　1995　1996　1997　1998　1999　2000　2001　2002　2003　2004　2005　2006　2007　2008　2009　2010　2011　2012　2013　2014

011824454
内蒙古工会年鉴
内蒙古自治区总工会编　呼和浩特　内蒙古自治区总工会　2004—

〔馆藏卷期〕2003　2004

013790941
内蒙古政协年鉴
中国人民政治协商会议内蒙古自治区委员会文史委员会编　呼和浩特　内蒙古政协

〔馆藏卷期〕2008

013634428
内蒙古宣传思想文化年鉴
乌兰主编　呼和浩特　内蒙古人民出版社　2012—

〔馆藏卷期〕2011

013173573
内蒙古精神文明建设年鉴
内蒙古精神文明建设年鉴编委会编　呼

和浩特 内蒙古人民出版社 2010—
〔馆藏卷期〕2010

014014805
内蒙古经济贸易年鉴
内蒙古自治区经济贸易委员会编 呼和浩特 内蒙古自治区经济贸易委员会 2001—
〔馆藏卷期〕2001 2002

011139908
内蒙古经济普查年鉴
内蒙古自治区统计局 内蒙古自治区第一次经济普查领导小组办公室编 呼和浩特 内蒙古自治区统计局 2006
〔馆藏卷期〕2004 2008

010226496
内蒙古经济社会调查年鉴
国家统计局内蒙古调查总队编 北京 中国统计出版社 2006—
〔馆藏卷期〕2006 2007 2008 2009 2010 2011 2012 2013 2014

010102619
内蒙古自治区农村牧区社会经济统计年鉴
内蒙古自治区农村牧区社会经济调查队编 呼和浩特 内蒙古自治区农村牧区社会经济调查队 2000—
〔馆藏卷期〕2000 2002

011503108
内蒙古林业年鉴
内蒙古林业年鉴编纂委员会编 呼和浩特 内蒙古林业年鉴编纂委员会 1995—
〔馆藏卷期〕1947/1990

011503111
内蒙古自治区渔业统计年鉴
内蒙古自治区农牧业厅渔业局编 呼和浩特 内蒙古自治区农牧业厅渔业局
〔馆藏卷期〕2003/2004

011823031
内蒙古电力工业年鉴
内蒙古电力工业年鉴编辑部编 海拉尔 内蒙古文化出版社 2007—
〔馆藏卷期〕2006 2007

008405242
内蒙古水利年鉴
内蒙古自治区水利厅年鉴编委会编 呼和浩特 内蒙古人民出版社
〔馆藏卷期〕1998 1999 2000 2001

008969123
内蒙古工业经济年鉴
内蒙古自治区经济贸易委员会编 呼和浩特 内蒙古人民出版社 1997—
〔馆藏卷期〕1997 1998 1999 2000

008643790
内蒙古邮电年鉴
内蒙古自治区邮电年鉴编辑委员会编 呼和浩特 内蒙古人民出版社
〔馆藏卷期〕1997 1998/1999

009036721
内蒙古邮政年鉴
内蒙古自治区邮政年鉴
内蒙古自治区邮政年鉴编辑委员会编 呼和浩特 内蒙古自治区邮政年鉴编辑委员会
〔馆藏卷期〕2000/2001 2002 2003 2004 2005 2006/2007

009197867
内蒙古财政年鉴
内蒙古财政年鉴编辑委员会编 呼和浩特 内蒙古人民出版社 2002—
〔馆藏卷期〕2003 2004 2005 2006 2007 2008 2009 2010 2011 2012 2013

013757986
内蒙古自治区地方税务年鉴
地方税务局编 呼和浩特 内蒙古自治区地方税务局
〔馆藏卷期〕2007 2008

011823039
内蒙古广播电视年鉴
内蒙古广播电影电视局编 呼和浩特 内蒙古广播电影电视局 2004—
〔馆藏卷期〕2003 2004 2010

008250236
内蒙古科学技术年鉴
内蒙古自治区科学技术委员会编 呼和浩特 内蒙古人民出版社 1990—
〔馆藏卷期〕1989 1991 1993 1995 1996 1997/1998 1999/2000

008773082
内蒙古美术年鉴
中国美术家协会内蒙古分会编 呼和浩特 中国美术家协会内蒙古分会 1982—
〔馆藏卷期〕1982 1983/1985

011399980
内蒙古电视艺术年鉴
内蒙古电视艺术家协会编 呼和浩特 内蒙古人民出版社 1997—
〔馆藏卷期〕1969/1989

011503068
蒙古学研究年鉴
内蒙古社会科学院编 呼和浩特 蒙古学研究年鉴编辑部 2005—
〔馆藏卷期〕2004 2005 2006 2007 2008 2009 2010 2011

013936052
内蒙古自治区结核病控制年鉴
内蒙古结核病控制年鉴 2009
内蒙古自治区防痨协会编 呼和浩特 内蒙古自治区结核病防治研究所 2008—

〔馆藏卷期〕2008　2009　2010

011823046
内蒙古卫生年鉴
内蒙古卫生年鉴编辑委员会编　呼和浩特　内蒙古人民出版社　2009—
〔馆藏卷期〕2007　2008　2009　2010　2011

呼和浩特市

009927890
呼和浩特年鉴
呼和浩特市地方志办公室编纂　呼和浩特市人民政府主办　呼和浩特　内蒙古人民出版社　2004—
〔馆藏卷期〕2002/2003　2004/2005　2006/2007　2008　2009　2010

010102626
武警内蒙古自治区森林总队年鉴
中国人民武装警察部队内蒙古自治区森林总队编史办公室编　呼和浩特　武警内蒙古自治区森林总队　2002—
〔馆藏卷期〕2001/2002

004569188
呼和浩特经济统计年鉴
呼和浩特统计年鉴
呼和浩特市统计局编　北京　中国统计出版社　1992—
〔馆藏卷期〕1990　1992　1993　1994　1995　1996　1997　1998　1999　2000　2001　2002　2003　2004　2005　2007　2008　2009　2010　2011　2012　2013　2014

014014797
呼和浩特发电厂内蒙古丰泰发电有限公司年鉴
呼和浩特发电厂　内蒙古丰泰发电有限公司史志办编　呼和浩特　呼和浩特发电厂　内蒙古丰泰发电有限公司　2001—
〔馆藏卷期〕2001　2002

013714566
呼和浩特石化公司年鉴
呼和浩特石化公司年鉴编纂委员会编　呼和浩特　呼和浩特石化公司
〔馆藏卷期〕2010　2011

009927888
呼和浩特铁路建设年鉴
呼和浩特铁路建设年鉴编纂委员会编　呼和浩特　内蒙古人民出版社　2004—
〔馆藏卷期〕2003　2004　2005　2006

011502175
呼和浩特铁路局工程处年鉴
朱惠刚主审　呼和浩特　内蒙古人民出版社　2002—

〔馆藏卷期〕1999 2000 2001 2002

007598613

呼和浩特铁路局年鉴

呼和浩特铁路局年鉴编纂委员会编 北京 中国铁道出版社

〔馆藏卷期〕1989 1991 1992 1993 1995 1996 1997 1998 1999 2000 2001 2002 2003 2004 2005 2006 2007 2008 2009 2010 2011 2012

012199452

内蒙古集通铁路有限责任公司年鉴

内蒙古集通铁路（集团）有限责任公司年鉴 2009—

内蒙古集通铁路有限责任公司志鉴办公室编 呼和浩特 内蒙古集通铁路有限责任公司志鉴办公室 2005—

〔馆藏卷期〕2003/2004 2006/2008 2009 2010

011396449

呼和浩特财政年鉴

呼和浩特市财政局编 呼和浩特 呼和浩特市财政局

〔馆藏卷期〕2002 2004 2005 2006 2007 2008 2010 2011

004724286

呼和浩特科学技术年鉴

科学技术年鉴

刘朴主编 呼和浩特 内蒙古人民出版社 1987—

〔馆藏卷期〕1986

013609026

内蒙古大学年鉴

内蒙古大学编 呼和浩特 内蒙古大学出版社 2011—

〔馆藏卷期〕2007

011503110

内蒙古师范大学年鉴

内蒙古师范大学校长办公室编 呼和浩特 内蒙古师范大学

〔馆藏卷期〕1993 1996 1998 2000 2004 2005 2006 2007 2008 2009 2010 2011/2012 2013

013936056

内蒙古自治区卫生厅卫生监督所年鉴

内蒙古自治区卫生厅卫生监督所编 呼和浩特 内蒙古自治区卫生厅卫生监督所

〔馆藏卷期〕2010

新城区

009397854

呼和浩特市新城区国民经济和社会发展情况统计年鉴

呼和浩特市新城区统计局编 呼和浩特 呼和浩特市新城区统计局

〔馆藏卷期〕1986/1990

包头市

005459223
包头年鉴
包头市地方志史办公室编 包头 包头市地方志史办公室 1985—
〔馆藏卷期〕1985 2000 2001/2002 2003/2004 2005/2006 2007/2008 2009/2010

008405399
包头统计年鉴
包头市统计局编 包头 包头市统计局
〔馆藏卷期〕1991 1992 1993 1994 1996 1997 1998 1999 2000 2001 2002 2003 2004 2005 2006 2007 2008 2009 2010 2011 2012 2013 2014

012525897
包头精神文明建设年鉴
包头市精神文明建设委员会办公室编 包头 包头市精神文明建设委员会
〔馆藏卷期〕2005/2008

011965600
包头经济普查年鉴
国家统计局包头调查队 包头市第一次全国经济普查领导小组办公室编 包头 包头市统计局 2004
〔馆藏卷期〕2004

008788765
包钢年鉴
包钢年鉴编辑委员会编 北京 冶金工业出版社
〔馆藏卷期〕1999 2000/2001 2002 2003 2004 2005 2006 2007 2008 2009

009617856
包头铁路分局年鉴
包头铁路分局年鉴编委会编 北京 中国铁道出版社
〔馆藏卷期〕1989 1991 1992 1993 1994 1996

008969051
包头财政年鉴
包头市财政局编 包头 包头市财政局
〔馆藏卷期〕1991/1995 1996/1999 2003/2005

土默特右旗

011399299
土默特右旗年鉴
土默特右旗志史办公室编 呼和浩特 内蒙古大学出版社 2007—
〔馆藏卷期〕1991/2005

乌海市

008438753

乌海年鉴

乌海年鉴编纂委员会编 乌海 乌海年鉴编纂委员会

〔馆藏卷期〕1993 1994 1995/1997 1998/1999 2000/2001 2002/2003 2004 2005 2006 2007 2008 2009 2012

009081511

内蒙古自治区乌海市统计年鉴

乌海市统计年鉴 2000—
乌海统计年鉴 2002, 2006—

乌海市统计局编 乌海 乌海市统计局

〔馆藏卷期〕1994 1996 1997 1998 2000 2001 2002 2003 2004 2005 2006 2007 2008 2009 2010 2011 2012 2013

海勃湾区

013172722

海勃湾发电厂年鉴

北方联合电力海勃湾发电厂企管办编 乌海 海勃湾发电厂

〔馆藏卷期〕2008

赤峰市

008403650

赤峰年鉴

赤峰市地方志办公室编 赤峰 内蒙古科学技术出版社

〔馆藏卷期〕1983/2003 1983/2013 1991/1995 1998 1999 2000 2001 2004 2005 2006 2007 2008 2009 2010

008976969

赤峰统计年鉴

赤峰市统计局编 赤峰 赤峰市统计局

〔馆藏卷期〕1986 1991 1992 1994 1996 1997 1998 1999 2000 2001 2002 2003 2004 2005 2006 2007 2008 2011

红山区

008588880

红山年鉴

红山年鉴编纂委员会编 赤峰市红山区人民政府主办 锡林浩特 内蒙古自治区新闻出版局

〔馆藏卷期〕1992/1996

013608979

赤峰市红山区统计年鉴

红山区统计年鉴 2005—

红山区统计局编 赤峰 赤峰市红山区统计局

〔馆藏卷期〕1993 1994 2003 2005 2006 2007 2009 2010 2011

松山区

008643796

松山年鉴

赤峰市松山区地方志办公室编 呼和浩特 内蒙古人民出版社

〔馆藏卷期〕1992/1996 1997/2001 2007/2011

宁城县

008749947

宁城年鉴

宁城年鉴编写办公室编 宁城 宁城年鉴编写办公室

〔馆藏卷期〕1997 1998 1999 2000 2001 2002 2003 2004/2005 2006/2007 2008 2009 2010 2011 2012 2013

阿鲁科尔沁旗

013747829

阿鲁科尔沁旗统计年鉴

阿鲁科尔沁旗统计局编 阿鲁科尔沁旗 阿鲁科尔沁旗统计局

〔馆藏卷期〕2012

巴林左旗

011139603

巴林左旗统计年鉴

巴林左旗统计局编 巴林左旗 巴林左旗统计局

〔馆藏卷期〕1999 2005

012909271

巴林左旗教育年鉴

巴林左旗教育年鉴编纂委员会编 巴林左旗 巴林左旗教育年鉴编纂委员会

〔馆藏卷期〕2001 2003

巴林右旗

013710647

巴林右旗统计年鉴

巴林右旗统计局编 巴林右旗 巴林右旗统计局

〔馆藏卷期〕2001 2003 2004 2006 2008

翁牛特旗

009502636

翁牛特旗年鉴

翁牛特年鉴 2011—

翁牛特旗地方志办公室编 翁牛特旗人民政府主办 翁牛特旗 翁牛特旗年鉴

编纂委员会 2011—
〔馆藏卷期〕2010 2011 2012 2013 2014

喀喇沁旗

012079202
喀喇沁统计年鉴

喀喇沁旗统计年鉴 1993
喀喇沁旗统计局编 喀喇沁旗 喀喇沁旗统计局
〔馆藏卷期〕1993 1994 1995 1996 1997 1998 1999 2000 2001 2002 2003 2004 2005 2006 2007 2008

通辽市

008849891
通辽年鉴
中共通辽市委史志办公室编 海拉尔 内蒙古文化出版社 2001—
〔馆藏卷期〕1988 2000/2001 2002 2003 2004 2005 2006 2007 2008/2010 2011/2012 2013 2014

009081505
通辽统计年鉴
通辽市统计年鉴
通辽市统计局编 通辽 通辽市统计局
〔馆藏卷期〕1999 2001 2002 2003 2004 2005 2006 2007 2008 2009 2010 2011 2013 2014

009135201
哲里木盟统计年鉴
哲里木盟统计局编 哲里木盟 哲里木盟统计局
〔馆藏卷期〕1990 1991 1992 1993 1994 1995 1996 1997 1998

013899025
通辽铁路分局年鉴
通辽铁路分局年鉴编辑委员会编 通辽 通辽铁路分局办公室史志办
〔馆藏卷期〕2004

013790793
哲里木盟金融统计年鉴
中国人民银行哲里木盟中心支行 中国农业银行哲里木盟中心支行编 哲里木盟 中国人民银行哲里木盟中心支行
〔馆藏卷期〕1952/1963 1986 1987 1989 1990

科尔沁区

013757928
科尔沁统计年鉴

科尔沁区统计局编 科尔沁 科尔沁区统
　计局
〔馆藏卷期〕2007 2010

013711457
通辽市科尔沁区人民法院年鉴
通辽市科尔沁区人民法院年鉴编撰委
　员会编 通辽 通辽市科尔沁区人民法
　院年鉴编撰委员会

〔馆藏卷期〕2004 2005

奈曼旗

013636605
奈曼旗统计年鉴
奈曼旗统计局编 奈曼旗 奈曼旗统计局
〔馆藏卷期〕2011 2012

鄂尔多斯市

010102605
鄂尔多斯年鉴
鄂尔多斯市人民政府编 呼和浩特 内蒙
　古人民出版社 2005—
〔馆藏卷期〕2002/2003 2006/2007 2008
　2009

008957251
鄂尔多斯市统计年鉴
内蒙古鄂尔多斯市统计年鉴
鄂尔多斯统计年鉴 2003—
内蒙古鄂尔多斯市统计局编 北京 中国
　统计出版社
〔馆藏卷期〕2002 2003 2004 2005 2006
　2007 2008 2009 2010 2011 2012
　2013 2014

008465968
伊克昭盟统计年鉴
内蒙古伊克昭盟统计局编 北京 中国统

　计出版社
〔馆藏卷期〕1990 1991 1992 1994 1995
　1996 1997 1998 2000 2001

012517870
鄂尔多斯经济社会调查年鉴
国家统计局鄂尔多斯调查队编 鄂尔多
　斯 国家统计局鄂尔多斯调查
　队 2007—
〔馆藏卷期〕2007 2008 2009 2010

东胜区

013753601
东胜统计年鉴
东胜区统计局编 东胜 东胜区统计局
〔馆藏卷期〕2010

010223357
神华集团包神铁路有限责任公司年鉴

包神铁路有限责任公司年鉴

神华包神铁路有限责任公司年鉴

神华集团包神铁路有限责任公司史志编审委员会编 东胜 神华集团包神铁路有限责任公司 2002—

〔馆藏卷期〕2002 2006 2007 2008

达拉特旗

010102602

达拉特年鉴

达拉特旗史志征编办公室编 达拉特旗人民政府主办 达拉特旗 达拉特旗史志征编办公室 2005—

〔馆藏卷期〕2005 2008 2010

准格尔旗

008805319

准格尔年鉴

准格尔旗史志编纂委员会办公室编 准格尔旗人民政府主办 准格尔旗 准格尔旗史志编纂委员会办公室 2001—

〔馆藏卷期〕1992/2000 2001 2002 2003 2004 2005 2006 2007 2008 2009 2010 2011/2012

鄂托克旗

013926016

鄂托克旗年鉴

鄂托克旗地方史志办公室编 鄂托克旗人民政府主办 鄂托克旗 鄂托克旗地方史志办公室

〔馆藏卷期〕2009/2010

013753615

鄂托克旗统计年鉴

鄂托克旗统计局编 鄂托克旗 鄂托克旗统计局

〔馆藏卷期〕2004/2007

乌审旗

013996217

乌审年鉴

乌审旗档案局编 乌审旗人民政府主办 乌审旗 乌审旗档案局

〔馆藏卷期〕2012

伊金霍洛旗

012521623

伊金霍洛年鉴

中共伊金霍洛旗委员会党史旗志征编办公室编 伊金霍洛旗人民政府主办 伊金霍洛旗 中共伊金霍洛旗委员会党史旗志征编办公室

〔馆藏卷期〕2006/2007 2010/2011

呼伦贝尔市

004724297

呼伦贝尔年鉴

呼伦贝尔盟史志编辑办公室编 哈尔滨 黑龙江人民出版社 1988—

〔馆藏卷期〕1986 1987 1988 1989 1990 1991 1992 1993 2001 2002/2003 2004 2005/2006 2007/2008 2009 2010 2011

008476974

呼伦贝尔盟统计年鉴

呼伦贝尔市统计年鉴 2002—

呼伦贝尔盟行政公署统计处编 海拉尔 呼伦贝尔盟行政公署统计处 1984—

〔馆藏卷期〕1989 1990 1991 1992 1994 1995 1996 1997 1998 1999 2000 2001 2002 2003 2004 2006 2007 2011 2013 2014

013609217

天顺年鉴

天顺年鉴编辑部编 呼伦贝尔 内蒙古文化出版社 2012—

〔馆藏卷期〕2006/2010

海拉尔区

010224276

海拉尔年鉴

海拉尔区档案史志局 海拉尔年鉴编纂委员会编 呼伦贝尔 内蒙古文化出版社 2004—

〔馆藏卷期〕2004 2005 2009 2011 2012 2013

007462378

海拉尔市统计年鉴

呼伦贝尔市海拉尔区统计年鉴

海拉尔市统计局编 海拉尔 海拉尔市统计局

〔馆藏卷期〕1993 1994 1995 2000 2001

014442483

呼伦贝尔市海拉尔区统计年鉴

海拉尔区统计年鉴 2011—

海拉尔市统计年鉴

海拉尔区统计局编 呼伦贝尔 海拉尔区统计局 2003—

〔馆藏卷期〕2002 2003 2004 2005 2011 2012

009065021

海拉尔铁路分局年鉴

海拉尔铁路分局年鉴编纂委员会编 北京 中国铁道出版社

〔馆藏卷期〕1989 2001 2002 2003 2004

满洲里市

009492504
满洲里市年鉴
满洲里年鉴 2006/2007—
满洲里市档案史志事业局编 呼伦贝尔 内蒙古文化出版社 2003—
〔馆藏卷期〕2002 2003 2004 2005 2006/2007 2008/2010

008397210
满洲里市统计年鉴
满洲里市统计局编 满洲里 满洲里市统计局
〔馆藏卷期〕1992 1993 1994 1995 1996 1997 1998 1999 2001 2002 2003

009840958
满洲里检验检疫年鉴
满洲里出入境检验检疫局编 满洲里 满洲里出入境检验检疫局 2004—
〔馆藏卷期〕2002/2003

012357184
满洲里市建设局年鉴
中共满洲里市委建设局委员会编 满洲里 满洲里市建设局
〔馆藏卷期〕2009

牙克石市

008435135
牙克石市年鉴
牙克石年鉴 2005—
牙克石市史志编纂委员会编 牙克石 牙克石市史志编纂委员会
〔馆藏卷期〕1996 1999 2000 2001/2002 2004 2005

扎兰屯市

010226989
扎兰屯年鉴
扎兰屯市档案史志局编 呼伦贝尔 内蒙古文化出版社
〔馆藏卷期〕2013

额尔古纳市

005459203
额尔古纳右旗年鉴
额尔古纳右旗档案馆编 额尔古纳右旗 额尔古纳右旗档案馆
〔馆藏卷期〕1988 1989 1990/1991

009520094
额尔古纳市年鉴
额尔古纳年鉴 2008—
额尔古纳右旗年鉴
额尔古纳市档案史志局编 额尔古纳 额尔古纳市档案史志局

新巴尔虎右旗

013714618

新巴尔虎右旗年鉴

档案史志局编 呼伦贝尔 新巴尔虎右旗档案史志局

〔馆藏卷期〕2011

莫力达瓦达斡尔族自治旗

010226491

莫力达瓦达斡尔族自治旗年鉴

莫力达瓦达斡尔族自治旗史志办公室编 哈尔滨 黑龙江人民出版社 1988—

〔馆藏卷期〕1987 2006/2008

014014417

莫力达瓦达斡尔族自治旗统计年鉴

莫力达瓦达斡尔族自治旗统计局编 莫旗 莫旗统计局

〔馆藏卷期〕2004 2005

巴彦淖尔市

008588853

巴彦淖尔年鉴

巴彦淖尔年鉴编纂委员会编 呼和浩特 内蒙古人民出版社

〔馆藏卷期〕1999 2000 2001 2002 2003 2005 2006 2007 2008 2009 2010/2011 2012/2013 2014

009132680

巴彦淖尔盟统计年鉴

巴盟统计年鉴 1987

巴彦淖尔市统计年鉴 2004—

巴彦淖尔盟行政公署统计局编 巴彦淖尔 巴彦淖尔盟行政公署统计局

〔馆藏卷期〕1987 1988 1990 1995 1996 1997 1998 1999 2000 2001 2002 2003 2004 2005 2010 2012 2013 2014

临河区

008401585

临河年鉴

临河市人民政府编 临河 临河市地方志编修办公室

〔馆藏卷期〕1992/1998 1999/2001

乌拉特中旗

008728233

乌拉特中旗年鉴

乌拉特中旗地方志办公室编 乌拉特中旗人民政府主办 呼和浩特 内蒙古人民出版社

〔馆藏卷期〕2000 2003 2005/2006 2008

乌拉特后旗

011141200

乌拉特后旗年鉴

乌拉特后旗地方志办公室编 乌拉特后旗人民政府主办 呼和浩特 远方出版社 2007—

〔馆藏卷期〕2006 2007 2008/2009 2010

012200214

乌拉特后旗档案年鉴

乌拉特后旗档案局编 乌拉特后旗 乌拉特后旗档案局 2008—

〔馆藏卷期〕2006/2007

乌兰察布市

010226873

乌兰察布年鉴

乌兰察布市地方志办公室编 乌兰察布市人民政府主办 乌兰察布 乌兰察布市地方志办公室 2006—

〔馆藏卷期〕2000/2004 2005/2006 2007/2008 2011/2012

009081513

乌兰察布统计年鉴

乌盟统计局编 乌兰察布 乌盟统计局

〔馆藏卷期〕1992 1993 1994 1995 1996 1998 1999 2000 2001 2002 2003 2004 2005 2008 2011 2012 2013 2014

集宁区

008788775

集宁铁路分局年鉴

集宁铁路分局年鉴编纂委员会编 北京 中国铁道出版社 1994—

〔馆藏卷期〕1992 1993 1994

兴安盟

012048763

兴安年鉴

兴安盟地方志办公室编 兴安盟行政公署主办 呼伦贝尔 内蒙古文化出版社 2008—

〔馆藏卷期〕2007/2008 2009 2010 2011 2012 2013

009135148

兴安盟统计年鉴

兴安盟统计局编 兴安盟 兴安盟统计局

〔馆藏卷期〕1997 1999 2002 2003 2005 2006 2007 2009 2010 2011 2012 2014

乌兰浩特市

013609253

乌兰浩特年鉴

乌兰浩特市史志档案局编 中共乌兰浩特市委员会 乌兰浩特市人民政府主办 乌兰浩特 乌兰浩特市史志档案局 2012—

〔馆藏卷期〕2010/2012

突泉县

013609250

突泉年鉴

突泉县史志局编 突泉县人民政府主办 突泉 突泉县史志局 2012—

〔馆藏卷期〕2007/2010

扎赉特旗

012521639

扎赉特年鉴

扎赉特旗委史志局编 中共扎赉特旗委 扎赉特旗人民政府主办 扎赉特旗 扎赉特旗委史志局 2009—

〔馆藏卷期〕2004/2007 2011/2012 2013

锡林郭勒盟

008789165

锡林郭勒年鉴

锡林郭勒盟党史地方志编纂委员会办公室编 呼伦贝尔 内蒙古文化出版社

〔馆藏卷期〕2000 2001 2002 2003 2004 2005 2006 2007 2008 2009 2010 2012

009272166

锡林郭勒盟统计年鉴

锡林郭勒统计年鉴 1995—1998
锡林郭勒盟统计局编 锡林郭勒 锡林郭勒盟统计局
〔馆藏卷期〕1993 1995 1996 1997 1998 1999 2001 2003 2004 2005 2006 2007 2008 2009 2011 2012 2013 2014

锡林浩特市

013609257
锡林浩特年鉴
锡林浩特市史志办公室编 锡林浩特 内蒙古自治区新闻出版局 2008—
〔馆藏卷期〕2008

正镶白旗

010102630
正镶白旗年鉴
正镶白旗党史地方志办公室编 中共正镶白旗委员会 正镶白旗人民政府主办 正镶白旗 正镶白旗人民政府 2005—
〔馆藏卷期〕2005

阿拉善盟

004534632
阿拉善年鉴
阿拉善盟地方志办公室编 阿拉善 阿拉善盟地方志办公室 1988—
〔馆藏卷期〕1988 2001/2002 2003/2004 2005/2006 2007/2008 2009/2010

009081241
阿拉善统计年鉴
"九五"统计年鉴 1996/2000
阿拉善盟"九五"统计年鉴 1996/2000
阿拉善盟统计局编 阿拉善 阿拉善盟统计局
〔馆藏卷期〕1996/2000 2002 2003 2004 2005 2006

012176829
阿拉善财政年鉴
阿拉善盟财政局编 阿拉善 阿拉善盟财政局 2007—
〔馆藏卷期〕2007

额济纳旗

012176943
额济纳年鉴
额济纳年鉴编纂委员会编 呼伦贝尔 内蒙古文化出版社 2009—
〔馆藏卷期〕1998/2008

辽宁省

005599360

东北年鉴

东北文化社年鉴编印处编 沈阳 东北文化社 1931

〔馆藏卷期〕1931

008322889

辽宁年鉴

辽宁年鉴编委会编 北京 中国统计出版社 1992—

〔馆藏卷期〕1992 1993 1994 1995 1996 1997 1998 1999 2000 2001 2002 2003 2005 2006 2007 2008 2009 2010 2011 2012 2013 2014

008784539

辽宁城市统计年鉴

辽宁省统计局 辽宁省城市社会经济调查队编 北京 中国统计出版社 2001—

〔馆藏卷期〕2001 2003 2004

009237316

辽宁农村统计年鉴

辽宁省统计局 辽宁省财政厅 辽宁省农村社会经济调查队编印 沈阳 辽宁省统计局

〔馆藏卷期〕2002 2003 2004

010226473

辽宁统计调查年鉴

国家统计局辽宁调查总队编 沈阳 辽宁人民出版社 2006—

〔馆藏卷期〕2006 2007 2008 2009 2010 2011 2012 2013 2014

008163652

辽宁统计年鉴

辽宁经济统计年鉴

辽宁省统计局编 北京 中国统计出版社

〔馆藏卷期〕1993 1994 1995 1996 1997 1999 2000 2001 2002 2003 2004 2005 2006 2007 2008 2009 2010 2011 2012 2013 2014

004187533

辽宁人口统计年鉴

辽宁省统计局 辽宁省公安厅 辽宁省计划生育委员会编 北京 中国统计出版社

〔馆藏卷期〕1988 1989 1990 1992

009287893

辽宁省计划生育年鉴

辽宁人口情报中心编 沈阳 辽宁人口情报中心

〔馆藏卷期〕1990

009425825

中国共产党辽宁年鉴

中共辽宁省委党史研究室编 沈阳 辽海出版社 2003—

〔馆藏卷期〕2003 2004 2005 2006 2007 2008

010226345

辽宁省九三学社年鉴

九三学社辽宁年鉴 2003

辽宁省九三学社年鉴编辑部编 沈阳 九三学社辽宁省委 1993—

〔馆藏卷期〕1993 1997/2002 1998 2008

013757956

辽宁省高级人民法院年鉴

高级人民法院办公室编 沈阳 辽宁省高级人民法院办公室

〔馆藏卷期〕2008 2009

010102590

辽宁武警年鉴

武警辽宁总队年鉴 2005

中国人民武装警察部队辽宁省总队编史办公室编 沈阳 武警辽宁省总队

〔馆藏卷期〕2001 2005

010226456

辽宁经济普查年鉴

辽宁省第一次全国经济普查领导小组办公室编 北京 中国统计出版社

〔馆藏卷期〕2004 2008

002032806

辽宁经济统计年鉴

辽宁统计年鉴

辽宁经济统计年鉴编辑委员会编 沈阳 辽宁人民出版社 1983—

〔馆藏卷期〕1983 1985 1986 1987 1988 1989 1990 1991

009309923

辽宁劳动年鉴

辽宁省劳动局劳动志编辑室编 沈阳 辽宁人民出版社

〔馆藏卷期〕1990 1991 1992

009698927

辽宁城镇集体经济年鉴

辽宁城镇集体经济年鉴编辑部编 沈阳 辽宁大学出版社 1989—

〔馆藏卷期〕1988

009460049

辽宁企业集团年鉴

辽宁省统计局 辽宁省企业调查队编 北京 中国统计出版社 2001—

〔馆藏卷期〕2001 2003

009182915

辽宁企业年鉴

辽宁省企业调查队编 沈阳 辽宁人民出版社

〔馆藏卷期〕2002 2003 2004

008957874

辽宁企业统计年鉴

辽宁省企业调查队编 北京 中国统计出版社

〔馆藏卷期〕2001

008968770

中国企业登记年鉴 总 29 号 辽宁特辑

辽宁省工商行政管理局编 北京 人民日报出版社

〔馆藏卷期〕1988

012591899

辽宁省房地产行业年鉴

辽宁省房地产行业协会编 沈阳 辽宁省房地产行业协会

〔馆藏卷期〕2006 2007 2008 2010 2011 2012

009287881

辽宁机械工业经济年鉴

辽宁省机械工业厅编 沈阳 辽宁省机械工业厅

〔馆藏卷期〕1999

009287883

辽宁机械工业统计年鉴

辽宁省机械工业委员会编 沈阳 辽宁省机械工业委员会

〔馆藏卷期〕1990

012923796

辽宁汽车工业年鉴

辽宁汽车工业年鉴编辑部 辽宁省汽车工业办公室编 沈阳 辽宁汽车工业年鉴编辑部 2007—

〔馆藏卷期〕2007

013932129

辽宁省化工统计年鉴

辽宁省化学工业经济统计年鉴 1991

辽宁化学工业统计年鉴 1991

辽宁化工统计年鉴 1993—

辽宁省石油化学工业厅编 沈阳 辽宁省石油化学工业厅

〔馆藏卷期〕1991 1992 1993 1994 1995 1996 1997 1998

009287892

辽宁医药经济统计年鉴

辽宁省医药管理局编 沈阳 辽宁省医药管理局

〔馆藏卷期〕1991/1992 1993/1995

013312088

中国石油辽宁销售公司年鉴

中国石油天然气股份有限公司辽宁销售分公司编 沈阳 中国石油辽宁销售公司 2005—

〔馆藏卷期〕2005 2006 2008 2009

009617840

辽宁邮政年鉴

辽宁邮政年鉴编纂委员会编 沈阳 辽宁省邮政局 2001—

〔馆藏卷期〕2000/2001 2002 2003 2004 2005 2006 2007 2008 2009 2010 2011 2012 2013

010226449

辽宁对外经济贸易年鉴

辽宁对外经济贸易年鉴编辑委员会编 大连 大连出版社 2003—

〔馆藏卷期〕2003 2004 2005 2006

009324542

辽宁财政年鉴

辽宁省财政厅辽宁财政年鉴编委会编 沈阳 辽宁省财政厅

〔馆藏卷期〕1989

009287870

辽宁金融年鉴

辽宁金融年鉴编辑部编 沈阳 辽宁大学出版社 1990

〔馆藏卷期〕1987/1989 1990 1992 1993/1994 1995/1996

009287889

辽宁省文化事业统计年鉴

辽宁省文化厅编 沈阳 辽宁省文化厅

〔馆藏卷期〕1994 1995 1996 1997 1998 1999 2000 2001 2002 2003 2004 2005 2007

009289600

辽宁科技年鉴

辽宁省科学技术委员会编 沈阳 辽宁省科学技术委员会

〔馆藏卷期〕1993 1994 1995 2008 2009 2010

009287878

辽宁科技统计年鉴

辽宁省统计局 辽宁省科学技术委员会编 沈阳 辽宁省统计局

〔馆藏卷期〕1992 1998 2007 2011

009309865

辽宁科协年鉴

辽宁省科协年鉴编纂委员会编 沈阳 辽宁省科协年鉴编纂委员会

〔馆藏卷期〕1986/1989 1994/1998

010102593

辽宁招生考试年鉴

辽宁省高中等教育招生考试委员会办公室编 大连 辽宁师范大学出版社 2004—

〔馆藏卷期〕2002 2003

009288873

辽宁省普通教育年鉴

辽宁省教育志编纂委员会编 沈阳 辽宁大学出版社 1989—

〔馆藏卷期〕1949/1985

009065011

辽宁教育年鉴

辽宁省普通教育年鉴

辽宁教育年鉴编纂委员会编 沈阳 辽宁大学出版社

〔馆藏卷期〕1991 1992 1993/1999 2000 2001 2002 2003 2004 2005

011503020

辽宁省高等教育中等专业教育统计年鉴

辽宁省高等教育局编 沈阳 辽宁省高等教育局

〔馆藏卷期〕1985 1986

009492255

辽宁省教育统计年鉴

辽宁省教育经费统计年鉴

辽宁省教育委员会编 沈阳 辽宁省教育委员会

〔馆藏卷期〕1987 1988 1989 1990 1991 1992 1995 1999 2000 2001 2002 2003 2004 2005 2006 2007 2008 2010 2011

009288864

辽宁体育年鉴

辽宁省体育运动委员会编 沈阳 辽宁大学出版社

〔馆藏卷期〕1993 1994 1996 1997 2009 2010 2011

010226475

辽宁文艺界年鉴

辽宁省文学艺术界联合会年鉴编辑委员会编 沈阳 辽宁省文学艺术界联合会

〔馆藏卷期〕2002 2003 2004 2005 2006 2007 2008 2009 2010 2011 2012 2013

011396080

东三省诗歌年鉴

东三省诗歌年鉴编委会编著 北京 作家出版社 2005—

〔馆藏卷期〕2005

009307935

辽宁省地下水动态年鉴

辽宁省地下水观测总站编 沈阳 辽宁省地下水观测总站发行

〔馆藏卷期〕1980

009287899

辽宁卫生年鉴

辽宁卫生年鉴编辑委员会编 沈阳 辽宁卫生年鉴编辑委员会

〔馆藏卷期〕1985 1986 1987 1988 1989 1990 1991 1992 1993 1994 1995 1996 1997 1998 2000 2001 2002

2004　2006　2007

009617804
辽宁卫生统计年鉴
辽宁省卫生统计年鉴 1999
辽宁省卫生厅编　沈阳　辽宁省卫生厅
〔馆藏卷期〕1986　1987　1989　1991　1996　1999　2000　2003　2004　2005　2007

2008　2009

012079224
辽宁省安全生产年鉴
辽宁省安全生产监督管理局编　沈阳　辽宁大学出版社　2008—
〔馆藏卷期〕2002/2006　2007　2008

沈阳市

004187783
沈阳年鉴
沈阳经济统计年鉴
沈阳年鉴编委会编　北京　中国统计出版社　1992—
〔馆藏卷期〕1992　1993　1994　1995　1996　1997　1998　1999　2000　2001　2002　2003　2004　2005　2006　2007　2008　2009　2010　2011　2012　2013　2014

013677748
沈阳综合年鉴
沈阳市地方志办公室编　沈阳　沈阳出版社　2012—
〔馆藏卷期〕2012　2013　2014

013173242
沈阳学会学术年鉴
沈阳市科学技术协会编　沈阳　辽宁大学出版社　2009—
〔馆藏卷期〕2004/2008

008163646
东北经济区统计年鉴
东北经济区统计信息中心编　北京　中国统计出版社　1986—
〔馆藏卷期〕1986　1987

012617432
沈阳调查年鉴
沈阳市发展和改革委员会　国家统计局沈阳调查队编　沈阳　沈阳市发展和改革委员会　2007—
〔馆藏卷期〕2007　2008　2009　2010　2011　2012　2013

008574197
沈阳农村统计年鉴
沈阳市财政局　沈阳市统计局编　沈阳　沈阳农村统计年鉴编辑委员会
〔馆藏卷期〕1997　1999　2000　2001　2002　2003　2004　2005　2006　2007　2008　2009　2010　2011　2012　2013　2014

008402784
沈阳统计年鉴
沈阳市统计局编 沈阳 沈阳市统计局
〔馆藏卷期〕1996 1997 1998 1999 2000 2001 2002 2003 2004 2007 2008 2009 2010 2011 2012 2013 2014

009726419
中国共产党沈阳年鉴
中共沈阳市委党史研究室编 沈阳 沈阳出版社 2005—
〔馆藏卷期〕2004 2005 2006 2007 2008 2009 2010 2011 2012 2013

012199567
沈阳公安统计年鉴
沈阳市公安局指挥中心编 沈阳 沈阳市公安局指挥中心
〔馆藏卷期〕2007

008149945
民生年鉴
(伪)满洲帝国民生部编 奉天 (伪)满洲帝国民生部
〔馆藏卷期〕1938

001992520
沈阳经济统计年鉴
沈阳年鉴
沈阳经济统计年鉴编委会编 北京 中国统计出版社
〔馆藏卷期〕1985 1986 1987 1988 1989 1990 1991

013936475
沈阳三资企业年鉴
沈阳三资企业年鉴编委会编 沈阳 三资企业年鉴编委会 1993
〔馆藏卷期〕1993

012176931
东北城市年鉴
东北城市年鉴编辑部编 北京 社会科学文献出版社 2009—
〔馆藏卷期〕2008

009927881
沈阳房地产年鉴
沈阳房地产年鉴编辑部编 沈阳 沈阳出版社 2003—
〔馆藏卷期〕2002 2003/2004 2005

008957466
东北电力年鉴
东北电力年鉴编辑室编 沈阳 辽宁科学技术出版社
〔馆藏卷期〕1994/1995 1996 1997 1998 1999

009805892
东北电网有限公司沈阳超高压局年鉴
沈阳超高压局年鉴编委会编 沈阳 辽宁大学出版社 2007—
〔馆藏卷期〕2000/2005

011966791
辽宁省电力有限公司年鉴

辽宁省电力有限公司年鉴编辑委员会编 北京 中国电力出版社 2008—

〔馆藏卷期〕2006 2007 2008 2009

009289684

沈阳电业局年鉴

沈阳电业局年鉴编审委员会编 沈阳 沈阳电业局

〔馆藏卷期〕1986 1987/1990

009289719

沈阳市石油公司年鉴

沈阳市石油公司年鉴编委会编 沈阳 沈阳市石油公司

〔馆藏卷期〕1990

009805904

沈阳造币厂年鉴

沈阳造币厂年鉴编纂委员会编 北京 方志出版社

〔馆藏卷期〕2005

008789009

沈阳机车车辆厂年鉴

沈阳机车车辆工厂年鉴 1993

沈阳机车车辆有限责任公司年鉴 2001—

中国北车集团沈阳机车车辆有限责任公司年鉴

沈阳机车车辆厂年鉴编纂委员会编 沈阳 沈阳机车车辆厂

〔馆藏卷期〕1993 1994 1995 1996 1997 1998 1999 2000 2001 2002

009746470

中国北车集团沈阳机车车辆有限责任公司年鉴

沈阳机车车辆有限责任公司年鉴

中国北车集团沈阳机车车辆有限责任公司年鉴编纂委员会编 沈阳 沈阳机车车辆有限责任公司年鉴编纂委员会 2004—

〔馆藏卷期〕2003 2004 2005 2006 2007

009289669

沈阳工程总公司年鉴

沈铁沈阳工程总公司年鉴编纂委员会编 沈阳 沈铁沈阳工程总公司年鉴编纂委员会 1993—

〔馆藏卷期〕1993

009698935

沈阳铁路分局年鉴

沈阳铁路分局史志编纂委员会编 北京 中国铁道出版社

〔馆藏卷期〕1987 1988 1989/1990 1991 1992 1993 1995 1996 1997 1998 1999 2000 2001 2002 2003 2004

007999013

沈阳铁路局年鉴

沈阳铁路局年鉴编委会编 北京 中国铁道出版社

〔馆藏卷期〕1986 1987 1988 1989 1990 1991 1992 1994 1995 1996 1997 1998 1999 2000 2001 2002 2003 2004 2005 2006 2007 2008 2009

2010　2012　2013

012243745
中铁九局集团有限公司年鉴
中铁九局集团有限公司年鉴编委会编
　　沈阳　中铁九局集团有限公司办公
　　室　2007—
〔馆藏卷期〕2005　2006

009289653
沈阳财政年鉴
沈阳市财政局编　沈阳　辽宁人民出版
　　社　1993—
〔馆藏卷期〕1992　1993

009289370
工商银行统计年鉴
中国工商银行沈阳市分行编　沈阳　中国
　　工商银行沈阳市分行
〔馆藏卷期〕1996

012243736
中国工商银行辽宁省分行营业部统计年鉴
中国工商银行辽宁省分行营业部编　沈
　　阳　中国工商银行辽宁省分行
〔馆藏卷期〕2002　2003　2004　2005　2006
　　2007　2008

011503468
沈阳固定资产投资统计年鉴
沈阳市发展和改革委员会编　沈阳　沈阳
　　市发展和改革委员会

〔馆藏卷期〕2001　2004　2005　2006　2007
　　2008　2010

009289716
沈阳市金融年鉴
中国人民银行沈阳市分行　沈阳市金融
　　学会编　沈阳　中国人民银行沈阳市分
　　行　1999
〔馆藏卷期〕1987/1996

009289678
沈阳保险年鉴
中保财产保险有限公司沈阳分公司编
　　沈阳　中保财产保险有限公司沈阳分
　　公司
〔馆藏卷期〕1980/1996

012723603
辽宁电视台年鉴
辽宁电视台编　沈阳　辽宁电视台
　　2007—
〔馆藏卷期〕2007

011140695
沈阳故宫博物院年鉴
沈阳故宫博物院编著　沈阳　万卷出版
　　公司
〔馆藏卷期〕2005/2006　2007　2008　2009
　　2010　2011

009289730
沈阳招生考试年鉴
沈阳市招生考试委员会办公室编　沈阳

辽宁古籍出版社
〔馆藏卷期〕1993/1994　1995/1996
　1997/1998　1999/2000　2001/2002
　2003/2004　2005/2006

006038348
沈阳市普通教育年鉴
沈阳教育年鉴
沈阳市教育志编写办公室编　沈阳　沈阳
　市教育志编写办公室　1989
〔馆藏卷期〕1986

007430877
沈阳教育年鉴
沈阳市普通教育年鉴
沈阳市教育志编写办公室编　沈阳　辽宁
　民族出版社
〔馆藏卷期〕1988/1990　1991/1994　1995
　1996　1997　1998　1999　2000　2002
　2003　2004　2005　2006　2007　2008
　2009　2010　2011　2012

009346299
沈阳市教育统计年鉴
沈阳市教育委员会编　沈阳　沈阳市教
　育局
〔馆藏卷期〕1980/1981　1983/1984
　1984/1985　1985/1986　2000/2001
　2001/2002　2003/2004　2004/2005
　2005/2006　2006/2007　2007/2008

009035690
辽宁大学年鉴
辽宁大学年鉴编委会编　沈阳　辽宁大学
　出版社
〔馆藏卷期〕1997/1998　1999/2000
　2001/2002　2003/2004

009324548
沈阳农业大学年鉴
沈阳农业大学校长办公室编　沈阳　沈阳
　农业大学校长办公室
〔馆藏卷期〕1990　1991

009287748
沈阳师范学院工作年鉴
沈阳师范学院院长办公室编　沈阳　沈阳
　师范学院院长办公室　1992—
〔馆藏卷期〕1991

009426062
沈阳师范学院年鉴
沈阳师范学院院长办公室编　沈阳　沈阳
　师范学院
〔馆藏卷期〕1998　1999　2000

009287727
沈阳药科大学年鉴
沈阳药科大学校长办公室编辑　沈阳　沈
　阳药科大学校长办公室
〔馆藏卷期〕1990

009307929
辽宁省交通高等专科学校年鉴
辽宁省交通高等专科学校党委办公室
　校长办公室编　沈阳　辽宁省交通高等

专科学校

〔馆藏卷期〕1995

012199577

沈阳广播电视大学年鉴

沈阳广播电视大学办公室编 沈阳 沈阳广播电视大学办公室

〔馆藏卷期〕1996 1999 2004 2005

009287755

沈阳卫生统计年鉴

沈阳市卫生事业管理局编 沈阳 沈阳市卫生事业管理局

〔馆藏卷期〕1985 1988 1990 1992 1993 1995 1999 2000 2005 2006 2007 2008 2009 2010

沈河区

009492154

沈河统计年鉴

沈河区统计年鉴 2007—

沈阳市沈河区国民经济统计年鉴 1986

沈河区统计局编 沈阳 沈阳市沈河区统计局

〔馆藏卷期〕1986 1987 1988 1994 1996 1997 1998 1999 2000 2001 2002 2003 2004 2005 2006 2007 2008 2009 2010

和平区

009287865

和平经济统计年鉴

和平统计年鉴 1991—

沈阳市和平区统计局编 沈阳 沈阳市和平区统计局 1989—

〔馆藏卷期〕1988 1991 1995 2001 2009

大东区

013925997

大东统计年鉴

大东区统计局编 沈阳 沈阳市大东区统计局

〔馆藏卷期〕2004 2005 2006 2008

009287787

大东区教育统计年鉴

沈阳市大东区教育局编 大东 沈阳市大东区教育局

〔馆藏卷期〕1991/1992 1994/1995

皇姑区

014014295

皇姑区经济统计年鉴

皇姑区统计局编 皇姑 沈阳市皇姑区统计局

〔馆藏卷期〕1989

铁西区

013772677

铁西统计年鉴

铁西新区统计局编 沈阳 沈阳市铁西区统计局

〔馆藏卷期〕1997 1998 2001 2002 2003 2007 2009 2010 2011

于洪区

012351733

北陵乡年鉴

北陵乡(街)年鉴 2001/2005—

沈阳市于洪区北陵乡统计办公室编 北陵乡 沈阳市于洪区北陵乡统计办公室

〔馆藏卷期〕1987 1988 1989 1991 1996/2000 2001/2005

010102597

于洪年鉴

于洪区人民政府地方志办公室编 沈阳 于洪区人民政府

〔馆藏卷期〕2003

013758743

于洪统计年鉴

于洪区统计年鉴

于洪区统计局编 于洪 于洪区统计局

〔馆藏卷期〕2006 2011

辽中区

011503034

辽中县经济统计年鉴

辽中县统计局编 辽中 辽中县统计局 200u—

〔馆藏卷期〕1999/2003 2004/2005

法库县

011501847

法库县国民经济统计年鉴

法库县统计局编 法库 法库县统计局

〔馆藏卷期〕1999/2005

大连市

008866891

大连百姓年鉴

大连市史志办公室编 大连 大连出版社 2001—

〔馆藏卷期〕2001

004187687

大连年鉴

大连市地方志编纂委员会办公室编 大连 大连出版社

〔馆藏卷期〕1987/1989 1990 1991 1992

1993 1994 1995 1996 1997 1998
1999 2000 2001 2002 2003 2004
2005 2006 2007 2008 2009 2010
2011 2012 2013 2014

008402875
大连统计年鉴
大连市统计局编 大连 大连市统计局
〔馆藏卷期〕1998 1999 2000 2001 2002
2003 2004 2005 2006 2007 2008
2009 2010 2011 2012 2013

011965735
大连人口和计划生育年鉴
大连人口和计划生育委员会编 大连 大连人口和计划生育委员会 2008—
〔馆藏卷期〕2006 2007 2008 2009 2010

013809476
大连市工会年鉴
大连市总工会编 大连 大连出版社
〔馆藏卷期〕1996/1997

012789989
大连慈善年鉴
大连市慈善总会编 大连 大连市慈善总会 2009—
〔馆藏卷期〕2004/2008

013713456
大连海事法院年鉴
大连 大连海事法院
〔馆藏卷期〕2011 2012 2013

010223940
大连经济普查年鉴
大连市第一次全国经济普查领导小组办公室编 北京 中国统计出版社 2010—
〔馆藏卷期〕2004 2008

009287844
大连开发区年鉴
田志军主编 沈阳 辽宁教育出版社
〔馆藏卷期〕1984/1989 1990/1992
1993/1995 1996/1997

008336643
大连市社会经济统计年鉴
大连市统计局编 大连 大连市统计局 1993—
〔馆藏卷期〕1993 1994 1995 1996

008405163
大连香港经济比较年鉴
大连市史志办公室编 大连 大连市史志办公室
〔馆藏卷期〕1997

008403007
辽渔年鉴
辽宁省大连海洋渔业集团公司史志编纂委员会编 大连 大连出版社
〔馆藏卷期〕1986/1992 1993/1994 1995
1996/1997 1998 1999 2000 2001
2002/2003 2004/2005 2006/2007
2008/2009 2010/2011

013369663
大船年鉴
大连造船厂年鉴编辑部编 大连 大连造船厂
〔馆藏卷期〕1986/1991

013790833
大连船用柴油机厂年鉴
大连船用柴油机厂编 大连 大连船用柴油机厂
〔馆藏卷期〕1984/1993 1994/2005

008142898
大连机车车辆厂年鉴
中国北车集团大连机车车辆有限公司年鉴 2004—
大连机车车辆厂年鉴编纂委员会编 北京 中国铁道出版社 1995—
〔馆藏卷期〕1989/1991 1992/1994 1995/1996 1997 1998 1999 2000 2001 2002 2003 2004 2005 2006 2007 2008 2009 2010 2011 2012

012983209
东北特钢年鉴
东北特钢年鉴编纂委员会编 东北特殊钢铁集团有限公司主办 大连 东北特钢集团企业文化中心 2011—
〔馆藏卷期〕2005/2007 2008/2009 2010/2011

009934719
东电二公司年鉴
东北电业管理局第二工程公司编 大连 东电二公司 1993—
〔馆藏卷期〕1992 1993

013790874
大连市工业企业年鉴
大连市质量技术监督局编 大连 大连市质量技术监督局
〔馆藏卷期〕2005

012351775
大连铁路分局年鉴
大连铁路分局年鉴编纂委员会编 大连 大连铁路分局年鉴编纂委员会
〔馆藏卷期〕1986 1987 1988 1989 1990 1991 1992 1993 1994 1995

012361671
中远船务年鉴
中远船务年鉴编委会编 大连 大连海事大学出版社 2009—
〔馆藏卷期〕2008

008437419
大连科学技术年鉴
大连市科学技术志办公室编 大连 大连出版社
〔馆藏卷期〕1995/1997

007918350
大连市普通教育年鉴
大连市教育志编纂办公室编 大连 大连市教育志编纂办公室 1988

〔馆藏卷期〕1986/1987 1990/1991

010223936

大连大学年鉴

大连大学校长办公室编 大连 大连大学

〔馆藏卷期〕1997 2004 2005 2006 2007

011139670

大连海事大学年鉴

大连海事大学年鉴编委会编 大连 大连海事大学出版社 2005—

〔馆藏卷期〕1997 2010

009726240

大连理工大学年鉴

大连理工大学年鉴编委会编著 大连 大连理工大学出版社

〔馆藏卷期〕2003 2004 2005 2006 2007 2008 2009 2012

西岗区

009805920

西岗年鉴

大连市西岗区地方志编撰委员会编 西岗 大连市西岗区地方志编撰委员会

〔馆藏卷期〕2004

013753546

大连市西岗区统计年鉴

西岗区统计局编 大连 大连市西岗区统计局

〔馆藏卷期〕2007 2008/2009 2010

中山区

008434186

中山年鉴

大连市中山区史志办公室编 大连 大连出版社

〔馆藏卷期〕1998 1999 2000 2001 2002 2003 2004 2005 2006 2007 2008 2009 2010 2011 2012 2013

沙河口区

009840954

沙河口区年鉴

大连市沙河口区地方志编纂委员会编 北京 方志出版社 2003—

〔馆藏卷期〕2002/2003

013758057

沙河口区统计年鉴

沙河口区统计局编 大连 大连市沙河口区统计局

〔馆藏卷期〕2005 2006 2009

甘井子区

008398365

甘井子年鉴

大连市甘井子区史志办公室编 北京 方志出版社

〔馆藏卷期〕1996 1997 1998 1999 2000

2001 2002 2003 2004 2005 2006
2007 2008 2009 2010 2011 2012
2013 2014

1996 1997 1998 1999 2000 2001
2002 2003 2004 2005 2006 2007

旅顺口区

008969105
旅顺口年鉴
梁恩宝主编 中国大连旅顺口区史志办公室编著 大连 大连出版社
〔馆藏卷期〕1998/1999 2000/2001 2002/2003 2004 2008 2009 2010 2011 2012 2013

013757970
旅顺博物馆年鉴
旅顺博物馆 大连历史文物研究所编 旅顺 旅顺博物馆
〔馆藏卷期〕2006

013757974
旅顺日俄监狱旧址博物馆年鉴
旅顺日俄监狱旧址博物馆 大连市近代史研究所编 大连 旅顺日俄监狱旧址博物馆
〔馆藏卷期〕2005

008969100
旅顺教育年鉴
大连市旅顺口区教育史志编纂办公室编著 大连 大连市旅顺口区教育史志编纂办公室
〔馆藏卷期〕1991 1992 1993 1994 1995

金州区

007211342
金州年鉴
大连市金州区地方志编纂委员会办公室编 金州 金州年鉴编辑部 1987—
〔馆藏卷期〕1987 1988 1989 1990 1991 1992 1993 1994 1995 1996 1997 1998 1999 2000 2001 2002 2003 2004 2005 2006 2007 2008 2009 2011 2012 2013 2014

瓦房店市

008397055
瓦房店年鉴
瓦房店市史志办公室编 大连 大连出版社
〔馆藏卷期〕1997 1998 1999 2000 2001/2002 2003 2004 2006 2013 2014

013396622
瓦房店市中心医院年鉴
瓦房店市中心医院年鉴编辑委员会编 瓦房店 瓦房店市中心医院
〔馆藏卷期〕2009 2011 2012

普兰店区

008399542

普兰店年鉴

普兰店市史志办公室编 大连 大连出版社

〔馆藏卷期〕1993/1995 1996/1997 1998 1999 2000 2001 2002 2003 2004 2005 2006 2007 2008 2009 2010 2011 2012

庄河市

008434055

庄河年鉴

庄河市史志办公室编 大连 大连出版社

〔馆藏卷期〕1998 1999 2000 2001 2002 2003 2004 2005 2006 2007 2008 2009 2010 2011 2012 2013 2014

长海县

011500319

长海县年鉴

长海县史志办公室编 长海 长海县史志办公室

〔馆藏卷期〕2006 2007

鞍山市

005402517

鞍山年鉴

鞍山年鉴编辑部编 沈阳 辽宁人民出版社

〔馆藏卷期〕1985 1986 1987 1988 1989/1991 1992 1993 1994 1995 1996 1997 1998 1999 2000 2001 2002 2003 2004 2005 2006 2007 2008 2009 2010 2011 2012 2013

008977222

鞍山统计年鉴

鞍山市统计局编 鞍山 鞍山市统计局

〔馆藏卷期〕2002 2003 2004 2005 2006 2007 2008 2009 2010 2011 2012 2013 2014

013608428

鞍山计划生育年鉴

鞍山人口和计划生育年鉴 2005—

鞍山计划生育年鉴编辑委员会编 鞍山市人口和计划生育委员会主办 鞍山 鞍山市人口和计划生育委员会

〔馆藏卷期〕2002 2004 2005

009287814
鞍钢附企炼铁建筑安装工程公司年鉴
炼铁建安公司年鉴编辑委员会编 鞍山 鞍钢附企炼铁建安公司年鉴编辑委员会
〔馆藏卷期〕1994

007676512
鞍钢年鉴
鞍钢年鉴编辑委员会编 北京 人民出版社
〔馆藏卷期〕1985 1986 1987 1988 1989 1990 1991 1992 1993 1994 1995 1996 1997 1998 1999 2000 2001 2002 2003 2004 2005 2006 2007 2008 2009 2010 2011 2012

013173421
鞍山市商业银行年鉴
鞍山市商业银行编 鞍山 鞍山市商业银行 2006—
〔馆藏卷期〕1991/1996 2001/2006

008433738
鞍山金融年鉴
鞍山金融年鉴编辑部编 沈阳 辽宁人民出版社
〔馆藏卷期〕1987 1988 1989 1990/1991 1992/1993 1994 1995 1996

009287794
鞍山市城建局年鉴
鞍山市城建局修志办公室编 鞍山 鞍山市城建局修志办公室
〔馆藏卷期〕1987

铁东区

008574200
铁东区年鉴
铁东年鉴 2001—
铁东区人民政府办公室编 铁东 鞍山市铁东区人民政府
〔馆藏卷期〕1986 1993 1995 1996 1997 1998 1999 2000 2001 2002 2003 2004 2005 2006 2007 2008 2009 2010

立山区

009698921
立山年鉴
鞍山市立山区志办公室 立山区档案局编辑 鞍山 鞍山市立山区志编纂委员会 1988—
〔馆藏卷期〕1988

千山区

012724220
千山年鉴
千山区史志办公室编 鞍山 千山区史志办公室 2009—
〔馆藏卷期〕2008

海城市

008331563
海城年鉴
海城市地方志编纂委员会办公室编 海城 海城市地方志编纂委员会办公室
〔馆藏卷期〕1989/1991 1992/1996 1997 1998/1999 2000 2001 2002 2003 2004 2005 2006 2007 2008 2009 2010 2011 2012

台安县

008957521
台安年鉴
台安年鉴编辑部编 台安 台安年鉴编辑部
〔馆藏卷期〕1986/1992 1993/1997

009289584
台安县统计年鉴
台安县经济统计年鉴 1989
台安县国民经济统计年鉴 1989
台安县统计局编 台安 台安县统计局
〔馆藏卷期〕1983 1984 1985 1989 1991 1992 1993 1994 2000 2002 2004

岫岩满族自治县

008331610
岫岩年鉴
岫岩县志编纂委员会编 沈阳 沈阳出版社 1993—
〔馆藏卷期〕1985/1990 1991/1995 1996/2000 2002 2003 2003/2004 2006 2007 2008 2009

抚顺市

005402508
抚顺年鉴
抚顺市人民政府地方志办公室编 沈阳 辽宁人民出版社
〔馆藏卷期〕1992 1993 1994 1995 1996 1997 1998 1999 2000 2001 2002 2003 2004 2005 2006 2007 2008 2009 2010 2011 2012 2013

009617768
抚顺统计年鉴
抚顺市统计局编 抚顺 抚顺市统计局
〔馆藏卷期〕2003 2004 2005 2006 2007 2008 2010 2011 2012

013935905
抚顺供电公司年鉴
抚顺供电公司年鉴编辑委员会编 抚顺 抚顺供电公司

〔馆藏卷期〕2009

012176964
抚顺财政年鉴
抚顺财政局编 抚顺 辽宁省抚顺市财政局 1992—
〔馆藏卷期〕1990 2001 2002 2004

009406014
抚顺金融年鉴
王峻峰主编 沈阳 辽宁大学出版社
〔馆藏卷期〕1987/1991 1992/1993 1996/1997 2000/2001 2002/2003 2003/2004 2005/2006 2007/2008 2009/2010

009287850
抚顺卫生年鉴
抚顺卫生年鉴编辑委员会编 抚顺 抚顺卫生年鉴编辑委员会
〔馆藏卷期〕1986 1990 1991

抚顺县

012047163
抚顺县年鉴
抚顺县人民政府编 沈阳 辽宁民族出版社 2007—
〔馆藏卷期〕2007 2008 2009 2010 2011 2012 2013

本溪市

008310343
本溪年鉴
本溪市地方志编纂办公室编 大连 大连出版社 1991—
〔馆藏卷期〕1987/1991 1998 1999 2000 2001 2002 2003 2004 2005 2006 2007 2008 2009 2010 2011 2012 2013 2014

012176866
本溪统计年鉴
本溪市统计局编 本溪 本溪市统计局
〔馆藏卷期〕1984

008245551
本钢年鉴
本溪钢铁公司编 沈阳 辽宁人民出版社 1987—
〔馆藏卷期〕1987 1988 1989 1990 1991 1992 1993 1994 1995 1996 1997 1998 1999 2000 2001 2002 2003 2004 2005 2006 2007 2008 2009 2010

012176864
本钢化工厂年鉴
本钢化工厂三十年年鉴 1978/2008
本钢化工厂编 本溪 本钢化工

厂 2008—

〔馆藏卷期〕1978/2008

009840941

本溪文艺年鉴

本溪市文艺创作委员会编　大连　大连出版社

〔馆藏卷期〕1992/1993

013652718

本溪市教育年鉴

本溪市教育志编纂委员会编　本溪　本溪市教育志编纂委员会　1991—

〔馆藏卷期〕1949/1990

009840945

本溪冶金高等专科学校年鉴

本溪冶金高等专科学校年鉴编委会编　本溪　本溪冶金高等专科学校年鉴编委会　2003—

〔馆藏卷期〕2001/2002

桓仁满族自治县

011502931

桓仁年鉴

孙庆忠主编　桓仁满族自治县人民政府主办　北京　现代出版社　2002—

〔馆藏卷期〕2001　2002　2007/2008

丹东市

008553440

丹东年鉴

丹东市地方志办公室编　上海　东方出版中心

〔馆藏卷期〕1996　1997　1998　1999　2000　2001　2002　2003　2004　2005　2006　2007　2008　2009　2010　2011　2012　2013

009425793

丹东统计年鉴

丹东市统计局编　丹东　丹东市统计局

〔馆藏卷期〕2000　2001　2002　2003　2004　2005　2006　2007　2008　2009　2011　2012　2013　2014

东港市

008580783

东港年鉴

东港市地方志办公室编　上海　东方出版中心

〔馆藏卷期〕1997　1998　1999　2000　2001　2002　2003　2004/2006　2007/2008　2009　2010　2011　2012

011139683

东港市统计年鉴

东港统计年鉴　1949/1998

东港市统计局编　东港　东港市统计局

〔馆藏卷期〕1949/1998　1994　2004

宽甸满族自治县

008876531
宽甸年鉴
宽甸满族自治县年鉴编纂委员会编 中共宽甸满族自治县委员会 宽甸满族自治县人民政府主办 北京 中国经济出版社
〔馆藏卷期〕1999 2000 2001 2002 2003/2006 2007 2008 2009 2010

锦州市

008318911
锦州年鉴
锦州市地方志编纂委员会办公室编 锦州 锦州年鉴编辑部 1988—
〔馆藏卷期〕1987 1988 1989 1990/1995 1996 1997 1998 1999 2000 2002 2003 2004 2005 2006 2007 2008 2009 2010 2011 2012

008957238
锦州铁路分局年鉴
锦州铁路分局编 锦州 锦州铁路分局
〔馆藏卷期〕1986 1987 1988 1989 1990 1991 1992 1993 1995 1996 1997 1998 1999 2000 2001 2002 2003 2004

011907890
锦州教育年鉴
锦州市普通教育年鉴 1949—1985
锦州市教育志办公室编 锦州 锦州市教育志办公室 1993—
〔馆藏卷期〕1986/1990 1991/1995 1996/2000

011503003
锦州市教育统计年鉴
锦州市教育委员会编 锦州 锦州市教育委员会
〔馆藏卷期〕1989/1990 1990/1991 1991/1992 1992/1993 1993/1994 1994/1995 1995/1996 1997/1998 1998/1999 1999/2000 2002/2003

007223585
锦州市普通教育年鉴
齐红深主编 肖洛 马德玉副主编 顾节维审定 锦州 锦州市教育志办公室 1987
〔馆藏卷期〕1949/1985

012199173
辽宁工学院年鉴
辽宁工业大学年鉴 2007—
辽宁工学院编 锦州 辽宁工学院 2002—

〔馆藏卷期〕2001 2002 2003 2004 2005 2007

太和区

009492630
太和区年鉴
锦州市太和区年鉴编辑部编 锦州 锦州市太和区年鉴编辑部 1987—
〔馆藏卷期〕1986

凌海市

013965357
金城造纸(集团)有限责任公司年鉴
金城造纸(集团)有限责任公司编 凌海 金城造纸(集团)有限责任公司
〔馆藏卷期〕1998

义县

008437869
义县年鉴
义县地方志办公室编 北京 中国统计出版社
〔馆藏卷期〕1986/1995

营口市

008405533
营口年鉴
营口市史志办公室编 北京 人民教育出版社
〔馆藏卷期〕1999 2000 2001 2002 2003 2004 2005 2006 2007 2008 2009 2011 2012 2013 2014

006035289
营口年鉴资料汇编
营口市地方志编纂委员会办公室编 营口 营口市地方志办公室 1988—
〔馆藏卷期〕1986 1988

009208616
营口经济技术开发区年鉴
营口经济技术开发区地方志办公室编 北京 中国社会出版社 2000—
〔馆藏卷期〕2001/2002 2003/2004 2005/2006 2007/2008 2009/2010

009519286
营口卫生年鉴
营口卫生年鉴编委会编辑 营口 营口卫生年鉴编委会 1995—
〔馆藏卷期〕1994 1995 1996 1997 1998 1999 2000 2001

盖州市

008940432
盖州年鉴
辽宁省盖州市地方志办公室编 北京 科学普及出版社 1999—
〔馆藏卷期〕1999 2000/2001 2002/2003 2004/2005 2006/2007 2008/2009 2010 2011/2012

大石桥市

008432724
大石桥年鉴
大石桥市市志编纂办公室编 北京 人民教育出版社
〔馆藏卷期〕1999 2000 2001 2002/2003 2004/2005 2006/2007 2010/2011 2012/2013

阜新市

007916805
阜新年鉴
阜新市人民政府地方志办公室编 北京 中国统计出版社
〔馆藏卷期〕1986 1987 1988 1989 1990 1991 1992 1993 1994 1995 1996 1997 1998 2000 2001 2002 2003 2004 2005 2006 2007 2008 2009

009617772
阜新统计年鉴
阜新市统计局编 阜新 阜新市统计局
〔馆藏卷期〕1995 1996 1997 1998 1999 2000 2001 2002 2003 2004 2006 2007 2008 2010 2011 2012 2013

011139715
阜新市教育年鉴
阜新市教育志编纂委员会编 北京 教育科学出版社 2007—
〔馆藏卷期〕2006 2007 2009

清河门区

009617838
清河门区年鉴
清河门年鉴 2007/2008—
清河门区地方志办公室编 清河门 阜新市清河门区地方志办公室 2005—
〔馆藏卷期〕2002/2004 2005/2006 2007/2008

彰武县

008802326
彰武年鉴
中共彰武县委 彰武县人民政府档案馆 地方志办公室编 彰武 彰武县人民

政府

〔馆藏卷期〕2000 2008

阜新蒙古族自治县

009459804

阜新蒙古族自治县年鉴

阜新蒙古族自治县人民政府地方志办公室编 沈阳 辽宁民族出版社

〔馆藏卷期〕1999 2000 2001/2002 2003/2004

辽阳市

008433538

辽阳年鉴

辽阳史志编纂委员会办公室编 北京 作家出版社

〔馆藏卷期〕1997 1998 1999 2000 2001 2002/2003 2004/2005 2006 2007 2008 2009 2010/2011 2013

008749295

铁道部第十九工程局年鉴

中铁十九局集团年鉴

铁道部第十九工程局史志办公室编 北京 中国铁道出版社

〔馆藏卷期〕1995 1996 1997 1999

009425968

中铁十九局集团年鉴

铁道部第十九工程局年鉴

中铁十九局集团有限公司办公室文书档案史料科编 辽阳 中铁十九局集团有限公司 2002—

〔馆藏卷期〕1999/2001

009169530

辽阳金融年鉴

辽阳金融年鉴编辑部编 沈阳 辽宁人民出版社

〔馆藏卷期〕1989/1994 1996/1997 1997/1999 2000/2002

009287901

辽阳教育年鉴

辽阳市教育志编纂委员会编 辽阳 辽阳市教育志编纂委员会

〔馆藏卷期〕1986/1990 1996/2000 2001 2002 2003 2004 2005

文圣区

013312000

文圣区年鉴

辽阳市文圣区志编纂委员会编 文圣 辽

阳市文圣区志编纂委员会 2008—

〔馆藏卷期〕2006/2007 2008 2009 2010

灯塔市

009502631

灯塔年鉴

灯塔市志办公室编 沈阳 辽宁民族出版社

〔馆藏卷期〕1998 1999 2005 2006

辽阳县

012199181

辽阳县年鉴

辽阳县人民政府地方志办公室编 沈阳 辽宁民族出版社 2008—

〔馆藏卷期〕2007 2008 2009 2010 2011 2012

盘锦市

007712965

盘锦年鉴

盘锦市地方志编纂委员会办公室编 北京 新华出版社 1994—

〔馆藏卷期〕1992/1993 1994 1995 1996 1997 1998 1999 2000 2001 2002 2003 2004 2005 2006 2007 2008 2009 2011 2012 2013

009324615

盘锦统计年鉴

盘锦市统计局编 盘锦 盘锦市统计局

〔馆藏卷期〕1999 2000 2001 2002 2005 2006 2007 2009 2010 2011 2012

009805924

中国共产党盘锦年鉴

中共盘锦年鉴

中共盘锦市委党史研究室编 沈阳 沈阳出版社 2004—

〔馆藏卷期〕2004 2005 2006 2007 2008 2009

006088354

辽河油田年鉴

辽河油田志编纂委员会编 沈阳 沈阳出版社 1990—

〔馆藏卷期〕1989 1990/1991 1992/1993 1994 1995/1996 1997/1998 1999/2000

009324848

辽河石油勘探局年鉴

中国石油辽河石油勘探局年鉴

辽河石油勘探局史志编纂委员会编 沈阳 沈阳出版社

〔馆藏卷期〕2001 2002 2003 2004 2006 2007 2008

009104824

中国石油辽河油田分公司年鉴

辽河油田分公司年鉴

中国石油辽河油田公司年鉴 2005

辽河油田公司年鉴 2005

辽河油田分公司史志编纂委员会编 北京 方志出版社 1990—

〔馆藏卷期〕2001 2002 2003 2004 2005 2006 2007 2008

012617016

辽河油田年鉴

中国石油辽河油田年鉴 2011

辽河油田公司年鉴

辽河石油勘探局年鉴

辽河油田公司史志编纂委员会编 北京 方志出版社 2009—

〔馆藏卷期〕2009 2010 2011

012724426

中国石油辽河石化公司年鉴

辽河石化公司年鉴 2011—

辽河石化公司史志编纂委员会编 沈阳 辽宁人民出版社 2010—

〔馆藏卷期〕2009/2010 2011

兴隆台区

009160733

兴隆台年鉴

盘锦市兴隆台年鉴编纂委员会编 沈阳 辽宁民族出版社 2000—

〔馆藏卷期〕1997/1998 1999/2000 2001/2002 2003 2004/2005 2006/2007 2008/2009

011140154

兴隆统计年鉴

兴隆台区统计局编 盘锦 兴隆台区统计局

〔馆藏卷期〕1987 1988 1989 1990 1991 1992 1993 1994 1995 1996 1997 1998 1999 2000 2001 2002 2003 2004 2005 2006

大洼区

008941722

大洼年鉴

大洼县年鉴编纂委员会编 大洼 大洼县年鉴编纂委员会

〔馆藏卷期〕1997/2001

铁岭市

008940663
铁岭年鉴
铁岭年鉴编辑委员会编 北京 中国书籍出版社 2000—
〔馆藏卷期〕2000 2001 2002 2003 2004 2005 2006 2007 2008 2009 2010 2011 2012 2013

012079558
铁岭统计年鉴
铁岭市统计局编 铁岭 铁岭市统计局
〔馆藏卷期〕2001 2002 2003 2004 2005 2006 2007 2008 2009 2010 2013

012079556
铁岭经济普查年鉴
铁岭市统计局 铁岭市经济普查领导小组办公室编辑 铁岭 铁岭市统计局 2007—
〔馆藏卷期〕2004

013932474
铁岭工业年鉴
铁岭市经济委员会编 铁岭 铁岭市经济委员会
〔馆藏卷期〕2007 2008 2009

012617486
铁岭市教育年鉴
铁岭市教育史志编纂委员会办公室编 铁岭 铁岭市教育史志编纂委员会办公室 2005—
〔馆藏卷期〕1949/1990 1991/1995 2003 2004 2005 2006/2008 2009 2010

008495946
铁岭市城乡建设年鉴
刘树元主编 北京 中国统计出版社 1993—
〔馆藏卷期〕1991

银州区

009169792
银州年鉴
张德林主编 沈阳 辽宁古籍出版社
〔馆藏卷期〕1991 1996 2011 2012

013711476
铁岭市银州区教育年鉴
银州教育年鉴 2003/2007—
铁岭市银州区教育史志编纂委员会编 铁岭 铁岭市银州区教育史志编纂委员会
〔馆藏卷期〕1980/1990 2003/2007

清河区

009934493
清河年鉴
铁岭市清河区人民政府地方志办公室

编 铁岭 清河区地方志办公室 2004—

〔馆藏卷期〕1994/2002

调兵山市

009589714

铁法矿务局年鉴

铁煤集团年鉴

铁法矿务局志编审委员会编纂 潘国忠主编 调兵山 铁法矿务局志编审委员会 1990—1999

〔馆藏卷期〕1989/1990 1991/1992 1993/1994 1995/1996 1997/1998 1999

009589721

铁煤集团年鉴

铁法矿务局年鉴

铁煤集团公司编审委员会编纂 王国义主编 调兵山 铁煤集团公司编审委员会 2000—

〔馆藏卷期〕2000 2001 2002 2003 2007

开原市

011822259

开原年鉴

中共开原市委党史研究室编 中共开原市委主办 开原 中共开原市委党史研究室 2006—

〔馆藏卷期〕2005

铁岭县

013932507

铁岭县年鉴

铁岭县志编纂委员会编 北京 中国科技出版社 2000—

〔馆藏卷期〕1986/1994

昌图县

008397894

昌图年鉴

昌图县史志编审委员会编 北京 中国县镇年鉴社

〔馆藏卷期〕1986/1988 1989/1990 1991 1992 1993 1995 1996 1997 1998 1999 2000 2001/2003 2004/2006 2009/2010

009805887

昌图县教育年鉴

昌图县教育志编纂委员会编 昌图 昌图县教育局 2005

〔馆藏卷期〕2004 2005 2009 2010

朝阳市

004561191

朝阳年鉴

朝阳市地方志办公室编 沈阳 辽宁大学出版社

〔馆藏卷期〕1987 1988/1989 1990/1991 2002 2003 2004 2005 2006 2007 2008 2009 2010 2011

009324746

朝阳统计年鉴

朝阳市统计局编辑 朝阳市人民政府主办 朝阳 朝阳市统计局

〔馆藏卷期〕2001 2002 2003 2004 2005 2006 2008 2009 2010 2011

013608592

朝阳发电厂年鉴

朝阳发电厂志办公室编 朝阳 朝阳发电厂 1999—

〔馆藏卷期〕1987/1998

009589795

朝阳教育年鉴

朝阳市教育局教育志办公室编 朝阳 朝阳市教育局

〔馆藏卷期〕2003 2004 2005 2006 2007 2008 2009

双塔区

012199614

双塔年鉴

双塔区史志工作办公室编 中共朝阳市双塔区委员会 朝阳市双塔区人民政府主办 沈阳 辽宁省新闻出版局

〔馆藏卷期〕2006/2008

北票市

011821795

北票年鉴

北票市史志办公室编 中共北票市委员会 北票市人民政府主办 长春 吉林音像出版社 2006—

〔馆藏卷期〕2004 2005/2006 2007/2008 2009/2010

凌源市

012199203

凌源年鉴

凌源市史志办公室编 北京 人民教育出版社 2004—

〔馆藏卷期〕2004 2005 2006 2007 2008 2010 2011

朝阳县

012176906

朝阳县年鉴

朝阳县史志办公室编 中共朝阳县委员会 朝阳县人民政府主办 香港 中国人民出版社

〔馆藏卷期〕2006/2007

建平县

012199075

建平年鉴

建平县史志办公室编 中共建平县委员会 建平县人民政府主办 长春 吉林文史出版社 2008—

〔馆藏卷期〕2006/2007 2010/2011

喀喇沁左翼蒙古族自治县

008604920

喀喇沁左翼蒙古族自治县年鉴

喀喇沁左翼蒙古族自治县档案局编 喀喇沁左翼 喀喇沁左翼蒙古族自治县档案局

〔馆藏卷期〕1998 1999 2000/2001 2002/2003 2004/2005 2006/2007

葫芦岛市

008588885

葫芦岛年鉴

葫芦岛地方志工作办公室编 北京 中国社会出版社

〔馆藏卷期〕2000 2001 2002 2003 2004 2005 2006 2007 2008 2009 2010 2011 2012

013656188

中国共产党葫芦岛年鉴

中共葫芦岛市委党史研究室编 葫芦岛 中共葫芦岛市委

〔馆藏卷期〕2007 2008

013788386

锦化年鉴

锦化年鉴编纂委员会编 葫芦岛 锦西化工总厂

〔馆藏卷期〕1987 1988 1989

008439009

锦西炼油化工总厂年鉴

锦西炼油化工总厂年鉴编纂办公室编 北京 石油工业出版社

〔馆藏卷期〕1994

009805896

葫芦岛教育年鉴

葫芦岛市教育志编纂委员会编 沈阳 沈阳出版社 2004—
〔馆藏卷期〕1995/2000 2006/2010

1993/1995 1996/1998 1999/2001 2002/2004 2005/2007 2008/2010

连山区

012723598
连山年鉴
葫芦岛市连山区地方志编纂委员会 连山年鉴编辑部编 中共葫芦岛市连山区委员会 葫芦岛市连山区人民政府主办 深圳 海天出版社
〔馆藏卷期〕2005/2007 2008 2009 2010 2011 2012

绥中县

008940657
绥中年鉴
绥中县地方志编纂委员会编 绥中 绥中县地方志编纂委员会
〔馆藏卷期〕1990 1993 2000 2003 2004 2005 2006 2007 2008

建昌县

008310352
建昌县年鉴
建昌县县志编纂委员会年鉴编辑部编 建昌 建昌县地方志编纂委员会办公室 1992—
〔馆藏卷期〕1992 1993 1994 1995 1996 1997 1998 1999 2000 2001 2002 2003 2004 2005 2006 2007 2011

兴城市

004943485
兴城年鉴
兴城年鉴编辑部编 兴城市人民政府主办 沈阳 辽宁人民出版社
〔馆藏卷期〕1987 1988 1989 1990/1992

吉林省

004561357
吉林年鉴
吉林省地方志编纂委员会编 长春 吉林省地方志编纂委员会 1988—
〔馆藏卷期〕1987 1988 1989 1990 1991 1992 1993 1994 1995 1996 1997 1998 1999 2000 2001 2002 2003 2005 2006 2007 2008 2009 2010 2011 2012 2013 2014

012521532
吉林社科联年鉴
吉林省社会科学界联合会办公室编 吉林 吉林省社会科学界联合会办公室
〔馆藏卷期〕1997/1999

004561348
吉林城市统计年鉴
吉林省统计局编 北京 中国统计出版社
〔馆藏卷期〕1990

011502950
吉林调查年鉴
国家统计局吉林调查总队编 长春 吉林人民出版社 2008—
〔馆藏卷期〕2007 2008 2009

013854482
吉林基本单位统计年鉴
吉林省统计局普查中心编 长春 吉林人民出版社
〔馆藏卷期〕2011

004569397
吉林统计年鉴
吉林社会经济统计年鉴
吉林省统计局编 北京 中国统计出版社 1992—
〔馆藏卷期〕1992 1993 1994 1995 1996 1997 1998 1999 2000 2001 2002 2003 2004 2005 2006 2007 2008 2009 2010 2011 2012 2013 2014

013369976
吉林共青团年鉴
共青团吉林省委编 长春 吉林人民出版社 2006—
〔馆藏卷期〕2005/2006 2007

013714910
吉林省机构编制年鉴
吉林省机构编制委员会办公室编 长春 吉林省机构编制委员会办公室
〔馆藏卷期〕2012

013173522
吉林省民政统计年鉴
吉林省民政厅编 长春 吉林省民政厅
〔馆藏卷期〕2003 2004 2005 2006 2007 2008 2009 2010

012923583
吉林省精神文明建设年鉴
吉林省精神文明建设指导委员会办公室编 长春 吉林省精神文明建设指导委员会办公室
〔馆藏卷期〕2005 2006 2007

009933627
吉林开发区年鉴
吉林省开发区管理协会编 吉林 吉林人民出版社 1996—
〔馆藏卷期〕1988/1995

012617211
吉林省经济技术合作年鉴
吉林省经济技术合作局年鉴编辑委员会编 吉林省经济技术合作局主办 长春 吉林省经济技术合作局 2010—
〔馆藏卷期〕2010 2011 2012 2013

011139903
吉林省全国经济普查年鉴
吉林省第一次全国经济普查领导小组办公室编 长春 吉林人民出版社 2006—
〔馆藏卷期〕2004 2008

004561374
吉林社会经济统计年鉴
吉林统计年鉴
吉林省统计局编 北京 中国统计出版社 1987—1991
〔馆藏卷期〕1986 1987 1988 1989 1991

009617391
吉林企业统计年鉴
国家统计局吉林省企业调查队编 北京 中国统计出版社
〔馆藏卷期〕2002 2004

012723585
吉林省高技术产业统计年鉴
吉林省发展和改革委员会 吉林省科学技术厅编 长春 吉林大学出版社 2008—
〔馆藏卷期〕2008 2009 2010 2011 2012 2013

004161518
中国外向型企业年鉴 吉林卷
北京 光明日报出版社 1990—
〔馆藏卷期〕1996

010225595
吉林建设年鉴
吉林建设年鉴编委会编 吉林省建设厅主办 长春 吉林人民出版社 2006—
〔馆藏卷期〕2005 2006 2007

013634200
吉林工业和信息化年鉴
吉林省工业和信息化厅编 长春 吉林人民出版社 2011—
〔馆藏卷期〕2011 2012 2013

010225597
吉林省邮政统计年鉴
吉林省邮政局编 吉林 吉林省邮政局 2003—
〔馆藏卷期〕1998/2001 2002 2004 2005 2006 2007 2008

009617395
吉林邮政年鉴
吉林邮政年鉴编辑部编 吉林 吉林省邮政局 2001—
〔馆藏卷期〕2000/2001 2002/2003 2004 2005 2006 2007 2009 2010 2011 2012 2013

009425975
吉林财政年鉴
吉林省财政厅编 长春 吉林人民出版社 2002—
〔馆藏卷期〕2003 2004 2005 2006 2007 2008 2009 2010

011502954
吉林金融年鉴
吉林金融年鉴编辑委员会编 长春 吉林人民出版社 2010—
〔馆藏卷期〕2010

013898639
吉林农信年鉴
吉林省农村信用社联合社年鉴编纂委员会编 长春 吉林农信编辑部
〔馆藏卷期〕2008

012047328
吉林省文化产业统计年鉴
吉林省文化厅规划财务处编 长春 吉林省文化厅规划财务处 2001—
〔馆藏卷期〕1998 2001 2007 2008 2011 2012

013656009
吉林省信息年鉴
吉林省信息协会编 长春 吉林人民出版社 2011—
〔馆藏卷期〕2010

009698914
吉林省科技统计年鉴
吉林科技统计年鉴 1990—
吉林省科学技术委员会编 长春 吉林省科学技术委员会
〔馆藏卷期〕1987 1988 1990 1992 1993 1994 1995 1996 1997 1998 1999 2001 2003 2004 2005 2006 2007 2008 2010

013655999
吉林教育统计年鉴
长春 吉林人民出版社
〔馆藏卷期〕2010

011398563
吉林省教育年鉴
吉林省教育年鉴编纂委员会编 长春 吉林教育出版社 1990—
〔馆藏卷期〕1949/1985

012079162
吉林出入境检验检疫年鉴
吉林出入境检验检疫局编 吉林 吉林出入境检验检疫局 2008—
〔馆藏卷期〕2004 2006 2007 2008

011822135
吉林卫生年鉴
吉林省卫生厅编 长春 吉林大学出版社 2008—
〔馆藏卷期〕1991 2007

012923597
吉林省生态环境统计年鉴
吉林省发展和改革委员会编 长春 吉林省统计局
〔馆藏卷期〕2010

012591816
吉林省环境监测年鉴
吉林省环境监测中心站编 长春 吉林省环境监测中心站 1986—
〔馆藏卷期〕1972/1984 1985/1987 1989 1990 1992/1993 1994 1995

长春市

004534876
长春年鉴
长春市人民政府办公厅 长春市地方志编纂委员会 长春年鉴编纂委员会编 长春 长春出版社
〔馆藏卷期〕1988 1989 1990 1991 1992 1993 1994 1995 1996 1997 1998 1999 2000 2001 2002 2003 2004 2005 2006 2007 2008 2009 2010 2011 2012 2013

009120136
长春统计年鉴
长春经济统计年鉴
长春市统计局编 北京 中国统计出版
　社 1999—
〔馆藏卷期〕1999 2000 2001 2002 2003
　2004 2006 2007 2008 2009 2010
　2011 2012 2013 2014

009698892
长春工运年鉴
长春市工人运动研究所编 长春 长春市
　工人运动研究所
〔馆藏卷期〕1993 2001 2002 2003 2004

010102525
长春铁路分局工会年鉴
长春铁路分局工会工运史志编纂委员
　会编 长春 长春铁路分局
〔馆藏卷期〕1999 2002

011139657
长春公安年鉴
长春市公安局编 长春 长春市公安局
〔馆藏卷期〕2001/2003 2004/2006

012789965
长春高新技术产业开发区年鉴
长春高新区地方志编纂委员会办公室
　编 长春高新技术产业开发区管理委
　员会主办 长春 吉林人民出版
　社 2010—
〔馆藏卷期〕2010 2011 2012 2014

006924678
长春经济统计年鉴
长春统计年鉴
长春市统计局编 北京 中国统计出版社
〔馆藏卷期〕1992 1993 1994 1995 1996
　1997 1998

008439167
长春客车厂年鉴
长春客车厂年鉴编纂委员会编 长春 长
　春客车厂年鉴编纂委员会
〔馆藏卷期〕1996 1997 1998 1999 2000

013771915
长春汽车经济技术开发区年鉴
长春汽车经济技术开发区地方志编纂
　委员会编 长春汽车经济技术开发区
　管理委员会主办 长春 吉林人民出
　版社
〔馆藏卷期〕2012 2014

012079182
吉林供电公司年鉴
吉林供电公司年鉴编辑委员会编 北京
　中国电力出版社 2009—
〔馆藏卷期〕2003/2004 2005

007916769
第一汽车制造厂年鉴
一汽年鉴
中国第一汽车集团公司年鉴
第一汽车制造厂史志编纂室编 长春 第
　一汽车制造厂史志编纂室 1987—

〔馆藏卷期〕1987

008997613
中国第一汽车集团公司年鉴
第一汽车年鉴 2003—
第一汽车制造厂年鉴
中国第一汽车集团公司史志编纂室编
　　长春 吉林科学技术出版社 1993—
〔馆藏卷期〕1993 1995 1998 2000 2002
　　2003 2004 2005 2006 2007 2008

012570159
中国一汽年鉴
中国第一汽车集团公司年鉴
中国第一汽车集团公司档案馆编 长春
　　吉林科学技术出版社 2009—
〔馆藏卷期〕2009 2010 2011 2012 2013

008923151
长春铁路分局年鉴
长春铁路分局年鉴编纂委员会编 长春
　　长春铁路分局年鉴编纂委员会
〔馆藏卷期〕1987 1988 1989 1990 1991
　　1992 1993 1994 1995 1997 1998
　　1999 2000 2001 2002 2003 2004

013608990
吉林省邮政管理局年鉴
吉林省邮政管理局编 长春 吉林省邮政
　　管理局
〔馆藏卷期〕2006/2010

008957911
长春电信年鉴
长春市电信局编 北京 人民邮电出版
　　社 2000—
〔馆藏卷期〕1991/1995

009933642
中国工商银行吉林省分行年鉴
中国工商银行吉林省分行十年鉴
长春 吉林人民出版社
〔馆藏卷期〕1984/1994

008125333
(伪)满洲国文教年鉴
(伪)国务院文教部编 长春 (伪)国务
　　院文教部
〔馆藏卷期〕1934

009618359
伪皇宫陈列馆年鉴
伪皇宫陈列馆编 长春 伪皇宫陈列馆
〔馆藏卷期〕1984 1985 1986 1987 1988
　　1989 1992 1993 1995 1996/1997
　　1998/1999

012592719
伪满皇宫博物院年鉴
伪皇宫陈列馆年鉴
伪满皇宫博物院编 长春 伪满皇宫博
　　物院
〔馆藏卷期〕2000/2001 2002 2003/2004
　　2005/2006

012351757
长春市科技统计年鉴
长春科技统计年鉴 2009
长春市科学技术局编 长春 长春市科学技术局
〔馆藏卷期〕2000 2008 2009

013711485
长春市教育年鉴
长春市教育局编 长春 长春市教育局
〔馆藏卷期〕1991/2000

012047133
东北师范大学附属中学年鉴
东北师大附中资源与发展中心编 长春 东北师大附中 2007—
〔馆藏卷期〕2007

009288901
东北大学年鉴
东北大学年鉴编委会编 沈阳 东北大学出版社
〔馆藏卷期〕1993 1994 1995 1997 1999 2000 2001 2002 2003 2004 2005 2006 2007 2008 2009 2011 2012

009805724
吉林大学年鉴
吉林大学校长办公室编 长春 吉林大学出版社
〔馆藏卷期〕1992 1995 1996 1997 1998 1999 2000/2001 2002 2003 2004 2005 2006 2007 2008 2009 2010 2011 2012

010224166
吉林大学团委年鉴
共青团吉林大学委员会年鉴
吉林大学团委办公室编 长春 吉林大学
〔馆藏卷期〕2003/2004

009307909
吉林工业大学年鉴
吉林工业大学史志办公室编 长春 吉林工业大学史志办公室
〔馆藏卷期〕1991 1992 1993 1994 1995

013634213
吉林交通职业技术学院年鉴
吉林交通职业技术学院编 长春 吉林交通职业技术学院
〔馆藏卷期〕2011

013710961
吉林省疾病预防控制中心年鉴
吉林省疾病预防控制中心编 长春 吉林省疾病预防控制中心
〔馆藏卷期〕2009

012080542
长春卫生年鉴
张宇舟主编 长春 长春出版社 1995—
〔馆藏卷期〕1987/1988 1989 1990 1991 1992/1993 1994 1995

南关区

013932256

南关统计年鉴

南关区统计局编 南关 长春市南关区统计局

〔馆藏卷期〕2002 2004 2007 2009

宽城区

012199165

宽城年鉴

长春市宽城年鉴 2011—

宽城区地方志编纂委员会编 宽城区人民政府主办 长春 吉林人民出版社 2009—

〔馆藏卷期〕2007 2008 2009 2010 2011 2012

九台区

012617355

九台年鉴

九台市地方志编纂委员会编 九台市人民政府主办 长春 吉林大学出版社 2010—

〔馆藏卷期〕2007 2008 2009

009805590

九台统计年鉴

九台市统计局编 九台 九台市统计局

〔馆藏卷期〕1991/2001

榆树市

012617561

榆树年鉴

榆树市地方志编纂委员会编 长春 吉林大学出版社 2009—

〔馆藏卷期〕2007 2008 2009 2010 2011 2012

010226793

榆树市国民经济统计年鉴

榆树市统计局编 榆树 榆树市统计局

〔馆藏卷期〕1999/2000 2001 2002 2003 2004

德惠市

012591703

德惠年鉴

德惠市地方志编纂委员会编 德惠市人民政府主办 长春 吉林大学出版社 2009—

〔馆藏卷期〕2008/2009 2010 2011 2012 2013

吉林市

007630642
吉林市年鉴
吉林市地方志编纂委员会编 长春 吉林文史出版社
〔馆藏卷期〕1994 1995 1996 1997 1998 1999 2000 2001 2002 2003 2004 2005 2006 2007 2008 2010 2011 2012 2013

007733584
吉林市统计年鉴
吉林 吉林市统计局
〔馆藏卷期〕1995 1996 1997

008399405
吉林市社会经济统计年鉴
吉林市社会经济统计年鉴编委会编 北京 中国统计出版社
〔馆藏卷期〕1999 2000 2001 2002 2003 2004 2005 2006 2007 2008 2009 2010 2011 2012 2013 2014

008551476
吉林铁路分局年鉴
吉林铁路分局年鉴编委会编 北京 中国铁道出版社
〔馆藏卷期〕1987 1995 1996 1997 1998 2000

011140420
吉林市邮电年鉴
吉林市邮电局编 北京 北京燕山出版社 1999—
〔馆藏卷期〕1991/1995

龙潭区

010102519
吉林市龙潭区年鉴
龙潭区年鉴
龙潭区地方志编纂委员会编纂 龙潭区人民政府主办 吉林 龙潭区人民政府
〔馆藏卷期〕2004 2005 2006

丰满区

011140239
丰满区年鉴
吉林市丰满区年鉴编纂委员会编 吉林市丰满区人民政府主办 长春 吉林人民出版社 2006—
〔馆藏卷期〕2006 2007 2008 2011

蛟河市

008957496
蛟河年鉴
蛟河年鉴编纂委员会编 蛟河 蛟河年鉴编纂委员会
〔馆藏卷期〕1986 1987 1988 1989 2008 2009 2010 2013

桦甸市

011398556
桦甸市年鉴
桦甸年鉴 2011—
桦甸市地方志编纂委员会编 长春 吉林文史出版社 2007—
〔馆藏卷期〕2007 2008 2009 2010 2011 2013

010225589
桦甸市教育年鉴
桦甸市教育委员会编 桦甸 桦甸市教育委员会
〔馆藏卷期〕1997

舒兰市

008495018
舒兰年鉴
中共舒兰县委史志办公室编 舒兰 中共舒兰县委史志办公室
〔馆藏卷期〕1986 1987

012511630
舒兰市年鉴
舒兰年鉴 2012
舒兰市年鉴编纂委员会编 长春 吉林人民出版社 2008—
〔馆藏卷期〕2008 2009 2010 2012

010101959
舒兰统计年鉴
舒兰县国民经济统计资料汇编 1962—1995
舒兰市统计年鉴 1996—2002
吉林省舒兰市统计局编 舒兰 舒兰市统计局
〔馆藏卷期〕2003 2004

磐石市

008477234
磐石年鉴
磐石年鉴编辑部编 磐石 磐石年鉴编辑部 1994—
〔馆藏卷期〕1989 1991 1992

012691770
磐石市年鉴
磐石市年鉴编纂委员会编 长春 吉林人民出版社
〔馆藏卷期〕2008 2009 2011

永吉县

011503629
永吉县年鉴
永吉县地方志编纂委员会编 长春 吉林文史出版社 2009—
〔馆藏卷期〕2009 2010

009933608

永吉县统计年鉴

永吉县统计局编 永吉 永吉县统计局
〔馆藏卷期〕1993 1996

四平市

008313042

四平年鉴

四平市史志工作委员会编 四平 四平市史志工作委员会 1988—
〔馆藏卷期〕1986 1987 1988 1989 1990 1991 1992 1993 1994 1995 1996 1997 1998 1999/2001 2002/2005 2006/2007 2008/2009 2013

008278760

四平统计年鉴

吉林省四平市统计局编 北京 中国统计出版社
〔馆藏卷期〕1998 1999 2000 2001 2002 2003 2004 2005 2006 2007 2009 2010 2011 2012 2013 2014

铁东区

013714673

四平铁东年鉴

铁东年鉴

铁东区地方志编纂委员会办公室编 长春 吉林大学出版社
〔馆藏卷期〕2011 2013

公主岭市

008322876

公主岭年鉴

公主岭市年鉴编纂委员会编 长春 吉林文史出版社 1989—
〔馆藏卷期〕1986/1987 1988 1990/1992 1993/1995 1996/1998 1999/2002 2008 2009 2010

双辽市

012079525

双辽统计年鉴

〔馆藏卷期〕2005

梨树县

008998262

梨树年鉴

梨树年鉴编辑部编 吉林 吉林人民出版社 1994—
〔馆藏卷期〕1994

辽源市

008331556

辽源年鉴

辽源市人民政府办公室 辽源市地方志编纂委员会编 长春 长春出版社

〔馆藏卷期〕1987 1988 1989 1990 1991 1992/1993 1994/1997 1998/2001 2002/2003 2004/2005 2006 2007 2008 2009 2011 2012 2013 2014

009617830

辽源统计年鉴

辽源市统计局编 辽源 辽源市统计局

〔馆藏卷期〕1999 2000 2001 2002 2003 2004 2005 2006 2007 2008 2009 2010 2011 2012 2014

009360435

辽源市教育学会年鉴

辽源市教育学会年鉴编委会编 长春 吉林人民出版社 1990—

〔馆藏卷期〕1980/1989

东丰县

011501829

东丰年鉴

东丰县地方志编纂委员会编 东丰 吉林省东丰县地方志编纂委员会 1988—

〔馆藏卷期〕1987 2007 2010 2012/2013

通化市

007712969

通化年鉴

通化市人民政府办公室 通化市地方志办公室编 通化 通化市地方志办公室 1992—

〔馆藏卷期〕1991 1992 1993/1994 1995/1997 1998/2002 2003 2004 2005 2006 2007 2008 2011 2012 2013

009933637

通化统计年鉴

通化市统计局编 通化 通化市统计局 2002—

〔馆藏卷期〕1991/2000 2001 2002/2005 2006 2011 2012 2014

009913579

通钢集团公司年鉴

通钢年鉴

通化 通钢集团公司

〔馆藏卷期〕1997 1998 2001 2002 2003 2004 2005 2006 2007 2011

009927876

通化铁路分局年鉴

通化铁路分局年鉴编纂委员会编 通化 通化铁路分局

〔馆藏卷期〕1999/2001 2003 2004

013965484

通化财政年鉴

通化市财政局编 通化 通化市财政局

〔馆藏卷期〕1996/2000

东昌区

012176937

通化市东昌年鉴

东昌年鉴

东昌区地方志办公室编 东昌区人民政府办公室主办 长春 吉林文史出版社 2008—

〔馆藏卷期〕1999/2003 2004/2008

梅河口市

006038468

梅河口年鉴

梅河口市地方志编纂办公室编 长春 吉林文史出版社

〔馆藏卷期〕1988/1989 1990 1991/1992 2006 2007 2008 2009 2010 2011 2012 2013 2014

009617398

梅河口市社会经济统计年鉴

梅河口市统计局编 梅河口 梅河口市统计局

〔馆藏卷期〕2003

集安市

011502963

集安年鉴

集安市档案局编纂 长春 吉林文史出版社 2007—

〔馆藏卷期〕2007 2008 2009 2010 2012 2013 2014

010101955

集安市国民经济统计年鉴

集安市统计局编 集安 集安市统计局

〔馆藏卷期〕2004

通化县

011967427

通化县年鉴

通化县地方志办公室编 长春 吉林大学出版社 2009—

〔馆藏卷期〕2002/2008 2009/2010

011967432
通化县统计年鉴
通化县统计局编 通化 通化县统计局 2005—
〔馆藏卷期〕2005 2006

辉南县

010102518
辉南年鉴
辉南县档案局编纂 辉南县人民政府主办 长春 吉林文史出版社 2005—
〔馆藏卷期〕2004 2005/2007

柳河县

008901682
柳河年鉴
柳河县地方志办公室编 柳河 柳河县地方志办公室
〔馆藏卷期〕2000 2007 2008 2009 2010 2011 2012

009805603
柳河统计年鉴
柳河县统计局编 柳河 柳河县统计局
〔馆藏卷期〕1949/1990 1985

009805612
柳河乡镇经济年鉴
柳河县统计局编 柳河 柳河县统计局
〔馆藏卷期〕1985

009805598
柳河[乡]农业年鉴
柳河农业年鉴
柳河县统计局编 柳河 柳河县统计局
〔馆藏卷期〕1987

白山市

007683406
白山年鉴
白山市人民政府办公室 白山市地方志编纂委员会编 白山 白山市人民政府办公室 1996—
〔馆藏卷期〕1994/1995 1996/1999 2000/2002 2003/2005 2006/2007 2008 2009 2010 2013 2014

007722490
白山市社会经济统计年鉴
白山社会经济统计年鉴
白山经济统计年鉴 2000
白山市统计年鉴
白山统计年鉴 1998—
白山市统计局编 白山 白山市统计局
〔馆藏卷期〕1993 1994 1995 1996 1997

1998 1999 2000 2001 2002 2004
2005 2006 2007 2008 2009 2010
2011 2012 2014

浑江区

008213035
浑江年鉴
浑江年鉴编纂委员会编 浑江 浑江年鉴编纂委员会
〔馆藏卷期〕1986 1987 1988/1989 1990/1991 1992/1993

江源区

012617232
江源年鉴
江源区地方志编纂委员会编 长春 吉林大学出版社 2010—
〔馆藏卷期〕2007/2008 2009 2010/2011 2012 2013

临江市

009520258
临江年鉴
临江市年鉴编纂委员会编辑 临江 临江市年鉴编纂委员会
〔馆藏卷期〕1994/1995 1996/1997 1998/2002 2003/2006 2007/2008 2009/2010

抚松县

012176968
抚松县年鉴
抚松县县志办公室编 抚松 抚松县县志办公室 1989—
〔馆藏卷期〕2005/2007

靖宇县

012199120
靖宇年鉴
靖宇县年鉴编纂委员会编 靖宇 靖宇县年鉴编纂委员会
〔馆藏卷期〕2003/2006 2007/2008 2011/2012

长白朝鲜族自治县

008402811
长白朝鲜族自治县年鉴
长白年鉴 2013—
长白朝鲜族自治县史志办公室编 长白 长白朝鲜族自治县史志办公室
〔馆藏卷期〕1987 1988/1989 1992 1996 1997/1998 1999/2000 2001/2002 2004/2005 2006/2007 2008/2009 2013

松原市

008902174

松原年鉴

松原市人民政府办公室 松原市政府地方志办公室编 长春 吉林文史出版社

〔馆藏卷期〕1992/1995 1996/1997 1998/1999 2000/2001 2002/2003 2004/2005 2006/2007 2010/2011 2013

008749287

松原市统计年鉴

松原统计年鉴

松原市统计局编 松原 松原市统计局

〔馆藏卷期〕1993 1995 1996 1999 2001 2002 2003 2004 2005 2006 2007 2008 2012 2013 2014

009913574

吉林石油集团公司年鉴

吉林石油集团有限责任公司编辑委员会编 北京 方志出版社

〔馆藏卷期〕2001/2002 2003/2004 2005/2006

009169798

吉林油田年鉴

中国石油吉林油田年鉴

吉林石油集团有限责任公司史志编辑委员会编 北京 方志出版社

〔馆藏卷期〕1996 1997 1998/1999 2000

009564730

中国石油吉林油田年鉴

吉林油田年鉴

中国石油天然气股份有限公司吉林油田分公司编 北京 方志出版社

〔馆藏卷期〕2001 2002 2003 2004 2005 2006 2007 2008 2009 2010 2011

宁江区

012724200

宁江年鉴

松原市宁江年鉴 2011/2012

宁江年鉴编纂委员会编 松原市宁江区人民政府主办 长春 吉林大学出版社 2009—

〔馆藏卷期〕2007/2008 2011/2012

前郭尔罗斯蒙古族自治县

011503190

前郭尔罗斯年鉴

前郭尔罗斯蒙古族自治县人民政府办公室 前郭尔罗斯蒙古族自治县地方志办公室编 长春 吉林人民出版社 2007—

〔馆藏卷期〕2007 2008 2009 2010 2011 2012 2013 2014

013932274

前郭统计年鉴

前郭尔罗斯蒙古族自治县统计局编 前郭 前郭尔罗斯蒙古族自治县统计局

〔馆藏卷期〕2008

009805557

长山热电厂年鉴

长山热电厂办公室主编 前郭尔罗斯 长山热电厂

〔馆藏卷期〕1988/1992 1997

白城市

009307997

白城年鉴

白城市人民政府办公室 白城市地方志办公室编 长春 吉林人民出版社

〔馆藏卷期〕2002 2003/2004 2011

008749093

白城统计年鉴

白城市统计局编 白城 白城市统计局

〔馆藏卷期〕1999 2001 2002 2003 2004 2005 2006 2007 2008 2011 2012 2014

洮南市

012724259

洮南年鉴

洮南年鉴编纂委员会编 长春 吉林大学出版社 2011—

〔馆藏卷期〕2007

009933591

洮南市国民经济统计年鉴

洮南统计年鉴

洮南市统计局编 洮南 洮南市统计局

〔馆藏卷期〕1997 1998 2001 2004

大安市

005949383

大安年鉴

大安市史志编纂委员会编 沈阳 辽沈书社 1990—

〔馆藏卷期〕1989 2010

通榆县

012801198

通榆年鉴

通榆县地方志编纂委员会编 长春 吉林大学出版社

〔馆藏卷期〕2009 2011 2013

延边朝鲜族自治州

010102520

延边年鉴

延边朝鲜族自治州地方志编纂委员会编 长春 吉林人民出版社 2006—

〔馆藏卷期〕2005 2006 2007 2008 2009 2010 2011 2012 2013

008616350

延边统计年鉴

延边朝鲜族自治州统计局编 北京 中国统计出版社

〔馆藏卷期〕1990 1998 2000 2001 2002 2003 2004 2005 2006 2007 2008 2010 2011 2012 2013 2014

011399449

延边林业年鉴

延边朝鲜族自治州林业管理局林业志编纂委员会编 延吉 延边人民出版社

〔馆藏卷期〕1949/1986 1988 1989 1990 1991 1992 1994 1997/1998 1999 2000 2001 2002 2003 2004

009289774

延边邮电年鉴

延边朝鲜族自治州邮电局编 北京 北京燕山出版社

〔馆藏卷期〕1991/1995

延吉市

009502626

延吉年鉴

延吉年鉴编辑部编 长春 吉林人民出版社 2007—

〔馆藏卷期〕2001/2005 2006/2007 2008 2010 2011 2012 2013

006035329

延吉统计年鉴

延吉市统计局编 北京 中国统计出版社

〔馆藏卷期〕1992 1993 1994 1995 1996 1997 1998 1999 2000 2001 2002 2003 2004 2005 2006 2007 2008 2009 2011 2012 2013 2014

图们市

012617489

图们年鉴

图们市地方志编纂委员会编 长春 吉林大学出版社 2009—

〔馆藏卷期〕2008 2009/2010 2012

005719993

图们铁路分局年鉴

图们铁路分局史志编纂委员会编 图们 图们铁路分局史志编纂委员会

〔馆藏卷期〕1991 1993 1994 1995 1996

1997　1998

敦化市

012617053

敦化年鉴

敦化市地方志编纂委员会编　长春　吉林人民出版社　2010—

〔馆藏卷期〕2009　2010　2011　2012　2013　2014

013753608

敦化统计年鉴

敦化市统计局编　香港　中国国际图书出版社

〔馆藏卷期〕2008/2009

009309941

黄泥河林业局年鉴

黄泥河林业局年鉴编纂委员会编　延边　延边人民出版社

〔馆藏卷期〕1985/1988　1989/1990　1991/1992

珲春市

012617202

珲春年鉴

珲春市地方志编纂委员会编　长春　吉林大学出版社

〔馆藏卷期〕2007/2008　2012　2013

013655993

珲春边境经济合作区统计年鉴

珲春边境经济合作区经济发展局编　珲春　吉林省珲春边境经济合作区经济发展局

〔馆藏卷期〕2007

龙井市

012199416

龙井年鉴

龙井市地方志编纂委员会编　长春　吉林大学出版社　2009—

〔馆藏卷期〕2008　2012　2013

006058828

龙井社会经济统计年鉴

龙井市国民经济统计资料 1995—2001

龙井市国民经济统计年鉴 2003—

龙井市统计局编　北京　中国统计出版社　1994—

〔馆藏卷期〕1994　1995　1996　1997　1998　2000　2001　2003

和龙市

012194187

和龙年鉴

和龙市地方志编纂委员会编　长春　吉林大学出版社　2009—

〔馆藏卷期〕2009　2010　2011　2012　2013　2014

009589765
和龙市国民经济和社会发展统计年鉴
和龙市统计局编 和龙 和龙市统计局
〔馆藏卷期〕2002 2003 2004

007916636
八家子林业局年鉴
黄盛富 孙建文主编 延吉 延边人民出版社 1993—
〔馆藏卷期〕1949/1989

汪清县

012199716
汪清年鉴
汪清县地方志编纂委员会编 长春 吉林大学出版社 2010—
〔馆藏卷期〕2009 2012 2013

安图县

011965589
安图年鉴
安图县地方志编纂委员会编 长春 吉林人民出版社 2009—
〔馆藏卷期〕2008 2012 2013

008788758
安图森林经营局年鉴
安图森林经营局编 延吉 延边人民出版社 1990—
〔馆藏卷期〕1962/1986 1987/1990 1991/1993

009698834
白河林业局年鉴
吉林省白河林业局年鉴编纂委员会编 赤峰 内蒙古科学技术出版社 1992—
〔馆藏卷期〕1986/1990 1991/1992 1993/1994 1995/2000 2001/2003 2004/2005

黑龙江省

003980125

黑龙江年鉴

黑龙江省经济年鉴

黑龙江年鉴编纂委员会编 哈尔滨 黑龙江人民出版社 1986—

〔馆藏卷期〕1986 1987 1988 1989 1990 1991 1992 1993 1994 1995 1996 1997 1998 1999 2000 2001 2002 2003 2005 2006 2007 2008 2009 2010 2011 2012 2013 2014

006058844

黑龙江垦区统计年鉴

黑龙江省国营农场总局统计局编 北京 中国统计出版社 1993—

〔馆藏卷期〕1993 1994 1995 1996 1997 1998 1999 2000 2001 2002 2003 2004 2005 2006 2007 2008 2009 2010 2011 2012 2013 2014

001992529

黑龙江统计年鉴

黑龙江经济统计年鉴

黑龙江省统计局编 北京 中国统计出版社 1987

〔馆藏卷期〕1987

006934091

黑龙江统计年鉴

黑龙江经济统计年鉴

黑龙江省统计局编 北京 中国统计出版社 1994—

〔馆藏卷期〕1993 1994 1995 1996 1997 1998 2000 2001 2002 2003 2004 2005 2006 2007 2008 2009 2010 2011 2012 2013 2014

009169758

黑龙江民政年鉴

黑龙江省民政年鉴 1985—1991

黑龙江民政年鉴编辑委员会编 哈尔滨 黑龙江人民出版社

〔馆藏卷期〕1985 1986 1987 1988 1989 1990 1991 1992 1993 1994 1995

1996　1997　1998　1999　2000

〔馆藏卷期〕1986/1994

012792553

黑龙江宣传工作年鉴

中共黑龙江省委宣传部编　哈尔滨　黑龙江画报社　2009—

〔馆藏卷期〕2008　2009　2010　2011　2012

010225581

黑龙江省知识产权局年鉴

黑龙江省知识产权局编　哈尔滨　黑龙江省知识产权局

〔馆藏卷期〕2003　2004　2005　2007　2011

009933572

黑龙江法院年鉴

黑龙江法院年鉴编审委员会编　哈尔滨　黑龙江省高级人民法院　1996—

〔馆藏卷期〕1993　1994　1995　1996　1998　1999　2000

009726056

黑龙江民营经济年鉴

黑龙江民营经济年鉴编辑部编　哈尔滨　黑龙江人民出版社　2004—

〔馆藏卷期〕2004　2005　2006　2007　2008

009933577

黑龙江检察年鉴

黑龙江省人民检察院编　哈尔滨　黑龙江省人民检察院

〔馆藏卷期〕1994

011139900

黑龙江经济普查年鉴

黑龙江人民政府第一次全国经济普查领导小组办公室编　北京　中国统计出版社　2006

〔馆藏卷期〕2004　2008

010225551

黑龙江监狱年鉴

黑龙江监狱年鉴编纂委员会编　黑龙江省监狱管理局主办　哈尔滨　黑龙江监狱年鉴编纂委员会

〔馆藏卷期〕2000　2001/2002　2003　2004　2005　2006

009062467

黑龙江省经济年鉴

黑龙江省经济年鉴编辑委员会编　哈尔滨　学习与探索杂志社

〔馆藏卷期〕1983　1984　1985

004683510

黑龙江经济统计年鉴

黑龙江统计年鉴

黑龙江省统计局编　北京　中国统计出版社　1988—1993

〔馆藏卷期〕1988　1989　1990　1991　1992

010225555

黑龙江劳改工作年鉴

黑龙江劳改工作年鉴编委会编　哈尔滨　黑龙江劳改工作年鉴编委会

1993

009617338

黑龙江省审计年鉴

黑龙江省审计年鉴编辑部编 哈尔滨 黑龙江省审计厅

〔馆藏卷期〕1993 1997 2001 2002 2003 2004 2005

012047258

黑龙江农垦年鉴

黑龙江省农垦总局编 哈尔滨 黑龙江人民出版社 2008—

〔馆藏卷期〕2008 2009 2010 2011 2012 2013

010225579

黑龙江粮食年鉴

黑龙江省粮食厅编 哈尔滨 黑龙江省粮食厅 1996—

〔馆藏卷期〕1992 1993 1994

012354134

黑龙江省农业年鉴

黑龙江省农业年鉴编辑委员会编 哈尔滨 学习与探索杂志社 1985—

〔馆藏卷期〕1985 1986

009426058

黑龙江电力年鉴

黑龙江省电力工业局编 黑龙江省电力工业局主办 哈尔滨 黑龙江省电力工业局

〔馆藏卷期〕1986/1990 1992 1993/1994 1997/1998 1999 2000 2001

011396311

黑龙江煤炭工业年鉴

黑龙江省煤炭工业协会编 哈尔滨 黑龙江人民出版社 2007—

〔馆藏卷期〕2005

009169628

黑龙江轻工业综合年鉴

黑龙江省轻工业厅编 哈尔滨 黑龙江人民出版社

〔馆藏卷期〕1986/1990

013821960

黑龙江省轻工业年鉴

黑龙江省轻工业年鉴编辑部编 哈尔滨 学习与探索杂志社 1987—

〔馆藏卷期〕1986

014014276

黑龙江省公安交管年鉴

〔馆藏卷期〕2009

008670246

黑龙江邮政年鉴

黑龙江邮政年鉴编辑委员会编 香港 香港通用语言出版公司

〔馆藏卷期〕2000 2001 2002 2003 2004 2005 2006 2007 2008 2009

011502160

黑龙江电信年鉴

黑龙江电信年鉴编辑委员会编 中国电信集团黑龙江省电信公司主办 香港 文津出版社 2000—

〔馆藏卷期〕2000 2001

009806988

黑龙江商务年鉴

黑龙江对外经济贸易年鉴

黑龙江省商务厅编 黑龙江省商务厅主办 哈尔滨 黑龙江人民出版社 2004—

〔馆藏卷期〕2004 2005 2006 2007 2008 2009 2010 2011 2012 2013 2014

002032711

黑龙江对外经济贸易年鉴

黑龙江商务年鉴

黑龙江对外经济贸易年鉴编辑委员会编 哈尔滨 学习与探索杂志社 1987—

〔馆藏卷期〕1987 1988 1989 1990 1991 1992 1993 1994 1995/1996 1997/1998 1999/2000 2001 2002 2003

009617335

黑龙江地税年鉴

黑龙江省地方税务局编 哈尔滨 黑龙江省地方税务局 2002—

〔馆藏卷期〕1994/2001 2003 2004 2005 2006 2007 2008 2009 2010 2011 2012

009169617

黑龙江国税年鉴

陈国兴主编 黑龙江省国家税务局主办 哈尔滨 黑龙江人民出版社 1997—

〔馆藏卷期〕1996 1997

009123985

黑龙江省财政年鉴

黑龙江省财政年鉴编辑委员会编辑 哈尔滨 学习与探索杂志社 1986—

〔馆藏卷期〕1980/1984 1986 1987 1988 1989 1990 1991 1992 1994 1995 1997 1998 1999 2000 2001 2002 2004 2005 2006 2008 2009

005719402

黑龙江金融年鉴

黑龙江金融年鉴编辑部编 北京 人民中国出版社

〔馆藏卷期〕1992 1993 1994 1995 1996 1997 1998 1999 2000 2001 2002 2003 2004 2005 2006 2007 2008 2009 2010 2011 2012 2013

011502155

黑龙江保险年鉴

中国人民保险公司黑龙江省分公司编 哈尔滨 中国人民保险公司黑龙江省分公司

〔馆藏卷期〕1992 1993

009036851

黑龙江信息年鉴

王涛志主编 黑龙江省信息中心编著 黑龙江省发展计划委员会 黑龙江省信息中心主办 哈尔滨 黑龙江人民出版社 2001—
〔馆藏卷期〕2001

008435219
黑龙江科技统计年鉴
黑龙江科技统计年鉴编辑部编 哈尔滨 黑龙江科技统计年鉴编辑部
〔馆藏卷期〕1999 2000

008643780
黑龙江教育年鉴
黑龙江省教育委员会编 哈尔滨 黑龙江人民出版社
〔馆藏卷期〕1996 1997/1999 2000/2001 2002/2003 2004/2005 2006/2007 2008/2009

013788374
黑龙江省教育统计年鉴
黑龙江省教育委员会编 哈尔滨 黑龙江省教育委员会
〔馆藏卷期〕1992

009360539
黑龙江体育年鉴
黑龙江省体育运动委员会编 哈尔滨 黑龙江科学技术出版社
〔馆藏卷期〕1994

011502167
黑龙江艺术设计年鉴
黑龙江省艺术设计协会编 哈尔滨 黑龙江美术出版社 2005—
〔馆藏卷期〕2002/2003 2004/2005 2006/2007

009892590
黑龙江卫生年鉴
黑龙江省卫生年鉴编辑部编 哈尔滨 黑龙江人民出版社
〔馆藏卷期〕1992 1993 1995 2002/2003 2003/2004 2004 2006 2007 2008 2009 2010 2011 2012

009215399
黑龙江卫生统计年鉴
黑龙江省卫生厅编 哈尔滨 黑龙江省卫生厅
〔馆藏卷期〕2001 2002

012079155
黑龙江省环境保护年鉴
黑龙江省环境保护年鉴编辑委员会编 哈尔滨 学习与探索杂志社 1986—
〔馆藏卷期〕1986

哈尔滨市

005318507
哈尔滨年鉴
哈尔滨年鉴编辑部编辑 香港 香港建义利有限公司 1987—
〔馆藏卷期〕1949/2009 1987 1988 1989 1990 1991 1992 1993 1994 1995 1996 1997 1998 1999 2000 2001 2002 2003 2004 2005 2006 2007 2008 2009 2010 2011 2012 2013

008440581
松花江年鉴
松花江年鉴编纂委员会编 北京 人民出版社
〔馆藏卷期〕1992 1993 1994 1995

001992611
哈尔滨统计年鉴
哈尔滨统计年鉴编辑部编 北京 中国统计出版社
〔馆藏卷期〕1987 1988 1989 1990 1991 1992 1993 1994 1995 1996 1997 1998 1999 2000 2001 2002 2003 2004 2005 2006 2007 2008 2009 2010 2011 2012 2013 2014

011822029
哈尔滨工业大学共青团年鉴
共青团哈尔滨工业大学委员会编 哈尔滨 哈尔滨工业大学出版社 2008—
〔馆藏卷期〕2007

013927818
哈尔滨铁路分局工会年鉴
哈尔滨铁路分局工会办公室编 哈尔滨 哈尔滨铁路分局工会
〔馆藏卷期〕1997 2000

010224273
哈尔滨公安年鉴
哈尔滨公安局公安年鉴编辑部编 哈尔滨 哈尔滨公安局
〔馆藏卷期〕1992 1993 1994 1995 1996 2003 2004 2006 2007 2008

013898537
哈尔滨铁路公安局年鉴
哈尔滨铁路公安局年鉴编纂委员会编 哈尔滨 哈尔滨铁路公安局
〔馆藏卷期〕1997 1999

012791027
哈铁检察年鉴
哈尔滨铁路局检察分院年鉴编纂委员会编 哈尔滨 哈尔滨铁路局
〔馆藏卷期〕2003/2006

010102482
武警黑龙江省森林总队年鉴
中国人民武装警察部队黑龙江省森林总队编史办公室编 哈尔滨 武警黑龙江省森林总队 2002—
〔馆藏卷期〕2002 2004

009933571
哈尔滨工商行政管理年鉴
哈尔滨市工商行政管理局编 哈尔滨 哈
　尔滨市工商行政管理局
〔馆藏卷期〕2004 2005

009618353
审计工作年鉴
哈尔滨特派办审计年鉴
中华人民共和国审计署驻哈尔滨办事
　处编 哈尔滨 中华人民共和国审计署
　驻哈尔滨办事处
〔馆藏卷期〕1992/1995

012864457
北大荒集团北大荒股份二九一分公司年鉴
二九一分公司年鉴
二九一分公司史志办编 哈尔滨 二九一
　分公司 2010—
〔馆藏卷期〕2010

014217073
黑龙江省国营农场总局工业统计年鉴
黑龙江省国营农场总局编 哈尔滨 黑龙
　江省国营农场总局
〔馆藏卷期〕〔电子资源〕

009698862
哈尔滨第三发电厂年鉴
哈尔滨第三发电有限责任公司年鉴
　1997/2002—
哈尔滨第三发电厂办公室编 哈尔滨 哈
　尔滨第三发电厂办公室 1997—
〔馆藏卷期〕1992/1997 1997/2002

009436928
哈尔滨电业局年鉴
哈尔滨电业局办公室编 哈尔滨 哈尔滨
　电业局
〔馆藏卷期〕1999

009492651
哈尔滨发电厂年鉴
哈尔滨发电厂年鉴编审委员会编 哈尔
　滨 哈尔滨发电厂
〔馆藏卷期〕1986/1997 1998/2000

012014928
黑龙江省电力有限公司年鉴
黑龙江省电力有限公司编 哈尔滨 黑龙
　江省电力有限公司 2008—
〔馆藏卷期〕2002/2006 2007 2008 2009

013467360
[黑龙江省农垦总局]水利统计年鉴
黑龙江省农垦总局水利统计年鉴
黑龙江省农垦总局水利局编 哈尔滨 黑
　龙江省农垦总局
〔馆藏卷期〕1997 1999 2000 2002 2006
　2007

008769604
哈尔滨铁路分局年鉴
哈尔滨铁路分局年鉴编审委员会编 北
　京 中国铁道出版社

〔馆藏卷期〕1997/1999 2000 2001 2002 2003 2004

005326585
哈尔滨铁路局年鉴
哈尔滨铁路局编 哈尔滨 黑龙江人民出版社

〔馆藏卷期〕1987 1988 1989 1990 1991 1992 1993 1994 1995 1996 1997 1998 1999 2000 2001 2002 2003 2004 2005 2006 2007 2008 2012

008437536
哈尔滨市邮政局年鉴
哈尔滨市邮政局综览 1993

哈尔滨市邮政局年鉴编辑部编 哈尔滨 哈尔滨市邮政局

〔馆藏卷期〕1991 1992 1993 1994 1995 1996 1997 1998 1999 2000 2002 2003 2004

008935459
哈尔滨市电信局年鉴
哈尔滨市电信局年鉴编辑部编 哈尔滨 黑龙江省电信公司 哈尔滨市分公司 1986—

〔馆藏卷期〕1987 1989 1990 1992 1995 1996 1997 1998 2000

011396414
黑龙江移动通信有限责任公司年鉴
黑龙江移动通信有限责任公司编 哈尔滨 黑龙江人民出版社

〔馆藏卷期〕2006

008980363
哈尔滨财政年鉴
哈尔滨财政年鉴编辑部编 哈尔滨 哈尔滨财政年鉴编辑部

〔馆藏卷期〕1992 1994 1995 1996 1997 1999 2001 2002 2003 2004 2006 2007 2008 2009

008902148
哈尔滨地税年鉴
哈尔滨地税年鉴编辑委员会编 哈尔滨 哈尔滨市地方税务局

〔馆藏卷期〕1994/1998 1999 2000 2001 2002 2003 2004 2005/2006 2007 2008 2009 2010

008749119
黑龙江省工商银行年鉴
中国工商银行黑龙江省分行年鉴 1986—

中国工商银行黑龙江省分行编 北京 人民中国出版社

〔馆藏卷期〕1986 1987 1988 1989 1990 1991 1992 1993 1994 1995 1996 1997 1998 1999 2000 2001 2003 2004 2005 2006 2007

009805573
哈尔滨工程大学年鉴
吴庆文 胡今鸿主编 哈尔滨 哈尔滨工程大学出版社

〔馆藏卷期〕2001 2002 2003 2004 2005 2006 2007 2008 2009 2010 2011

010224268

哈尔滨工业大学年鉴

安学敏主编 哈尔滨 哈尔滨工业大学出版社

〔馆藏卷期〕2003 2004 2005 2006

013935934

哈尔滨理工大学年鉴

哈尔滨理工大学校史年鉴办公室编 哈尔滨 黑龙江教育出版社

〔馆藏卷期〕2000/2009

009913222

黑龙江农垦农业职业技术学院年鉴

黑龙江农垦农业职业技术学院史志办编 哈尔滨 黑龙江农垦农业职业技术学院 2004—

〔馆藏卷期〕2002

013935938

哈尔滨市卫生统计年鉴

哈尔滨市卫生局编 哈尔滨 哈尔滨市卫生局

〔馆藏卷期〕2006

道里区

009698840

道里统计年鉴

道里区统计年鉴 2003—

哈尔滨市道里区统计局编 哈尔滨 哈尔滨市道里区统计局

〔馆藏卷期〕1997 1998 1999 2001 2003

南岗区

008966654

南岗年鉴

哈尔滨市南岗区地方志编纂委员会编 哈尔滨 哈尔滨市南岗区档案局 1998—

〔馆藏卷期〕1997

道外区

013608956

道外年鉴

哈尔滨市道外区地方志编纂委员会办公室编 香港 香港天马出版有限公司 2010—

〔馆藏卷期〕2010 2011 2012 2013 2014

009698854

哈尔滨市道外区社会经济发展统计综合年鉴

哈尔滨市道外区统计年鉴 1989—
道外区经济社会统计年鉴
哈尔滨市道外区统计局编 哈尔滨 哈尔滨市道外区统计局

〔馆藏卷期〕1978/1987 1989 1990 1991 1992 1993 1996 1998

呼兰区

012617173
呼兰年鉴
哈尔滨市呼兰区地方志编纂委员会办公室编 香港 香港天马出版有限公司 2009—
〔馆藏卷期〕2008/2009 2010/2011 2012 2013 2014

009436933
呼兰县统计年鉴
呼兰统计年鉴
呼兰县国民经济和社会发展统计年鉴 1990
呼兰县统计局编 呼兰 呼兰县统计局
〔馆藏卷期〕1990 1991 1993 1994 1996 1997 1998 1999 2000 2001 2002

阿城区

012616931
阿城年鉴
阿城区档案局编 哈尔滨 哈尔滨市阿城区档案局 2007—
〔馆藏卷期〕2006/2007 2008/2009 2013 2014

009436919
阿城市统计年鉴
黑龙江省阿城市统计局编 阿城 黑龙江省阿城市统计局

〔馆藏卷期〕1990 1991 1992 1996 1997 2000 2002 2004

双城区

009492657
双城市国民经济统计年鉴
黑龙江省双城市统计局编 双城 黑龙江省双城市统计局
〔馆藏卷期〕2000 2001 2002 2003

尚志市

008749948
尚志年鉴
尚志年鉴编纂委员会编 尚志 尚志年鉴编纂委员会
〔馆藏卷期〕1997 1998 1999 2002 2003 2004 2005 2006 2008 2009 2010

依兰县

012925193
依兰年鉴
依兰年鉴编纂委员会编 依兰 依兰年鉴编纂委员会 2010—
〔馆藏卷期〕2008/2009 2010/2011

方正县

008901583
方正年鉴

方正县志编纂委员会办公室编 方正 中共方正县委史志办 2001—
〔馆藏卷期〕1999/2000 2006/2007 2008/2009

巴彦县

008426133
巴彦年鉴
巴彦年鉴编辑部编 巴彦 巴彦年鉴编辑部
〔馆藏卷期〕1992 2000 2002 2003 2004 2005 2006 2007 2008

009805540
巴彦县国民经济统计年鉴
巴彦县统计局编 巴彦 巴彦县统计局
〔馆藏卷期〕1970 1975/1976 1979 1984 1987 1995 1999 2003

木兰县

008651510
木兰年鉴
木兰年鉴编纂委员会编 木兰 木兰县地方志编纂委员会
〔馆藏卷期〕1992 1998 1999 2000 2001 2005 2006

009805655
木兰县国民经济统计年鉴
木兰县统计局编 木兰 木兰县统计局
〔馆藏卷期〕1997 1998 1999 2000

通河县

008966657
通河年鉴
张守信主编 哈尔滨 哈尔滨工业大学出版社
〔馆藏卷期〕1992 2001

延寿县

008426151
延寿年鉴
延寿县志办公室编 哈尔滨 哈尔滨工业大学出版社 1992—
〔馆藏卷期〕1993 1994 1997 1998 1999 2006/2008 2009/2010

009739322
延寿县国民经济统计年鉴合刊
延寿县统计局编 延寿 延寿县统计局
〔馆藏卷期〕1995/2002

齐齐哈尔市

008653457

齐齐哈尔年鉴

齐齐哈尔市地方志办公室编 哈尔滨 哈尔滨工业大学出版社

〔馆藏卷期〕1987/1988 1989/1996 1997/1998 1999/2000 2001/2002 2003 2004 2005 2006/2007 2008 2009 2010 2011 2012 2013 2014

012335207

齐齐哈尔统计年鉴

齐齐哈尔市统计局编 齐齐哈尔 齐齐哈尔市统计局 1988—

〔馆藏卷期〕1988

013898747

齐齐哈尔铁路公安处年鉴

齐齐哈尔铁路公安处编审委员会编 齐齐哈尔 齐齐哈尔铁路公安处

〔馆藏卷期〕1994

013467639

齐齐哈尔宣传思想工作年鉴

中共齐齐哈尔市委宣传部编 齐齐哈尔 中共齐齐哈尔市委宣传部

〔馆藏卷期〕2008

013467631

齐齐哈尔经济普查年鉴

齐齐哈尔市统计局编 齐齐哈尔 齐齐哈尔市统计局

〔馆藏卷期〕2008

004569661

齐齐哈尔经济统计年鉴

齐齐哈尔市统计局编 北京 中国统计出版社 1989—

〔馆藏卷期〕1989 1990 1991 1992 1993 1994 1995 1996 1997 1998 1999 2000 2001 2002 2003 2004 2005 2006 2007 2008 2009 2010 2011 2012 2013 2014

009520228

北钢年鉴

北钢集团有限责任公司年鉴 1997/1998 高崇主编 哈尔滨 黑龙江人民出版社

〔馆藏卷期〕1995/1996 1997/1998

012733950

中国北车集团齐车公司年鉴

中国北车集团齐齐哈尔车辆（集团）有限责任公司年鉴

齐轨道装备公司·齐车公司年鉴

中国北车集团齐车公司年鉴编审委员会编 齐齐哈尔 中国北车集团齐车公司年鉴编审委员会 2006—

〔馆藏卷期〕2006 2007

012734007

齐轨道装备公司·齐车公司年鉴

齐齐哈尔轨道交通装备有限责任公

司·中国北车集团齐齐哈尔车辆(集团)有限责任公司年鉴

中国北车集团齐车公司年鉴

齐齐哈尔轨道交通装备有限责任公司·中国北车集团齐齐哈尔车辆(集团)有限责任公司年鉴编审委员会编 齐齐哈尔 年鉴编审委员会 2009—

〔馆藏卷期〕2008 2009 2010 2011 2013

009913267

齐齐哈尔钢厂年鉴

范广举主编 哈尔滨 黑龙江人民出版社

〔馆藏卷期〕1988/1990 1991/1992

010568553

齐齐哈尔车辆厂年鉴

齐齐哈尔铁路车辆(集团)有限责任公司年鉴

齐齐哈尔车辆厂年鉴编审委员会编 齐齐哈尔 齐齐哈尔车辆厂 1996—1998

〔馆藏卷期〕1997 1998

010226691

齐齐哈尔铁路车辆(集团)有限责任公司年鉴

齐齐哈尔车辆厂年鉴

齐齐哈尔铁路车辆(集团)有限责任公司年鉴编审委员会编 齐齐哈尔 齐齐哈尔铁路车辆(集团)有限责任公司 1999—

〔馆藏卷期〕1999 2000 2001 2002 2003 2004 2005

008424326

齐齐哈尔铁路分局年鉴

齐齐哈尔铁路分局年鉴编辑委员会编 北京 中国铁道出版社

〔馆藏卷期〕1987 1988 1989 1990 1991 1992 1993 1994 1995 1996 1997 1998 1999 2000 2001 2002 2003

009897964

齐齐哈尔市邮电局年鉴

齐齐哈尔市邮电局年鉴编辑组编 齐齐哈尔 齐齐哈尔市邮电局

〔馆藏卷期〕1991 1992 1993 1994 1995 1996 1997 1998 2000 2001

009436763

齐齐哈尔邮政年鉴

齐齐哈尔邮政年鉴编纂委员会编 齐齐哈尔 齐齐哈尔市邮政局

〔馆藏卷期〕1998/2001 2002/2005

012724215

齐齐哈尔通信年鉴

齐齐哈尔通信年鉴编辑组编 齐齐哈尔 齐齐哈尔通信年鉴编辑组 2005—

〔馆藏卷期〕2005

010102474

齐齐哈尔市财政年鉴

市财政局编 齐齐哈尔 齐齐哈尔市财政局

〔馆藏卷期〕1996 1997 1998 1999 2000 2001 2002 2003 2004 2005 2006

2007 2008 2009 2010

013815002

齐齐哈尔教育年鉴

齐齐哈尔市教育委员会编 齐齐哈尔 齐齐哈尔市教育委员会 1997—

〔馆藏卷期〕1997

009436783

齐齐哈尔电业局年鉴

齐齐哈尔电业局年鉴编审委员会编 齐齐哈尔 齐齐哈尔电业局年鉴编审委员会 1995—

〔馆藏卷期〕1986/1991 1992 1993

建华区

012617375

齐齐哈尔市建华区年鉴

齐齐哈尔市建华区地方志办公室编 建华区人民政府主办 齐齐哈尔 建华区人民政府 2010—

〔馆藏卷期〕2007 2008 2009 2010 2012

龙沙区

014014387

龙沙区经济统计年鉴

龙沙区统计局编 龙沙 齐齐哈尔市龙沙区统计局

〔馆藏卷期〕2009

富拉尔基区

009589731

富拉尔基发电总厂年鉴

富拉尔基发电总厂年鉴编审委员会编 齐齐哈尔 富拉尔基发电总厂年鉴编审委员会 1990—

〔馆藏卷期〕1984/1987 1988/1991 1992/1995 1996/2000

碾子山区

009589695

碾子山经济统计年鉴

碾子山经济统计年鉴编辑部编 齐齐哈尔 齐齐哈尔市碾子山区统计局

〔馆藏卷期〕1992 1993 1994 1995 1996 1997 1998 2000 2001 2002

梅里斯达斡尔族区

009617342

梅里斯统计年鉴

梅里斯达斡尔族区统计局编 梅里斯达斡尔 梅里斯达斡尔族区统计局

〔馆藏卷期〕2001 2002

讷河市

008467028

讷河年鉴

讷河年鉴编辑领导小组编 讷河 讷河年

鉴编辑领导小组
〔馆藏卷期〕1989

009805660
讷河市国民经济统计年鉴
讷河市统计局编 讷河 讷河市统计局
〔馆藏卷期〕2003

依安县

008434177
依安年鉴
依安县史志办公室编 依安 依安县史志办公室
〔馆藏卷期〕1986/1987 1996/1997 1998/1999

富裕县

009913216
富裕年鉴
齐齐哈尔市地方志办公室编 富裕 齐齐哈尔市地方志办公室 2004—
〔馆藏卷期〕1992 2003 2007 2008

009805570
富裕县国民经济统计年鉴
富裕县统计年鉴
富裕县统计局编 富裕 富裕县统计局
〔馆藏卷期〕1996 1997 1998 1999 2001 2003 2004

克山县

009805593
克山年鉴
克山县年鉴编审委员会编 克山 克山县年鉴编审委员会 1993—
〔馆藏卷期〕1991

009698874
克山县国民经济统计年鉴
克山县统计局编 克山 克山县统计局
〔馆藏卷期〕2002 2003

克东县

009502396
克东年鉴
克东县地方志办公室编 克东县人民政府主办 克东 克东县地方志办公室 2010—
〔馆藏卷期〕2007/2009

014217082
克东县国民经济统计年鉴
克东县统计局编 克东 克东县统计局
〔馆藏卷期〕〔电子资源〕

拜泉县

009617333
拜泉年鉴
拜泉县志办公室编 拜泉 拜泉县志办

公室

〔馆藏卷期〕1987 1991 1992/1993 1994/1995

009840822
拜泉经济统计年鉴

拜泉县经济统计年鉴
拜泉县统计局编 拜泉 拜泉县统计局
〔馆藏卷期〕2000 2001 2002 2003

鸡西市

008426152
鸡西年鉴
鸡西市志办公室编 哈尔滨 黑龙江人民出版社 1990—
〔馆藏卷期〕1987/1988 2000/2001 2002/2003 2005 2006 2007 2008 2009 2010

012591807
鸡西党史年鉴
中共鸡西市委党史工作委员会编 鸡西 中共鸡西市委党史工作委员会
〔馆藏卷期〕1985

008406776
鸡西市国民经济统计年鉴
鸡西市统计局编 鸡西 鸡西市统计局
〔馆藏卷期〕1992 1993 1994 1995 1996 1997 1998 1999 2000 2001 2003 2005 2006 2008 2009 2010 2011 2012 2013 2014

010102460
鸡西电业局年鉴

鸡西电业局年鉴编审委员会编 鸡西 鸡西电业局 1996—
〔馆藏卷期〕1986/1992

009698871
鸡西发电厂年鉴
鸡西发电厂年鉴编审委员会编 鸡西 鸡西发电厂年鉴编审委员会 1995—
〔馆藏卷期〕1985/1995

011140095
鸡西市交通统计年鉴
鸡西市交通局编 鸡西 鸡西市交通局 1995—
〔馆藏卷期〕1994 1995 1996 1997 1998 1999 2000 2001 2002 2003 2004 2005 2006

虎林市

009492660
虎林市国民经济统计年鉴
虎林市统计局编 虎林 虎林市统计局

〔馆藏卷期〕2002

密山市

009698884
密山年鉴
密山年鉴编辑委员会编 哈尔滨 哈尔滨地图出版社 2004—
〔馆藏卷期〕2003 2004

009589749
密山市统计年鉴
密山市统计局编 密山 密山市统计局
〔馆藏卷期〕1998 1999 2000 2001 2002 2003

鸡东县

009805587
鸡东县国民经济统计年鉴
鸡东县统计局编 鸡东 鸡东县统计局
〔馆藏卷期〕1990 1991 1992 1993 1994 1995 1996 1997 1998 1999 2000

鹤岗市

004724506
鹤岗年鉴
鹤岗市志编审委员会编 哈尔滨 黑龙江人民出版社 1988—
〔馆藏卷期〕1987 1988 1989 1990/1991 1992 2000 2001 2002 2003 2004 2005/2006 2007/2008 2009/2010

007650059
党史资料年鉴
中共鹤岗市委党史工作委员会编辑 鹤岗 中共鹤岗市委党史工作委员会 1987
〔馆藏卷期〕1986

007650065
党史资料年鉴
中共鹤岗市委党史工作委员会编辑 鹤岗 中共鹤岗市委党史工作委员会 1988
〔馆藏卷期〕1987

008784534
鹤岗社会经济统计年鉴
鹤岗经济统计年鉴 1996—1999
鹤岗统计年鉴 2005—2006
鹤岗市统计局编 鹤岗 鹤岗市统计局
〔馆藏卷期〕1996 1997 1998 1999 2000 2001 2002 2003 2004 2005/2006 2011 2012

009501743

鹤岗通信年鉴

鹤岗通信年鉴编纂委员会编 鹤岗 黑龙江省通信公司鹤岗市分公司 2003—

〔馆藏卷期〕2002/2003

009840833

鹤岗地税年鉴

鹤岗市地方税务局编 鹤岗 鹤岗市地方税务局 2004—

〔馆藏卷期〕1994/2003

东山区

008555437

东山年鉴

东山区地方志编纂委员会办公室编 广州 广东地图出版社

〔馆藏卷期〕1999 2000 2001 2002 2003 2004 2005

萝北县

009495383

萝北县统计年鉴

萝北县统计局编 萝北 萝北县统计局

〔馆藏卷期〕1998 2000 2001 2002

009287834

宝泉岭国营农场管理局年鉴

黑龙江省宝泉岭国营农场管理局年鉴编纂委员会编 宝泉岭 宝泉岭国营农场管理局年鉴编纂委员会

〔馆藏卷期〕1991 1992

绥滨县

011503517

绥滨年鉴

绥滨县地方志办公室编 绥滨县人民政府主办 绥滨 绥滨县地方志办公室 2006—

〔馆藏卷期〕2004/2005 2006/2008

008968741

绥滨县国民经济和社会发展统计年鉴

绥滨县社会经济统计年鉴 2003—

绥滨县统计局编 绥滨 绥滨县统计局

〔馆藏卷期〕1996 1998 1999 2000 2003

双鸭山市

008426156

双鸭山年鉴

双鸭山年鉴编辑部编 北京 中国统计出版社

〔馆藏卷期〕1993 2000 2001 2002 2003 2004 2005 2006 2007 2008 2009 2010

006373396
双鸭山社会经济统计年鉴
双鸭山市统计局编 北京 中国统计出版社 1992—
〔馆藏卷期〕1992 1993 1994 1995 1996 1997 1998 1999 2000 2001 2002 2003 2004 2005 2006 2007 2011 2012

009215397
双鸭山农场年鉴
双鸭山农场史志办编 双鸭山农场主办 双鸭山 双鸭山农场
〔馆藏卷期〕2002 2003 2004 2005/2008

012882810
龙煤集团双鸭山分（子）公司年鉴
双鸭山分（子）公司志（年鉴）编纂委员会编 哈尔滨 黑龙江人民出版社 2010—
〔馆藏卷期〕2009 2010

009395879
双矿集团公司年鉴
双鸭山矿业集团公司年鉴编纂委员会编纂 香港 天马图书有限公司发行 2002—
〔馆藏卷期〕2000/2001 2002/2003 2004/2005 2006 2007 2008

010102478
双鸭山第一发电厂年鉴
双鸭山第一发电有限责任公司编 双鸭山 双鸭山第一发电有限责任公司
〔馆藏卷期〕1998/1999 2000/2001 2002/2003

集贤县

012194323
集贤年鉴
集贤年鉴编纂委员会编 集贤 集贤年鉴编纂委员会 2009—
〔馆藏卷期〕2007 2008/2009 2010 2011 2012 2013

009425937
集贤县社会经济统计年鉴
社会经济统计年鉴
黑龙江省集贤县统计局编 集贤 黑龙江省集贤县统计局
〔馆藏卷期〕1998 1999 2000 2001 2002

009264732
二九一年鉴
二九一农场史志办编 集贤 二九一农场 2003—
〔馆藏卷期〕2002 2003/2004 2005/2006 2007/2008 2009/2010

友谊县

013609296
友谊县年鉴
友谊县年鉴编审委员会编 友谊 友谊县年鉴编审委员会 2012—
〔馆藏卷期〕2006/2008

009492837
友谊县(农场)社会经济统计年鉴
黑龙江省友谊县统计局编 友谊 黑龙江省友谊县统计局
〔馆藏卷期〕1997/1999 2000/2001

008614818
红兴隆年鉴
褚建平主编 哈尔滨 哈尔滨出版社
〔馆藏卷期〕1999 2000

宝清县

012176840
宝清年鉴
宝清年鉴编纂委员会编 宝清 宝清年鉴编纂委员会 2008—
〔馆藏卷期〕2006 2007 2008 2009 2010 2011 2012 2013

009460042
宝清县国民经济统计年鉴
宝清县社会经济统计年鉴 2001/2002—
黑龙江省宝清县统计局编 宝清 黑龙江省宝清县统计局
〔馆藏卷期〕1996 1997 1998 1999/2000 2001/2002 2003

009264735
八五二年鉴
八五二农场史志办编 八五二农场主办 宝清 八五二农场 2003—
〔馆藏卷期〕2002 2003 2004/2005 2006 2007 2008 2009

012046932
八五三农场年鉴
八五三农场史志办编 八五三农场主办 宝清 八五三农场 2006—
〔馆藏卷期〕2002/2006

012880633
北大荒集团北大荒股份八五二分公司年鉴
八五二分公司年鉴
八五二分公司史志办编 八五二分公司主办 宝清 八五二分公司 2010—
〔馆藏卷期〕2010

009215403
五九七年鉴
五九七农场史志办编 五九七农场主办 宝清 五九七农场 2003—
〔馆藏卷期〕2002

009913227
红兴隆热电厂年鉴

红兴隆热电厂史志办编写 宝清 红兴隆热电厂 2004—

〔馆藏卷期〕2002

饶河县

009913277
饶河农场年鉴

饶河农场史志办编 饶河农场主办 饶河 饶河农场 2004—

〔馆藏卷期〕2002/2003

大庆市

005949573
大庆年鉴
大庆市地方志编纂委员会编纂 开封 河南大学出版社 1989—
〔馆藏卷期〕1989 1990 1991 1992 1993 1994 1995 1996 1997 1998 1999 2000 2001 2002 2003 2004 2005 2006 2007 2008 2009 2010 2011 2012 2013

005215183
大庆统计年鉴
大庆市统计局编 北京 中国统计出版社 1991—
〔馆藏卷期〕1987 1989 1991 1992 1993 1994 1995 1996 1997 1998 1999 2000 2001 2002 2003 2004 2005 2006 2007 2008 2009/2010 2011 2012 2013 2014

013467340
大庆石化公司工会年鉴
中国石油天然气股份有限公司大庆石化公司编 大庆 中国石油大庆石化公司
〔馆藏卷期〕2007/2008 2009

013725316
大庆经济年鉴
大庆经济年鉴编辑部编 哈尔滨 经济展望杂志社
〔馆藏卷期〕1986

013965174
大庆炼化公司年鉴
大庆炼化公司年鉴编辑办公室编 大庆 大庆炼化公司
〔馆藏卷期〕2004

013664738

大庆石化公司年鉴

大庆石化公司年鉴编纂委员会编 大庆 中国石油大庆石化公司 2008—

〔馆藏卷期〕2001 2002 2003 2005 2008

008426162

大庆石化总厂年鉴

大庆石化年鉴 2000—

大庆石化总厂年鉴编纂委员会编 哈尔滨 黑龙江人民出版社

〔馆藏卷期〕1993 1995 1996 1997 1998 1999 2000 2001 2002 2003 2004 2005 2006

005949565

大庆石油管理局年鉴

大庆石油管理局年鉴编辑部编 北京 企业管理出版社

〔馆藏卷期〕1989 1990 1992 1993 1995 1996 1997 1999 2001 2002 2003 2004 2005 2006 2007 2008

011821838

大庆石油管理局钻探集团钻技公司年鉴

钻技公司年鉴

大庆石油管理局钻探集团钻技公司年鉴编委会编 哈尔滨 黑龙江人民出版社 2008—

〔馆藏卷期〕2006 2007

012983071

大庆油田开发年鉴

大庆油田有限责任公司大庆油田开发年鉴编写组编 大庆 大庆油田有限责任公司勘探开发研究院制图出版室 2004

〔馆藏卷期〕1960/1964 1965/1971 1972/1976 1977/1980 1981/1984 1985/1987 1988/1990 1991/1993 1994/1997 1998/2000

011139671

大庆油田年鉴

大庆油田年鉴编辑部编 大庆 大庆油田有限责任公司 2001—

〔馆藏卷期〕2000 2001 2002 2003 2004 2005 2006 2008 2009 2010

011139675

大庆钻井年鉴

大庆石油管理局钻井部编 大庆 大庆石油管理局

〔馆藏卷期〕1979 1980 1981 1983 1984 1985 1986 1987

012806215

大庆钻探工程公司钻技一公司年鉴

钻技一公司年鉴编委会编 哈尔滨 黑龙江人民出版社 2010—

〔馆藏卷期〕2009 2010

009589769

新华发电厂年鉴

新华发电厂年鉴编纂委员会编 大庆 新华发电厂
〔馆藏卷期〕1995

008406207
大庆邮电年鉴
大庆邮电年鉴编纂委员会编 大庆 大庆市邮电局
〔馆藏卷期〕1987/1992 1993 1994 1995 1996 1997 1998 1999

011965739
大庆通信年鉴
大庆通信年鉴编纂委员会编 大庆 大庆通信年鉴编纂委员会 2000—
〔馆藏卷期〕2000 2001 2002 2003

009840825
大庆地税年鉴
大庆地税年鉴编纂委员会编 大庆 大庆市地税局 2002—
〔馆藏卷期〕2002 2003 2004 2005 2006

012982990
大庆国税统计年鉴
大庆市国税统计年鉴
大庆国家税务局编 大庆 大庆市国家税务局
〔馆藏卷期〕2006 2007 2008 2009

让胡路区

011821850
让胡路区年鉴
让胡路年鉴 2009
大庆市让胡路区地方志编纂委员会编 大庆 大庆市让胡路区地方志编纂委员会 2005—
〔馆藏卷期〕2005 2006 2007 2009 2010 2011 2012 2013

大同区

009459788
大同区年鉴
大同区区志编审委员会办公室编 大同 大同区区志编审委员会办公室
〔馆藏卷期〕2001 2002 2003 2004

肇源县

009840854
肇源县统计年鉴
肇源县统计综鉴
肇源县统计局编 肇源 肇源县统计局
〔馆藏卷期〕1949/1989 2002 2006

009289790
肇源县粮食年鉴
黑龙江省肇源县粮食局编 肇源 黑龙江省肇源县粮食局
〔馆藏卷期〕1993/2000

林甸县

008966653
林甸年鉴
林甸县志办公室编 林甸 林甸县志办公室
〔馆藏卷期〕1986 1989/1990 1991 1992 1993 1994 1995 1996 1997 1998 1999 2000 2001

伊春市

008467194
伊春年鉴
伊春市志编纂委员会编 北京 中国展望出版社
〔馆藏卷期〕1988 2001 2002 2003 2004 2005 2006 2007 2008 2011 2012 2013 2014

009289241
伊春统计年鉴
伊春市统计局编 伊春 伊春市统计局
〔馆藏卷期〕2002 2003 2004 2005 2006 2007 2008 2011 2012 2013 2014

009933606
伊春市公安年鉴
伊春市公安年鉴编辑部编 伊春 伊春市公安年鉴编辑部
〔馆藏卷期〕1993

012048770
伊春国税年鉴
伊春市国家税务局编 伊春市国家税务局主办 伊春 伊春市国家税务局 2008—
〔馆藏卷期〕2007 2008

友好区

009324511
友好年鉴
伊春市友好区地方志办公室 黑龙江省友好林业局编 北京 北京燕山出版社 1995—
〔馆藏卷期〕1988/1990

西林区

011140392
西林钢铁公司年鉴
西钢年鉴
西林钢铁公司史志办公室编 伊春 西林钢铁公司史志办公室 2003—
〔馆藏卷期〕2001/2003 2004

汤旺河区

009492632
汤旺河年鉴
汤旺河林业（局）编委会编 哈尔滨 哈尔滨工业大学出版社 1993—
〔馆藏卷期〕1992 1993

上甘岭区

009520263
上甘岭年鉴
伊春市上甘岭区地方志编纂委员会编 伊春 上甘岭林业局
〔馆藏卷期〕1992

铁力市

008213063
铁力年鉴
铁力市地方志办公室编 铁力 铁力市地方志办公室 1988—
〔馆藏卷期〕1987 1988 1997/1998 2003

009805665
铁力市国民经济统计年鉴
铁力市统计局编 铁力 铁力市统计局
〔馆藏卷期〕1997 1999 2003

嘉荫县

005325846
嘉荫年鉴
范德昌主编 哈尔滨 哈尔滨工业大学出版社
〔馆藏卷期〕1992

佳木斯市

008990493
佳木斯年鉴
佳木斯年鉴编纂委员会编 佳木斯 佳木斯年鉴编纂委员会 2000—
〔馆藏卷期〕2000 2001 2002 2003 2004 2005 2006 2007 2009 2011 2012

008477156
建三江农垦统计年鉴
黑龙江建三江国营农场管理局统计局编 北京 中国统计出版社 1994—
〔馆藏卷期〕1994 1997 2001 2002 2003

010225613
佳木斯市纪检监察年鉴
佳木斯市纪律检查委员会编 佳木斯 佳木斯市纪律检查委员会 2005—
〔馆藏卷期〕1990/2005

010102466

佳木斯市政府办年鉴

佳木斯市政府办公室编 佳木斯 佳木斯市政府办公室

〔馆藏卷期〕1990/2005

010225620

佳木斯市人民检检察院年鉴

佳木斯市人民检察院编 佳木斯 佳木斯市人民检察院 2005—

〔馆藏卷期〕1990/2005

002032744

佳木斯经济统计年鉴

佳木斯经济统计年鉴编辑委员会编 北京 中国统计出版社 1987—

〔馆藏卷期〕1987 1988 1989 1990 1991 1992 1993 1995 1996 1997 1998 1999 2000 2001 2002 2003 2004 2005 2007 2008 2009 2010 2011 2012 2013 2014

009215395

曙光年鉴

曙光农场史志办编 曙光农场主办 佳木斯 曙光农场

〔馆藏卷期〕2002 2003

010102463

佳木斯市林业局年鉴

佳木斯市林业局编 佳木斯 佳木斯市林业局

〔馆藏卷期〕1990/2000 2001/2005

009195462

佳木斯第二发电厂年鉴

佳木斯第二发电厂年鉴编纂委员会编 佳木斯 佳木斯第二发电厂

〔馆藏卷期〕1987/1995

009195466

佳木斯电业局年鉴

佳木斯电业局编 佳木斯 佳木斯电业局 2001—

〔馆藏卷期〕1987/1994

010225609

佳木斯发电厂年鉴

佳木斯发电厂年鉴编纂委员会编 佳木斯 佳木斯发电厂

〔馆藏卷期〕1987/1997

008137704

佳木斯铁路分局年鉴

佳木斯分局年鉴 2003

佳木斯铁路分局年鉴编辑部编 北京 中国铁道出版社 1989

〔馆藏卷期〕1987 1988 1989 1990 1991 1992 1993 1994 1995 1996 1998 1999 2000 2001 2002 2003 2004

010225611

佳木斯市城区道路管理年鉴

佳木斯市建设局编 佳木斯 佳木斯市建设局 2005—

〔馆藏卷期〕1989/2005

009169547

佳木斯市邮电年鉴

佳木斯市邮电年鉴编纂委员会编 佳木斯 佳木斯市邮电局

〔馆藏卷期〕1998 1999

009169557

佳木斯邮政年鉴

佳木斯邮政年鉴编辑委员会编 佳木斯 佳木斯市邮政局

〔馆藏卷期〕1999 2001/2005

009395375

佳木斯市电信年鉴

佳木斯市电信年鉴编纂委员会编 佳木斯 佳木斯市通信分公司

〔馆藏卷期〕2001 2002

010225630

佳木斯市物价管理年鉴

佳木斯市物价局编 佳木斯 佳木斯市物价局 2005—

〔馆藏卷期〕1986/2005

013311812

佳木斯地税年鉴

佳木斯市地方税务局编 北京 中国税务出版社 2010—

〔馆藏卷期〕2007/2008

011140427

佳木斯市财政年鉴

佳木斯市财政局编 哈尔滨 黑龙江人民出版社

〔馆藏卷期〕2006 2007 2008 2009

010225617

佳木斯市科学技术协会年鉴

佳木斯市科学技术协会编 佳木斯 佳木斯市科学技术协会 2005—

〔馆藏卷期〕1986/2005

010225628

佳木斯市卫生年鉴

佳木斯市卫生局编 佳木斯 佳木斯市卫生局 2005—

〔馆藏卷期〕1986/2005

富锦市

011396168

富锦市国民经济统计年鉴

富锦市统计局编 富锦 富锦市统计局

〔馆藏卷期〕1993 1994 1995 2002 2003 2004 2005 2006

011396158

富锦市财政年鉴

富锦市财政局编 富锦 富锦市财政局

〔馆藏卷期〕1991/1992 1993 1994/1995 1996 1997 2000/2001

012525935

富锦市农村信用联社工作年鉴

富锦市农村信用联社编 富锦 富锦市农村信用联社

〔馆藏卷期〕1997

抚远市

009805567
抚远县国民经济统计年鉴
抚远县统计局编 抚远 抚远县统计局
〔馆藏卷期〕1949/1980 1979 1980 1981 1982 1983 1984 1985 1986 1987 1988 1989 1990 1991 1992 1993 1994

桦南县

009406057
桦南经济统计年鉴
桦南社会经济统计年鉴 2002—
桦南县统计局编 桦南 桦南县统计局
〔馆藏卷期〕1990 1997 2003 2005

桦川县

009425934
桦川县国民经济统计年鉴
黑龙江省桦川县统计局编 桦川 黑龙江省桦川县统计局
〔馆藏卷期〕1976 1977 1978 1979 1986 1987

汤原县

009397705
汤原县统计年鉴
汤原县统计局编 汤原 汤原县统计局
〔馆藏卷期〕2002

008315312
鹤立林业局年鉴
鹤立林业局编 哈尔滨 黑龙江人民出版社 1994—
〔馆藏卷期〕1986/1991

七台河市

008426161
七台河年鉴
七台河年鉴编辑部 七台河市人民政府编 北京 中国城镇年鉴社
〔馆藏卷期〕1996 1997 1998/1999 2000/2001 2002/2003 2004/2005 2006/2007 2008/2009 2010 2011

008968650
七台河统计年鉴
国家统计局七台河调查队编 七台河 国家统计局七台河调查队
〔馆藏卷期〕2011/2012

007698520
七台河经济统计年鉴
七台河统计局编 北京 中国统计出版社 1995—
〔馆藏卷期〕1994 1995 1996 1997 1998 1999 2000 2001 2002 2003 2004

2005　2006　2007

勃利县

009081283
勃利年鉴
勃利年鉴编辑部编　勃利　勃利县志办公室　1991—
〔馆藏卷期〕1992　1994　1995/1996

1997/1998　1999/2001

011139632
北兴年鉴
北兴农场史志办编　北兴农场主办　勃利　北兴农场　2002—
〔馆藏卷期〕2002　2003/2004

牡丹江市

009182819
牡丹江年鉴
牡丹江年鉴编纂委员会编　牡丹江　牡丹江年鉴编纂委员会
〔馆藏卷期〕2002　2003　2004　2005　2006　2007　2008　2009　2010

007424733
牡丹江统计年鉴
牡丹江市统计局编　牡丹江　牡丹江市统计局　1992—
〔馆藏卷期〕1996　1997　1998　1999　2001　2002　2003　2004　2005/2006　2007　2009/2011　2012　2013　2014

006088575
牡丹江市工会工作年鉴
牡丹江市总工会工运研究室　牡丹江市总工会办公室编　牡丹江　牡丹江市总工会办公室
〔馆藏卷期〕1986

012199437
牡丹江公安年鉴
牡丹江市公安局编　牡丹江　牡丹江市公安局
〔馆藏卷期〕1995　1996　1997　1998　1999　2000　2001　2002　2003　2004　2005　2006

012521544
牡丹江民政年鉴
牡丹江市民政局编　牡丹江　牡丹江市民政局
〔馆藏卷期〕2009　2010

008574190

牡丹江社会经济统计年鉴

牡丹江统计年鉴

牡丹江市统计局编 北京 中国统计出版社 2000—

〔馆藏卷期〕2000

009617345

牡丹江第二发电厂年鉴

牡二电厂年鉴

牡丹江第二发电厂编审委员会编 牡丹江 牡丹江第二发电厂

〔馆藏卷期〕1986/1990 1991/1995 1996/2000

009617347

牡丹江电业局年鉴

牡丹江电业局编 牡丹江 牡丹江电业局

〔馆藏卷期〕1998/1999 2000/2001 2002 2003 2004 2005 2006 2007 2008 2009

008879214

牡丹江铁路分局年鉴

哈尔滨铁路局牡丹江分局年鉴 2001/2002—

牡丹江分局年鉴 2001/2002—

牡丹江铁路分局年鉴编委会编 北京 中国铁道出版社 2002—

〔馆藏卷期〕1994/2000 2001/2002

008402886

牡丹江市邮电局年鉴

牡丹江邮电年鉴 1995/1996—1997

牡丹江电信年鉴

牡丹江邮电局年鉴编审委员会编 哈尔滨 哈尔滨工业大学出版社 1995—1999

〔馆藏卷期〕1993/1994 1995/1996 1997 1998

009927871

牡丹江邮政年鉴

牡丹江邮政年鉴编辑委员会编 牡丹江 牡丹江邮政年鉴编辑委员会

〔馆藏卷期〕1999/2001

009182899

牡丹江电信年鉴

牡丹江市邮电局年鉴

牡丹江电信年鉴编纂委员会编 牡丹江 黑龙江省通信公司牡丹江市分公司 1999—2002

〔馆藏卷期〕1999 2000 2001

009589688

牡丹江通信年鉴

牡丹江通信年鉴编纂委员会编 牡丹江 黑龙江省通信公司牡丹江市分公司 2003—

〔馆藏卷期〕2002

013173568

牡丹江地税年鉴

牡丹江市地方税务局编 牡丹江 牡丹江市地方税务局

〔馆藏卷期〕1994/2000 2001/2006 2008

009081416

牡丹江市财政年鉴

牡丹江市财政局编 哈尔滨 黑龙江人民出版社

〔馆藏卷期〕1991 2001 2002 2003 2004 2005 2006 2009

绥芬河市

012724249

绥芬河年鉴

绥芬河年鉴编审委员会编 绥芬河 绥芬河年鉴编审委员会 2010—

〔馆藏卷期〕2006/2008 2009/2010

009588868

绥芬河市统计年鉴

绥芬河市国民经济统计年鉴 2002

绥芬河市统计局编 绥芬河 绥芬河市统计局

〔馆藏卷期〕1998 1999 2000 2001 2002 2003 2004 2005 2006

009132558

绥芬河市财政年鉴

绥芬河市财政年鉴编辑委员会编 绥芬河 绥芬河市财政局

〔馆藏卷期〕1997/2001

海林市

012723376

海林年鉴

海林市年鉴编审委员会编 海林 海林市年鉴编审委员会 2009—

〔馆藏卷期〕2007

012194169

海林党史年鉴

中共海林县委党史工作办公室编 海林 中共海林县委党史工作办公室

〔馆藏卷期〕1986

宁安市

012724195

宁安年鉴

宁安年鉴编审委员会编 宁安 宁安年鉴编审委员会 2009—

〔馆藏卷期〕2007/2008 2009/2010

009492904

宁安市统计年鉴

宁安市统计局编 宁安 宁安市统计局

〔馆藏卷期〕1995/1996 1997

穆棱市

011503074

穆棱年鉴

穆棱年鉴编审委员会编 穆棱市人民政

府主办 穆棱 穆棱年鉴编审委员会
〔馆藏卷期〕2007 2008/2009 2010/2011

东宁市

012617043
东宁年鉴
东宁年鉴编审委员会编 东宁县人民政
　府主办 东宁 东宁年鉴编审委员会
〔馆藏卷期〕2007 2008 2009 2010

009805561
东宁县国民经济统计年鉴
东宁县统计局编 东宁 东宁县统计局

〔馆藏卷期〕2000 2001 2002

林口县

012723609
林口年鉴
林口年鉴编审委员会编 林口 林口年鉴
　编审委员会 2008—
〔馆藏卷期〕2007 2007/2008 2010/2011

009805595
林口县国民经济统计年鉴
林口县统计局编 林口 林口县统计局
〔馆藏卷期〕1984 1985 2001

黑河市

008651503
黑河年鉴
黑河市地方志办公室编 黑河 黑河市地
　方志办公室
〔馆藏卷期〕2000 2002 2003 2004 2005
　2006 2007 2008 2009 2010 2012
　2013

009309939
黑河地区统计年鉴
黑河地区行政公署统计局编 黑河 黑河
　地区行政公署统计局 1988—
〔馆藏卷期〕1985/1987 1989 1990 1992

011966598
黑河市经济普查年鉴
黑河市第一次经济普查领导小组办公
　室编 黑河 黑河市经济普查年鉴编辑
　委员会 2006
〔馆藏卷期〕2004

009309875
黑河市社会经济统计年鉴
黑河市统计年鉴 1993—1994
黑河市统计局编 黑河 黑河市统计局
〔馆藏卷期〕1993 1994 1996 1997 1998
　1999 2000 2001 2002 2003 2004
　2005 2006 2007 2008 2009 2010

2011 2012 2013 2014

013753737

黑河电业局年鉴

黑河市电业局编 黑河 黑河电业局

〔馆藏卷期〕2006

北安市

011139607

北安年鉴

北安市地方志办公室编 北安市人民政府主办 北安 北安市人民政府

〔馆藏卷期〕2001/2004

五大连池市

012200217

五大连池年鉴

五大连池市地方志办公室编 五大连池市人民政府主办 五大连池 五大连池市地方志办公室 2008—

〔馆藏卷期〕2006/2007

009933594

五大连池市国民经济统计年鉴

五大连池市统计局编 五大连池 五大连池市统计局 1999—

〔馆藏卷期〕1949/1998

嫩江县

008426159

嫩江年鉴

嫩江县人民政府编 哈尔滨 黑龙江人民出版社

〔馆藏卷期〕1997 1998 1999 2000 2001 2002 2003 2004 2005 2006 2007 2008 2009 2010 2011

011139984

黑龙江省嫩江县国民经济统计年鉴

嫩江县统计局编 嫩江 嫩江县统计局

〔馆藏卷期〕2004

逊克县

011399441

逊克年鉴

逊克县地方志办公室编 逊克县人民政府主办 逊克 逊克县地方志办公室 2004—

〔馆藏卷期〕2003 2005 2007 2011 2012 2013

009933601

逊克县国民经济统计年鉴

逊克县统计局编 逊克 逊克县统计局

〔馆藏卷期〕1995 1996 1998

孙吴县

011140389
孙吴年鉴
孙吴县人民政府年鉴编纂委员会办公室编 孙吴县人民政府主办 孙吴 孙吴县人民政府 2004—

009933584
孙吴县国民经济统计年鉴
孙吴县统计局编 黑河 孙吴县统计局
〔馆藏卷期〕2001 2002 2003

〔馆藏卷期〕2004 2005 2006 2007 2008 2009 2010 2011 2012 2013 2014

绥化市

009036799
绥化地区年鉴
绥化地区地方志编纂委员会编纂 哈尔滨 黑龙江人民出版社 2000—
〔馆藏卷期〕1996

008321767
绥化市年鉴
绥化市地方志编纂委员会编纂 南京 南京大学出版社 1992—
〔馆藏卷期〕1983/1989 1991 1993 1995 1999

009289753
绥化市统计年鉴
绥化市国民经济统计年鉴
绥化市统计局编 绥化 绥化市统计局
〔馆藏卷期〕2001 2002 2003 2005 2006 2007 2011 2012 2013

013714677
绥化法院年鉴
中级人民法院编 绥化 绥化市中级人民法院
〔馆藏卷期〕2011 2012

北林区

013758136
绥化市北林区统计年鉴
北林区统计局编 北林 绥化市北林区统计局
〔馆藏卷期〕2009

海伦市

009287855
海伦年鉴
海伦综鉴 1997/2000
海伦市档案局编 海伦 海伦市档案局
〔馆藏卷期〕1995 1996 1997/2000 2006/2008 2009

009805576

海伦市国民经济统计年鉴

海伦市人民政府统计局编 海伦 海伦市人民政府统计局

〔馆藏卷期〕2000 2001 2002

望奎县

008426164

望奎年鉴

望奎年鉴编辑部编 北京 中国县镇年鉴社

〔馆藏卷期〕1995

009805667

望奎统计年鉴

望奎县国民经济统计年鉴

望奎县统计局编 望奎 望奎县统计局

〔馆藏卷期〕1986 1988 1992 1995 1997 1998

庆安县

013751789

庆安县国民经济统计年鉴

庆安县统计局编 庆安 庆安县统计局

〔馆藏卷期〕1999/2003

大兴安岭地区

008399647

大兴安岭年鉴

大兴安岭地区史志鉴编纂委员会 大兴安岭地方志办公室编 长春 吉林人民出版社

〔馆藏卷期〕1997 1998 1999 2000 2001 2002 2003 2004 2005 2006 2007 2008 2009 2010 2011 2012 2013 2014

009307950

大兴安岭统计年鉴

大兴安岭地区行署统计局编 大兴安岭 大兴安岭地区行署统计局

〔馆藏卷期〕1991/1995 1997 1998 1999 2000 2001 2002 2003 2005 2006 2007

009492591

大兴安岭党史年鉴

中共大兴安岭党史年鉴

中共大兴安岭地委党史研究室编 大兴安岭 中共大兴安岭地委党史研究室

〔馆藏卷期〕1992 1994 1996 1997 1998 1999 2000 2001 2002 2003 2004 2005 2006 2007 2009

009726055

大兴安岭地区国民经济统计年鉴

黑龙江省大兴安岭地区行署统计局编

大兴安岭 黑龙江省大兴安岭地区行署统计局
〔馆藏卷期〕1990 1991 1992 1993 1994

塔河县

011399024
塔河统计年鉴
塔河县统计局编 塔河 塔河县统计局
〔馆藏卷期〕1981/1983

上海市

008398240
上海郊区年鉴
上海人民出版社编 上海 上海人民出版社
〔馆藏卷期〕1949/1992

013784503
民国上海年鉴汇编
上海书店出版社编 上海 上海书店出版社 2013
〔馆藏卷期〕第1—15册 上海市年鉴 1935 1936 1937 1946 1947 1948 第16—17册 时事大观 1934 第18册 上海年鉴 1947 第19册 上海市劳工年鉴 1948 第19册 上海体育年鉴 1940 1941 第20册 金山县鉴 1935 1936 1946 1948

008133976
上海市年鉴
上海 中华书局
〔馆藏卷期〕1946

005591424
上海年鉴
华东通讯社编纂 周钰宏编 上海 华东通讯社 1947
〔馆藏卷期〕1947

007918358
上海年鉴
上海年鉴编纂委员会编 上海 上海人民出版社 1996—
〔馆藏卷期〕1996 1997 1998 1999 2000 2001 2002 2003 2004 2006 2007 2008 2009 2010 2011 2012 2013 2014

009841163
上海民间组织年鉴
上海民间组织年鉴编纂委员会编 上海 汉语大词典出版社 2005—
〔馆藏卷期〕2005

009289129
上海社团年鉴
上海市社会团体管理处 上海市社会团体促进会编 上海 上海市社会团体管理处
〔馆藏卷期〕1995 1996

008140336
上海社联年鉴
上海社会科学学会联合会学术情报处编 上海 百家出版社 1991—
〔馆藏卷期〕1990 1993 1994 1995 1997 1998 1999 2000 2001 2003 2004 2005 2006 2007 2008 2009 2011 2012 2013

008403153
上海郊区统计年鉴
上海 上海市统计局
〔馆藏卷期〕1993 1994 1995 1996 2002 2003 2005 2006 2007 2008 2010 2011 2012

009841158
上海经济区统计年鉴
上海经济区统计网络编 上海 上海经济区统计网络
〔馆藏卷期〕1982 1984 1986 1988

008403148
上海农村统计年鉴
上海市农业委员会编 上海 上海市统计局

〔馆藏卷期〕1998 1999 2000

007499693
上海统计年鉴
上海市统计局编 上海 上海人民出版社 1984—
〔馆藏卷期〕1983 1984 1986 1987 1988 1989 1990 1991 1992 1993 1994 1995 1996 1997 1998 1999 2000 2001 2002 2003 2004 2005 2006 2007 2008 2009 2010 2012 2013 2014

008941909
上海人口和计划生育年鉴
上海人口计生年鉴
上海人口与计划生育年鉴 2002
周剑萍主编 上海人口和计划生育年鉴编辑委员会编 上海 上海科学技术文献出版社
〔馆藏卷期〕1999 2000 2001 2002 2003 2004 2005 2006 2007 2008 2009 2010 2011 2012 2013

012048934
中共上海市委党校上海行政学院年鉴
中共上海市委党校上海行政学院年鉴编委会编 上海 中共上海市委党校 2008—
〔馆藏卷期〕2007 2008 2009

012079324
上海第二工业大学共青团工作年鉴

共青团上海第二工业大学委员会编 上海 共青团上海第二工业大学委员会
〔馆藏卷期〕2002/2003

009081491
上海共青团年鉴
共青团上海市委员会编 上海 上海大学出版社 2002—
〔馆藏卷期〕2001 2002 2003 2004 2005 2006 2009 2010 2011 2012

007978243
上海工会年鉴
上海工会年鉴编纂委员会编 上海 上海社会科学院出版社 1996—
〔馆藏卷期〕1996 1997 1998 1999 2000 2001 2002 2003 2004 2005 2006 2007 2008 2009 2010 2011 2012 2013 2014

007702746
上海市劳工年鉴
邵心石 邓紫拔主编 上海 大公通讯社 1948
〔馆藏卷期〕1948

009492665
上海铁路分局工会年鉴
上海铁路分局工会工运史志编审委员会编 上海 上海铁路分局工会
〔馆藏卷期〕1992 1994 1995 1996 1997 1998 1999 2000 2001 2002 2003 2004

013090040
上海医务工会年鉴
上海医务工会年鉴编纂委员会编 上海 上海医务工会年鉴编纂委员会
〔馆藏卷期〕2002 2004 2005 2006 2008

008315305
上海青年年鉴
上海青年年鉴编辑部编 上海 上海人民出版社 1992—
〔馆藏卷期〕1991

008977278
中共上海市委统战部年鉴
中共上海市委统战部年鉴编纂委员会编 上海 上海社会科学院出版社 2002—
〔馆藏卷期〕2002 2003

008998372
上海政协年鉴
上海市政协年鉴编纂委员会编 上海 上海社会科学院出版社
〔馆藏卷期〕1998 1999 2000 2001 2002 2003 2004 2005 2006 2007 2008 2009 2010

003818333
上海公安年鉴
上海社会科学院编 上海 上海社会科学院出版社 1988—
〔馆藏卷期〕1988 1989 1990 1991 1992 1993 1994 1995 1996 1997 1998

1999　2000　2001　2002　2003　2004
2005　2006　2007　2008　2009　2010
2011　2012　2013

011140683

上海殡葬年鉴

上海市殡葬管理处编　上海　上海辞书出版社　2006—

〔馆藏卷期〕2006　2007　2010

014142040

上海市殡葬服务中心殡葬年鉴

上海市殡葬文化研究所编　上海　上海市殡葬服务中心

〔馆藏卷期〕2001

009913743

上海海事法院年鉴

上海海事法院编　上海　上海海事法院

〔馆藏卷期〕2002　2003　2006　2007　2008　2009　2010

011503435

上海市第一中级人民法院年鉴

上海第一中级人民法院编　上海　上海市第一中级人民法院

〔馆藏卷期〕1995　1996　1997　1998　1999　2000　2001　2002　2003　2004　2005

011967258

上海市高级人民法院年鉴

上海高级人民法院编　上海　上海市高级人民法院　2000—

〔馆藏卷期〕1996　1997　1998　1999　2000　2001　2002　2003　2004　2005　2006　2007　2008　2009　2010　2011

011967266

上海检察年鉴

上海人民检察院办公室编　上海　上海人民检察院　2007—

〔馆藏卷期〕2004　2006　2007　2008　2009　2010

009913748

上海监狱年鉴

上海监狱年鉴编纂委员会编　上海　上海社会科学院出版社　2005—

〔馆藏卷期〕2001/2003　2004/2005　2006　2007　2008　2009　2010　2011　2013

008580047

上海司法行政年鉴

上海司法行政年鉴编纂委员会编　上海　上海社会科学院出版社　2000—

〔馆藏卷期〕1996/1998　1999/2000　2001　2002　2005　2006　2007　2008

010102655

上海民防年鉴

上海民防协会编　上海民防办公室　上海民防协会主办　上海　上海民防协会　2005—

〔馆藏卷期〕2005　2006

012530180

上海市经济团体联合会年鉴

上海市经济团体联合会 上海市工业经济联合会编 上海 上海市经济团体联合会 2009—

〔馆藏卷期〕2009 2010 2012

009460061

上海民营经济年鉴

上海民营经济年鉴编纂委员会编 上海社会科学院等主办 北京 中华书局 2002—

〔馆藏卷期〕2002

010102731

上海资产统计年鉴

上海国有资产统计年鉴 2003—

上海资产统计年鉴编辑委员会编 上海 上海国有资产管理办公室 2000—

〔馆藏卷期〕2000 2001 2002 2003 2005

009934517

上海城市居民家庭收支和价格统计年鉴

上海市统计局编 上海 上海市统计局

〔馆藏卷期〕2002 2005 2006 2007

013669653

上海居民生活和价格年鉴

上海统计局编 北京 中国统计出版社 2011—

〔馆藏卷期〕2011 2012

011139663

长江三角洲发展年鉴

长江三角洲发展年鉴编辑委员会编 北京 中国三峡出版社 2006—

〔馆藏卷期〕2006

010102786

长江三角洲年鉴

长江三角洲年鉴编辑部编 人民日报社华东分社主办 北京 线装书局 2006—

〔馆藏卷期〕2005 2006 2007/2008 2009/2010

011139664

长三角年鉴

长三角联合研究中心编 北京 社会科学文献出版社 2006—

〔馆藏卷期〕2006 2007 2008 2009 2010 2011 2012 2013 2014

005072562

上海经济年鉴

上海社会科学院上海经济年鉴编辑部编 上海 上海人民出版社 1983

〔馆藏卷期〕△1949/1982 1983/1985 1988 1989 1990 1991 1992 1993 1994 1995 1996 1997 1998 1999 2000 2001 2002 2003 2005 2006 2007 2008 2009 2010 2011 2012 2013 2014

010226742

上海经济普查年鉴

上海市第一次经济普查领导小组办公室 上海市统计局编 北京 中国统计出版社 2006—

〔馆藏卷期〕2004 2008

012925026

上海经济体制改革年鉴 政策卷

上海改革丛书编辑部编 上海 上海改革丛书编辑部 1994—

〔馆藏卷期〕1989/1993

014394950

上海物流年鉴

上海物流年鉴编辑部编 上海 上海世界图书出版公司

〔馆藏卷期〕2012

009928047

上海物流与采购行业年鉴

上海行业年鉴丛书编辑部编 上海 东华大学出版社 2003—

〔馆藏卷期〕2003

013173558

均瑶集团年鉴

均瑶集团20周年年鉴

均瑶集团20周年年鉴编纂委员会编 上海 上海均瑶（集团）有限公司 2011—

〔馆藏卷期〕1991/2011

009617986

上海市企业集团统计年鉴

上海市统计局编 上海 上海市统计局 2003—

〔馆藏卷期〕2003 2004 2005 2006 2007 2008 2009 2010 2011 2014

009324723

上海外商投资企业年鉴

上海市外国投资工作委员会 上海市对外经贸服务中心编 上海 上海人民出版社

〔馆藏卷期〕2003 2004 2005 2006 2007 2008 2009 2010 2011 2012/2013

011398844

上海信息产业年鉴

上海信息产业年鉴编辑委员会编 上海 上海社会科学院出版社 2000—

〔馆藏卷期〕2000

008643443

台港澳、外国企业驻沪机构年鉴

上海市对外经济贸易委员会 上海市对外经贸服务中心编 上海 中国纺织大学出版社 2003

〔馆藏卷期〕1999 2000 2001 2003 2005 2006 2007 2008 2009

007886747

外商驻沪机构年鉴

上海市对外经济贸易委员会 新闻报社编 上海 上海人民出版社 1996

〔馆藏卷期〕1995

002397603

中国企业登记年鉴 上海市专辑

中华人民共和国国家工商行政管理局主编 上海市工商行政管理局编 世界经济导报编 北京 中国展望出版社 1985—

〔馆藏卷期〕1985

002556674

中国企业登记年鉴 上海专辑 第三产业卷

国家工商行政管理局企业登记司 上海市工商行政管理局 上海市工商行政管理学会合编 北京 中国展望出版社 1989—

〔馆藏卷期〕1989

004161499

中国外向型企业年鉴 上海卷

朱成华主编 北京 光明日报出版社 1989—

〔馆藏卷期〕1989

009460048

长江三角洲城市年鉴

长江三角洲城市年鉴编辑部编 北京 方志出版社 2003—

〔馆藏卷期〕2003 2004 2005 2006 2007 2008 2009 2010 2011 2012 2013 2014

008643793

上海房地产年鉴

北京 中国城市出版社 1999—

〔馆藏卷期〕1999 2000 2001 2004 2006 2007 2008 2009 2010 2012 2013 2014

010226741

上海房地产投资发展与城市交通年鉴

中国新闻社上海分社房地产研究中心 中国新闻社上海分社编 上海 百家出版社 2006—

〔馆藏卷期〕2006

009934521

上海建设年鉴

中共上海市建设和交通工作委员会 上海市建设和交通委员会编 上海 汉语大辞典出版社

〔馆藏卷期〕2002 2003 2004 2005 2007

013677337

白玉兰烟材年鉴

上海白玉兰烟材年鉴

烟材年鉴 2012

上海白玉兰烟草材料有限公司志鉴编纂委员会编 上海 上海白玉兰烟草材料有限公司 2011—

〔馆藏卷期〕2011 2012

009928045

上海及长江三角洲地区服装服饰行业年鉴

上海服装行业协会 上海及长江三角洲
　　地区服装服饰行业年鉴编辑部编 上
　　海 东华大学出版社 2004—
〔馆藏卷期〕2004

008276745
上海梅山冶金公司年鉴
上海梅山（集团）有限公司年鉴
上海梅山冶金公司办公室编 上海 上海
　　梅山冶金公司办公室 1994
〔馆藏卷期〕1994

008245038
上海梅山（集团）有限公司年鉴
上海梅山年鉴 2004
上海梅山冶金公司年鉴
上海梅山（集团）有限公司办公室编 上
　　海 上海梅山（集团）有限公司办公
　　室 1995—
〔馆藏卷期〕1995 1999 2004

012724232
上海能源统计年鉴
上海统计局编 上海 上海市统计局
〔馆藏卷期〕2010 2011 2012

011140684
上海石材业双年鉴
上海石材行业协会编辑 上海 上海辞书
　　出版社 2004—
〔馆藏卷期〕2003/2004

009346313
上海石化年鉴
上海石化年鉴编委会编 北京 中国石化
　　出版社
〔馆藏卷期〕1993/1997 1998/2000 2002
　　2003 2004 2005 2006 2007 2008
　　2009 2010 2011 2012 2013

013379043
上海市排水行业协会年鉴
上海市排水行业协会编 上海 上海市排
　　水行业协会 2010—
〔馆藏卷期〕2005/2010

008336680
上海固定资产投资和建筑业统计年鉴
上海投资建设统计年鉴
上海市统计局 上海市建设委员会编 上
　　海 上海市统计局 1993—
〔馆藏卷期〕1993 1994 1995 1996

008336681
上海投资建设统计年鉴
上海固定资产投资和建筑业统计年鉴
上海市统计局 上海市建设委员会 上海
　　市计划委员会编 上海 上海市统计
　　局 1997—
〔馆藏卷期〕1997 1998 1999 2000 2001
　　2002 2003 2005 2006 2007 2009
　　2011

008977299
上海医药生物工程年鉴

上海医药生物工程年鉴编纂编委会编
　上海　上海社会科学院出版社
〔馆藏卷期〕2002　2003　2004　2005
　2006　2007

012048500

上海印钞厂年鉴

上海印钞厂年鉴编纂委员会编　上海　上
　海社会科学院出版社　2005—
〔馆藏卷期〕2002/2003　2004　2005　2006
　2007

010102657

上海印刷及机材行业年鉴

上海市印刷协会　上海市工商行业年鉴
　编辑部编　上海　百家出版社　2004—
〔馆藏卷期〕2003

013397061

上海永荣广告传播上海汽车用品年鉴

上海汽车用品年鉴
上海永荣广告传播有限公司编　上海　上
　海永荣广告传播有限公司
〔馆藏卷期〕2011/2012

009913749

上海纸业行业年鉴

上海工业经济联合会　上海商业联合会
　上海纸业行业协会　上海市工商行业
　年鉴编辑部编　上海　上海出版印刷有
　限公司　2005—
〔馆藏卷期〕2005

008273022

上海工业物资能源交通统计年鉴

上海市统计局　上海市经济委员会编　上
　海　上海市统计局
〔馆藏卷期〕1994　1995　1997　1998　1999
　2000　2001

008957241

上海工业交通能源统计年鉴

工业交通能源统计年鉴　2003
上海工业能源交通统计年鉴　2004—
上海工业物资能源交通统计年鉴
上海统计局编　上海　上海市统计局
〔馆藏卷期〕2002　2003　2005　2006　2007
　2008　2009

012751447

上海工业交通统计年鉴

上海统计局编　上海　上海市统计局
〔馆藏卷期〕2010　2011　2012

005949425

上海工业年鉴

上海市经济委员会　上海市经济学会编
　上海　上海辞书出版社　1988—
〔馆藏卷期〕1988　1989　1990　1991
　1992/1993　1994　1995　1997　1998
　1999　2000　2001　2002　2003　2010
　2011　2012　2013　2014　2015

009589477

上海工业商业年鉴

上海市经济委员会编　上海　上海社会科

学院出版社 2004—

〔馆藏卷期〕2004 2005 2006 2007 2008 2009

008270606

上海工业统计年鉴

上海市统计局工业统计处编 上海 上海市统计局工业统计处

〔馆藏卷期〕1991 1992 1993

013379026

上海市交通运输和港口管理局年鉴

上海市交通运输和港口管理局编 上海 上海人民出版社 2010—

〔馆藏卷期〕2010 2011 2012 2013

007977001

上海铁路分局年鉴

上海铁路分局史志编纂委员会编 北京 中国铁道出版社

〔馆藏卷期〕1992 1993 1994 1995 1996 1997 1998 1999 2000 2001 2002 2003 2004

007977086

上海铁路局年鉴

上海铁路局年鉴编辑部编 北京 中国铁道出版社 1993—

〔馆藏卷期〕1992 1993 1994 1995 1996 1997 1998 1999 2000 2001 2002 2003 2004 2005 2006 2007 2009 2011

008849826

中远集装箱运输有限公司年鉴

中远集装箱运输有限公司年鉴编纂委员会编 上海 上海人民出版社

〔馆藏卷期〕1999 2000 2001 2002 2003 2004 2005 2006 2007 2008 2009 2010

009360374

上海旅游年鉴

上海旅游年鉴编辑委员会编 上海 上海辞书出版社 2003—

〔馆藏卷期〕1978/1996 1997/2002 2003 2004/2005 2006 2007 2008 2009 2010 2011 2012 2013 2014

008879222

上海邮电年鉴

上海邮电年鉴编审委员会编 上海 上海社会科学院出版社

〔馆藏卷期〕1997 1998 1999

009036933

上海邮政年鉴

上海邮政年鉴编审委员会编 上海 上海书店出版社

〔馆藏卷期〕2000 2001 2002 2003 2004 2005 2006 2007 2008 2009 2010

011967239

上海电信年鉴

上海电信年鉴编审委员会编 上海 上海电信年鉴编审委员会 2000—

〔馆藏卷期〕2000 2001 2002

011398830
上海市电话局年鉴
上海市电话局年鉴编审委员会编 上海 上海市电话局
〔馆藏卷期〕1997 1998

012524451
上海市长途电信局年鉴
上海市电信公司长途通信事业部年鉴
上海市长途电信局年鉴编辑部编 上海 上海市长途电信局 1997—
〔馆藏卷期〕1996 1997 1999 2000

009289011
上海市电信公司长途通信事业部年鉴
上海市长途电信局年鉴
上海市电信有限公司长途通信部年鉴
上海市电信公司长途通信事业部年鉴编辑部编 上海 上海市电信公司长途通信事业部 2002—
〔馆藏卷期〕2001 2002 2003

012524490
上海市电信有限公司长途通信部年鉴
上海市电信公司长途通信事业部年鉴
上海市电信有限公司长途通信部年鉴编辑部编 上海 上海市电信有限公司长途通信部年鉴编辑部 2005—
〔馆藏卷期〕2004 2005 2006

012526181
上海市电信有限公司长途无线部年鉴
上海市电信有限公司长途通信部年鉴
上海市电信有限公司长途无线部年鉴编辑部编 上海 上海市电信有限公司长途无线部年鉴编辑部 2008—
〔馆藏卷期〕2007

012926155
中国电信上海公司年鉴
中国电信股份有限公司上海分公司综合管理部史志办公室编 上海 中国电信上海公司 2008—
〔馆藏卷期〕2008

009036982
上海广告年鉴
上海工商杂志社 上海市广告监测咨询中心 上海市广告协会编 上海 上海人民出版社 1999—
〔馆藏卷期〕1998 2000 2001 2002 2004 2005

012315992
上海商务年鉴
上海对外经济贸易年鉴
上海商务年鉴编纂委员会编 上海 上海锦绣文章出版社 2009—
〔馆藏卷期〕2009 2010 2011 2012 2013 2014

009425822
上海商业年鉴
上海市商业委员会编 上海 汉语大词典

出版社

〔馆藏卷期〕2003

007282223

上海商业统计年鉴

上海市统计局 上海市人民政府财政贸易办公室编 上海 上海商业杂志社

〔馆藏卷期〕1990 1991 1997

009926351

上海口岸年鉴

上海口岸协会编 上海 上海三联书店

〔馆藏卷期〕2002 2003 2004 2005 2006 2007 2008 2009 2010 2012

008183190

上海出口产品年鉴

上海 上海交通大学出版社 1992—

〔馆藏卷期〕1991 1999

005325762

上海市机电产品出口年鉴

明志澄等主编 上海 复旦大学出版社 1991—

〔馆藏卷期〕1991 1993

008183162

上海海关统计年鉴

上海海关编 上海 上海社会科学院出版社

〔馆藏卷期〕1994 1996 1997 1998 2000 2001 2002 2004 2005 2006 2007 2008 2009 2010 2011 2012 2013

009036959

上海贸易外经统计年鉴

上海市统计局编 上海 上海市统计局

〔馆藏卷期〕2002 2003 2005 2006 2007 2008 2009 2010 2011

008015633

上海对外经济贸易年鉴

上海商务年鉴

上海对外经济贸易年鉴编纂委员会编 上海 上海远东出版社 1996—

〔馆藏卷期〕1995 1996 1997 1998 1999 2000 2001 2002 2003 2004 2005 2006 2007 2008

007698500

上海市对外经济贸易统计年鉴

上海市对外经济贸易委员会 上海中国对外经济贸易丛书编纂委员会编 上海 三联书店

〔馆藏卷期〕1992 1995 1996 1998 1999

008264895

上海市对外经济统计年鉴

对外经济统计年鉴

上海市统计局编 上海 上海科学技术出版社 1991—

〔馆藏卷期〕1978/1995 1997 2000

009104901

上海市进出口产品年鉴

华东师范大学编 上海 华东师范大学出版社 2003—

〔馆藏卷期〕2004 2005 2006 2007 2008 2009 2010

011399017
孙通公司年鉴
孙通公司年鉴编委会编 香港 中新出版社 2006—
〔馆藏卷期〕2006

013932437
上海商检局年鉴
上海进出口商品检验局编 上海 上海进出口商品检验局
〔馆藏卷期〕1994/1995 1996/1997

008969146
上海财政税务年鉴
上海市财政局 上海市国家税务局 上海市地方税务局编 上海 上海市财政局
〔馆藏卷期〕1991/1994 1995 1996 1997 1998 1999 2000 2001 2002 2004 2005 2006 2007 2008 2009

012925054
上海税务年鉴
上海税务年鉴编纂委员会 上海市国家税务局编 上海 上海税务年鉴编纂委员会 2010—
〔馆藏卷期〕2010 2011 2012 2013

013396750
交通银行年鉴
交通银行年鉴编辑委员会编 北京 中国金融出版社 2011—
〔馆藏卷期〕2011 2012

011502906
沪深300指数年鉴
中证指数有限公司编 上海 中证指数有限公司
〔馆藏卷期〕2006 2009 2010 2011 2012 2013

010101986
交易统计年鉴
上海期货交易所交易统计年鉴
上海期货交易所信息部编 上海 上海期货交易所 2000—
〔馆藏卷期〕2000 2001 2002 2003 2004 2005 2006 2007 2008 2009 2010

008868691
上海证券交易所统计年鉴
上海证券交易所市场统计年鉴 1994
上海证券交易所编 上海 上海财经大学出版社 1993—
〔馆藏卷期〕1994 1996 1997 1998 1999 2000 2001 2002 2003 2004 2005 2006 2007 2008 2009 2010 2011 2012 2013 2014

008186993
上海证券年鉴
上海证券年鉴编辑部编 上海 上海社会科学院出版社 1992—
〔馆藏卷期〕1992 1993 1994 1995 1996

1997 1998 1999 2000 2001 2002 2003 2005 2006/2007 2008

009617988

上证 180 指数年鉴

上海证券交易所编 上海 上海人民出版社

〔馆藏卷期〕2002 2003 2004 2005 2006 2008 2009 2010

013396688

上证指数年鉴

上海证券交易所 中证指数有限公司编 上海 上海证券交易所

〔馆藏卷期〕2011 2012 2013 2014

008998364

上海金融年鉴

上海金融年鉴编辑部编 上海 上海人民出版社 2002—

〔馆藏卷期〕2001 2002 2003 2004 2005 2006 2007 2008 2009 2010 2011 2012 2013 2014

009617985

上海保险年鉴

中国保险监督管理委员会上海办公室主办 上海保险年鉴编辑委员会编辑 上海 上海保险年鉴编辑部 2000

〔馆藏卷期〕2001 2002 2003 2004 2005 2006 2007 2008 2009 2011 2012 2013 2014

002032691

上海文化年鉴

上海文化年鉴编辑部编 北京 中国大百科全书出版社 1987—

〔馆藏卷期〕1987 1988 1989 1990 1991 1992 1993 1994 1995 1996 1997 1998 1999 2000 2001 2002 2003 2005 2006 2007 2008 2009 2010 2011 2013 2014

009120129

上海信息化年鉴

上海信息化年鉴编纂委员会编 上海 上海科学技术出版社

〔馆藏卷期〕2001 2002 2003 2004 2005 2006 2007 2008 2009 2010 2011 2012 2013 2014

007420675

大晶报铁报联合组织年鉴 民国廿三年至廿四年

大晶报铁报联合组织年鉴出版社编 上海 大晶报铁报联合组织年鉴出版社 1935

〔馆藏卷期〕1934/1935

006038354

上海档案事业年鉴

上海市档案局编 北京 档案出版社 1988—

〔馆藏卷期〕1987 1989

007855191

上海科技年鉴

上海科技年鉴编辑部编 上海 上海科学普及出版社 1992—
〔馆藏卷期〕1949/1984 1985/1986 1987/1990 1991 1992 1993 1994 1995 1996 1997 1998 1999 2000 2001 2002 2003 2004 2005 2006 2007 2008 2009 2010 2011 2012 2013 2014

006038373
上海科技统计年鉴
上海市科学技术委员会 上海市统计局编 上海 上海科学技术文献出版社 1989—
〔馆藏卷期〕1986 1989 1992/1993 1994 1995 1996 1997 1998 1999 2000 2001 2002 2003 2004 2005 2006 2007 2008 2009 2010 2011 2012 2013

011398811
上海高等教育年鉴
上海市高等教育研究所编 上海 上海外语教育出版社 1989—
〔馆藏卷期〕1949/1983

007977158
上海教育年鉴
上海市教育委员会编 上海 上海教育出版社 1996—
〔馆藏卷期〕1991/1993 1994 1995 1996 1997 1998 1999 2000 2001 2002 2003 2004 2005 2006 2007 2008 2009 2010 2011 2012

008125958
大夏年鉴
大夏大学年鉴社编 上海 大夏大学
〔馆藏卷期〕1929

013634218
第二军医大学年鉴
第二军医大学年鉴编纂委员会编 上海 第二军医大学出版社
〔馆藏卷期〕2007 2010 2011 2012

013790889
东华大学年鉴
东华大学年鉴编纂委员会编 上海 东华大学出版社
〔馆藏卷期〕2009

011501911
复旦大学年鉴
复旦大学年鉴编纂委员会编 上海 复旦大学出版社 2007—
〔馆藏卷期〕2007 2008 2009 2010 2011 2012

012517874
复旦大学统计年鉴
复旦大学校长办公室编 上海 复旦大学校长办公室 1996—
〔馆藏卷期〕1992 1994 1995 1996 1997 1998 2000 2001

012243219

复旦大学研究生学生工作年鉴

复旦大学党委研究生工作部编 上海 复旦大学 2005—

〔馆藏卷期〕2005

008851332

复旦大学医学院年鉴

上海 上海医科大学出版社 2001—

〔馆藏卷期〕2000

011140419

华东理工大学年鉴

华东理工大学年鉴编写组编写 上海 华东理工大学出版社

〔馆藏卷期〕2005 2006

009081340

华东师范大学年鉴

华东师范大学年鉴编纂委员会编 上海 华东师范大学出版社 2001—

〔馆藏卷期〕2000 2001 2003 2004

006088579

华东师范大学文学研究年鉴

华东师范大学编 上海 华东师范大学

〔馆藏卷期〕1986

010226727

上海大学统计年鉴

上海大学校长办公室编 上海 上海大学

〔馆藏卷期〕1998

011967252

上海对外贸易学院年鉴

上海对外贸易学院院长办公室编 上海 上海对外贸易学院 2006—

〔馆藏卷期〕2006 2008 2009

009036791

上海海运学院年鉴

上海海运学院院长办公室编 上海海运学院主办 上海 上海海运学院院长办公室

〔馆藏卷期〕2000

008805287

上海交通大学年鉴

上海交通大学年鉴编纂委员会编 上海 上海交通大学出版社

〔馆藏卷期〕1997 1998 1999 2000 2001 2002 2003 2004 2005 2006 2007 2008 2009 2010 2011 2012 2013 2014

012200265

上海交通大学医学院附属新华医院新华年鉴

新华年鉴

上海交通大学医学院附属新华医院编 上海 新华医院

〔馆藏卷期〕2005 2008 2011

011398820

上海交通大学医学院年鉴

上海交通大学医学院年鉴编纂委员会

编　上海　上海交通大学出版社
2007—

〔馆藏卷期〕2007　2008　2010　2011

012926243
上海交通大学自动化系年鉴
自动化系年鉴
上海交通大学自动化系编　上海　上海交大自动化系
〔馆藏卷期〕2008

012792718
上海理工大学年鉴
上海理工大学学校办公室编　上海　上海理工大学
〔馆藏卷期〕2007　2008　2009

008851339
上海外国语大学年鉴
上海外国语大学院长办公室编　上海外国语大学主办　上海　上海外国语大学院长办公室
〔馆藏卷期〕1994　1995　1996　1997　1998　1999　2000　2001　2002　2003　2009　2010

009425817
上海戏剧学院年鉴
上海戏剧学院院长办公室编　上海　上海戏剧学院
〔馆藏卷期〕2000　2001　2002　2003　2004　2005

008278815
上海医科大学年鉴
上海　上海医科大学出版社　1990—
〔馆藏卷期〕1990　1998　1999

011967274
上海音乐学院年鉴
上海音乐学院院长办公室编　上海　上海音乐学院　2007—
〔馆藏卷期〕2005　2006　2007　2008

008805289
同济大学年鉴
同济大学编　上海　同济大学
〔馆藏卷期〕1999　2000　2002　2003　2004　2005　2006　2007　2008　2009　2010　2011　2012　2013

010102653
上海电机学院年鉴
上海电机学院院长办公室编　上海　上海电机学院
〔馆藏卷期〕2005　2006

007977061
上海体育年鉴
上海市体育运动委员会编　上海　百家出版社　1992—
〔馆藏卷期〕1989/1990　1991/1992　1993/1994　1995　1996　1997　1998　1999　2000　2001　2002　2003　2004　2005　2006　2007　2008　2009　2010　2011　2013

012592292
上海美术馆年鉴
上海美术馆编 上海 上海书店出版社 2009—
〔馆藏卷期〕2006

009124099
申报年鉴
申报年鉴社编 上海 申报年鉴社
〔馆藏卷期〕1933 1934 1935 1936 1944

012565010
申报年鉴全编
申报年鉴社编 北京 国家图书馆出版社 2010
〔馆藏卷期〕2007

012530177
上海气象灾害年鉴
徐一鸣主编 北京 气象出版社 2010—
〔馆藏卷期〕2001/2005

010226725
上海出入境检验检疫局年鉴
上海出入境检验检疫局编 上海 上海出入境检验检疫局
〔馆藏卷期〕2000 2004 2006 2008 2010 2013

013753416
上海长征医院年鉴
上海长征医院编 上海 上海长征医院
〔馆藏卷期〕2009 2010 2011

007978129
上海卫生年鉴
王道民主编 上海 上海科学技术文献出版社
〔馆藏卷期〕1993 1994 1995 1996 1997 1998 1999 2000 2001 2002 2003 2005 2006 2007 2008 2009 2010 2011

009492527
上海药品监管年鉴
上海市药品监督管理局编 上海 上海市药品监督管理局
〔馆藏卷期〕2002 2003

013790023
上海铸造年鉴
上海市铸造协会编 上海 上海市铸造协会
〔馆藏卷期〕1980/1982

013753417
上海国际葡萄酒品评赛年鉴
中国国际贸易促进委员会上海浦东分会编 上海 中国国际贸易促进委员会上海浦东分会
〔馆藏卷期〕2012

008133876
上海服装年鉴
中国百科年鉴编辑部 上海市服装研究所编 上海 知识出版社 1985—
〔馆藏卷期〕1985

012925045
上海市绿化和市容管理年鉴
上海市绿化市容(林业·城管执法)年鉴 2010—
上海市绿化和市容管理局编 上海 上海文化出版社 2010—
〔馆藏卷期〕2008 2009 2010 2011

012200310
市容环境建设和管理年鉴
上海市迎世博600天行动城市管理指挥部办公室编 上海 城市管理指挥部
〔馆藏卷期〕2008

009934530
上海水务年鉴
上海水务年鉴编审委员会编 上海市水务局主办 上海 上海市水务局
〔馆藏卷期〕2003 2004 2005

010226738
上海地铁年鉴
上海市地铁工程建设指挥部 上海市地铁总公司编 上海 上海科学技术出版社 1995—
〔馆藏卷期〕1995 1996

013396698
上海汽车配件汽修汽保设备年鉴
上海汽车配件年鉴 2012—
上海永荣广告传播有限公司编 上海 上海永荣广告传播有限公司

〔馆藏卷期〕2011 2012

009169802
上海环境年鉴
上海环境年鉴编辑委员会编 上海 上海人民出版社 2002—
〔馆藏卷期〕2003 2005 2006 2007 2008 2009 2010 2011 2012 2013 2014

009324639
上海防灾救灾研究所年鉴
上海防灾救灾研究所办公室编 上海 上海防灾救灾研究所办公室
〔馆藏卷期〕1999

黄浦区

008728193
黄浦年鉴
黄浦年鉴编纂委员会编 上海 上海社会科学院出版社 2000
〔馆藏卷期〕1994/1998 1999 2000 2002 2003 2004 2005 2006 2007 2008 2009 2010 2011 2013 2014

009004456
卢湾年鉴
上海市卢湾区档案局 上海市卢湾区地方志办公室编 上海 汉语大词典出版社
〔馆藏卷期〕1999 2000 2001 2002 2003 2004 2005 2006 2007 2008 2009 2010 2011

010102348

南市年鉴

南市年鉴编纂委员会编 上海 汉语大辞
　典出版社 1999—

〔馆藏卷期〕1993/1997 1999/2000

013757966

卢湾区统计年鉴

卢湾区统计局编 卢湾 上海市卢湾区统
　计局

〔馆藏卷期〕2006

徐汇区

008879223

徐汇年鉴

上海市徐汇区地方志编纂委员会编 上
　海 上海社会科学院出版社

〔馆藏卷期〕1992/1998 1999 2000 2001
　2002 2003 2004 2005 2006 2007
　2008 2009 2010 2011 2012 2013

013603437

徐汇统计年鉴

徐汇区统计年鉴 2005—2008

徐汇区统计局编 徐汇 上海市徐汇区统
　计局

〔馆藏卷期〕2003 2005 2006 2007 2008
　2009 2010 2011 2012 2013 2014

长宁区

008977242

长宁年鉴

长宁年鉴编纂委员会编著 上海 汉语大
　词典出版社 2001—

〔馆藏卷期〕2000 2001 2003 2004 2005
　2006 2007 2008 2009 2010 2011
　2012 2013

静安区

009004445

静安年鉴

静安年鉴编纂委员会编 上海 汉语大词
　典出版社

〔馆藏卷期〕1994/1998 1999 2000 2001
　2002 2003 2004 2005 2007 2008
　2009 2010 2011 2012 2013 2014

008875528

闸北年鉴

上海市闸北区地方志编纂委员会编 上
　海 汉语大词典出版社 1999—

〔馆藏卷期〕1999 2000 2001 2002 2003
　2004 2005 2006 2007 2008 2009
　2010 2011 2012 2013 2014

普陀区

008275430

普陀年鉴

上海市普陀区年鉴编纂委员会编 上海 上海交通大学出版社
〔馆藏卷期〕1995 1997 1999 2001 2003 2004 2005 2006 2007 2008 2010 2011 2012 2013

虹口区

008399366
虹口年鉴
虹口年鉴编纂委员会编 上海 上海交通大学出版社
〔馆藏卷期〕1997 1998 1999 2000 2001 2002 2003 2004 2005 2006 2007 2008 2009 2010 2011 2012 2013 2014

杨浦区

008182170
杨浦年鉴
上海市杨浦区志编纂委员会办公室编 上海 上海人民出版社 1996—
〔馆藏卷期〕1991/1994 1995/1996 1997/1998 2000 2001 2002 2003 2004 2005 2006 2007 2008 2009 2010 2011 2012 2013

013854489
杨浦统计年鉴
杨浦区统计局编 杨浦 上海市杨浦区统计局

〔馆藏卷期〕2011

闵行区

008399387
闵行年鉴
闵行年鉴编辑部编 上海 上海市闵行区档案局
〔馆藏卷期〕1995 1997 1998 1999 2000 2001 2002 2003 2004 2005 2006 2007 2008 2009 2010 2011 2012 2013

004899347
上海县年鉴
上海县年鉴编辑部编 上海 上海县档案局 1987—
〔馆藏卷期〕1987 1989 1990 1991 1993

013603204
闵行统计年鉴
闵行区统计局编 闵行 上海市闵行区统计局
〔馆藏卷期〕2011

宝山区

005701138
宝山年鉴
上海市宝山区地方志编委会编 上海 上海社会科学院出版社 1990—
〔馆藏卷期〕1990 1991 1992 1993 1994

1995 1996 1997 1998 1999 2000 2001 2002 2003 2004 2005 2006 2007 2008 2009 2010 2011 2012 2013

008805286
上海宝钢年鉴
宝钢年鉴
上海宝钢年鉴编纂委员会编 上海 上海社会科学院出版社 2001—
〔馆藏卷期〕2001 2002 2003 2004 2005 2006 2007 2008 2009 2010 2011 2012

013603015
宝山工业年鉴
宝山区经济委员会编 宝山 宝山区经济委员会
〔馆藏卷期〕2011

嘉定区

006060304
嘉定年鉴
嘉定县年鉴编纂委员会编 上海 同济大学出版社 1990—
〔馆藏卷期〕1988/1990 1991 1992 1993 1994 1996 1997 1998 1999 2000 2001 2002 2003 2004 2005 2006 2007 2008 2009 2010 2011 2012

013928134
嘉定区经济普查年鉴
嘉定区第二次经济普查领导小组办公室编 嘉定 上海市嘉定区统计局
〔馆藏卷期〕2008

浦东新区

007658092
川沙年鉴
川沙县地方志编纂委员会编 上海 上海社会科学院出版社
〔馆藏卷期〕1993

010102658
陆家嘴年鉴
上海市浦东新区陆家嘴功能区域党工委、管委会办公室编 上海 上海三联书店
〔馆藏卷期〕2006 2007 2008 2009

008849885
南汇年鉴
南汇年鉴编纂委员会编 北京 方志出版社 2002—
〔馆藏卷期〕1999 2000 2001 2002 2003 2004 2005 2006 2007 2008 2009

008405378
浦东年鉴
浦东年鉴编辑委员会编 上海 浦东年鉴社
〔馆藏卷期〕1999 2000 2001 2002 2003 2004 2005 2006 2007 2008 2009 2011 2012 2013 2014

007423401
浦东新区年鉴
浦东新区年鉴编辑委员会编　上海　上海三联书店　1994—
〔馆藏卷期〕1994　1995　1996　1997　1998

009934527
上海市浦东新区陆家嘴功能区域年鉴
陆家嘴功能区域党工委、管委会办公室编　上海　上海三联书店　2005—
〔馆藏卷期〕2005

010101978
南汇统计年鉴
南汇区统计局编　上海　上海市南汇区统计局
〔馆藏卷期〕2004　2005　2009

009726347
浦东新区社会事业统计年鉴
上海市浦东新区社会发展局编　上海　上海财经大学出版社　2003—
〔馆藏卷期〕2003　2004　2005　2006　2007　2008　2009

006373435
上海浦东新区统计年鉴
上海市人民政府统计局　上海市人民政府浦东开发办公室　中国工商银行上海市浦东分行编　上海　上海科学技术出版社
〔馆藏卷期〕1991　1992　1994　1995　1996　1997　1998　1999　2000　2001　2002　2003　2005　2006　2007　2008　2009　2010　2011　2012　2013　2014

011968291
中国浦东干部学院年鉴
中国浦东干部学院编纂委员会编　北京　党建读物出版社　2008—
〔馆藏卷期〕2004/2006　2007/2009

009928050
上海市浦东新区人民法院年鉴
浦东法院年鉴　2009/2010—
上海市浦东新区人民法院年鉴编辑委员会编　上海　上海市浦东新区人民法院
〔馆藏卷期〕1993/2000　2001　2002　2003　2004　2005　2007　2009/2010　2011　2012

010226673
浦东企业年鉴
浦东企业年鉴编纂委员会编　上海　上海画报出版社　2006—
〔馆藏卷期〕2006　2007　2010

012923827
陆家嘴金融城年鉴
陆家嘴金融贸易区管理委员会编　上海　上海三联书店
〔馆藏卷期〕2010　2012　2013

008866789
浦东生活年鉴

上海市浦东新史志编纂委员会办公室编 上海 学林出版社 2001—

〔馆藏卷期〕2001 2002 2007

金山区

004589965

金山年鉴

上海市金山年鉴编纂委员会编 上海 上海科学普及出版社 1993—

〔馆藏卷期〕1991 1992 1993 1994 1995 1996 1997 1998 1999 2000 2001 2002 2003 2004 2005 2006 2007 2008 2009 2010 2011 2012 2013 2014

松江区

007720923

松江年鉴

松江县地方史志编纂委员会编 上海 上海社会科学院出版社

〔馆藏卷期〕1987/1988 1989/1990 1991/1993 1994/1995 1996/1997 1998/1999 2000 2001 2002 2003 2004 2005 2006 2007 2008 2009 2010 2011 2012

009065027

松江统计年鉴

松江区统计局编 上海 松江区统计局

〔馆藏卷期〕1996 2002 2008

013603284

上海市松江区人民法院年鉴

人民法院编 松江 上海市松江区人民法院

〔馆藏卷期〕2011

014014854

上海市松江区经济普查年鉴 数据资料篇

上海市松江区第二次全国经济普查办公室编 松江 上海市松江区第二次全国经济普查办公室

〔馆藏卷期〕2008

青浦区

008433565

青浦年鉴

青浦县年鉴 1986

青浦县地方志编纂委员会编 上海 上海社会科学院出版社

〔馆藏卷期〕1986 1990/1992 1993/1998 2000 2001 2002 2003 2004 2005 2006 2007 2008 2009 2010 2011 2012 2013 2014

013603225

青浦区统计年鉴

国家统计局青浦调查队编 青浦 上海市青浦区统计局

〔馆藏卷期〕2007 2008 2009 2010 2011 2012

奉贤区

008849838
奉贤年鉴
上海市奉贤县史志编纂委员会编 上海 上海社会科学院出版社 2000—
〔馆藏卷期〕2000 2001 2002 2003 2004 2005 2006 2007 2008 2009 2010 2011 2012 2013

崇明区

008139639
崇明县年鉴
崇明年鉴〔1996〕—
崇明县档案局 崇明县档案馆编 上海 中国大百科全书出版社上海分社 1990—
〔馆藏卷期〕1989 1990 1991 1992 1994 1996 1998 2000 2002 2004 2006 2008 2009 2010 2011 2012 2013

012047130
崇明统计年鉴
崇明县统计资料汇编 1987
上海市崇明县统计年鉴
崇明县统计局编 崇明 崇明县统计局
〔馆藏卷期〕1987 1989 1990 1991 1993 1994 1995 1996 1997 1998 1999 2000 2001 2002 2003 2004 2005 2006 2007 2008 2009 2010 2011 2012

江苏省

004569404
江苏年鉴
江苏乡镇企业年鉴
江苏经济年鉴
江苏年鉴编纂委员会编 南京 南京大学出版社 1991—
〔馆藏卷期〕1991 1992 1993 1994 1995 1996 1997 1998 1999 2000 2001 2002 2003 2005 2006 2007 2008 2009 2010 2011 2012 2013 2014

009425949
江苏省农村统计年鉴
江苏省农林厅编 南京 江苏省统计局
〔馆藏卷期〕2000 2001 2002 2003 2004 2005 2006 2007 2008 2009 2011 2012 2013 2014

003098961
江苏统计年鉴
江苏省统计局编 北京 中国统计出版社
〔馆藏卷期〕1988 1989 1990 1991 1992 1993 1994 1995 1996 1997 1998 1999 2000 2001 2002 2003 2004 2005 2006 2007 2008 2009 2010 2011 2012 2013 2014 2015

013713435
江苏改革年鉴
江苏改革年鉴编纂委员会编 江苏省发展和改革委员会 江苏省经济体制改革研究会主办 南京 江苏人民出版社 2011—
〔馆藏卷期〕2011 2012 2013/2014

009081365
江苏宣传年鉴
江苏省委宣传部编 南京 江苏人民出版社
〔馆藏卷期〕2000 2001 2002 2003 2005 2006 2007 2008 2009 2010 2011 2012 2013 2014

002092078
江苏省政治年鉴
江苏省长公署统计处编 台北 文海出版社 1988
〔馆藏卷期〕1988

013090006
江苏依法行政年鉴
江苏省法律事务中心编 江苏省人民政府法制办公室 江苏省法律事务中心主办 江苏 江苏省法律事务中心
〔馆藏卷期〕2009

011139904
江苏经济普查年鉴
江苏省第一次全国经济普查领导小组办公室编 北京 中国统计出版社
〔馆藏卷期〕2004 2008

004586925
江苏经济年鉴
江苏年鉴
江苏经济年鉴编辑委员会编 南京 江苏人民出版社 1986—1990
〔馆藏卷期〕1986 1988 1989

013793368
江苏经济年鉴
南京财经大学 江苏现代服务业研究院编 北京 方志出版社
〔馆藏卷期〕2012 2013

009519330
江苏审计年鉴
江苏省审计厅编 北京 中国时代经济出版社 2003—
〔馆藏卷期〕1983/2003

012047356
江苏质量年鉴
江苏省质量协会 江苏省质量技术监督局编 江苏省质量技术监督局 江苏省质量协会主办 南京 江苏省质量协会 2007—
〔馆藏卷期〕2006 2007

008788909
江苏企业产品信息年鉴
江苏省经济信息中心编 北京 方志出版社
〔馆藏卷期〕2000/2001 2002/2003 2004/2005

010102149
江苏企业调查年鉴
江苏省企业调查局编 江苏 江苏省企业调查局
〔馆藏卷期〕2002 2005

009425880
江苏企业年鉴
江苏省企业调查队编 北京 中国统计出版社 2003—
〔馆藏卷期〕2003

008432687

江苏企业文化年鉴

江苏省社会科学院企业文化研究中心编 南京 江苏年鉴杂志社

〔馆藏卷期〕1995 1996 1997 1998

012559252

江苏企业信息年鉴

江苏省信息中心编 北京 中国广播电视出版社 2009—

〔馆藏卷期〕2008/2009

008310353

江苏乡镇企业年鉴

江苏年鉴

江苏年鉴编辑部编 南京 南京大学出版社 1993—

〔馆藏卷期〕1994 1995 1996 1997 1998 1999 2000 2001 2002 2004

002397584

中国企业登记年鉴 江苏省分册

国家工商行政管理局 江苏省工商行政管理局合编 北京 中国展望出版社 1984—1985

〔馆藏卷期〕1984

012194305

淮海经济区城市年鉴

淮海经济区城市年鉴编委会编 北京 中国经济出版社 2007—

〔馆藏卷期〕2006

009913605

江苏建设信息年鉴

江苏建设信息年鉴编写组编 江苏省建设厅主办 哈尔滨 哈尔滨地图出版社 2005—

〔馆藏卷期〕2005

013788381

江苏农机化年鉴

江苏省农业机械局编 南京 江苏省农业机械管理局

〔馆藏卷期〕2010

008438975

江苏机械工业年鉴

江苏省机械工业厅编 南京 江苏省机械工业厅

〔馆藏卷期〕1992 1998 1999 2002 2003 2004

012526051

江苏省新能源可再生能源及节能减排应用与技术年鉴

江苏省可再生能源行业协会编 南京 河海大学出版社 2009—

〔馆藏卷期〕2009

005325838

江苏水利年鉴

水利厅办公室编 南京 江苏省水利厅办公室

〔馆藏卷期〕1993 1994 1995/1996 1997 1998 1999 2000 2001 2002 2003

2004　2005　2006　2007　2008　2009　2010　2011　2012　2013　2014

008406431

江苏交通年鉴

江苏交通年鉴编辑部编　南京　江苏年鉴杂志社

〔馆藏卷期〕1996　1997　1998　1999　2000　2001　2002　2003　2004　2005　2006　2007　2008　2009　2010　2011　2012　2013

011966700

江苏省交通统计年鉴

江苏省交通厅编　江苏　江苏省交通厅　2003—

〔馆藏卷期〕2002

012199086

江苏邮政企业年鉴

江苏邮政企业年鉴编纂委员会编　南京　江苏邮政企业年鉴编纂委员会　2009—

〔馆藏卷期〕2009　2010　2011　2012

011966691

江苏广告年鉴

江苏广告年鉴编辑部编　南京　南京师范大学出版社　1996—

〔馆藏卷期〕2001

008405176

江苏财政年鉴

江苏财政年鉴编辑委员会编　南京　江苏人民出版社

〔馆藏卷期〕1997　1998　1999　2000　2001　2003　2004　2005　2007　2010

008433731

江苏金融年鉴

江苏金融年鉴编辑委员会编　南京　江苏金融年鉴编辑部

〔馆藏卷期〕1991　1993　1994　1996　1997　1998　2000

012923629

江苏保险年鉴

江苏省保险学会编　中国保险监督管理委员会江苏监管局主办　南京　江苏保险年鉴编辑部

〔馆藏卷期〕2009　2010　2011　2012　2013　2014

013467377

江苏社会养老保险统计年鉴汇编

江苏省社会保险基金管理中心编　南京　江苏人民出版社　2003—

〔馆藏卷期〕2003

009934181

江苏省文化统计年鉴

江苏省文化厅编　南京　江苏省文化厅

〔馆藏卷期〕2001　2002　2004　2006

009237402

江苏文化年鉴

季根章主编 江苏省文化厅主办 南京 江苏古籍出版社
〔馆藏卷期〕2002 2003 2004 2005 2006 2007 2008 2009 2010 2011 2013

008849758
江苏信息化年鉴
江苏省发展计划委员会编 北京 中国计划出版社 2001—
〔馆藏卷期〕2000 2002 2003 2004 2005 2006 2007 2008 2009 2010 2011 2012 2013

013370002
江苏省县市报年鉴
江苏省县市报研究会编 南京 江苏省县市报研究会 2010—
〔馆藏卷期〕2009

005719887
江苏出版年鉴
穆纬铭 朱文虎主编 南京 江苏人民出版社 1993—
〔馆藏卷期〕1992 1994 1995 1996 1997 1998 1999 2000 2001 2002 2003 2004 2005 2006 2007 2008

013898647
江苏省会议展览年鉴
江苏省会议展览年鉴编委会编 南京 江苏省会议展览年鉴编委会
〔馆藏卷期〕2004 2009

013369997
江苏高等学校图书馆年鉴
陈乃林主编 马先阵 张占荣副主编 南京 南京大学出版社 1990
〔馆藏卷期〕1990

009805868
江苏城建档案年鉴
江苏省建设厅编 哈尔滨 哈尔滨地图出版社 2005—
〔馆藏卷期〕2005

004569411
江苏科技年鉴
江苏科技年鉴编辑部编 北京 科学技术文献出版社
〔馆藏卷期〕1989 1990 1991 1992 1993 1994 1995 1996 1997 1998 1999 2000 2001 2002 2003 2005 2006 2007 2008 2009 2010 2011 2012 2013 2014

008438101
江苏教育年鉴
江苏省教育委员会编 南京 江苏教育出版社
〔馆藏卷期〕1996 1997 1998 1999 2000 2001 2002 2004 2005 2006 2007 2008 2009 2010 2011 2012

008438118
江苏体育年鉴
江苏省体育运动委员会编 北京 人民体

育出版社

〔馆藏卷期〕1989/1991 1992 1996 1997 1998 1999 2000 2002 2003 2004 2005 2006 2007 2008 2009

011140429

江苏散文双年鉴

江苏省作家协会散文工作委员会 江苏省报纸副刊编辑协会编 南京 南京大学出版社 2003—

〔馆藏卷期〕2000/2001 2005 2008/2009

012357139

江苏省文学艺术界联合会年鉴

江苏省文学艺术界联合会编 南京 南京师范大学出版社 2009—

〔馆藏卷期〕2009 2010 2011 2012 2013

014014291

淮剧年鉴

江苏省淮剧艺术研究会 淮剧年鉴编辑部编 南京 江苏省淮剧艺术研究会

〔馆藏卷期〕1985

009805873

江苏出入境检验检疫年鉴

江苏出入境检验检疫年鉴编辑委员会编 南京 江苏出入境检验检疫年鉴编辑委员会 2004—

〔馆藏卷期〕2004 2005 2006 2007 2008 2009 2011 2012 2013 2014

011822222

江苏省卫生监督所年鉴

江苏省卫生监督所编 江苏 江苏省卫生监督所

〔馆藏卷期〕2000/2006 2007/2010 2011

009492951

江苏疾病预防控制年鉴

江苏省疾病预防控制中心编 江苏 江苏省疾病预防控制中心

〔馆藏卷期〕2003 2004 2005 2006 2007 2008 2009

008405382

江苏卫生年鉴

江苏卫生年鉴编辑委员会编 南京 南京大学出版社

〔馆藏卷期〕1989 1990 1991 1992 1993 1994 1995 1996 1997 1998 1999 2000 2001 2002 2003 2004 2005 2006 2007 2008 2009 2010 2011 2013 2014

013677616

江苏农机安全监理年鉴

江苏省农业机械安全监理所编 南京 江苏省农业机械安全监理所

〔馆藏卷期〕2011 2012

013711331

江苏博爱建筑安全年鉴

江苏省建筑安全与设备管理协会编 南京 江苏人民出版社 2010—

〔馆藏卷期〕2009 2010

012357125
江苏安全生产年鉴
江苏省安全生产监督管理局 江苏煤矿安全监察局编 徐州 中国矿业大学出版社
〔馆藏卷期〕2005 2006/2007 2008/2009 2010/2011

南京市

005032888
南京年鉴
南京市地方志编纂委员会办公室编 南京 江苏古籍出版社 1987—
〔馆藏卷期〕1987 1988 1989 1990 1991 1992 1993 1994 1995 1996 1997 1998 1999 2000 2001 2002 2003 2005 2006 2007 2008 2009 2010 2011 2012 2013 2014

008390458
南京统计年鉴
南京统计局编 南京 南京市新闻出版局
〔馆藏卷期〕1995 1996 1997 1998 1999 2000 2001 2002 2003 2004 2005 2007 2008 2009 2010 2011 2012 2013 2014

014014424
南京工会年鉴
南京市总工会编 南京 南京市总工会
〔馆藏卷期〕1993/2001

010226621
南京经济普查年鉴
南京市经济普查办公室 南京市统计局 南京市统计学会编 南京 南京出版社 2006—
〔馆藏卷期〕2004 2008

012924004
南京都市圈年鉴
南京都市圈年鉴编辑委员会编 北京 方志出版社 2011—
〔馆藏卷期〕2010 2011 2012 2013

008879215
南京房地产年鉴
南京房产年鉴 1997—1998
南京房地产史志丛书编纂委员会编 南京市房产管理局主办 南京 南京房地产史志丛书编纂委员会
〔馆藏卷期〕1997 1998 1999 2000 2001 2002 2003 2005 2006 2007 2009

012521547
南钢年鉴

南钢年鉴编辑委员会编 南京 南钢年鉴
　编辑委员会
〔馆藏卷期〕2004 2008

008439023
南化年鉴
南京化学工业集团有限公司南化年鉴
　编纂委员会编 南京 南京化学工业集
　团有限公司南化年鉴编纂委员会
〔馆藏卷期〕1998 1999 2000 2001 2002
　2003 2004 2005 2006 2007 2008
　2009 2010 2011 2013

006038497
南京交通年鉴
南京交通年鉴编纂委员会编 南京 江苏
　科学技术出版社 1991—
〔馆藏卷期〕1990 1991 1992 1993 1994
　1995/1996　1997/1998　1999/2000
　2001/2002　2003/2004　2005/2006
　2007/2008 2009/2010 2011/2012

008879216
南京铁路分局年鉴
南京分局年鉴
南京铁路年鉴
南京铁路分局史志编纂委员会编 北京
　中国铁道出版社
〔馆藏卷期〕1987 1988 1989 1992 1993
　1997 2000 2001

008424337
南京财政年鉴

南京财政年鉴编辑委员会编纂 南京 南
　京市财政局 1995—
〔馆藏卷期〕1990 1991 1995 1996 1997
　1998　1999　2000　2002　2003
　2004 2005

008433781
南京地方税务年鉴
南京地方税务年鉴编纂委员会编 北京
　方志出版社
〔馆 藏 卷 期〕1994/1996　1997/1998
　1999/2000　2001/2002　2003/2004
　2005/2006　2007/2008　2009/2010
　2011/2012

008942000
南京国税年鉴
南京国税年鉴编纂委员会编 南京 南京
　大学出版社 2000—
〔馆藏卷期〕1994/1996 2004/2006

012924014
南京税务年鉴
南京税务年鉴编纂委员会编 南京 南京
　大学出版社 1991
〔馆藏卷期〕1990

011502981
江苏政监局年鉴
中国证券监督管理委员会江苏监管局
　编 江苏 江苏政监局
〔馆藏卷期〕2006

004588191
江苏博物馆年鉴
江苏省博物馆学会 江苏博物馆年鉴编辑部编 南京 江苏博物馆学会
〔馆藏卷期〕1983 1984/1985

012923991
明孝陵博物馆年鉴
明孝陵博物馆编 南京 明孝陵博物馆
〔馆藏卷期〕2009 2011

013467507
南京中国近代史遗址博物馆管理建设办公室年鉴
南京中国近代史遗址博物馆管理建设办公室编 南京 南京中国近代史遗址博物馆
〔馆藏卷期〕2005

012530134
侵华日军南京大屠杀遇难同胞纪念馆年鉴
侵华日军南京大屠杀遇难同胞纪念馆编 南京 侵华日军南京大屠杀遇难同胞纪念馆 2003—
〔馆藏卷期〕2003 2009 2010

012924012
南京市社会科学界联合会·南京市社会科学院年鉴
南京市社会科学界联合会·南京市社会科学院年鉴编纂委员会编 南京 南京市社科联·社科院年鉴编纂委员会
〔馆藏卷期〕2006 2008 2009

011823051
南京市教学研究年鉴
岳燕宁 王栋生 徐志伟主编 南京 江苏教育出版社 2008—
〔馆藏卷期〕2006 2007 2008 2009 2010

013965392
南京外国语学校仙林分校年鉴
南京外国语学校仙林分校编 南京 南京外国语学校仙林分校
〔馆藏卷期〕2008

013369806
东南大学建筑学院建筑年鉴
东大建筑年鉴 2001 2003/2004
东南大学建筑学院编 南京 东南大学出版社
〔馆藏卷期〕2001 2003/2004 2005/2006 2007/2008 2009/2010

008940404
东南大学年鉴
东南大学校长办公室编 南京 东南大学出版社
〔馆藏卷期〕1990 1994 1995 1996 1997 1998 1999 2000 2002 2006 2007 2008 2009 2010 2011

009726193
河海大学年鉴

姚纬明主编 南京 河海大学出版社
〔馆藏卷期〕2001/2002 2003 2004 2005 2006 2007 2008 2009 2010 2011 2012

012742161
南京大学建筑学院年鉴
南京大学建筑学院编 南京 东南大学出版社 2009—
〔馆藏卷期〕2007/2008 2008/2009

011140519
南京大学建筑研究所教学年鉴
南京大学建筑研究所年鉴
南京大学建筑研究所编 南京 东南大学出版社
〔馆藏卷期〕2004/2005

013373966
南京大学建筑与城市规划学院建筑系教学年鉴
南京大学建筑与城市规划学院编 南京 东南大学出版社 2012—
〔馆藏卷期〕2010/2011 2011/2012 2012/2013

008788919
南京大学年鉴
南京大学行政年鉴 1990—1992
南京大学校长办公室编 南京 南京大学出版社
〔馆藏卷期〕1990 1991 1992 1993/1994 1995 1996 1997 1998 1999 2000 2001 2005 2006 2007 2008

013936047
南京理工大学年鉴
南京理工大学学校办公室编 南京 南京理工大学
〔馆藏卷期〕2002 2007

014014428
南京审计学院年鉴
〔馆藏卷期〕2010

012047562
南京师范大学年鉴
南京师范大学档案馆编 南京 南京师范大学 2005—
〔馆藏卷期〕1993 1995 1996 2002 2004 2005 2006 2007 2011 2012 2013

013311844
南京师范大学统计年鉴
南京师范大学校长办公室编 南京 南京师范大学校长办公室 1993—
〔馆藏卷期〕1992

013609038
南京艺术学院年鉴
南京艺术学院校长办公室编 南京 南京艺术学院校长办公室
〔馆藏卷期〕2001 2002 2006 2007

013788406
南京中医药大学年鉴

南京中医药大学年鉴编纂工作委员会
　编　南京　南京中医药大学
〔馆藏卷期〕2005　2006　2007　2008　2009

011502976
江苏省美术馆年鉴
马鸿增主编　南京　江苏省美术馆
〔馆藏卷期〕1982　1983　1984　1985　1986　1987　1988/1989　1990　1991　1992　1993　1994　1995　1996　1997　1998　1999　2000　2006

010226630
南京书画院年鉴
南京书画院编　南京　南京书画院
〔馆藏卷期〕2001　2002　2003　2004　2006　2007　2008

012242601
南京生活实用年鉴
南京年鉴编辑部编　南京　江苏古籍出版社　1993—
〔馆藏卷期〕1994

013790934
南京市疾病预防控制中心年鉴
南京市疾病预防控制中心编　南京　南京市疾病预防控制中心
〔馆藏卷期〕2001/2005　2006/2010

010102530
南京市第一医院年鉴
南京医科大学附属南京第一医院年鉴南京市第一医院编　南京　南京市第一医院　2001—
〔馆藏卷期〕1996/2001

008773085
南京卫生年鉴
南京市卫生局　南京卫生年鉴编辑委员会主编　北京　中国医药科技出版社
〔馆藏卷期〕1987　1988　1989　1990　1991　1992　1993　1994　1995　1996　1997　1998　1999　2000　2001　2002　2003　2004　2005　2006　2007　2008　2009　2010　2012

013711373
南京城市建设年鉴
南京　南京市人民政府　1990—
〔馆藏卷期〕1987/1988

玄武区

008435442
玄武年鉴
南京市玄武区玄武年鉴编辑组编　南京　南京市玄武区玄武年鉴编辑组
〔馆藏卷期〕1990　1991　1992　1994　1995　1996　1997　1998　1999　2000　2001　2002　2003　2004　2005　2007　2008　2009　2010　2011　2012　2013　2014

秦淮区

008310348
白下区年鉴
白下年鉴
南京市白下区地方志编委会年鉴编辑组编 南京 南京市白下区地方志编纂委员会
〔馆藏卷期〕1990 1991 1992 1993 1994 1995 1996 1997 1998 1999 2000 2001 2002 2003 2004 2005 2006 2007 2008 2009 2010 2011 2012

009542158
秦淮年鉴
秦淮区地方志办公室编 北京 中国时代经济出版社 2004—
〔馆藏卷期〕2004 2005 2006 2007 2008 2009 2010 2011 2012 2013 2014

建邺区

008957912
建邺年鉴
南京市建邺区地方志办公室编 南京市建邺区人民政府 南京市建邺区档案局主办 南京 南京市建邺区人民政府
〔馆藏卷期〕1989 1990 1991 2000 2002 2003 2004 2005 2006 2007 2008 2009 2011 2012 2013

鼓楼区

005345942
鼓楼年鉴
南京市鼓楼区档案局 南京市鼓楼区档案馆编 南京 南京市鼓楼区档案馆
〔馆藏卷期〕1986 1991 1993 1994 1995 1996 1997 1998 1999 2000 2001 2002 2003 2004 2005 2007 2008 2009 2010 2011 2012 2013 2014

008395733
下关年鉴
南京市下关区年鉴编辑委员会编 南京 下关区年鉴编辑委员会
〔馆藏卷期〕1997 1998 1999 2000 2001 2002 2003 2004 2005 2006 2007 2008 2009 2010 2011 2012 2013

浦口区

008915981
江浦年鉴
江浦县档案局编 江浦县人民政府主办 江浦 江浦县人民政府
〔馆藏卷期〕2001 2002

009395720
浦口年鉴
浦口区地方志编纂委员会办公室编辑 南京市浦口区人民政府主办 南京 南京市浦口区地方志编纂委员会办公

室 2003—

〔馆藏卷期〕2003 2004 2005 2006 2007 2008 2009 2010 2011 2012 2013 2014

栖霞区

009617452

栖霞年鉴

南京市栖霞区地方志编纂委员会编 南京市栖霞区人民政府主办 北京 方志出版社 2004—

〔馆藏卷期〕2003 2004 2005 2006 2007 2008 2009 2010 2011 2012 2013 2014

雨花台区

009520240

雨花年鉴

南京市雨花台区地方志编纂委员会编 北京 方志出版社 2004—

〔馆藏卷期〕2001/2003 2004 2005 2006 2007 2008 2009 2010 2011 2012 2013 2014

江宁区

008876510

江宁年鉴

江苏省南京市江宁区地方志办公室编 南京市江宁区人民政府主办 北京 方志出版社

〔馆藏卷期〕1996/2000 2001 2003 2004 2005 2006 2007 2008 2009 2010 2011 2012 2013 2014

013714545

江宁统计年鉴

国家统计局江宁调查队编 江宁 江宁区统计局

〔馆藏卷期〕2012

六合区

008879190

大厂年鉴

南京市大厂年鉴编纂委员会编纂 天津 天津古籍出版社 2001—

〔馆藏卷期〕2001

009237326

六合年鉴

六合年鉴编纂委员会编 六合县人民政府主办 北京 方志出版社

〔馆藏卷期〕2001 2002 2003 2004 2005 2006 2007 2008 2009 2010 2011 2012 2013 2014

溧水区

008438636

溧水年鉴

溧水县地方志编纂委员会 溧水年鉴编

辑部编 南京 江苏年鉴杂志社
〔馆藏卷期〕1986/1995 1996/2000 2001/2005 2011 2012 2013 2014

高淳年鉴编纂委员会编 南京 江苏古籍出版社
〔馆藏卷期〕1993 1998 2003 2009 2011 2013

高淳区

008402843
高淳年鉴

无锡市

012180434
民国时期无锡年鉴资料选编
无锡市史志办公室 无锡市图书馆编 陈文源 郭明主编 扬州 广陵书社 2009
〔馆藏卷期〕2009

004598693
无锡年鉴
无锡市地方志编纂委员会办公室编 上海 上海人民出版社 1993—
〔馆藏卷期〕1986/1990 1992 1993 1994 1995 1996 1997 1998 1999 2000 2001 2002 2003 2004 2005 2006 2007 2008 2009 2010 2011 2012 2013 2014

004598740
无锡统计年鉴
无锡市统计局编 北京 中国统计出版社
〔馆藏卷期〕1990 1991 1992 1993 1994 1995 1997 1998 1999 2000 2001 2002 2003 2004 2005 2006 2007 2008 2009 2010 2011 2012 2013 2014

013936507
无锡市中级人民法院年鉴
中级人民法院编 无锡 江苏省无锡市中级人民法院
〔馆藏卷期〕1998

009913583
无锡民营经济年鉴
北京 高等教育出版社 2003— 北京 中央文献出版社 2004 南京 江苏人民出版社 2011—
〔馆藏卷期〕2003 2004 2005 2006 2007 2008 2009 2010 2011

013932522
无锡工商年鉴
无锡 无锡中创年鉴广告传播有限公司
〔馆藏卷期〕2010

009264750
无锡市城市建设年鉴
无锡市建设委员会 无锡市城市建设档案馆编 南京 南京大学出版社 1993—
〔馆藏卷期〕1986/1990 1991/1992 1993/1994 1995 1996 1997 1998 1999 2000 2001 2002 2003 2004 2005 2006 2007 2008

008749475
无锡交通年鉴
无锡交通年鉴编纂委员会编 北京 方志出版社
〔馆藏卷期〕1991/1995 2000 2001 2002 2003 2004 2005 2006 2006/2010 2007

012925174
无锡市地方税务年鉴
无锡市地方税务局编 北京 方志出版社 2011—
〔馆藏卷期〕2008/2009 2010/2011

013677370
无锡保险年鉴
无锡市保险学会 无锡市保险行业协会编 北京 方志出版社
〔馆藏卷期〕2012 2013 2014

013791000
无锡教育年鉴
无锡 无锡市教育局

〔馆藏卷期〕2009 2010

013714670
江南大学年鉴
江南大学档案馆编 无锡 江南大学
〔馆藏卷期〕2011 2012

011140456
江苏信息职业技术学院年鉴
江苏信息职业技术学院办公室编 苏州 苏州大学出版社 2005—
〔馆藏卷期〕2002/2004 2005 2006

锡山区

008311522
锡山市年鉴
锡山年鉴
锡山市人民政府主办 锡山市地方志办公室编 北京 方志出版社
〔馆藏卷期〕1995 1996 1997 1998 1999 2007 2008 2009 2010 2011 2012 2013 2014 2015

013932991
锡山统计年鉴
锡山市统计局编 锡山 锡山市统计局
〔馆藏卷期〕1996 1997

008143969
无锡县公安局年鉴
无锡县公安局年鉴编纂处编 无锡 无锡县公安局年鉴编纂处

[馆藏卷期]1932/1933

惠山区

013634419
惠山区年鉴
惠山区区志编纂委员会编 北京 方志出版社 2012—
[馆藏卷期]2012 2013

梁溪区

010226497
南长年鉴
中共无锡市南长区委员会办公室 无锡市南长区人民政府办公室编 南长
[馆藏卷期]1991/1992

江阴市

008250239
江阴年鉴
江阴市地方志编纂委员会编 江阴市地方志办公室主办 南京 江苏年鉴杂志社

[馆藏卷期]1988/1992 1993 1994 1995 1996 1997 1998 2001 2002 2003 2004 2005 2006 2007 2008 2009 2010 2011 2012 2013 2014

008399210
江阴统计年鉴
江阴市统计年鉴
江阴市统计局编 江阴 江阴市统计局
[馆藏卷期]1993 1994 1995 1996 1997 1998 1999 2000 2001 2002 2004 2005 2006 2007 2008 2009 2010 2011 2012 2013 2014

宜兴市

006434891
宜兴年鉴
江苏省宜兴市地方志编纂委员会编 宜兴 宜兴市地方志编纂委员会 1990— 北京 方志出版社 1998—
[馆藏卷期]1990 1991 1992 1993 1995 1996 1997 1998 1999 2000 2001 2002 2003 2004 2005 2007 2008 2009 2010 2011 2012 2013 2014

徐州市

008435171
徐州年鉴
徐州年鉴编纂委员会编 徐州 中国矿业大学出版社
[馆藏卷期]1998 1999 2000 2001 2002

2003 2004 2005 2006 2007 2008
2009 2010 2011 2012 2013 2014

008265107
徐州统计年鉴
徐州市统计局编 北京 中国统计出版社
〔馆藏卷期〕1990 1992 1993 1994 1995 1996 1997 1998 1999 2000 2001 2002 2003 2004 2005 2006 2007 2008 2009 2010 2011 2012 2013 2014

013656180
徐州企业调查年鉴
徐州市企业调查局编 徐州 徐州市企业调查局
〔馆藏卷期〕2003

008378178
徐州铁路分局年鉴
徐州铁路分局史志编审委员会编 徐州 徐州铁路分局史志编审委员会
〔馆藏卷期〕1996 1997 1998 1999 2000 2001 2002 2003 2004

012801271
徐州市地方税收统计年鉴
徐州市地方税务局编 徐州 徐州市地方税务局
〔馆藏卷期〕1995/2000 2001/2005

011968039
徐州市保险年鉴
徐州市保险学会 徐州市保险行业协会编 徐州 徐州市保险行业协会 2008—
〔馆藏卷期〕2007 2008 2011 2012

008477445
徐州市教育年鉴
徐州教育年鉴 2006—
徐州市教育委员会编 徐州 徐州市教育委员会
〔馆藏卷期〕1996 1997 1998 1999 2000 2002 2003 2004 2005 2006 2007 2008 2009 2010 2011 2012 2013 2014

011141334
中国矿业大学年鉴
中国矿业大学年鉴编辑委员会编 徐州 中国矿业大学出版社
〔馆藏卷期〕2002 2003 2004 2005 2007 2008 2009 2010

009617738
徐州建设年鉴
徐州市建设局编 徐州 徐州市建设局 2002—
〔馆藏卷期〕1997 1998 1999 2002 2003 2004 2006 2009 2011

贾汪区

011822155
贾汪年鉴

贾汪区史志办公室编 贾汪区人民政府主办 南京 江苏人民出版社 2008—
〔馆藏卷期〕2008 2009 2010 2012

铜山区

011967473
铜山年鉴
铜山县地方志办公室编 铜山县人民政府主办 南京 江苏人民出版社 2008—
〔馆藏卷期〕2008 2009 2010 2012

014014919
铜山统计年鉴
铜山县统计局编 铜山 铜山县统计局
〔馆藏卷期〕1993

新沂市

011968027
新沂年鉴
新沂市史志办公室编 新沂市人民政府主办 新沂 新沂市史志办公室 2006—
〔馆藏卷期〕2006 2007 2008 2009 2010 2011 2012 2013

009307758
新沂统计年鉴
新沂市统计局编 新沂 新沂市统计局
〔馆藏卷期〕1995 1996 1997 1998 1999 2000 2001 2002 2003 2004 2005 2006 2007

邳州市

009840922
邳州年鉴
邳州年鉴编纂委员会编 邳州市人民政府主办 北京 人民日报出版社 2006—
〔馆藏卷期〕2006 2007 2008 2009 2010 2011 2012 2013

丰县

012176959
丰县年鉴
丰县史志办公室编 丰县人民政府主办 南京 江苏人民出版社 2009—
〔馆藏卷期〕2009 2010 2012

009289315
江苏省丰县统计年鉴
丰县统计年鉴 1998—
丰县统计局编 丰县 丰县统计局
〔馆藏卷期〕1994 1996 1997 1998 2000 2003 2004

沛县

010102534
沛县年鉴

沛县地方志编纂委员会编 中共沛县委员会 沛县人民政府主办 北京 方志出版社 2006—

〔馆藏卷期〕2005 2006 2008 2009 2011 2012

睢宁县

012199635

睢宁年鉴

睢宁县志办公室编 睢宁县人民政府办公室主办 南京 江苏人民出版社 2009—

〔馆藏卷期〕2009

常州市

004967425

常州年鉴

常州市地方志办公室编 上海 中国大百科全书出版社上海分社 1991—

〔馆藏卷期〕1991 1992 1993 1994 1995 1996 1997 1998 1999 2000 2001 2002 2003 2004 2005 2006 2007 2008 2009 2010 2011 2012 2013

004534872

常州统计年鉴

常州市统计局编 北京 中国统计出版社 1991—

〔馆藏卷期〕1991 1992 1993 1994 1995 1996 1997 1998 1999 2000 2001 2002 2003 2004 2005 2006 2007 2008 2009 2010 2011 2012 2013 2014

013965313

江苏常州张林芳律师事务所年鉴

江苏常州张林芳律师事务所编 常州 江苏常州张林芳律师事务所

〔馆藏卷期〕2000/2004

009041810

常州财政年鉴

常州财政年鉴编委会编 北京 中央文献出版社

〔馆藏卷期〕2002

新北区

014014106

常州国家高新区常州市新北区年鉴

常州国家高新区（新北区）年鉴编纂委员会编 常州国家高新区管委会 常州市新北区人民政府主办 常州 常州国

家高新区（新北区）年鉴编纂委员会
〔馆藏卷期〕2003/2005　2006/2008
　2009/2011

013935880
常州新区年鉴
常州新区管理委员会编　常州　常州市人
　民政府新区管理委员会
〔馆藏卷期〕1992/1998

013936573
新北区人大年鉴
新北区人民代表大会常务委员会编　南
　京　凤凰出版社　2012—
〔馆藏卷期〕2002/2012

钟楼区

014015070
钟楼年鉴
钟楼区地方志办公室编　钟楼区人民政
　府主办　钟楼　钟楼区地方志办公室
〔馆藏卷期〕2003/2007

武进区

004187707
武进年鉴
武进年鉴编纂委员会　武进县地方志办
　公室编　北京　中国书籍出版社
〔馆藏卷期〕1987　1989　1990　1991　1992
　1993　1994　1995　1996　1997　1998
　1999　2000　2001　2002　2003　2004
　2005　2006　2007　2008　2009　2010
　2011　2012　2013　2014

013932580
武进统计年鉴
武进区统计局编　武进　武进区统计局
〔馆藏卷期〕1991　1995　1996　1997　1998
　2002　2006　2008　2009　2010

008439191
戚墅堰机车车辆厂年鉴
中国南车集团戚墅堰机车车辆厂年
　鉴　2003—
戚墅堰机车车辆厂年鉴编纂委员会编
　北京　中国铁道出版社
〔馆藏卷期〕1995　1998　1999　2000　2001
　2002　2003　2004　2005　2006　2007

金坛区

008001354
金坛年鉴
金坛年鉴编纂委员会编　南京　江苏古籍
　出版社　1995—
〔馆藏卷期〕1988/1993　1994/1996
　1997/1999　2000/2002　2003/2005
　2008　2009　2010　2011　2012　2013
　2014

溧阳市

009913585
溧阳年鉴
溧阳年鉴编纂委员会编 中共溧阳市委员会 溧阳市人民政府主办 北京 中央文献出版社 2005—
〔馆藏卷期〕2005 2006 2007 2009 2011 2012 2013 2014

苏州市

004598822
苏州年鉴
苏州市档案局编 苏州 苏州市档案局 1983—
〔馆藏卷期〕1983 1984 1985 1987 1988 1989 1990 1991 1992 1993 1994 1995 1996 1997 1998 1999 2000 2001 2002 2003 2004 2005 2006 2007 2008 2009 2010 2011 2012 2013

004569407
苏州统计年鉴
苏州市统计局编 北京 中国统计出版社
〔馆藏卷期〕1989 1990 1991 1992 1993 1994 1995 1996 1997 1998 1999 2000 2001 2002 2003 2004 2005 2006 2007 2008 2009 2010 2011 2012 2013 2014

009035732
苏州大学年鉴
苏州大学档案馆编 苏州 苏州大学出版社
〔馆藏卷期〕1991/1992 1993/1994 1995 1996 1998 1999 2000 2001 2002 2003 2004 2005 2006 2007 2008 2009 2010 2011 2012 2013

013747891
苏州市职业大学年鉴
苏州市职业大学编 苏州 苏州市职业大学
〔馆藏卷期〕2011

013634265
苏州油画雕塑年鉴
苏州 苏州大学出版社
〔馆藏卷期〕2011 2012

姑苏区

013809451
沧浪年鉴
沧浪区档案馆编 沧浪 苏州市沧浪区档案馆

〔馆藏卷期〕2007

虎丘区

009726211

苏州高新区、虎丘区年鉴

苏州国家高新技术产业开发区管理委员会 苏州市虎丘区人民政府编 上海 上海社会科学院出版社 2004—

〔馆藏卷期〕2004 2007

008435414

苏州新区年鉴

苏州市人民政府苏州新区管理委员会编 上海 上海人民出版社

〔馆藏卷期〕1995 1997 1999

吴中区

006035366

吴县年鉴

吴县档案局 吴县档案馆编 吴县 吴县档案馆 1987—

〔馆藏卷期〕1986 1987 1988 1989 1990 1991 1994 1995 1996 1998 1999 2000 2001

009004476

吴中年鉴

苏州市吴中区年鉴编纂委员会编纂 苏州市吴中区人民政府主办 苏州 古吴轩出版社 2002—

〔馆藏卷期〕2002 2003 2004 2005 2006 2007 2008 2009 2010 2011 2012

010226782

吴中统计年鉴

苏州市吴中区统计局编 北京 方志出版社

〔馆藏卷期〕2006 2007 2008 2009 2010 2011 2012 2013 2014

吴江区

005345917

吴江年鉴

吴江年鉴编辑部编 上海 中国大百科全书出版社上海分社

〔馆藏卷期〕1986 1988 1989 1990 1991 1992 1995 1997 1998 1999 2000 2001 2002 2003 2004 2005 2006 2007 2008 2009 2010 2011 2012 2014

012530265

吴江统计年鉴

吴江市统计局编 吴江 吴江统计局

〔馆藏卷期〕2008 2010

常熟市

007733605

常熟年鉴

常熟市地方志编纂委员会办公室编 上

海 上海科学技术出版社 1996—
〔馆藏卷期〕1991/1995 1997 1998 1999 2000 2001 2002 2003 2004 2005 2006 2007 2008 2009 2010 2011 2012 2013 2014

010101962
常熟统计年鉴
常熟市统计年鉴 2000
常熟市统计局编 常熟 常熟市统计局
〔馆藏卷期〕1993 1994 1995 1997 1998 2000 2001 2002 2003 2004 2005 2006 2007 2008 2011 2013

009934177
江苏常熟发电有限公司年鉴
江苏常熟发电有限公司年鉴编纂委员会编 常熟 江苏常熟发电有限公司
〔馆藏卷期〕2003 2004 2007 2010

011965714
常熟美术馆（庞熏琹美术馆）年鉴
常熟美术馆（庞熏琹美术馆）编 常熟 常熟美术馆（庞熏琹美术馆） 2008—
〔馆藏卷期〕2005/2007 2008 2009 2010 2011 2012

张家港市

008405439
张家港年鉴
张家港市党史地方志办公室编 北京 方志出版社

〔馆藏卷期〕1996 1997 1998 1999 2000 2001 2002 2003 2004 2005 2006 2007 2008 2009 2010 2011 2012 2013 2014

008272090
张家港市统计年鉴
张家港统计年鉴 2000—
张家港市统计局编 张家港 张家港市统计局
〔馆藏卷期〕1989 1990 1991 1992 1993 1994 1995 1996 1997 1998 1999 2000 2001 2002 2003 2004 2005 2006 2007 2008 2009 2010 2011 2012 2013

昆山市

008143417
昆山年鉴
昆山市地方志编纂委员会编 上海 上海科学技术出版社 1995—
〔馆藏卷期〕1988/1993 1994/1997 1999 2000 2001 2002 2003 2004 2005 2006 2007 2008 2009 2010 2011

009617442
昆山统计年鉴
昆山市统计局编 昆山 昆山市统计局
〔馆藏卷期〕1988 1989 1990 1991 1992 1998 2000 2002 2003 2004 2005 2006 2007 2008 2009 2010 2011

2012　2013

012079207
昆山钞票纸厂年鉴
昆山钞票纸厂年鉴编纂委员会编　上海　上海社会科学院出版社　2005—
〔馆藏卷期〕2002/2003　2005　2007

太仓市

008397331
太仓年鉴
太仓年鉴编纂委员会编　上海　华东理工大学出版社
〔馆藏卷期〕1997　1998　1999　2000　2001　2002　2003　2004　2005　2006　2007　2008　2009　2010　2011　2012　2013　2014

南通市

008438002
南通年鉴
南通年鉴编纂委员会编　合肥　黄山书社
〔馆藏卷期〕1998　1999　2000　2001　2002　2003　2004　2005　2006　2007　2008　2009　2010　2011　2012

008402932
南通统计年鉴
南通市统计局编　北京　中国统计出版社
〔馆藏卷期〕1999　2000　2001　2002　2003　2004　2005　2006　2007　2008　2009　2010　2011　2012　2013　2014

008390517
南通市社会经济统计年鉴
社会经济统计年鉴
南通市统计局编　南通　南通市统计局

〔馆藏卷期〕1990　1992　1993　1994　1995　1996　1997

012080552
大生纺织公司年鉴
张季直先生事业史编纂处编　张謇研究中心　南通市图书馆　南京大学外国学者研修部校注编　南京　江苏人民出版社　1998
〔馆藏卷期〕1895/1947

010226632
南通文化艺术年鉴
南通文化年鉴　2007—
南通市文化局编　南通　南通市文化局
〔馆藏卷期〕2006　2007　2008　2009　2010　2012　2013

通州区

008399283
通州年鉴
南通市通州年鉴 2012—
南通市通州区地方志编纂委员会办公室编 中共南通市通州区委员会 南通市通州区人民政府主办 北京 方志出版社
〔馆藏卷期〕1997 1998 1999 2000 2001 2002 2003 2004 2005 2006 2007 2008 2009 2010 2011 2012 2013

启东市

008438153
启东年鉴
江苏省启东市年鉴编纂委员会编 北京 中国县镇年鉴社
〔馆藏卷期〕1998 1999 2000 2001 2002 2003 2004 2005 2006 2007 2008 2009 2010 2011 2012 2013 2014

如皋市

008588909
如皋年鉴
如皋县档案馆编 上海 同济大学出版社 1990—
〔馆藏卷期〕1989 1990 1991 1992 1993 1994 1995 1996 1997 1998 1999 2000 2001 2002 2003 2004 2005 2006 2007 2008 2009 2010 2011 2012 2013 2014

013932378
如皋统计年鉴
如皋市统计局编 如皋 如皋市统计局
〔馆藏卷期〕1994 1995 1998 2001 2004 2005 2006 2007 2009 2010

海门市

008728184
海门年鉴
海门年鉴编纂委员会编 北京 中华书局
〔馆藏卷期〕2000 2001 2002 2003 2004 2005 2006 2007 2008 2009 2010 2011 2012 2013 2014

009805726
海门统计年鉴
海门市统计局编 海门 海门市统计局
〔馆藏卷期〕2000 2001 2002 2003 2004 2005 2006 2007 2008 2011 2012 2013

海安县

008828450
海安年鉴
海安年鉴编纂委员会编 合肥 黄山书社
〔馆藏卷期〕1993/1998 2000 2001 2002 2003 2004 2005 2006 2007 2008

2009 2010 2011 2012 2013 2014

如东县

008749440
如东年鉴
江苏省如东县委党史工作办公室 如东县地方志编纂委员会办公室编 北京 方志出版社
〔馆藏卷期〕2000 2001 2002 2003 2004 2005 2006 2007 2008 2009 2010 2011 2012 2013 2014

连云港市

008406132
连云港年鉴
连云港年鉴编纂委员会编 北京 中国文史出版社
〔馆藏卷期〕1999 2000 2001 2002 2003 2004 2005 2006 2007 2008 2009 2010 2011 2012 2013 2014

008401716
连云港统计年鉴
连云港市统计年鉴 1991
连云港市统计局编 连云港 江苏省连云港市统计局
〔馆藏卷期〕1988 1989 1991 1992 1993 1994 1995 1997 1998 1999 2000 2001 2002 2003 2004 2005 2006 2007 2008 2009 2010 2011 2012 2013 2014

012517867
大陆桥年鉴
新亚欧大陆桥国际协调机制办公室 陇海兰新经济促进会编 北京 群言出版社 2009—
〔馆藏卷期〕2008

008944122
连云港港年鉴
连云港港务局编 徐州 中国矿业大学出版社
〔馆藏卷期〕1991 1992 1993 1994 1995 1996 1997 1998 1999 2000 2001 2002 2003 2005 2006 2007 2008 2009 2010 2011 2012 2013 2014

012079214
连云港市卫生年鉴
连云港市卫生志编纂委员会办公室编 连云港 连云港市卫生志编纂委员会办公室 1990—
〔馆藏卷期〕1990

海州区

011966563
海州区年鉴
海州年鉴 2001—
海州区地方志办公室编 连云港 海州区地方志办公室
〔馆藏卷期〕2000 2001 2002 2003 2004 2005 2006 2007 2008 2009/2010 2011 2012 2013 2014

008977331
新浦年鉴
新浦年鉴编纂委员会编 连云港市新浦区人民政府办公室主办 北京 方志出版社
〔馆藏卷期〕2001 2002 2003 2004 2005 2006 2007 2008 2009 2010 2011 2012 2013 2014

连云区

011398611
连云年鉴
连云区地方志办公室编 连云区人民政府主办 北京 方志出版社 2007—
〔馆藏卷期〕2007 2008 2009 2010 2011 2012 2013 2014

赣榆区

009492595
赣榆年鉴
赣榆县地方志编纂委员会编 赣榆县人民政府主办 北京 方志出版社 2004—
〔馆藏卷期〕2003 2004/2005 2006 2007 2008 2009/2010 2011 2013

011966536
赣榆统计年鉴
赣榆县统计局编 赣榆 赣榆县统计局 1992—
〔馆藏卷期〕1991 1996 1997 1998 1999 2000 2001 2003 2004 2005

东海县

009541714
东海年鉴
东海年鉴编纂委员会编 东海县人民政府主办 北京 方志出版社 2004—
〔馆藏卷期〕2004 2005 2006 2007 2008 2009 2010 2012

013753594
东海统计年鉴
东海县统计局编 东海 东海县统计局
〔馆藏卷期〕2004 2006 2008

灌云县

009840783
灌云年鉴
灌云县地方志编纂委员会编 灌云县人民政府主办 北京 方志出版社 2004—
〔馆藏卷期〕2004 2005 2006 2007 2008 2009 2010 2013

009307831
灌云经济年鉴
灌云县统计局编 灌云 灌云县统计局
〔馆藏卷期〕1993 1994 1995 1996 1997 1998 1999 2000 2001

012511668
灌云统计年鉴
江苏省灌云县统计局编 灌云 灌云县统计局 1992—
〔馆藏卷期〕1991

灌南县

008432868
灌南年鉴
灌南县地方志办公室编 北京 中国县镇年鉴社
〔馆藏卷期〕1997 1998 1999 2000 2001 2002 2003 2004 2005 2006 2007 2008 2009 2010 2013

013926372
灌南统计年鉴
灌南县统计局编 灌南 灌南县统计局
〔馆藏卷期〕2007 2010

淮安市

008849879
淮安年鉴
淮安年鉴编纂委员会编 淮安市人民政府主办 长春 吉林人民出版社
〔馆藏卷期〕2001 2002 2003 2004 2005 2006 2007 2008 2009 2010 2011 2012 2013 2014

008849883
淮安统计年鉴
淮安市统计局编 淮安 淮安市统计局
〔馆藏卷期〕2000 2001 2002 2003 2004 2005 2006 2007 2008 2009 2010 2011 2012 2014

013656020
江苏省淮阴中学年鉴
江苏省淮阴中学十年鉴 南京 江苏人民出版社
〔馆藏卷期〕2002/2012

淮安区

009617431
楚州年鉴
楚州区年鉴编纂委员会编著 楚州区人民政府主办 长春 吉林文史出版社
〔馆藏卷期〕2001 2002 2003 2004 2005 2006 2007 2008 2009 2010

淮阴区

008278748
淮阴年鉴
淮阴市人民政府主办 淮阴年鉴编纂委员会编 上海 上海社会科学院出版社 1995—
〔馆藏卷期〕1995 1996 1997 1998 1999 2000 2005 2007 2010

008398261
淮阴市统计年鉴
淮阴统计年鉴 1998—1999
淮阴市统计局编 淮阴 淮阴市统计局
〔馆藏卷期〕1987 1998 1999

013928131
淮阴财政年鉴
淮阴财政年鉴编辑委员会编 淮阴市财政局主办 北京 中国县镇年鉴社
〔馆藏卷期〕2000

清江浦区

012530140
清河年鉴
淮安市清河年鉴 2012—
淮安市清河区地方志办公室编 淮安市清河区人民政府主办 北京 方志出版社 2009—
〔馆藏卷期〕2008 2009 2010 2011 2012 2013 2014

009307845
淮安市清浦区国民经济统计年鉴
淮安市清浦区统计年鉴 2004—
淮安市清浦区统计局编 淮安 淮安市清浦区统计局
〔馆藏卷期〕2002 2004

洪泽区

011502169
洪泽年鉴
洪泽县地方志办公室编辑 洪泽县人民政府主办 北京 方志出版社 2008—
〔馆藏卷期〕2007 2008 2009 2010 2011 2012 2014

涟水县

009015765
涟水年鉴
涟水年鉴编纂委员会编 涟水县人民政

府主办 涟水 涟水年鉴编纂委员会
〔馆藏卷期〕1998 1999 2000 2001 2003 2004 2005 2006 2007 2008 2011 2012 2013 2014

1999 2000 2001 2002 2003 2008 2009 2010 2013

金湖县

008433861
金湖年鉴
金湖县地方志编纂委员会编 北京 中国县镇年鉴社
〔馆藏卷期〕1995 1996 1997 1998 1999 2000 2001 2002 2003 2004 2005 2006 2007 2008 2009 2010 2011 2012 2013

盱眙县

008250235
盱眙年鉴
盱眙县地方志编纂委员会编 盱眙县人民政府主办 南京 河海大学出版社 1994—
〔馆藏卷期〕1994 1995 1996 1997 1998

盐城市

008406315
盐城年鉴
江苏省盐城市人民政府办公室 盐城市地方志编纂委员会办公室编 北京 方志出版社
〔馆藏卷期〕1998 1999 2000 2001 2002 2003 2004 2005 2006 2007 2008 2009 2010 2011 2012 2013 2014

008400136
盐城统计年鉴
盐城市统计局编 盐城 盐城市统计局
〔馆藏卷期〕1990 1991 1992 1993 1994 1995 1996 1998 1999 2000 2001 2002 2003 2004 2005 2006 2007

2008 2009 2010 2011 2012 2013 2014

008788163
盐城市建设年鉴
盐城市城乡建设委员会 盐城市城建档案馆编 北京 方志出版社
〔馆藏卷期〕1993/1996

009087826
盐城交通年鉴
王延龙 葛定山主编 北京 中国城市出版社
〔馆藏卷期〕1986/1993 1996/1997

013933028
盐城港口年鉴
港口年鉴
盐城港口集团编纂委员会编 盐城 盐城港口集团编纂委员会
〔馆藏卷期〕1986/1993

亭湖区

011140391
亭湖年鉴
亭湖年鉴编纂委员会编 盐城市亭湖区人民政府主办 北京 方志出版社 2006—
〔馆藏卷期〕2006 2010 2011 2012 2013

盐都区

008432884
盐都年鉴
盐都县年鉴编纂委员会编 北京 方志出版社
〔馆藏卷期〕1983/1996 1996/1999 2001 2002 2003 2004 2005 2006 2007 2008 2009 2010 2011 2012 2013 2014

009395532
盐都统计年鉴
盐都县统计年鉴
盐都县统计局编 盐都 盐都县统计局
〔馆藏卷期〕1998 1999 2000 2001 2002

大丰区

008749355
大丰年鉴
大丰年鉴编纂委员会编 北京 方志出版社
〔馆藏卷期〕2000 2001 2002 2003 2004 2005 2006 2007 2008 2009 2010 2011 2012 2013 2014

009617436
大丰统计年鉴
大丰市统计局编 大丰 大丰市统计局
〔馆藏卷期〕1991 1992 1993 1994 1995 1996 1997 1998 1999 2000 2001 2002 2003 2004 2005 2006 2007 2009

东台市

009541720
东台年鉴
东台年鉴编纂委员会编 东台市人民政府主办 北京 方志出版社 2004—
〔馆藏卷期〕2004 2005 2006 2007 2008 2009 2010 2011 2013

009309749
东台统计年鉴
东台市统计局编 东台 东台市统计局
〔馆藏卷期〕1995 1996 1997 1998 1999 2000 2001 2002 2003 2004 2005

2006　2007　2008　2009　2011

响水县

008941920
响水年鉴
江苏省响水年鉴编纂委员会编　响水县人民政府主办　北京　方志出版社　2001—
〔馆藏卷期〕1988/1999　2000/2003　2009　2010　2011　2013

009307946
响水统计年鉴
响水县统计局编　响水　响水县统计局
〔馆藏卷期〕2002

滨海县

011500268
滨海年鉴
滨海县委党史工作办公室　滨海年鉴编纂委员会编　滨海县人民政府主办　北京　方志出版社
〔馆藏卷期〕2000　2007　2008　2012

009309706
滨海统计年鉴
滨海县统计局编　滨海　滨海县统计局
〔馆藏卷期〕1991　1992　1993　1994　1995　1996　1997　1998　1999　2000　2001　2002　2003　2004　2005　2006　2007

阜宁县

007918346
阜宁年鉴
阜宁年鉴编纂委员会编　南京　江苏科学技术出版社　1994—
〔馆藏卷期〕1986/1992　1993/2000　2011　2014

011968102
益林年鉴
益林年鉴编纂办公室编　益林镇　益林镇人民政府　2006—
〔馆藏卷期〕2001/2005

009237357
阜宁统计年鉴
阜宁县统计局编　阜宁　阜宁县统计局
〔馆藏卷期〕1995　1996　1997　1998　1999　2000　2001　2002　2003　2004　2005　2006　2007　2008

射阳县

008728228
射阳年鉴
射阳县人民政府办公室　射阳县地方志编纂委员会办公室编　北京　中华书局
〔馆藏卷期〕2000　2005/2007　2009　2010　2011　2012

009617448

射阳统计年鉴

射阳县统计局编 射阳 射阳县统计局

〔馆藏卷期〕2002 2003

建湖县

008876506

建湖年鉴

建湖年鉴编纂委员会编 北京 方志出版社

〔馆藏卷期〕1999 2001 2002 2003 2004 2005 2006 2007 2008 2009 2010 2011 2012 2013

009726197

建湖统计年鉴

建湖县统计局编 建湖 建湖县统计局 2006—

〔馆藏卷期〕2006 2007 2008 2009

扬州市

004187787

扬州年鉴

扬州年鉴编纂委员会编 上海 中国大百科全书出版社上海分社 1991—

〔馆藏卷期〕1991 1992 1993 1994 1995 1996 1997 1998 1999 2000 2001 2002 2003 2004 2005 2006 2007 2008 2009 2010 2011 2012 2013 2014

008278865

扬州统计年鉴

扬州市统计局编 扬州 扬州市统计局

〔馆藏卷期〕1991 1992 1993 1994 1996 1997 1998 1999 2000 2001 2002 2003 2004 2005 2006 2007 2008 2009 2010 2011 2012 2013 2014

008438959

江苏油田年鉴

江苏油田年鉴编辑委员会编 扬州 江苏油田年鉴编辑委员会

〔馆藏卷期〕1992/1995 1996 1997 1998 1999 2000 2001 2002 2003 2004 2005 2006 2007 2008 2009 2010 2011 2012

邗江区

012354100

邗江年鉴

扬州市邗江区地方志编纂委员会编 中共扬州市邗江区委 扬州市邗江区人民政府主办 长春 吉林人民出版社 2007—

〔馆藏卷期〕2007 2008 2010 2011 2012 2013 2014

012048625
维扬年鉴
扬州市维扬区人民政府编 长春 吉林人民出版社 2007—
〔馆藏卷期〕2006 2007 2008 2009 2010 2011

广陵区

011139786
广陵年鉴
扬州市广陵区地方志年鉴编纂委员会编 中共扬州市广陵区委员会 扬州市广陵区人民政府主办 扬州 广陵书社 2010—
〔馆藏卷期〕2010

江都区

008432558
江都年鉴
江都市地方志编纂委员会编 北京 中国县镇年鉴社
〔馆藏卷期〕1997 1998 1999 2000 2001 2002 2003 2004 2005 2006 2007 2008 2009 2010 2011 2012 2013

仪征市

008724709
仪征年鉴
仪征年鉴编纂委员会编 长春 吉林人民出版社
〔馆藏卷期〕1999 2000 2001 2002 2003 2004 2005 2006 2007 2008 2009 2010 2011 2012 2013

009426267
仪征统计年鉴
仪征市统计局编 仪征 仪征市统计局
〔馆藏卷期〕2000 2001 2002 2003 2004 2005 2006 2007 2011

高邮市

005325795
高邮年鉴
高邮年鉴编辑委员会编 南京 江苏人民出版社 1991—
〔馆藏卷期〕1992 1993 1994 1995 1996 1997 1998 1999 2000 2001 2002 2004 2005 2006 2007 2008 2009 2010 2011 2012 2013 2014

009617439
高邮统计年鉴
高邮市统计局编 高邮 高邮市统计局
〔馆藏卷期〕2002 2003 2004 2005 2006 2007 2008 2011

宝应县

009104860
宝应年鉴
宝应县地方志编纂委员会编纂 南京 江苏古籍出版社 2002—
〔馆藏卷期〕2001 2005 2006 2007 2008 2009 2010 2011 2012 2013 2014

镇江市

008278747
镇江年鉴
镇江年鉴编辑部编 镇江市人民政府主办 上海 上海社会科学院出版社 1993—
〔馆藏卷期〕1992 1993 1994 1995 1996 1997 1998 1999 2000 2001 2002 2003 2004 2005 2006 2007 2008 2009 2010 2011 2012 2013 2014

008403167
镇江统计年鉴
镇江市统计年鉴
镇江市统计局编 镇江 镇江市统计局
〔馆藏卷期〕1989 1991 1992 1993 1994 1995 1996 1997 1999 2000 2001 2002 2003 2004 2005 2006 2007 2008 2009 2010 2011 2012 2013 2014

011823313
镇江保险年鉴
镇江保险学会编 镇江 镇江保险学会 2006—
〔馆藏卷期〕2006

011399648
镇江博物馆年鉴
镇江博物馆编 镇江 镇江博物馆
〔馆藏卷期〕1994 1995 1996

012591826
江苏大学年鉴
江苏大学档案馆编 镇江 江苏大学 2002—
〔馆藏卷期〕2002 2004 2010 2013

012591846
江苏理工大学年鉴
江苏理工大学综合档案室编 镇江 江苏理工大学
〔馆藏卷期〕2000 2001

012242800
镇江生活年鉴
镇江年鉴编辑部编 北京 方志出版社 2004—
〔馆藏卷期〕2004

京口区

008001514
京口年鉴
京口年鉴编辑部编 上海 上海社会科学院出版社 1994—
〔馆藏卷期〕1990/1992 1993/1995 1996/1997 2000 2002 2004 2006 2008 2009 2010 2011 2012 2013 2014

润州区

008773095
润州年鉴
润州年鉴编辑部编 北京 方志出版社
〔馆藏卷期〕2000 2003 2005 2006 2007 2008 2009 2010 2011 2012 2013 2014

丹徒区

007916583
丹徒年鉴
丹徒年鉴编辑部编 丹徒县人民政府主办 南京 江苏科学技术出版社 1994—
〔馆藏卷期〕1993 1994 1995 1996 1997 1998 1999 2000 2001 2002 2003 2004 2005 2006 2007 2008 2009 2010 2011 2012 2013 2014

丹阳市

008805275
丹阳年鉴
丹阳年鉴编辑部编 丹阳市人民政府主办 北京 方志出版社
〔馆藏卷期〕1999 2000 2001 2002 2003 2004 2005 2006 2007 2008 2009 2010 2011 2012 2013 2014

011395828
丹阳统计年鉴
丹阳市统计局编 北京 中国统计出版社
〔馆藏卷期〕2007 2008 2009 2010 2011 2012 2013 2014

扬中市

012801279
扬中年鉴
扬中年鉴编辑部编 扬中市人民政府主办 扬州 广陵书社
〔馆藏卷期〕2010 2012 2013

009307825
扬中统计年鉴
扬中市统计局 扬中市统计学会编 扬中 扬中市统计局
〔馆藏卷期〕2000/2002 2004 2006 2008

句容市

008437526

句容年鉴

句容年鉴编辑部编 南京 江苏年鉴杂志社

〔馆藏卷期〕1996 2001 2006 2007 2008 2009 2010 2011 2012 2013 2014

泰州市

008432419

泰州年鉴

泰州年鉴编纂委员会编 中共泰州市委 泰州市人民政府主办 北京 方志出版社

〔馆藏卷期〕1998 1999 2000 2001 2002 2003 2004 2005 2006 2007 2008 2009 2010 2011 2012 2013 2014

008643466

泰州统计年鉴

泰州市统计局编 泰州 泰州市统计局

〔馆藏卷期〕1997 1998 1999 2000 2001 2002 2003 2004 2005 2006 2007 2008 2009 2010 2011 2012 2013 2014

013714679

泰州市人民医院年鉴

泰州市人民医院年鉴编纂委员会编 南京 凤凰出版社 2012—

〔馆藏卷期〕2011

高港区

012723276

高港年鉴

泰州市高港区史志档案办公室编 中共泰州市高港区委 泰州市高港区人民政府主办 北京 方志出版社 2010—

〔馆藏卷期〕2010 2011 2012 2013 2014

姜堰区

008749121

姜堰年鉴

江苏省姜堰年鉴编纂委员会编 北京 方志出版社

〔馆藏卷期〕1989/2000 2001 2002 2003 2004 2005 2006 2007 2008 2009 2010 2011 2012 2013 2014

兴化市

009035876

兴化年鉴

兴化年鉴编纂委员会编 北京 方志出版社 2002—
〔馆藏卷期〕2002 2003 2004 2005 2006 2007 2008 2009 2010 2011 2012

靖江市

009014808
靖江年鉴
靖江年鉴编纂委员会编 北京 方志出版社 2002—
〔馆藏卷期〕2001/2002 2003 2004 2005 2007 2008 2009 2010 2011 2012 2013 2014

010226305
靖江统计年鉴
靖江县统计局编 靖江 靖江市统计局
〔馆藏卷期〕1984 1992 1993 1994 1996 1997 1998 1999 2000 2001 2002 2003 2004 2005 2006 2007 2008 2009 2011 2012

泰兴市

008399579
泰兴年鉴
泰兴市地方志编纂委员会 泰兴年鉴编纂委员会编 北京 中国县镇年鉴社
〔馆藏卷期〕1994 1996 1997 1999 2000 2001 2002 2003 2004 2005 2006 2007 2008 2010 2012 2014

宿迁市

008851365
宿迁年鉴
宿迁年鉴编辑委员会编 北京 中华书局
〔馆藏卷期〕2000 2001 2002 2003 2004 2005 2006 2007 2008 2009 2010 2011 2012 2013

008643439
宿迁统计年鉴
宿迁市统计局编 宿迁 宿迁市统计局
〔馆藏卷期〕1997 1998 1999 2000 2001 2002 2003 2004 2005 2006 2007 2008 2009 2010 2011 2012 2013 2014

宿城区

009237384
宿城区年鉴
宿城年鉴 2006—
宿城区年鉴编纂委员会编 宿迁市宿城区人民政府主办 宿城 宿城区年鉴编

纂委员会
〔馆藏卷期〕1999 2000 2001 2002 2003 2005 2006 2007 2009

宿豫区

009015846
宿豫年鉴
宿豫年鉴编纂委员会编 北京 方志出版社 2002—
〔馆藏卷期〕2002 2003 2004 2005 2006 2007 2008 2009 2010 2011 2012 2013

009840925
宿豫统计年鉴
宿豫区统计局编 宿豫 宿豫区统计局
〔馆藏卷期〕2010 2011

沭阳县

009289609
沭阳年鉴
沭阳年鉴编纂委员会编 长春 吉林人民出版社
〔馆藏卷期〕2000 2001 2002 2003 2007 2008 2009

013714554
沭阳统计年鉴
国家统计局沭阳调查队编 沭阳 沭阳县统计局
〔馆藏卷期〕2003 2004 2005 2011

泗阳县

008333937
泗阳年鉴
泗阳年鉴编纂委员会编辑 泗阳县地方志办公室编 北京 中国县镇年鉴社 1996—
〔馆藏卷期〕1996 1997 1998 1999 2000 2001 2002 2003 2004 2005 2006 2007 2010 2013

泗洪县

009542182
泗洪年鉴
泗洪年鉴编辑部编 泗洪县人民政府主办 北京 方志出版社 2004—
〔馆藏卷期〕1996/2002 2003/2004 2005 2008 2010 2011 2013

浙江省

004967459
浙江年鉴
浙江经济年鉴
中国共产党浙江省委员会政策研究室 浙江省人民政府经济技术社会发展研究中心编 杭州 浙江人民出版社 1992—
〔馆藏卷期〕1992 1993 1994 1995 1996 1997 1998 1999 2000 2001 2002 2003 2005 2006 2007 2008 2009 2010 2011 2012 2013 2014

010227022
浙江社科联年鉴
浙江省社科联年鉴
浙江省社联年鉴
浙江社联年鉴
浙江省社会科学联合会办公室编 杭州 浙江省社会科学界联合会办公室 1998—
〔馆藏卷期〕1995 1996 1997 1999 2000 2001 2002 2003 2004 2005 2006 2007 2009 2010

010226824
浙江农村统计年鉴
浙江省农村社会经济调查队编 杭州 浙江省统计局
〔馆藏卷期〕1993 1994 1995 1996 1997 1998 1999 2000 2001 2005 2006 2007

004561302
浙江统计年鉴
浙江省统计局编 北京 中国统计出版社
〔馆藏卷期〕1984 1985 1986 1987 1988 1990 1991 1992 1993 1994 1995 1996 1997 1998 1999 2000 2001 2002 2003 2004 2005 2006 2007 2008 2009 2010 2012 2013 2014

009618324
浙江乡镇统计年鉴
浙江省统计局编 北京 中国统计出版

社 2004—
〔馆藏卷期〕2004 2005 2006

010227026
浙江统一战线年鉴
中共浙江省委统战部编 杭州 杭州出版社 2006—
〔馆藏卷期〕2006 2007 2008 2009 2010 2011 2012 2013 2014

009542208
浙江公安年鉴
浙江公安史志编纂委员会 王辉忠主编 杭州 浙江大学出版社
〔馆藏卷期〕2004 2005 2006 2007 2008 2009 2010 2011 2012 2013 2014

013609023
民革浙江省委员会工作年鉴
中国国民党革命委员会浙江省委员会编 杭州 民革浙江省委员会
〔馆藏卷期〕2007/2012

011399640
浙江政策年鉴
中共浙江省委政策研究室编 北京 研究出版社 2007—
〔馆藏卷期〕2007 2008 2009 2010 2011 2012 2013 2014

009913832
浙江外事年鉴
浙江外事年鉴编辑部编 杭州 浙江人民出版社 2005—
〔馆藏卷期〕2005 2006 2007 2008 2009 2010 2011 2012 2013 2014

012200453
浙江省高级人民法院年鉴
高级人民法院（浙江省）编 杭州 浙江省高级人民法院 2009—
〔馆藏卷期〕2008 2009 2010 2011 2012 2013

009055181
浙江非国有经济年鉴
浙江非国有经济年鉴编辑委员会编 北京 中华书局 2000—
〔馆藏卷期〕2000 2001 2002 2003 2005 2006 2007 2008 2009 2010 2011 2012 2013 2014

010226745
浙江经济普查年鉴
浙江省第一次经济普查领导小组办公室编 北京 中国统计出版社
〔馆藏卷期〕2004 2008

008108961
浙江经济年鉴
浙江省银行经济研究室编 杭州 浙江省银行经济研究室
〔馆藏卷期〕1948

002992888
浙江经济年鉴
浙江年鉴
中国共产党浙江省委员会政策研究室 浙江省人民政府经济技术社会发展研究中心编 杭州 浙江人民出版社 1986—1991
〔馆藏卷期〕1986 1987 1988 1989 1990

008749633
浙江省乡镇年鉴
浙江省乡镇街道年鉴 2002—
浙江省乡镇年鉴编辑委员会编 北京 方志出版社
〔馆藏卷期〕1999 2000 2002

011503713
浙江劳动和社会保障年鉴 2007—2009
浙江人力资源和社会保障年鉴 2010—
浙江劳动和社会保障年鉴编辑委员会编 北京 中国劳动社会保障出版社
〔馆藏卷期〕2007 2008 2009 2010 2011 2012 2013 2014

012559243
浙江省乡镇企业统计年鉴
乡镇企业统计年鉴
浙江省乡镇企业局 浙江省中小企业局编 杭州 浙江省乡镇企业局
〔馆藏卷期〕2001 2002 2004 2006 2007 2008 2009

013174671
浙江建筑业统计年鉴
浙江省建筑业统计年鉴 1988
浙江省住房和城乡建设厅编 杭州 浙江省住房和城乡建设厅
〔馆藏卷期〕1988 1989 1995 1996 1999 2001 2002 2005 2006 2007 2008 2009 2010

009618332
浙江制造业年鉴
浙江省统计局 浙江省经济贸易委员会编 北京 中国统计出版社 2004—
〔馆藏卷期〕2004

011503704
浙江交通年鉴
浙江省交通厅编 杭州 浙江省交通厅
〔馆藏卷期〕2002 2003 2004 2005 2006 2007 2008 2009 2010 2011 2012 2013

011503708
浙江交通统计四十年鉴
浙江省交通厅编 杭州 浙江省交通厅 1990
〔馆藏卷期〕1949/1988

013173288
浙江省交通统计年鉴
浙江省交通厅编 杭州 浙江省交通厅
〔馆藏卷期〕1989 1990 1991 1993 1994 1995 1996 1997 1998 1999 2000

2001 2002 2003 2004 2006

014014989
浙江省公路统计年鉴
浙江省公路管理局编 杭州 浙江省公路管理局
〔馆藏卷期〕2008

009726396
浙江旅游年鉴
浙江省旅游局编 北京 中国旅游出版社 2004—
〔馆藏卷期〕2004 2005 2006 2007 2008 2009 2010 2011 2012 2013 2014

008879259
浙江邮电年鉴
浙江省邮电管理局编 上海 上海社会科学院出版社
〔馆藏卷期〕1997 1998

009618341
浙江邮政年鉴
浙江邮电年鉴
浙江邮政年鉴编纂委员会编 杭州 浙江省邮政局 2000—
〔馆藏卷期〕2000 2001 2002 2003 2004 2005 2006 2007 2008 2009 2010 2011 2012

008902183
浙江电信年鉴
中国电信集团浙江省电信公司编 上海 上海社会科学院出版社 2000—
〔馆藏卷期〕2000 2003 2006

009926531
浙江电信实业年鉴
浙江省电信实业集团公司编 杭州 浙江省电信实业集团公司
〔馆藏卷期〕2002 2003 2004 2005 2006

013379138
浙江通信服务年鉴
浙江省通信产业服务有限公司编 杭州 浙江省通信产业服务有限公司
〔馆藏卷期〕2008 2011

009913836
浙江移动通信年鉴
中国移动通信集团浙江有限公司年鉴
浙江移动通信有限责任公司编 杭州 浙江移动通信有限责任公司
〔馆藏卷期〕2000 2001 2002 2003 2004 2005

014142053
中国移动通信集团浙江有限公司年鉴
浙江移动通信年鉴
中国移动通信集团浙江有限公司编 杭州 浙江移动通信有限责任公司 2006—
〔馆藏卷期〕2006 2007 2008 2009 2010

008113682
浙江工商年鉴

杭州 浙江工商年鉴编纂委员会
〔馆藏卷期〕1946

012864399
浙江商务年鉴
浙江省对外贸易经济合作年鉴
浙江商务年鉴编辑委员会编 杭州 浙江人民出版社 2010—
〔馆藏卷期〕2010 2011 2012 2013

008805305
浙江省对外贸易经济合作年鉴
浙江省对外贸易经济合作年鉴编辑委员会编 北京 中国对外经济贸易出版社
〔馆藏卷期〕2001 2002 2004 2005 2006 2007 2008 2009

009055177
浙江财政年鉴
浙江财政年鉴编辑委员会编 浙江省财政厅主办 北京 中华书局
〔馆藏卷期〕2001 2002 2003 2005 2006 2007 2008 2009 2010 2011 2012 2013

009081524
浙江地税年鉴
浙江省地方税务局编 北京 中华书局
〔馆藏卷期〕2001 2003 2004 2005 2006 2007 2008 2009 2010 2011 2012

013609312
浙江税务统计年鉴
浙江省国家税务局编 杭州 浙江省国家税务局
〔馆藏卷期〕2000 2004

012048849
浙江省农业银行统计年鉴
中国农业银行浙江省分行资产负债管理处编 杭州 中国农业银行浙江省分行
〔馆藏卷期〕2000 2001 2002 2003 2004

009014887
浙江金融年鉴
浙江金融年鉴编辑委员会编 杭州 浙江人民出版社
〔馆藏卷期〕1997 1998 1999 2000 2001 2002 2003 2004 2005 2006 2007 2008 2009 2010 2011 2012 2013

012617667
浙江保险年鉴
浙江保险年鉴编委会 中国保险监督管理委员会浙江监管局编 中国保险监督管理委员会浙江监管局 浙江省保险学会主办 北京 中国统计出版社 2010—
〔馆藏卷期〕2010 2011 2012

012801334
浙江省文化文物统计年鉴
浙江省文化厅编 杭州 浙江省文化厅

〔馆藏卷期〕2008 2009 2011 2012

011823310
浙江文化年鉴
浙江文化年鉴编辑委员会编 北京 中华书局 2008—
〔馆藏卷期〕2007 2008 2009 2010 2011 2012

011399634
浙江文化市场年鉴
浙江省文化市场管理工作领导小组办公室编 杭州 浙江省文化厅
〔馆藏卷期〕2005 2006 2007 2008 2009 2010 2011 2012

012200463
浙江新闻年鉴
浙江省新闻工作者协会编 杭州 浙江省新闻工作者协会 2006—
〔馆藏卷期〕2001/2002

008993767
浙江广播电视年鉴
浙江广播电影电视年鉴 2009—
浙江省广播电视局 浙江广播电视年鉴编辑委员会编 北京 中国广播电视出版社 2001—
〔馆藏卷期〕2001 2002 2003 2004 2005 2006 2007 2008 2009 2010 2011 2012 2013

008923204
浙江出版年鉴
浙江出版年鉴编辑部编辑 浙江省新闻出版局主办 杭州 浙江人民出版社 1998—
〔馆藏卷期〕1998 1999

008278742
浙江省科技统计年鉴
浙江科技统计年鉴 2007—
浙江省科学技术委员会 浙江省统计局编 北京 中国统计出版社 1989—
〔馆藏卷期〕1989 1991 2004 2007 2008 2009 2010 2011 2012 2013 2014

013714700
浙江教育考试统计年鉴
浙江省教育考试院编 杭州 浙江省教育考试院
〔馆藏卷期〕2011 2013

012048841
浙江教育年鉴
浙江省教育厅编 杭州 浙江教育出版社 2008—
〔馆藏卷期〕2008 2009 2010 2011 2012

009503017
浙江民办教育年鉴
浙江民办教育年鉴编写组编 杭州 浙江大学出版社 2004—
〔馆藏卷期〕1979/2003

009698996
浙江省教育厅教研室年鉴
浙江省教育厅教研室年鉴编委会编 杭州 浙江省教育厅
〔馆藏卷期〕2004 2006 2007 2008 2012

013790762
浙江省老年人体育协会年鉴
浙江省老年人体育协会十年鉴
浙江省老年人体育协会编 杭州 浙江省老年人体育协会
〔馆藏卷期〕1985/1995

012593469
浙江体育年鉴
浙江省体育年鉴 1998
浙江省体育运动委员会编 杭州 浙江省体育运动委员会 1999—
〔馆藏卷期〕1992 1993 1997 1998 1999 2000 2002 2005 2006

009459927
浙江文物年鉴
浙江文物年鉴编委会编 杭州 浙江文物年鉴编委会
〔馆藏卷期〕1998 1999 2000 2002 2003 2004 2005 2006 2007 2008 2010 2011

009014896
浙江乡镇街道年鉴
〔馆藏卷期〕2002

012521642
浙江省医院细菌耐药检测年鉴
吕时铭主编 杭州 浙江大学出版社 2009—
〔馆藏卷期〕2008 2009 2010 2011

011503702
浙江出入境检验检疫年鉴
浙江检验检疫年鉴
浙江出入境检验检疫年鉴编辑委员会编 杭州 浙江出入境检验检疫局 2006—
〔馆藏卷期〕2006 2007 2009 2010

013933097
浙江疾病预防控制年鉴
浙江省疾病预防控制中心编 杭州 浙江省卫生厅疾病控制处
〔馆藏卷期〕2000 2001 2002

012801344
浙江卫生年鉴
浙江卫生年鉴编辑委员会编 杭州 浙江省卫生厅
〔馆藏卷期〕2010

010102071
浙江城市建设统计年鉴
浙江省城市建设统计年鉴
浙江省建设厅编 杭州 浙江省建设厅
〔馆藏卷期〕1999 2000 2004 2006 2007 2008

012530586

浙江城乡建设年鉴

浙江省住房和城乡建设厅编 杭州 浙江省住房和城乡建设厅

〔馆藏卷期〕2009 2010 2011 2012 2013 2014

014014986

浙江省城乡建设统计年鉴

浙江省城乡建设厅编 杭州 浙江省城乡建设厅

〔馆藏卷期〕1985

010102073

浙江省火灾统计年鉴

浙江省公安厅消防局编 杭州 浙江省公安厅消防局

〔馆藏卷期〕1994/1996

012048837

浙江环境统计年鉴

浙江省统计局编 北京 中国统计出版社 2008—

〔馆藏卷期〕2008

012801348

浙江自然资源与环境统计年鉴

浙江省统计局编 北京 中国统计出版社

〔馆藏卷期〕2009 2010 2011 2012 2013 2014

014014997

浙江省环境监测年鉴

浙江省环境监测中心站编 杭州 浙江省环境监测中心站

〔馆藏卷期〕1987

杭州市

001992622

杭州年鉴

杭州年鉴编辑部编辑 杭州 浙江大学出版社 1987—

〔馆藏卷期〕1987 1988 1989 1990 1991 1992 1993 1994 1995 1996 1997 1998 1999 2000 2001 2002 2003 2005 2006 2007 2008 2009 2010 2011 2012 2013 2014

006924871

杭州统计年鉴

杭州市统计局编 杭州 杭州市统计局

〔馆藏卷期〕1990 1991 1993 1995 1996 1997 1998 1999 2000 2001 2002 2003 2004 2005 2006 2007 2008 2009 2010 2011 2012 2013 2014

009913828

浙江党校年鉴

浙江党校年鉴编辑部编 北京 中国档案

出版社
〔馆藏卷期〕2002

014014977
浙江大学共青团工作年鉴
共青团浙江大学委员会编 杭州 浙江大学共青团
〔馆藏卷期〕2003 2007

014014975
浙江工业大学共青团工作年鉴
共青团浙江工业大学委员会编 杭州 浙江工业大学共青团
〔馆藏卷期〕2008

009425856
杭州铁路分局工会年鉴
杭州 杭州铁路分局工会
〔馆藏卷期〕1996 1997 1999 2000 2001 2002

009197858
杭州公安年鉴
杭州市公安局编 杭州 杭州市公安局
〔馆藏卷期〕1996/2002 2004/2005 2006 2007 2008 2009 2010 2011 2012 2013

013470929
杭州经济技术开发区年鉴
杭州经济技术开发区地方志编纂委员会办公室编 北京 方志出版社 2012—
〔馆藏卷期〕2011 2012 2013 2014

013814722
杭州经济普查年鉴
杭州市第二次经济普查领导小组办公室编 杭州 杭州市统计局
〔馆藏卷期〕2008

011822032
杭州市经济委员会（市乡镇企业局）年鉴
杭州市经济委员会年鉴汇集 1986/2003
杭州市经济委员会综合档案室编 杭州 杭州市经委综合档案室 2005—
〔馆藏卷期〕1986/2003 2004 2005 2006 2007 2008

012983283
杭州城投年鉴
杭州市城市建设投资集团有限公司编 杭州 杭州市城市建设投资集团有限公司
〔馆藏卷期〕2007

011502093
杭州建设年鉴
杭州城乡建设年鉴 2013—
杭州市建设委员会编 杭州 杭州市建设委员会
〔馆藏卷期〕2002 2004 2006 2007 2008 2009 2010 2011 2012 2013 2014

012047181
杭州市城市建设年鉴
杭州城市建设年鉴 1993—
杭州市城乡建设委员会编 杭州 杭州市城乡建设委员会
〔馆藏卷期〕1984 1985 1986 1987 1988 1989 1990 1992 1993 1995 1996 1997 1998 2000

008990561
杭钢年鉴
杭钢年鉴编辑委员会编 杭州 杭钢年鉴编辑部
〔馆藏卷期〕1995 1996 1997 1998 1999 2000 2001 2002 2003 2004 2005 2006 2007 2008 2009

013603088
杭州市电力局年鉴
杭州市电力局年鉴编辑委员会编 杭州 杭州市电力局
〔馆藏卷期〕2011 2012

014014265
杭州市电力统计年鉴
杭州市电力局统计资料汇编 2009
杭州市电力局编 杭州 杭州市电力局
〔馆藏卷期〕2009 2010

013758759
浙江省能源集团系统综合统计年鉴
浙江省能源集团有限公司编 杭州 浙江省能源集团有限公司

〔馆藏卷期〕2008

008476935
杭州铁路分局年鉴
杭州铁路分局年鉴编辑部编 北京 中国铁道出版社
〔馆藏卷期〕1995 1996 1997 2000 2001 2002 2003 2004

008432482
杭州电信年鉴
中国电信杭州分公司年鉴
杭州市电信局档案馆编 北京 人民邮电出版社
〔馆藏卷期〕1996 1997 1998 1999 2000 2001 2002 2003 2004 2005 2006 2007

012320716
中国电信杭州分公司年鉴
杭州电信年鉴
中国电信股份有限公司杭州分公司编 北京 方志出版社 2008—
〔馆藏卷期〕2008 2009 2010 2011 2012 2013

013608619
杭州商业年鉴
杭州商业年鉴编辑组编 杭州 杭州商业年鉴编辑组
〔馆藏卷期〕1993

011502088
杭州广播电视年鉴
杭州文化广播电视集团编 杭州 杭州文化广播电视集团
〔馆藏卷期〕1995 1997 1998 1999 2000 2001 2002/2003 2004 2005 2006 2007 2008 2009 2010 2011 2012 2013

014014260
杭州工艺美术博物馆·中国刀剪剑博物馆·中国扇博物馆·中国伞博物馆年鉴
杭州工艺美术博物馆编 杭州 杭州工艺美术博物馆
〔馆藏卷期〕2011

008997591
杭州科技年鉴
杭州市科学技术局编 北京 中华书局
〔馆藏卷期〕2001 2002 2003 2004 2005 2006 2007 2008 2009 2011 2012

012923491
杭州科协年鉴
杭州市科学技术协会年鉴编辑组编 杭州 杭州市科学技术协会年鉴编辑组
〔馆藏卷期〕1991 1993 1999/2001

013788240
杭州教育年鉴
杭州市教育局办公室编 杭州 杭州市教育局办公室

〔馆藏卷期〕2003 2004

011396280
杭州大学年鉴
杭州大学年鉴编委会编 杭州 杭州大学出版社 1998—
〔馆藏卷期〕1996/1997

014014971
浙江财经学院年鉴
浙江财经学院党委办公室 浙江财经学院校长办公室编 杭州 浙江财经学院
〔馆藏卷期〕2010

013939587
浙江大学化学系年鉴
浙江大学化学系编 杭州 浙江大学化学系
〔馆藏卷期〕2010

004561266
浙江大学年鉴
浙江大学校长办公室编 杭州 浙江大学出版社 1988—
〔馆藏卷期〕1990 1991 1993 1994 1995 1996 1997 1998 1999 2000 2002 2003 2004 2005 2006 2007 2008 2009 2010 2011 2012 2013 2014

012801319
浙江工商大学年鉴
浙江工商大学校长办公室编 杭州 浙江工商大学 2009—

〔馆藏卷期〕2006 2007 2008 2009 2012

014014982

浙江工业大学建筑工程学院学生工作年鉴

浙江工业大学建筑工程学院学生工作办公室编 杭州 浙江工业大学建筑工程学院 2008—

〔馆藏卷期〕2008

013711496

浙江工业大学年鉴

浙江工业大学学校办公室编 杭州 浙江工业大学

〔馆藏卷期〕1996 1997 2001 2003 2006 2009

013933092

浙江工业大学信息工程学院年鉴

浙江工业大学信息工程学院办公室编 杭州 浙工大信息工程学院

〔馆藏卷期〕2007 2008 2010

013312079

浙江教育学院年鉴

浙江教育学院办公室 浙江教育学院档案室编 杭州 浙江教育学院

〔馆藏卷期〕2002 2003 2009 2010

013173247

浙江科技学院年鉴

浙江科技学院学校办公室编 杭州 浙江科技学院学校办公室

〔馆藏卷期〕2005 2008 2009 2010

012724385

浙江农业大学年鉴

浙江农业大学校长办公室编 杭州 浙江农业大学校长办公室

〔馆藏卷期〕1992 1993 1994 1995 1996 1997

012724387

浙江树人大学年鉴

浙江树人大学办公室编 杭州 浙江树人大学 2010—

〔馆藏卷期〕2010

013939599

浙江中医学院年鉴

浙江中医学院党委 浙江中医学院校长办公室编 杭州 浙江中医学院

〔馆藏卷期〕2001

013933113

中国美术学院·柏林艺术大学中德硕士项目年鉴

中德硕士项目年鉴 杭州 中国美术学院出版社

〔馆藏卷期〕2006/2007

013610078

中国美术学院学术年鉴

中国美术学院研究创作处编 杭州 中国美术学院

〔馆藏卷期〕2005 2006

012048826
浙江广播电视高等专科学校年鉴
浙江广播电视高等专科学校党委/校长办公室编 浙江 浙江广播电视高等专科学校
〔馆藏卷期〕2002

013608930
中国美术学院艺术设计职业技术学院学术年鉴
中国美术学院艺术设计职业技术学院学术年鉴编委会编 杭州 中国美术学院出版社 2010—
〔馆藏卷期〕2009 2010

014014245
凤山艺术空间年鉴 日常状态
杭州 中国美术学院出版社 2007—
〔馆藏卷期〕2007

013939624
中国美术学院美术馆年鉴
许江 杨劲松主编 杭州 中国美术学院出版社 2013—
〔馆藏卷期〕2003/2012

007657881
中国印学年鉴
西泠印社编 杭州 西泠印社出版社
〔馆藏卷期〕1988/1992

013927823
杭州大剧院年鉴
杭州大剧院编 杭州 杭州大剧院
〔馆藏卷期〕2006

013814800
杭州市市政市容年鉴
杭州市市政市容管理局编 杭州 杭州市市政市容管理局
〔馆藏卷期〕2002

014014995
浙江省杭州市环境质量年鉴
杭州市环境质量年鉴
杭州市环境保护局编 杭州 杭州市环境保护局
〔馆藏卷期〕1986 1988

拱墅区

013635354
拱墅区统计年鉴
拱墅区统计局编 拱墅 拱墅区统计局
〔馆藏卷期〕2011 2012 2013

上城区

011823167
上城年鉴
杭州市上城区年鉴办公室编 杭州 杭州市上城区年鉴办公室 2007—
〔馆藏卷期〕2006 2007 2008 2009 2010 2011 2012 2013 2014

013609074

上城区统计年鉴

上城区统计局编 杭州 杭州市上城区统计局

〔馆藏卷期〕2007 2008 2009 2010 2011 2012 2013

下城区

011139968

下城统计年鉴

杭州市下城区统计年鉴

下城区统计年鉴 2009—

杭州市下城区统计局编 杭州 杭州市下城区统计局

〔馆藏卷期〕2006 2007 2008 2009 2010 2011 2012 2013

西湖区

013603360

西湖区统计年鉴

西湖区统计局编 杭州 西湖区统计局

〔馆藏卷期〕2004 2005 2006 2007 2009 2010 2011 2012 2013

滨江区

013928102

杭州高新区(滨江)统计年鉴

杭州高新技术产业开发区(滨江)统计局编 滨江 杭州高新技术产业开发区

〔馆藏卷期〕2005 2007 2008 2009 2010

萧山区

008749483

萧山年鉴

浙江省萧山市地方志编纂办公室编 成都 成都科技大学出版社

〔馆藏卷期〕1986 1987 1988 1989 1990 1991 1992 1993 1994 1995 1996 1997 1998 1999 2000 2001 2002 2003 2004 2005 2006 2007 2008 2009 2010 2011 2012 2013 2014

013711470

萧山市临浦镇年鉴

临浦镇年鉴编写组编 临浦镇 临浦镇年鉴编写组

〔馆藏卷期〕1992/1993

012200248

萧山区统计年鉴

萧山市统计年鉴

萧山区统计局编 萧山 杭州市萧山区统计局 2002—

〔馆藏卷期〕1995 1996 1997 1998 1999 2000 2001 2002 2003 2004 2005 2006 2007 2008 2009 2010 2011 2012

013656171

萧山建设年鉴

萧山区建设局编 萧山 杭州市萧山区建

设局

〔馆藏卷期〕2005 2006 2007 2008 2009 2010

013974367

萧山国税统计年鉴

萧山区国家税务局编 萧山 杭州市萧山区国家税务局

〔馆藏卷期〕2002 2006 2009

013635507

浙江省萧山中学年鉴

浙江省萧山中学年鉴编写组编 萧山 浙江省萧山中学

〔馆藏卷期〕2011

013710873

[杭州市萧山区聋哑学校]年鉴

杭州市萧山区聋哑学校年鉴编写组编 萧山 杭州市萧山区聋哑学校

〔馆藏卷期〕2008

013652772

杭州市萧山区第一人民医院年鉴

杭州市萧山区第一人民医院编 萧山 杭州市萧山区第一人民医院 2001—

〔馆藏卷期〕2001 2002 2003 2004 2005 2006 2007 2008 2009

余杭区

004187790

余杭年鉴

余杭县县志编纂委员会编 上海 同济大学出版社 1992—

〔馆藏卷期〕1991 1992 1993 1994 1995 1996 1997 1998 1999 2000 2001 2002 2003 2004 2005 2006 2007 2008 2009 2010 2011 2012 2013 2014

013939503

余杭统计年鉴

余杭区统计局编 杭州 杭州市余杭区统计局

〔馆藏卷期〕2002 2004 2007 2009

富阳区

008438028

富阳年鉴

富阳市地方志编纂委员会编 北京 方志出版社

〔馆藏卷期〕1996 1997 1998 1999 2000 2001 2002 2003 2004 2005 2006 2007 2008 2009 2010 2011 2012 2013 2014

012351803

富阳统计年鉴

富阳市统计局编 富阳 富阳市统计局

〔馆藏卷期〕1998 1999 2000 2001 2002 2003 2004 2006 2007 2008 2009 2011

临安区

008250215

临安年鉴

临安年鉴编辑部编 上海 上海科学普及出版社 1991—

〔馆藏卷期〕1990 1991 1992 1993 1994 1996 1997 1998 1999 2000 2002 2003 2004 2005 2006 2007 2008 2009 2010 2011 2012 2013 2014

013932140

临安统计年鉴

临安市统计局编 临安 临安市统计局

〔馆藏卷期〕2004 2005

011399631

浙江林学院年鉴

浙江林学院办公室编 临安 浙江林学院 2003—

〔馆藏卷期〕1998/2002 2004

建德市

010226248

建德年鉴

建德年鉴编纂委员会编 北京 方志出版社

〔馆藏卷期〕2001 2002 2003 2004 2005 2006 2007 2008 2009 2010 2011 2012 2013 2014

013928137

建德统计年鉴

建德市国民经济统计年鉴 2000
建德市统计年鉴 2001
建德市统计局编 建德 建德市统计局

〔馆藏卷期〕1949/1989 2000 2001 2007 2008 2009

桐庐县

008433559

桐庐年鉴

桐庐县地方志编纂委员会编 杭州 浙江大学出版社

〔馆藏卷期〕1986/1990 1991/1992 1993/1994 1995/1996 1997/1998 1999/2000 2001/2002 2003 2005 2006 2007 2008 2009 2010 2011 2012 2013

012521604

桐庐统计年鉴

桐庐县统计局编 桐庐 桐庐县统计局

〔馆藏卷期〕2001 2002 2003 2004 2005 2006 2008 2009 2010

013758172

桐庐粮食年鉴

桐庐粮食年鉴编辑组编 浙江省桐庐县粮食局主办 桐庐 桐庐县粮食局 1991—

〔馆藏卷期〕1986/1990

淳安县

011500382
淳安年鉴
淳安县地方志编纂委员会编 北京 方志出版社
〔馆藏卷期〕1998 2000 2001 2007 2008 2009 2010 2011 2013 2014

012176915
淳安统计年鉴
淳安县统计局编 淳安 淳安县统计局
〔馆藏卷期〕1985 1988 1989 1990 1991 1992 1995 1996 1997 1999 2000 2001 2002 2003 2005 2006 2008 2009

013925994
淳安粮食年鉴
淳安县粮食局编 淳安 淳安县粮食局
〔馆藏卷期〕1991/1992

宁波市

008604925
宁波年鉴
宁波年鉴编辑部编 北京 中华书局
〔馆藏卷期〕1997 1998 1999 2000 2001 2002 2003 2004 2005 2006 2007 2008 2010 2011 2012

008265097
宁波统计年鉴
宁波市统计局编 宁波 宁波市统计局
〔馆藏卷期〕1992 1993 1994 1997 1999 2000 2001 2002 2003 2004 2005 2006 2007 2008 2009 2010 2011 2012 2013 2014

011139928
宁波市经济普查年鉴
宁波市统计局 宁波市第一次经济普查领导小组办公室编 北京 中国统计出版社 2006
〔馆藏卷期〕2004

010226655
宁波市科技园区年鉴
宁波市科技园区管理委员会编 宁波 宁波市科技园区管理委员会 2002—
〔馆藏卷期〕2002

014014811
宁波市工业企业年鉴
宁波市工业企业年鉴编纂委员会编 宁波 宁波出版社 1993—
〔馆藏卷期〕1993

011966887

宁波市交通统计年鉴

宁波市交通委员会编 宁波 宁波市交通委员会 1995—

〔馆藏卷期〕1994

008633822

宁波金融年鉴

宁波金融年鉴编辑委员会编 宁波 宁波金融年鉴编辑委员会 1991—

〔馆藏卷期〕1989 1994 1996 2000 2001 2002 2003 2004 2006 2008 2009 2010 2011 2012

009541763

宁波文化年鉴

宁波文化年鉴编委会编 宁波 宁波文化年鉴编委会 1997—

〔馆藏卷期〕1996 1997 1999 2002 2004 2005 2006

009913595

宁波信息年鉴

宁波市信息协会 宁波市信息中心编 宁波 宁波出版社 2005—

〔馆藏卷期〕2005

012983684

宁波大学年鉴

宁波大学校长办公室编 北京 科学技术文献出版社

〔馆藏卷期〕2008 2009

009519789

宁波检验检疫年鉴

宁波出入境检验检疫年鉴编辑委员会编 宁波 宁波出入境检验检疫年鉴编辑委员会

〔馆藏卷期〕2002 2003 2004 2005 2006 2008 2009 2011 2013 2014

北仑区

013925184

北仑年鉴

宁波市北仑区地方志编纂委员会编 杭州 浙江人民出版社 2013—

〔馆藏卷期〕2001 2008 2009

鄞州区

009427786

鄞县年鉴

鄞县地方志编纂委员会编 鄞县 鄞县地方志编纂委员会

〔馆藏卷期〕1987 1989 1991 1992 1993 1995 1997 1998 1999 2000 2001 2002

009426263

鄞州年鉴

中共宁波市鄞州区委党史办公室编 宁波 中共宁波市鄞州区委党史办公室

〔馆藏卷期〕2003 2004 2005 2006 2007 2008 2009 2010 2011 2012 2013

013758222
鄞州区统计年鉴
鄞州区统计局编 鄞州 鄞州区统计局
〔馆藏卷期〕2004

奉化区

011966528
奉化统计年鉴
奉化市统计局编 奉化 奉化市统计局 2003—
〔馆藏卷期〕1993 2002 2003 2004 2005 2006 2007 2008

010223975
奉化经济普查年鉴
奉化市第一次经济普查领导小组办公室 奉化市统计局编 北京 经济日报出版社 2006—
〔馆藏卷期〕2004

余姚市

013821840
余姚年鉴
余姚市史志办公室编 余姚市人民政府主办 北京 方志出版社 2013—
〔馆藏卷期〕2010

013711482
余姚市统计年鉴
余姚统计年鉴
余姚市发展计划局编 余姚 余姚市统计局
〔馆藏卷期〕2002 2005 2006 2007 2010

慈溪市

010102059
慈溪统计年鉴
慈溪市统计局编 慈溪 慈溪市统计局
〔馆藏卷期〕1996 1997 1998 1999 2000 2001 2002 2003 2004 2005 2006 2007 2008 2009

013710650
慈溪经济普查年鉴
慈溪市第一次经济普查领导小组办公室编 北京 经济日报出版社 2006—
〔馆藏卷期〕2004

象山县

009933479
象山年鉴
象山县地方志编纂委员会编 北京 方志出版社 2006—
〔馆藏卷期〕2005 2006 2007 2008 2009 2010 2011/2012 2013

宁海县

012199462
宁海年鉴

宁海县地方志办公室编 宁波 宁波出版社 2008—
〔馆藏卷期〕2007

014014815
宁海经济普查年鉴
宁海县第一次全国经济普查领导小组办公室编 北京 经济日报出版社 2006—

〔馆藏卷期〕2004

014014818
宁海县统计年鉴
宁海县国民经济统计年鉴
国家统计局宁海调查总队编 宁海 宁海县统计局
〔馆藏卷期〕2009

温州市

008902121
温州年鉴
温州市地方志编纂委员会 温州年鉴编辑部编 北京 中华书局
〔馆藏卷期〕1998 1999 2000 2001 2002 2003 2004 2005 2006 2007 2008 2009 2010 2011 2012 2013 2014

006036494
温州统计年鉴
温州市统计局编 温州 温州市统计局
〔馆藏卷期〕1985 1986 1987 1988 1989 1990 1991 1992 1993 1994 1995 1996 1997 1998 1999 2000 2001 2002 2003 2004 2005 2006 2007 2008 2009 2010 2011 2012 2013 2014

013481553
温州公安年鉴
温州公安史志编纂委员会编 北京 中华书局
〔馆藏卷期〕2012

013758175
温州市科技年鉴
温州科技年鉴 2007
温州市科学技术局编 温州 温州市科学技术局
〔馆藏卷期〕2003 2004 2005 2007 2009

011503534
温州师范学院年鉴
温州师范学院校长办公室编 温州 温州师范学院
〔馆藏卷期〕1999 2004

鹿城区

011966831
鹿城年鉴
鹿城区地方志编纂委员会 鹿城年鉴编辑部编 北京 方志出版社 2007—
〔馆藏卷期〕2004 2005 2006 2007 2008 2009 2010 2011 2012 2013

龙湾区

010226484
龙湾年鉴
温州市龙湾区史志编纂委员会编 北京 方志出版社 2006—
〔馆藏卷期〕2006 2007 2008 2009 2010 2011 2012 2013

014014391
龙湾统计年鉴
龙湾区统计局编 龙湾 温州市龙湾区统计局
〔馆藏卷期〕2004

瓯海区

011967046
瓯海年鉴
瓯海区地方志编纂委员会 瓯海年鉴编辑部编 北京 方志出版社 2008—
〔馆藏卷期〕2006 2007 2008 2009 2010

011503127
瓯海政协年鉴
瓯海区政协文史委编 瓯海 瓯海区政协 2007—
〔馆藏卷期〕2002/2004 2005/2006

洞头区

009492584
洞头年鉴
洞头县地方志编纂委员会办公室编 洞头 洞头县地方志编纂委员会办公室
〔馆藏卷期〕1993 1994 1995 1997 1999 2000 2001 2002 2003 2004 2005 2006 2007 2008 2009

瑞安市

008941893
瑞安年鉴
瑞安市地方志编纂委员会办公室编 北京 中华书局
〔馆藏卷期〕1987 1988 1990 1991 1992 1993 1994 1995 1996 1997 1998 1999 2000 2001 2002 2003 2004 2005 2006 2007 2008 2010 2011

013790961
瑞安统计年鉴
瑞安市统计局编 瑞安 瑞安市统计局
〔馆藏卷期〕2000 2004 2008 2009

乐清市

010226313

乐清年鉴

乐清市地方志编纂委员会 乐清年鉴编辑部编 乐清市人民政府主办 北京 线装书局 2005—

〔馆藏卷期〕2005 2006 2007 2008 2009 2011 2013 2014

永嘉县

009542193

永嘉年鉴

永嘉县地方志编纂委员会编 北京 方志出版社 2004—

〔馆藏卷期〕2004 2005 2006 2007 2008 2009 2011 2012 2013 2014

013758741

永嘉统计年鉴

永嘉县统计局编 永嘉 永嘉县统计局

〔馆藏卷期〕2001 2007

平阳县

008901686

平阳年鉴

平阳县地方志编纂委员会办公室编 北京 海洋出版社 2000—

〔馆藏卷期〕1996 1997 1998 1999 2000 2001 2002 2003 2004/2005 2006 2007/2008 2009 2010 2011 2012 2013 2014

009934611

平阳统计年鉴

平阳县统计局编 平阳 平阳县统计局

〔馆藏卷期〕1993 1995 1996 2000 2001

苍南县

009062436

苍南年鉴

苍南县地方志编纂委员会办公室编 北京 方志出版社

〔馆藏卷期〕1994 1995 1998 1999 2002 2003 2004 2005 2006 2007 2008 2009 2010 2011

文成县

008789158

文成年鉴

中共文成县委史志办公室编 文成 中共文成县委史志办公室

〔馆藏卷期〕1992/1996 1997 1998 1999 2001 2002 2003 2004 2005 2006 2007 2008 2009 2010

010226761

文成统计年鉴

文成县统计局编 文成 文成县统计局

〔馆藏卷期〕1991 1992 1994 1995 2000

2002 2003 2004 2005 2006

泰顺县

009926386
泰顺年鉴
泰顺县史志办公室编 泰顺 泰顺县史志办公室
〔馆藏卷期〕1999 2000/2001 2005 2006 2007 2008 2009

嘉兴市

008432926
嘉兴年鉴
嘉兴市地方志编纂委员会编 北京 方志出版社
〔馆藏卷期〕1998 1999 2000 2001 2002 2003 2004 2005 2006 2007 2008 2009 2010 2011 2012 2013 2014

008001290
嘉兴统计年鉴
嘉兴市统计局编 北京 中国统计出版社
〔馆藏卷期〕1997 1998 1999 2000 2001 2002 2003 2004 2005 2006 2007 2008 2009 2010 2011 2012 2013 2014

010225756
嘉兴经济普查年鉴
嘉兴市人民政府第二次经济普查领导小组办公室编 北京 中国统计出版社
〔馆藏卷期〕2008

海宁市

008604256
海宁年鉴
海宁市地方志编纂委员会编 北京 中华书局
〔馆藏卷期〕1999 2000 2001 2002 2003 2004 2005 2006 2007 2008 2009 2010 2011 2012 2013 2014

012194182
海宁统计年鉴
海宁市统计局编 海宁 海宁市统计局
〔馆藏卷期〕1996 1997 1998 2000 2002 2006 2007 2008

平湖市

008604927
平湖年鉴
平湖市地方志编纂委员会编 北京 方志出版社

〔馆藏卷期〕1997 1998 1999 2000 2001 2002 2003 2004 2005 2006 2007 2008 2009 2010 2011 2012 2013

013932267

平湖统计年鉴

平湖市统计学会编 平湖 平湖市统计局

〔馆藏卷期〕2002 2004 2006 2008 2009

桐乡市

008432381

桐乡年鉴

桐乡市地方志编纂委员会编 北京 方志出版社

〔馆藏卷期〕1998 1999 2000 2001 2002 2003 2004 2005 2006 2007 2008 2009 2010 2011 2012 2013 2014

013603324

桐乡市统计年鉴

桐乡统计年鉴

桐乡市统计局编 桐乡 桐乡市统计局

〔馆藏卷期〕2003 2004 2005 2011

012592715

桐乡文艺年鉴

浙江省桐乡市文学艺术界联合会编 桐乡 桐乡市文联

〔馆藏卷期〕1999/2001

嘉善县

008653439

嘉善年鉴

嘉善县年鉴编纂委员会编 北京 中华书局

〔馆藏卷期〕1993/1997 1998/2002 2004 2005 2006 2007 2008 2009 2010 2011 2012 2013 2014

013634281

嘉善县统计年鉴

嘉善统计年鉴 2013—

嘉善县统计局编 嘉善 嘉善县统计局

〔馆藏卷期〕2011 2012 2013 2014

海盐县

008401641

海盐年鉴

浙江省海盐县地方志办公室编 北京 方志出版社

〔馆藏卷期〕1994/1995 1996/1997 1998/1999 2000 2001 2002 2003 2004 2005 2006 2007 2008 2009 2010 2011 2012

014014827

秦山第三核电有限公司年鉴

中核集团秦山第三核电有限公司年鉴 2010

秦山第三核电有限公司年鉴编辑室编

海盐 秦山第三核电有限公司 2001—
〔馆藏卷期〕2001 2010

013965415
秦山第二核电厂生产运行年鉴
秦山第二核电厂编 杭州 秦山第二核电厂
〔馆藏卷期〕2004

湖州市

008267128
湖州年鉴
湖州年鉴编辑部编辑 杭州 杭州大学出版社
〔馆藏卷期〕1994 1995 1996 1997 1998 1999 2000 2001 2002 2003 2004 2005 2006 2007 2008 2009 2010 2011 2012 2013 2014

008643413
湖州统计年鉴
浙江省湖州市统计局编 湖州 湖州市统计局
〔馆藏卷期〕1992 1993 1995 1996 1997 1998 1999 2000 2001 2002 2003 2004 2005 2006 2007 2008 2009 2010 2011 2012 2013 2014

011966636
湖州市企业年鉴
湖州市地方志编纂委员会编 北京 方志出版社 2004—
〔馆藏卷期〕2003/2004 2005

011966629
湖州科技年鉴
浙江省湖州市科学技术局编 湖州 浙江省湖州市科学技术局 2003—
〔馆藏卷期〕2003

南浔区

009618316
南浔年鉴
南浔年鉴编纂委员会编 北京 中华书局 2004—
〔馆藏卷期〕2004 2005 2006 2007 2008

德清县

009104873
德清年鉴
德清年鉴编纂委员会编 杭州 杭州大学出版社 1996—
〔馆藏卷期〕1995 1996 1997 1998/2000 2001/2002 2003/2004 2005/2006 2007/2008 2009/2010 2011/2012

2013

013753588
德清教育年鉴
德清县教育局编 德清 浙江省德清县教育局
〔馆藏卷期〕2008

安吉县

008749090
安吉年鉴
安吉年鉴编纂领导小组编 北京 方志出版社
〔馆藏卷期〕1994 1996 1998 1999/2000 2001/2002 2003/2004 2005/2006 2007/2008 2009/2010 2011/2012

绍兴市

008588919
绍兴年鉴
绍兴市地方志编纂委员会编 中共绍兴市委 绍兴市人民政府主办 杭州 浙江人民出版社
〔馆藏卷期〕2000 2001 2002 2003 2004 2005 2006 2007 2008 2009 2010 2011 2012 2013 2014

011823173
绍兴市社科联年鉴
绍兴市社会科学联合会编 绍兴 绍兴市社会科学联合会 2005—
〔馆藏卷期〕2000/2005

011967293
绍兴改革开放 30 年统计年鉴
中共绍兴市委宣传部 绍兴市统计局编 北京 中央文献出版社 2008

〔馆藏卷期〕2008

007424799
绍兴统计年鉴
绍兴市统计局编 北京 中国统计出版社 1996—
〔馆藏卷期〕1995 1996 1997 1998 1999 2000 2001 2002 2003 2004 2005 2006 2007 2008 2009 2010 2011 2012 2013 2014

011823738
中共绍兴市委办公室年鉴
中共绍兴市委办公室编 绍兴 中共绍兴市委 2008—
〔馆藏卷期〕2006 2007

012079326
绍兴人事年鉴

绍兴人事局编 绍兴 绍兴市人事局 2008—

〔馆藏卷期〕2007 2008 2009

012592300

绍兴检察年鉴

绍兴市人民检察院编 绍兴 浙江省绍兴市人民检察院 2003—

〔馆藏卷期〕2002

013758064

绍兴市乡镇企业年鉴

绍兴市乡镇企业局编 绍兴 绍兴市乡镇企业局

〔馆藏卷期〕1996

012079328

绍兴市乡镇企业统计年鉴

绍兴乡镇企业局编 绍兴 绍兴市乡镇企业局

〔馆藏卷期〕2000

012361427

绍兴财政(地税)年鉴

绍兴市财政(地税)年鉴编辑委员会编 绍兴市财政(地税)局主办 杭州 西泠印社出版社 2009—

〔馆藏卷期〕2008 2009 2010

013790047

绍兴市城市建设档案馆年鉴

绍兴市城市建设档案馆编 绍兴 绍兴市城市建设档案馆

〔馆藏卷期〕1984/1993

013711434

绍兴文理学院附属医院年鉴

绍兴文理学院附属医院编 绍兴 绍兴文理学院附属医院 2010—

〔馆藏卷期〕2007/2009

012925063

绍兴文理学院年鉴

绍兴文理学院校长办公室编 杭州 浙江大学出版社 2009—

〔馆藏卷期〕2008 2009

013634389

绍兴市政协摄影协会年鉴

中国人民政治协商会议绍兴市委员会摄影协会编 绍兴 绍兴市政协摄影协会

〔馆藏卷期〕2011

越城区

013790761

越城区统计年鉴

越城区统计局编 绍兴 越城区统计局

〔馆藏卷期〕2002

柯桥区

009264745

绍兴县年鉴

绍兴县地方志编纂委员会编 中共绍兴县委 绍兴县人民政府主办 北京 方志出版社 2002—
〔馆藏卷期〕2001 2002 2003 2004 2005 2006 2007 2008 2009 2011 2012 2013

013790081
绍兴县统计年鉴
绍兴县统计局编 绍兴 绍兴县统计局
〔馆藏卷期〕1997 1998 2002 2003 2004 2005 2006 2009

012079332
绍兴县文艺年鉴
绍兴县文学艺术界联合会 绍兴鲁迅文学院编 绍兴 绍兴鲁迅文学院 2007—
〔馆藏卷期〕2006/2007

上虞区

013820227
上虞统计年鉴
上虞市统计局编 上虞 上虞市统计局
〔馆藏卷期〕2004 2005

诸暨市

009015916
诸暨年鉴
诸暨市地方志编纂委员会编 中共诸暨市委 诸暨市人民政府主办 北京 方志出版社
〔馆藏卷期〕2002 2003 2004 2005 2006 2007 2008

013710640
诸暨统计年鉴
诸暨市统计局编 诸暨 诸暨市统计局
〔馆藏卷期〕2002 2003 2007 2008 2011 2012

012049092
诸暨体育年鉴
诸暨市体育局编 诸暨 诸暨市体育局 2009—
〔馆藏卷期〕2008

嵊州市

010102782
嵊州年鉴
嵊州市地方志编纂委员会编 中共嵊州市委 嵊州市人民政府主办 北京 方志出版社 2006—
〔馆藏卷期〕2002 2003 2004 2005 2006 2007 2008 2009 2010 2011 2012 2013 2014

013932440
嵊县统计年鉴
嵊县统计局编 嵊县 嵊县统计局
〔馆藏卷期〕1987 1989 1991

013790086

嵊州统计年鉴

嵊州市统计局编 嵊州 嵊州市统计局

〔馆藏卷期〕1998 1999 2002 2003 2004 2005 2006 2008 2009

013772747

嵊州经济开发区年鉴

嵊州经济开发区管理委员会编 嵊州 嵊州经济开发区管理委员会

〔馆藏卷期〕2012

新昌县

008977326

新昌年鉴

新昌县地方志编纂委员会编 中共新昌县委 新昌县人民政府主办 北京 方志出版社 2002—

〔馆藏卷期〕2002 2003 2004 2005 2006 2007 2008 2009 2010 2011 2012 2013

013711471

新昌统计年鉴

新昌县统计局编 新昌 新昌县统计局

〔馆藏卷期〕2001 2002 2003 2004 2005 2008 2009

金华市

008432415

金华年鉴

金华年鉴编纂委员会编 北京 海洋出版社

〔馆藏卷期〕1997 1998 1999 2000 2001 2002 2003 2004 2005 2006 2007 2010 2011 2012

007977700

金华统计年鉴

金华市统计局编 北京 中国统计出版社 1997—

〔馆藏卷期〕1997 1998 2000 2002 2003 2004 2005 2006 2007 2008 2009 2010 2011 2012 2013 2014

009726392

金华公安年鉴

金华公安志鉴编纂委员会编 杭州 浙江大学出版社

〔馆藏卷期〕2005

013936033

金华书画院年鉴

金华书画院编 金华 金华书画院

〔馆藏卷期〕2006/2007

婺城区

013793320
婺城年鉴
金华市婺城区地方志编纂委员会编 中国共产党金华市婺城区委员会 金华市婺城区人民政府主办 北京 方志出版社
〔馆藏卷期〕2012

金东区

013928146
金东区统计年鉴
金东区统计局编 金东 金华市金东区统计局
〔馆藏卷期〕2005

兰溪市

013656074
兰溪经济年鉴
兰溪市计划与经济委员会编 兰溪 兰溪市计划与经济委员会
〔馆藏卷期〕1999

义乌市

011968099
义乌年鉴
义乌市志编纂委员会 义乌年鉴编辑部编 上海 上海人民出版社 2008—
〔馆藏卷期〕2008 2009 2010 2011

009503014
义乌统计年鉴
义乌市统计局编 义乌 义乌市统计局
〔馆藏卷期〕1997 1998 1999 2000 2001 2002 2003 2004 2005 2006 2007 2008 2009 2010 2011 2012 2013

东阳市

008017182
东阳年鉴
东阳市地方志编纂委员会编 杭州 浙江人民出版社 1997—
〔馆藏卷期〕1989/1995 1996/1998 1999/2000 2003/2004 2005/2008 2010 2011 2012 2013

永康市

008749534
永康年鉴
永康市年鉴编纂委员会编 北京 方志出版社
〔馆藏卷期〕1999

010226786
永康统计年鉴
浙江省永康市统计局编 永康 永康市统计局 2005—
〔馆藏卷期〕2005 2008 2009 2011 2012

衢州市

008749431
衢州年鉴
衢州年鉴编纂委员会编 杭州 浙江大学出版社
〔馆藏卷期〕1995/1999 1996 2000/2004 2011 2012

009618319
衢州统计年鉴
衢州市统计局编 衢州 衢州市统计局
〔馆藏卷期〕1997 2003 2004 2005 2006 2007 2008 2009 2010 2011 2012 2013 2014

柯城区

011398593
柯城年鉴
柯城区地方志编纂委员会编 北京 中国档案出版社 2007—
〔馆藏卷期〕2004/2005 2006/2010

衢江区

013711406
衢江年鉴
衢江年鉴编纂委员会编 北京 方志出版社 2012—
〔馆藏卷期〕2001/2011

江山市

012047338
江山年鉴
江山市档案局编 江山市人民政府主办 北京 方志出版社 2009—
〔馆藏卷期〕2008 2009

常山县

011139668
常山年鉴
常山县地方志编纂委员会编 常山县人民政府主办 北京 方志出版社 2006—
〔馆藏卷期〕2005 2008 2009 2010 2011 2012 2013

013677398
常山统计年鉴
常山县统计局编 常山 常山县统计局
〔馆藏卷期〕2012

开化县

012199156
开化年鉴
开化年鉴编纂委员会编 北京 方志出版社 2009—
〔馆藏卷期〕2008 2009 2010 2011 2012 2013

龙游县

009913825
龙游年鉴
龙游年鉴编纂委员会编 北京 方志出版社
〔馆藏卷期〕2006 2007 2008 2009 2010 2011 2012 2013 2014

舟山市

008957576
舟山年鉴
舟山市史志办公室编 中国共产党舟山市委员会 舟山市人民政府主办 北京 中央文献出版社
〔馆藏卷期〕1989/1994 1995/2000 2002 2003 2004 2005 2006 2007 2008 2009 2010 2011 2012 2014

008400867
舟山统计年鉴
舟山市统计局编 北京 中国统计出版社
〔馆藏卷期〕1997 1998 1999 2000 2001 2002 2003 2004 2005 2006 2007 2008 2009 2010 2011 2012 2013 2014

定海区

010223958
定海年鉴
林伟康 林云雷主编 中共舟山市定海区委 舟山市定海区人民政府主办 北京 中国文史出版社 2004—
〔馆藏卷期〕2004 2005 2006 2007 2008 2009 2010 2011 2012

普陀区

010226674
普陀年鉴
普陀年鉴编纂委员会编 北京 中国文史出版社 2004—
〔馆藏卷期〕1996/2002

岱山县

008969070
岱山年鉴
岱山县史志编纂委员会编 北京 中华书局
〔馆藏卷期〕1989/1992 1993/1997 2001/2006 2007/2008 2009 2010 2011

014014132
岱山县统计年鉴
岱山县统计局编 岱山 岱山县统计局
〔馆藏卷期〕2010/2011

嵊泗县

008833766
嵊泗县年鉴
嵊泗年鉴
嵊泗县地方志办公室编 嵊泗 嵊泗县地方志办公室
〔馆藏卷期〕1986/1990 1992 1993 1994/1997 2001/2006 2007/2010

台州市

008789153
台州年鉴
中共台州地委办公室 台州地区行署办公室 台州地区档案局编 台州 中共台州地委办公室
〔馆藏卷期〕1983 1984 1985 1986 1987 1988 1989 1990 1991 1992 1993 1994 1995 1996 1997 1998 1999 2001 2002 2003 2004 2005 2006 2007 2008

008270567
台州统计年鉴
台州市统计局编 北京 中国统计出版社
〔馆藏卷期〕1994 1995 1998 1999 2000 2001 2002 2003 2004 2005 2006 2007 2008 2009 2010 2011 2012 2013 2014

011967368
台州外事年鉴
台州外事年鉴编纂委员会编 台州 台州外事年鉴编纂委员会 2008—
〔馆藏卷期〕2008 2009 2010

013936486
浙江省工商企业守合同重信用单位台州市年鉴
台州市"浙江省工商企业守合同重信用单位"年鉴 2007
台州市企业合同信用协会编 北京 社会科学文献出版社

〔馆藏卷期〕2007 2008

013747933

台州财政地税年鉴

台州财税年鉴 1998

台州市地方税务局编 台州 台州市财政局

〔馆藏卷期〕1997 1998 1999 2001 2002 2003 2004 2005 2006 2007 2008 2009 2011 2012

013936495

台州国税年鉴

台州市国家税务局年鉴

台州国家税务局编 台州 台州市国家税务局

〔馆藏卷期〕2006 2010

013939362

新台商年鉴

台州市新台商研究会编 香港 中国时代出版社 2007—

〔馆藏卷期〕2007

013609214

台州科教文卫年鉴

台州市社会科学院编 香港 中国时代出版社

〔馆藏卷期〕2005

013758161

台州学院年鉴

台州学院校长办公室 台州学院综合档案室编 台州 台州学院

〔馆藏卷期〕2003 2004 2005 2006 2007

椒江区

009926528

椒江年鉴

台州市椒江区地方志办公室 台州市椒江区档案局编 北京 中华书局 2005—

〔馆藏卷期〕2004 2006 2007 2008 2009 2010 2012

013757915

椒江统计年鉴

椒江市统计年鉴 1989

椒江区统计局编 椒江 台州市椒江区统计局

〔馆藏卷期〕1989 2000 2001 2002 2003 2004 2005 2006 2007 2008 2009

010226295

椒江科技统计年鉴

椒江区科学技术局编 北京 中国科学技术出版社 2006—

〔馆藏卷期〕2006

黄岩区

012723576

黄岩年鉴

中共台州市黄岩区委办公室编 黄岩 中

共台州市黄岩区委办公室 2010—
〔馆藏卷期〕2004 2010

011502942
黄岩财政地税年鉴
黄岩财税年鉴 1987—
黄岩财政地税年鉴编辑委员会编 北京 中国税务出版社 2008—
〔馆藏卷期〕1987 1988 1997/1998 1999/2000 2001/2002 2003/2004

路桥区

009264755
路桥年鉴
路桥年鉴编辑部编 台州 台州市路桥区档案局 1996—
〔馆藏卷期〕1995 1996 1997 1998 1999 2001 2002 2003 2004 2005 2006 2007 2008 2010 2011 2012

温岭市

009169573
温岭年鉴
温岭市档案局编 北京 中华书局 2003—
〔馆藏卷期〕2002 2003 2004 2005 2006 2007 2008 2010 2011 2012 2013 2014

014024815
温岭市统计年鉴
温岭市统计局编 温岭 温岭市统计局 1999—
〔馆藏卷期〕1998

临海市

006088591
临海年鉴
中共临海市委办公室 临海市人民政府办公室编 临海 临海市人民政府办公室 1986—
〔馆藏卷期〕1985 1986 1987 1988 1989 1990 1991 1992 1993 1994 1995 1996 1997 1998 1999 2001 2002 2003 2004 2005 2006 2007 2009 2011 2012

013757958
临海市统计年鉴
临海统计年鉴
临海市统计局编 临海 临海市统计局
〔馆藏卷期〕1996 1999 2000 2001 2002 2003 2009 2010

玉环市

009309838
玉环年鉴
中共玉环县委党史研究室编 玉环 中共玉环县委党史研究室

〔馆藏卷期〕2001 2002 2003 2004 2005 2006 2007 2008 2009 2010

013939515
玉环统计年鉴
玉环县统计局编 玉环 玉环县统计局
〔馆藏卷期〕1999 2006 2007 2008 2009

三门县

008997600
三门年鉴
三门县档案局编 北京 中华书局 2002—
〔馆藏卷期〕2002 2003 2004 2005 2006 2007 2008

014014850
三门县统计年鉴
三门县统计局编 三门 三门县统计局
〔馆藏卷期〕1990

012079842
中核集团三门核电有限公司年鉴
中国核工业集团公司三门核电有限公司编 三门 中国核工业集团公司三门核电有限公司 2006—
〔馆藏卷期〕2006 2007 2008 2010

013143915
中核集团三门核电有限公司网络年鉴
中国核工业集团公司三门核电有限公司编 三门 中国核工业集团公司三门核电有限公司 2008—
〔馆藏卷期〕2008 2009 2010

天台县

012199708
天台年鉴
天台县档案局编 天台 天台县档案局 2003—
〔馆藏卷期〕2003 2004 2005 2006 2007 2008 2009 2010

仙居县

010102066
仙居统计年鉴
仙居县统计局编 仙居 仙居县统计局
〔馆藏卷期〕2003

丽水市

008749125
丽水地区年鉴

丽水年鉴 2000—
丽水地区地方志编纂委员会编 北京 海

洋出版社
〔馆藏卷期〕1997 1998 1999 2000 2001 2002 2003 2004 2005 2006 2007 2008 2009 2010 2011 2012 2013 2014

008805279
丽水统计年鉴
丽水市统计局编 北京 方志出版社
〔馆藏卷期〕1993 2000 2001 2002 2003 2004 2005 2006 2007 2008 2009 2010 2011 2012 2013 2014

莲都区

011140367
莲都年鉴
莲都年鉴编纂委员会编 中共莲都区委 莲都区人民政府主办 北京 方志出版社 2006—
〔馆藏卷期〕2006 2008 2009 2010 2011 2012 2013 2014

龙泉市

009934608
龙泉年鉴
龙泉市地方志办公室编 中共龙泉市委 龙泉市人民政府主办 北京 方志出版 2006—
〔馆藏卷期〕1998/2003 2004/2007

缙云县

009934605
缙云年鉴
缙云县地方志编纂委员会编 香港 国际炎黄文化出版社 2002—
〔馆藏卷期〕2002 2003 2004 2005 2006 2007 2008 2009 2010

014014348
缙云统计年鉴
缙云县统计局编 缙云 缙云县统计局
〔馆藏卷期〕2001

松阳县

009618333
松阳年鉴
松阳县史志办公室编 中共松阳县委 松阳县人民政府主办 北京 方志出版社 2005—
〔馆藏卷期〕1998/2003 2005 2006 2007 2008 2009 2010

云和县

009926588
云和年鉴
云和县史志研究室编 中共云和县委 云和县人民政府主办 丽水 云和史志研究室
〔馆藏卷期〕1997 1998 1999 2000 2001

2002 2003 2004 2005 2006 2007 2008 2009 2010 2011

庆元县

011503204
庆元年鉴
庆元县档案局(史志办)编 中共庆元县委 庆元县人民政府主办 北京 方志出版社 2008—
〔馆藏卷期〕2007 2008 2009 2010 2011 2012 2013

安徽省

004534748

安徽年鉴

安徽经济年鉴

安徽年鉴编辑委员会编 合肥 安徽人民出版社 1988—

〔馆藏卷期〕1988 1989 1990 1991 1992 1993 1994 1995 1996 1997 1998 1999 2000 2001 2002 2003 2005 2006 2007 2008 2009 2010 2011 2012 2013 2014

009062428

安徽社会科学年鉴

安徽省社会科学界联合会编 合肥 安徽人民出版社 1997—

〔馆藏卷期〕1949/1995 1996/1998 2002/2003 2004/2007 2008/2010

012789935

安徽社会组织年鉴

安徽省民间组织管理局编 北京 中国统计出版社 2010—

〔馆藏卷期〕2010

004534773

安徽统计年鉴

安徽省统计局编 北京 中国统计出版社

〔馆藏卷期〕1987 1988 1989 1990 1991 1992 1993 1994 1995 1996 1997 1998 1999 2000 2001 2002 2003 2004 2005 2006 2007 2008 2009 2010 2011 2012 2013 2014

012588304

安徽纪检监察年鉴

中共安徽省纪委编 安徽 安徽省监察厅

〔馆藏卷期〕1993 1994 1995 1996 1997 1998

013089985

安徽省民政统计年鉴

安徽省民政厅编 合肥 安徽省民政厅

〔馆藏卷期〕1993 2004 2005 2009

011965547
安徽军事年鉴
中国人民解放军安徽省军区编 安徽 安徽省军区 2001—
〔馆藏卷期〕1999 2001 2002 2003 2004 2005 2006

011395152
安徽经济普查年鉴
安徽省全国经济普查领导小组办公室编 安徽 安徽省全国经济普查领导小组办公室 2006—
〔馆藏卷期〕2004 2008

004534723
安徽经济年鉴
安徽年鉴
欧远方主编 合肥 安徽人民出版社 1984—1987
〔馆藏卷期〕1985 1986 1987

012789940
安徽省开发区年鉴
吴昌期 王开玉主编 北京 中国文史出版社 2006—
〔馆藏卷期〕1992/1997 2006

011821752
安徽审计年鉴
安徽省审计厅编 合肥 黄山书社 2008—
〔馆藏卷期〕2003 2004 2006 2007 2008 2009 2010 2011 2012 2013

012046922
安徽质量技术监督年鉴
安徽省标准化研究院编 安徽省质量技术监督局主办 合肥 安徽省标准化研究院
〔馆藏卷期〕2007 2008

010101850
安徽企业年鉴
安徽省企业调查队编 合肥 安徽省企业调查队 2003—
〔馆藏卷期〕2003 2004 2005

013747995
安徽城市年鉴
安徽城市年鉴编委会编 安徽省市长协会主办 合肥 合肥工业大学出版社 2011—
〔馆藏卷期〕2010

009726004
安徽农村经济统计年鉴
安徽省农业委员会 安徽省统计局编 北京 中国统计出版社
〔馆藏卷期〕2005 2006 2007

009033345
安徽建设统计年鉴
安徽省建设厅 安徽省统计局编 北京 中国统计出版社 2002—
〔馆藏卷期〕2002 2003 2005 2006 2007 2008 2009 2010

013787229
安徽汽车年鉴
安徽汽车年鉴编辑办公室 安徽省汽车行业协会编 安徽省经济委员会 奇瑞汽车有限公司 安徽江淮汽车集团有限公司 安徽华菱汽车集团股份有限公司主办 合肥 安徽汽车年鉴编辑办公室 2007—
〔馆藏卷期〕2007

008784527
安徽水利年鉴
安徽水利年鉴编辑委员会编 安徽省水利厅主办 合肥 安徽水利年鉴编辑委员会
〔馆藏卷期〕1999 2001 2002 2003 2004 2005 2006 2007 2008 2009 2010

009520072
安徽工业经济统计年鉴
安徽省经济贸易委员会 安徽省统计局编 北京 中国统计出版社 2004—
〔馆藏卷期〕2004 2005 2006 2007 2008

010223300
安徽航运年鉴
安徽航运年鉴编纂办公室编 合肥 安徽航运年鉴编纂办公室
〔馆藏卷期〕2000 2001 2002 2003 2004 2005 2006 2007 2008

009616541
安徽邮政年鉴
安徽邮政年鉴编委会编 合肥 安徽邮政年鉴编委会 2003—
〔馆藏卷期〕2000/2002 2005 2006/2007

010101841
安徽价格年鉴
安徽省物价局编 合肥 黄山书社
〔馆藏卷期〕2005 2007

012789950
安徽物价年鉴
安徽省物价局编 合肥 黄山书社 2000—
〔馆藏卷期〕1998 2000

008849830
安徽财政年鉴
安徽财政年鉴编辑委员会编 安徽省财政厅主办 合肥 安徽人民出版社
〔馆藏卷期〕1994 1995 1996 1997 1998 1999 2000 2001 2002 2003 2005 2006 2007 2008 2009 2010 2011 2012 2013 2014

013311372
安徽地税稽查年鉴
安徽省地方税务局稽查局编 合肥 黄山书社 2009—
〔馆藏卷期〕1994/2002 2003/2008 2009/2010

009004268
安徽地税年鉴

安徽省地方税务局编 合肥 安徽人民出版社

〔馆藏卷期〕1996 1997 1998 1999 2000 2001 2002 2003 2005 2006 2007 2008 2009 2010 2012 2013

012723169
安徽国税年鉴
安徽省国家税务局编 安徽 安徽省国家税务局 2010—
〔馆藏卷期〕1996 1997 1998 1999 2000 2001 2002 2003 2009 2010 2011 2012

006504353
安徽金融年鉴
安徽金融年鉴编辑部编 合肥 中国人民银行安徽省分行 1993—
〔馆藏卷期〕1993 1994 1995 1996 1997 1999 2000 2001 2002 2003 2004 2005 2006 2007 2008

013714926
安徽文化年鉴
安徽文化年鉴编委会编 合肥 安徽人民出版社 2012—
〔馆藏卷期〕2012 2013

010101855
安徽信息年鉴
安徽信息年鉴编委会编 安徽省经济信息中心主办 合肥 安徽人民出版社 2006—

〔馆藏卷期〕2006 2007 2008 2009 2010

010223310
安徽科技年鉴
安徽省科学技术厅编 合肥 安徽科学技术出版社 2005—
〔馆藏卷期〕2005

013787159
安徽教育招生考试年鉴
安徽省教育招生考试院编 合肥 黄山书社
〔馆藏卷期〕2008

012591653
安徽省普通高校毕业生就业工作年鉴
安徽省高等学校毕业生就业工作年鉴 1998
安徽省大中专毕业生就业指导中心编 安徽 安徽省教育厅高校学生处
〔馆藏卷期〕1998 2006 2007

012525894
安徽教育年鉴
安徽省教育委员会编 合肥 安徽教育出版社 1995—
〔馆藏卷期〕1994 1995 1996 1997 1998 2008 2010 2011

013467181
安徽体育年鉴
安徽省体育运动委员会编 合肥 安徽省体育运动委员会

〔馆藏卷期〕1993/1994　1995/1998

012364951
安徽省气象灾害年鉴
安徽省气象局编　北京　气象出版社
〔馆藏卷期〕2009

012243188
安徽卫生年鉴
安徽卫生年鉴编辑委员会编　合肥　安徽卫生年鉴编辑委员会
〔馆藏卷期〕2006　2007

010223307
安徽减灾年鉴
安徽减灾年鉴编辑委员会编　合肥　安徽大学出版社
〔馆藏卷期〕1991/1995　1996/2000

合肥市

008849862
合肥年鉴
合肥市地方志(年鉴)编纂委员会编　合肥市人民政府主办　合肥　黄山书社
〔馆藏卷期〕2000　2001　2002　2003　2004　2005　2006　2007　2008　2009　2010　2011　2012　2013　2014

007712972
合肥统计年鉴
合肥市统计局编　合肥　合肥市统计局
〔馆藏卷期〕1990　1993　1995　1996　1997　1998　1999　2000　2001　2002　2003　2004　2005　2006　2007　2008　2009　2010　2011　2012　2013　2014

013925174
安徽省高级人民法院年鉴
高级人民法院编　合肥　安徽省高级人民法院
〔馆藏卷期〕2003　2010

013772682
合肥高新技术产业开发区年鉴
合肥高新技术产业开发区发展研究中心编　合肥　合肥高新技术产业开发区管委会
〔馆藏卷期〕2011

012923502
合肥房地产年鉴
安徽经典市场调查咨询有限公司编　合肥市房地产管理局　合肥市房地产业协会主办　合肥　安徽经典市场调查咨询有限公司
〔馆藏卷期〕2010　2014

011965522
安徽省烟草专卖局(公司)年鉴
安徽省烟草专卖局(公司)编　合肥　合

肥工业大学出版社 2008—
〔馆藏卷期〕2006 2009

1999 2000 2001 2002 2003 2004
2005 2006 2007 2008 2009 2010
2012

012909253
安徽中烟工业公司年鉴
安徽中烟工业有限责任公司年鉴
  2011—
安徽中烟工业公司编 合肥 黄山书
  社 2010—
〔馆藏卷期〕2003/2008 2009 2010 2011

013757913
交通银行合肥分行统计年鉴
交通银行合肥分行编 合肥 交通银行合
  肥分行
〔馆藏卷期〕2009 2010

009926194
合钢年鉴
合钢年鉴编委会编 北京 方志出版
  社 2005—
〔馆藏卷期〕2002/2003

009726002
安徽大学年鉴
李仁群主编 合肥 安徽大学出版社
〔馆藏卷期〕2001 2002 2003 2004 2005
  2006 2007 2008

012723410
合肥交通年鉴
合肥市交通年鉴编纂委员会编 合肥市
  交通局主办 合肥 合肥市交通年鉴编
  纂委员会 2002—
〔馆藏卷期〕1998/1999 2000/2001 2003

009804974
合肥工业大学年鉴
合肥工业大学年鉴编委会编 合肥 合肥
  工业大学出版社
〔馆藏卷期〕2002 2003 2004 2005 2006
  2007 2008 2009 2010 2011

008399295
铁道部第四工程局年鉴
铁四局年鉴 1999
中铁四局集团年鉴 2000—
中国中铁四局集团年鉴 2008—
铁道部第四工程局史志编纂委员会编
  铁道部第四工程局主办 合肥 铁道部
  第四工程局 1994—
〔馆藏卷期〕1994 1995 1996 1997 1998

013928109
合肥学院年鉴
合肥学院年鉴编辑委员会办公室编 合
  肥 合肥学院
〔馆藏卷期〕2007

009182934
中国科学技术大学年鉴
中国科学技术大学校长办公室编 合肥
  中国科学技术大学出版社

〔馆藏卷期〕1999 2000 2001 2002 2003 2004 2005 2007 2008

013363378

安徽省疾病预防控制中心年鉴

安徽省疾病预防控制中心年鉴编辑委员会编 合肥 安徽省疾病预防控制中心

〔馆藏卷期〕2009

蜀山区

013714686

蜀山年鉴

合肥市蜀山区地方志(年鉴)编纂委员会编 中共合肥市蜀山区委员会 合肥市蜀山区人民政府主办 合肥 合肥工业大学出版社 2012—

〔馆藏卷期〕2012 2013

瑶海区

011968087

瑶海年鉴

合肥市瑶海区地方志办公室编 合肥市瑶海区人民政府主办 合肥 黄山书社 2008

〔馆藏卷期〕2008

巢湖市

008438648

巢湖地区年鉴

巢湖年鉴 2000—

巢湖地区地方志编委会编 合肥 黄山书社

〔馆藏卷期〕1998 2000 2002 2004 2006 2008 2009 2010 2011 2012 2013 2014

007916484

巢湖市年鉴

巢湖市地方志办公室编 巢湖 巢湖市地方志办公室

〔馆藏卷期〕1991 1992 1993 1995 1996 1997 1998

009014814

居巢年鉴

巢湖市居巢区地方志编纂委员会编 巢湖市居巢区人民政府主办 北京 中国致公出版社 2000—

〔馆藏卷期〕2000 2002 2004 2007 2009 2010 2011

008403866

巢湖地区统计年鉴

安徽省巢湖行署统计局编 巢湖 安徽省巢湖行署统计局

〔馆藏卷期〕1996 1997 1998 1999

008957857

巢湖统计年鉴

安徽省巢湖市统计局编 巢湖 安徽省巢湖市统计局

〔馆藏卷期〕2000 2001 2002 2003 2004 2005 2006 2007 2008 2009 2010 2011

012517862

巢湖法院年鉴

巢湖法院年鉴编纂委员会编 巢湖 巢湖市中级人民法院

〔馆藏卷期〕2000/2003

长丰县

013635465

长丰年鉴

长丰县地方志办公室编 长丰县人民政府主办 合肥 安徽人民出版社 2011—

〔馆藏卷期〕2011 2012 2013

肥东县

013677363

肥东年鉴

肥东县地方志办公室编 中共肥东县委 肥东县人民政府主办 北京 方志出版社

〔馆藏卷期〕2011 2012 2013

肥西县

013859283

肥西年鉴

肥西县党史研究室（地方志办公室）编 中共肥西县委 肥西县人民政府主办 北京 方志出版社 2012—

〔馆藏卷期〕2012

庐江县

013636585

庐江年鉴

庐江县地方志办公室编 庐江县人民政府主办 合肥 黄山书社 2012—

〔馆藏卷期〕2011 2014

芜湖市

008476179

芜湖年鉴

芜湖市地方志办公室编 合肥 黄山书社

〔馆藏卷期〕1996 1997 1998 1999 2000 2001 2002 2003 2004 2005 2006

2007 2008 2009 2010 2011 2012 2013 2014

007733579
芜湖统计年鉴
芜湖市统计局编 芜湖 芜湖市统计局
〔馆藏卷期〕1992 1993 1994 1995 1996 1997 1998 1999 2000 2001 2002 2003 2004 2005 2006 2007 2008 2009 2010 2011 2013 2014

鸠江区

013711349
鸠江区年鉴
鸠江区地方志办公室编 芜湖市鸠江区人民政府主办 合肥 黄山书社 2012—
〔馆藏卷期〕2009/2010

镜湖区

012792596
镜湖年鉴
镜湖区地方志办公室编 芜湖市镜湖区人民政府主办 合肥 安徽人民出版社 2010
〔馆藏卷期〕2009 2010

弋江区

013677511
弋江区年鉴
弋江区地方志办公室编 芜湖市弋江区人民政府主办 合肥 黄山书社 2011—
〔馆藏卷期〕2011

三山区

011967110
三山区年鉴
三山区地方志办公室编 芜湖市三山区人民政府主办 合肥 安徽人民出版社 2008—
〔馆藏卷期〕2008 2009 2011 2013

芜湖县

013656120
芜湖县年鉴
芜湖县地方志办公室编 芜湖县人民政府主办 合肥 安徽人民出版社 2011—
〔馆藏卷期〕2009/2010

繁昌县

013965186
繁昌县统计年鉴
繁昌统计年鉴

繁昌县统计局编 繁昌 繁昌县统计局
〔馆藏卷期〕2005 2007

蚌埠市

009395845

蚌埠年鉴

蚌埠年鉴编纂委员会编 蚌埠市人民政府主办 合肥 黄山书社 1998—

〔馆藏卷期〕1998 1999 2000 2001 2002 2003 2004 2005 2006 2007 2008 2009 2010 2011 2013 2014

008405325

蚌埠统计年鉴

蚌埠市统计局编 蚌埠 蚌埠市统计局

〔馆藏卷期〕1998 1999 2000 2001 2002 2003 2004 2005 2006 2007 2008 2009 2010 2011 2012 2013 2014

008788764

蚌埠铁路分局年鉴

蚌埠铁路分局年鉴编纂委员会编 北京 中国铁道出版社 1995—

〔馆藏卷期〕1993 1994 1995 1996 1997 1998 1999 2000 2001 2002 2003 2004 2005

淮南市

008437453

淮南年鉴

淮南年鉴编委会编 合肥 黄山书社

〔馆藏卷期〕1999 2000 2001 2002 2003 2004 2005 2006 2007 2008 2009 2010 2011 2012 2013

008278752

淮南统计年鉴

淮南市统计年鉴

淮南市统计局编 淮南 淮南市统计局

〔馆藏卷期〕1997 1998 1999 2000 2001 2002 2003 2004 2005 2006 2007 2008 2009 2010 2011 2013 2014

012723572

淮南财政年鉴

淮南市财政局编 北京 中国财政经济出版社 2010—

〔馆藏卷期〕2010 2011 2012

八公山区

013603010

八公山年鉴

八公山年鉴编纂委员会编 中共八公山区委 八公山区人民政府主办 八公山八公山年鉴编纂委员会

〔馆藏卷期〕2011

马鞍山市

006908854

马鞍山年鉴

马鞍山年鉴编委会编 合肥 安徽人民出版社

〔馆藏卷期〕1990 1991 1992 1993 1994 1995 1996 1997 1998 1999 2000 2001 2002 2003 2004 2005 2006 2007 2008 2009 2010 2011 2012 2013

008435158

马鞍山统计年鉴

安徽省马鞍山市统计局编 马鞍山 安徽省马鞍山市统计局

〔馆藏卷期〕1998 1999 2000 2001 2002 2003 2004 2005 2006 2007 2008 2009 2010 2011 2012 2013 2014

006038478

马钢年鉴

马钢史志办公室编 北京 中国展望出版社

〔馆藏卷期〕1987 1988 1989 1990 1991 1992 1993 1994 1995 1996 1997 1998 1999 2000 2001 2002 2003 2004 2005 2006 2007 2008 2009 2010 2011 2012 2013 2014

013467176

安徽工业大学年鉴

安徽工业大学校长办公室编 马鞍山 安徽工业大学

〔馆藏卷期〕2010

当涂县

008434039

当涂年鉴

当涂县地方志办公室编 合肥 黄山书社

〔馆藏卷期〕1998 2002 2004 2006 2009 2012 2013 2014

和县

013747928

和县年鉴

和县地方志编纂委员会编 合肥 黄山书社 2012—

〔馆藏卷期〕2012 2013

淮北市

008643426
淮北年鉴
淮北市地方志（年鉴）编纂委员会编 北京 中国致公出版社
〔馆藏卷期〕2000 2001 2002 2003 2004 2005 2006 2007 2008 2009 2010 2011 2012

008435187
淮北市统计年鉴
淮北统计年鉴
淮北市统计局编 淮北 淮北市统计局
〔馆藏卷期〕1998 1999 2000 2001 2002 2003 2004 2005 2006 2007 2008 2009 2010 2011 2012 2013

濉溪县

009406328
濉溪年鉴
濉溪县地方志办公室编 濉溪县人民政府主办 濉溪 濉溪县地名办公室 1984
〔馆藏卷期〕1997/2000 2003/2004 2005/2006 2009/2010

铜陵市

008315303
铜陵年鉴
铜陵市地方志编纂委员会办公室编 合肥 安徽人民出版社 1992—
〔馆藏卷期〕1991 1992 1993 1994 1995 1996 1997 1998 1999 2000 2001 2002 2003 2004 2005 2006 2007 2008 2009 2010 2011 2012 2013

008405495
铜陵统计年鉴
安徽省铜陵市统计局编 铜陵 安徽省铜陵市统计局
〔馆藏卷期〕1991 1992 1993 1995 1996 1997 1998 1999 2000 2001 2002 2003 2004 2005 2006 2007 2008 2009 2010 2012 2013

008749459
铜陵有色金属(集团)公司年鉴
铜陵有色金属集团控股有限公司年鉴
铜陵有色金属(集团)公司年鉴编辑委
员会编 北京 方志出版社
〔馆藏卷期〕1994 1996 1997 1998 1999
2000 2001 2002 2003 2004 2005
2006 2007

义安区

011967459
铜陵县年鉴
铜陵县地方志办公室编 铜陵县人民政
府主办 合肥 黄山书社 2008—
〔馆藏卷期〕2002/2007 2008/2009 2012

枞阳县

008993633
枞阳年鉴
枞阳县地方志编纂委员会办公室编 枞
阳县人民政府主办 枞阳 枞阳县人民
政府
〔馆藏卷期〕1990/1998

安庆市

008396642
安庆年鉴
安庆市人民政府编 合肥 黄山书社
〔馆藏卷期〕1997 1998 1999 2000 2001
2002 2003 2004 2005 2006 2007
2008 2009 2010 2011 2012 2013

009900443
安庆统计年鉴
安庆市统计局编 北京 中国统计出版社
〔馆藏卷期〕2005 2006 2007 2008 2009
2010 2011 2012 2013 2014

008276752
安庆经济统计年鉴
安庆市统计局编 北京 中国统计出版
社 1996—
〔馆藏卷期〕1996 1997 1998 1999 2000
2001 2002 2003

桐城市

008432437
桐城年鉴
桐城市人民政府编 合肥 黄山书社
〔馆藏卷期〕1998 1999 2000 2001 2002
2003 2004 2005 2007 2011 2012
2013

怀宁县

008438203
怀宁年鉴
怀宁县人民政府编 合肥 黄山书社
〔馆藏卷期〕1986/1995 2003/2007

潜山县

008438160
潜山年鉴
潜山年鉴编纂委员会编 合肥 黄山书社
〔馆藏卷期〕1988/1996 2003/2009

太湖县

009502315
太湖年鉴
太湖县地方志办公室编 太湖县人民政府主办 合肥 黄山书社 2004—
〔馆藏卷期〕1998/2003 2003/2007

宿松县

008437912
宿松年鉴
宿松县年鉴编纂委员会编 合肥 黄山书社
〔馆藏卷期〕1986/1994

望江县

008434224
望江年鉴
望江年鉴编纂委员会编 望江 望江年鉴编纂委员会
〔馆藏卷期〕1998 1998/2000 2001/2003 2004/2005

岳西县

012724305
岳西年鉴
岳西县地方志办公室编 岳西县人民政府主办 合肥 黄山书社 2010—
〔馆藏卷期〕2003/2008 2009/2010

黄山市

008397119
黄山年鉴
黄山市地方志办公室编 北京 方志出版社
〔馆藏卷期〕1987/1997 1998 1999 2000 2001 2002 2003 2004 2005 2006 2007 2008 2009 2010 2011 2012 2013 2014

008336672

黄山市统计年鉴

黄山统计年鉴 2000—

安徽省黄山市统计局编 黄山 黄山市统计局 1997—

〔馆藏卷期〕1996 1998 1999 2000 2001 2002 2003 2004 2005 2007 2008 2009 2010 2011 2012 2013 2014

黄山区

012526036

黄山区年鉴

黄山区地方志办公室编 黄山市黄山区人民政府主办 黄山 黄山区地方志办公室 2009—

〔馆藏卷期〕2009 2011

歙县

009264748

歙县年鉴

歙县地方志编纂委员会编 北京 中国对外翻译出版公司 1999—

〔馆藏卷期〕1988/1998 2001

休宁县

009215389

休宁统计年鉴

休宁县统计局编 休宁 休宁县统计局

〔馆藏卷期〕2003 2005 2006 2007

滁州市

008438823

滁州年鉴

滁州年鉴编纂委员会 滁州市人民政府编 合肥 黄山书社

〔馆藏卷期〕1999 2000 2001 2002 2003 2004 2005 2006 2007 2008 2009 2010 2012 2013

004593744

滁县地区统计年鉴

安徽省滁县地区行政公署统计局编 北京 中国统计出版社

〔馆藏卷期〕1990 1991 1992

007850518

滁州统计年鉴

滁县地区统计年鉴

安徽省滁州统计局编 滁州 滁州市统计局 1993—

〔馆藏卷期〕1994 1995 1996 1997 1998 2000 2001 2002 2003 2004 2005 2006 2007 2008 2010 2011 2012 2013 2014

014014119
滁州法院年鉴
中级人民法院（滁州）编 滁州 滁州市中级人民法院
〔馆藏卷期〕2000

天长市

013636599
天长年鉴
天长市地方志年鉴编纂委员会编 合肥 黄山书社 2010—
〔馆藏卷期〕2010 2011 2012 2014

013932469
天长统计年鉴
天长市统计局编 天长 天长市统计局
〔馆藏卷期〕2004 2005

全椒县

008402816
全椒年鉴
全椒县人民政府编 合肥 黄山书社
〔馆藏卷期〕1995/1998

阜阳市

008434128
阜阳年鉴
阜阳市地方志办公室编 阜阳市人民政府主办 合肥 黄山书社
〔馆藏卷期〕1997 1999 2001 2003 2004 2005 2006 2007 2008 2009 2010 2011 2012 2013

008402866
阜阳统计年鉴
阜阳市人民政府统计局编 阜阳 阜阳市人民政府统计局
〔馆藏卷期〕1996 1997 1998 2000 2001 2002 2003 2004 2005 2006 2007 2008 2009 2010 2011 2012 2013 2014

010226654
安徽省阜阳专区卫生防疫年鉴
安徽省阜阳专区卫生防疫站编 阜阳 安徽省阜阳专区卫生防疫站
〔馆藏卷期〕1965

颍州区

012048781
颍州区年鉴
阜阳市颍州区地方志办公室编 阜阳市颍州区人民政府主办 颍州 阜阳市颍州区地方志办公室 2008—
〔馆藏卷期〕2008 2009 2010

界首市

008968726
界首年鉴
界首市地方志办公室编 界首市人民政府主办 合肥 黄山书社 2002—
〔馆藏卷期〕2002 2004 2005 2007 2009 2010/2011

临泉县

011823002
临泉年鉴
临泉县地方志编纂委员会办公室编 临泉县人民政府主办 临泉 临泉县地方志编纂委员会办公室 2005— 合肥 黄山书社 2013—
〔馆藏卷期〕2005 2008 2009 2010 2011

太和县

013680584
太和年鉴
太和县地方志办公室编 太和县人民政府主办 太和 太和县地方志办公室
〔馆藏卷期〕2011

颍上县

008432523
颍上年鉴
颍上县地方志办公室编 合肥 黄山书社
〔馆藏卷期〕1989/1997 2004/2007

宿州市

008432756
宿州年鉴
宿州市档案局编 宿州市人民政府主办 合肥 黄山书社
〔馆藏卷期〕1999 2000 2001 2002 2003 2004 2005 2006 2007 2008 2009 2010 2011 2012 2013 2014

008403922
宿县地区统计年鉴
宿县地区行政公署统计局编 宿县 宿县地区行政公署统计局

〔馆藏卷期〕1996 1997 1998

008413051
宿州统计年鉴
宿州市统计局编 宿州 宿州市统计局
〔馆藏卷期〕1999 2000 2001 2002 2003 2004 2005 2006 2007 2008 2009 2010 2011 2012 2013

砀山县

008432428
砀山年鉴
砀山县地方志办公室编 北京 中国对外翻译出版公司
〔馆藏卷期〕1999 2002 2002/2004 2005/2007

灵璧县

007733589
灵璧年鉴
中共灵璧县委党史研究室 灵璧县地方志办公室编 北京 方志出版社 1997—
〔馆藏卷期〕1986/1995 1996/1998 1999/2000 2001/2009

六安市

008437940
六安地区年鉴
六安地区行政公署 六安地区地方志办公室编 合肥 黄山书社
〔馆藏卷期〕1999 2000

009036951
六安年鉴
六安市地方志办公室编 六安市人民政府主办 合肥 黄山书社
〔馆藏卷期〕2001 2002 2003 2004 2005 2006 2007 2008 2009 2012

008433655
六安地区统计年鉴
六安统计年鉴 2000—
六安地区行政公署统计局编 六安 六安地区行政公署统计局
〔馆藏卷期〕1995 1996 1997 1998 1999 2000 2001 2002 2003 2004 2005 2006 2007 2008 2009 2010 2011 2012 2013 2014

金安区

011822249
金安年鉴

六安市金安区地方志办公室编纂 六安市金安区人民政府主办 金安 六安市金安区地方志办公室 2007—
〔馆藏卷期〕2007 2008 2012 2013

014217079
金安统计年鉴
金安区统计局编 六安 六安市金安区统计局
〔馆藏卷期〕[电子资源]

霍邱县

013603112
霍邱年鉴
霍邱县地方志办公室编 霍邱县人民政府主办 北京 中共党史出版社 2011—

〔馆藏卷期〕2011 2012

舒城县

008643436
舒城年鉴
舒城县地方志办公室编 安徽 舒城县地方志办公室
〔馆藏卷期〕2000 2011 2012 2013 2014

霍山县

012723579
霍山年鉴
霍山年鉴编纂工作委员会编 霍山县人民政府主办 合肥 安徽人民出版社
〔馆藏卷期〕2012 2013

亳州市

009081222
亳州年鉴
亳州市史志办公室编 亳州市人民政府主办 合肥 黄山书社 2002—
〔馆藏卷期〕2002 2003 2004 2005 2006 2007 2008 2009 2010 2011 2012 2013 2014

008401849
亳州统计年鉴

亳州市统计局编 亳州 亳州市统计局
〔馆藏卷期〕1998 1999 2001 2002 2003 2004 2005 2006 2007 2008 2010 2011 2012 2014

谯城区

013747974
亳州市谯城区统计年鉴
谯城区统计年鉴

谯城区统计局年鉴 2005
谯城统计年鉴 2013—
谯城区统计局编 谯城 亳州市谯城区统计局
〔馆藏卷期〕2002 2005 2008 2009 2010 2011 2012 2013

涡阳县

013714929
涡阳年鉴
涡阳县地方志办公室编 涡阳县人民政府主办 北京 社会科学文献出版社 2012—
〔馆藏卷期〕2012 2013

利辛县

012199171
利辛年鉴
利辛县地方志办公室编 利辛县人民政府主办 利辛 利辛年鉴编纂委员会 2009—
〔馆藏卷期〕1998 2008 2009 2011/2012 2013

池州市

009182840
池州年鉴
池州市地方志编纂委员会编 合肥 黄山书社
〔馆藏卷期〕2002 2003/2004 2005/2006 2009 2010

008433678
池州统计年鉴
池州行署统计局编 池州 池州行署统计局
〔馆藏卷期〕1997 1998 1999 2000 2001 2002 2003 2004 2005 2006 2007 2008 2009 2010 2011 2012 2013 2014

东至县

013635480
东至年鉴
东至县地方志办公室编 东至县人民政府主办 合肥 安徽人民出版社
〔馆藏卷期〕2011

青阳县

013965434
青阳县统计年鉴
青阳统计年鉴 2002—
青阳县统计局编 青阳 青阳县统计局
〔馆藏卷期〕2000/2001 2002 2004/2005

宣城市

009395688

宣城年鉴

宣城市方志办 档案局编纂 宣城市人民政府主办 合肥 黄山书社 2003—

〔馆藏卷期〕2003 2005 2007 2010 2011 2012 2013

008400253

宣城地区统计年鉴

宣城地区行政公署统计局编 宣城 宣城地区行政公署统计局

〔馆藏卷期〕1996 1997 1998 1999 2000

008773108

宣城市统计年鉴

宣城统计年鉴 2006—

宣城市统计局编 宣城 宣城市统计局

〔馆藏卷期〕2001 2002 2003 2004 2005 2006 2010 2011 2012 2013 2014

宁国市

008643432

宁国年鉴

宁国市地方志办公室编 宁国市人民政府主办 合肥 黄山书社 1999—

〔馆藏卷期〕1997/1998 2010 2013

009287713

宁国统计年鉴

宁国市统计年鉴 2014—

宁国市统计局编 宁国 宁国市统计局

〔馆藏卷期〕2003 2005 2006 2007 2008 2009 2013 2014

广德县

011139765

广德年鉴

中共广德县委宣传部 广德县档案局编纂 中共广德县委员会 广德县人民政府主办 合肥 黄山书社 2006—

〔馆藏卷期〕2006 2007 2008 2009 2010 2011 2012

泾县

008866912

泾县年鉴

泾县地方志编纂委员会编 北京 中国致公出版社 2001—

〔馆藏卷期〕1988/1997 2010 2011 2012/2013

绩溪县

013634339
绩溪年鉴 绩溪县地方志办公室编 中共绩溪县委 绩溪县人民政府主办 北京 方志出版社 2011—
〔馆藏卷期〕2011 2012 2013

福建省

007916855
福建年鉴
福建经济年鉴
福建省人民政府主办　福建年鉴编纂委员会编纂　福州　福建人民出版社　1995—
〔馆藏卷期〕1995　1996　1997　1998　1999　2000　2001　2002　2003　2004　2006　2007　2008　2009　2010　2011　2012　2013　2014

012790018
福建省社会科学界联合会年鉴
福建省社会科学界联合会编　福州　福建省社会科学界联合会　2002—
〔馆藏卷期〕2001　2002　2003　2004　2005　2006　2008　2009　2010　2011　2012

009307989
福建经济与社会统计年鉴
福建省统计局编　福州　福建人民出版社
〔馆藏卷期〕2003　2004　2005　2006　2007　2008　2009　2010

014212027
福建农村统计年鉴
福建省农村统计年鉴
福建农村经济年鉴
福建省统计局农村处编　北京　中国统计出版社　1992—1993
〔馆藏卷期〕1992

012820309
福建省农村统计年鉴
福建农村统计年鉴
福建省统计局农村处编　北京　中国统计出版社　1991
〔馆藏卷期〕1991

007699459
福建省统计年鉴
福建省政府统计室编　福建　福建省政府统计室　1937—
〔馆藏卷期〕1937　1944

001992664
福建统计年鉴
福建省统计局编 北京 中国统计出版社
〔馆藏卷期〕1983 1984 1986 1987 1988 1989 1990 1991 1992 1993 1994 1995 1996 1997 1998 1999 2000 2001 2002 2003 2004 2005 2006 2007 2008 2009 2010 2011 2012 2013 2014

009913101
福建机构编制年鉴
中共福建省委机构编制委员会办公室 福建省人民政府机构编制办公室编 福州 海潮摄影艺术出版社
〔馆藏卷期〕2004 2008

011501902
福建宣传年鉴
中共福建省委宣传部编 福州 福建人民出版社 2007—
〔馆藏卷期〕2006 2007 2008

012789998
福建精神文明建设年鉴
福建精神文明建设年鉴编辑委员会编 福州 福建人民出版社 2010—
〔馆藏卷期〕2010 2011 2012 2013

012079117
福建法院年鉴
福建省高级人民法院编 福州 福建省高级人民法院 2008—

〔馆藏卷期〕2006 2007 2008 2009

010223978
福建经济普查年鉴
福建省第一次全国经济普查领导小组办公室编 北京 中国统计出版社 2006—
〔馆藏卷期〕2004 2008

005032831
福建经济年鉴
福建年鉴
福建经济年鉴编辑委员会编 福州 福建人民出版社 1985—1994
〔馆藏卷期〕1985 1986 1987 1988 1989 1990 1991 1992 1994

012591707
福建评价年鉴
福建省企业评价中心 福建省企业评价协会编 福州 福建省企业评价协会 2000—
〔馆藏卷期〕1995 2000 2002 2003

009933328
福建省开发区年鉴
福建省开发区年鉴编委会编 福州 福建省开发区协会 2001—
〔馆藏卷期〕2001 2002

012079121
福建审计年鉴
福建审计年鉴编纂委员会编 福建省审

计厅主办 北京 中国时代经济出版
社 2002—
〔馆藏卷期〕1996/2000 2001/2005

014217087
福建劳动统计年鉴
福建省统计局编 北京 中国统计出版社
〔馆藏卷期〕[电子资源]

008577066
福建企业年鉴
福建省企业调查队编 北京 中国统计出版社
〔馆藏卷期〕2000 2001 2002 2003 2004 2005 2006 2007 2008 2009 2010 2011 2012 2013 2014

009123981
福建建设年鉴
福建省建设厅编 福州 福建省地图出版社 2003—
〔馆藏卷期〕1998/2000 2001/2002 2003 2004/2005 2007 2012

009307981
福建农村调查年鉴
福建农村社会经济调查队编 福州 福建农村社会经济调查队
〔馆藏卷期〕1997 1998 1999 2000 2001 2002 2003 2005

007698545
福建农村经济年鉴

福建农村统计年鉴
福建省统计局编 北京 中国统计出版社 1994—
〔馆藏卷期〕1994 1995 1996 1997 1998 1999 2000 2001 2002

012790006
福建农业产业化龙头企业统计年鉴
福建省农村工作办公室编 福州 福建省人民政府农村工作办公室 2004—
〔馆藏卷期〕2004

014217110
福建工业统计年鉴
福建工业经济统计年鉴
福建省统计局编 北京 中国统计出版社 1988—
〔馆藏卷期〕1988

013714923
福建石材行业年鉴
福建石材年鉴编辑部编 福建省石材行业协会主办 福州 福建省石材行业协会
〔馆藏卷期〕2012

009036704
福建水利年鉴
福建省水利厅编 福州 海潮摄影艺术出版社
〔馆藏卷期〕1991/2000 1998

004187288
福建工业经济统计年鉴
福建省统计局编 北京 中国统计出版社
〔馆藏卷期〕1990 1991 1992 1993 1994 1995 1997 1998 1999 2000 2001

008977249
福建工业交通经济年鉴
福建工业经济统计年鉴
福建省统计局编 北京 中国统计出版社 2002—
〔馆藏卷期〕2002

012047155
福建信息产业年鉴
福建省信息产业厅 福建省无线电管理委员会办公室编 厦门 鹭江出版社 2009—
〔馆藏卷期〕2007/2008

010102107
福建省道路水路运输行业统计年鉴
福建省运输管理局编 福州 福建人民出版社
〔馆藏卷期〕2002 2003 2005 2006 2008

008574180
福建市场统计年鉴
福建省统计局编 福州 福建省统计局
〔馆藏卷期〕2000 2001

009726023
福建市场占有年鉴
福建省企业信息中心编 福州 福建省地图出版社 2004—
〔馆藏卷期〕1999/2003 2005 2006 2007 2008 2009 2010 2011 2012 2013 2014

004187520
福建省商业统计年鉴
福建商业经济统计年鉴
福建省统计局贸易处 福建省经济委员会贸易处编 北京 中国统计出版社
〔馆藏卷期〕1988/1989

008388836
福建贸易经济统计年鉴
福建省统计局编 北京 中国统计出版社 1998—
〔馆藏卷期〕1998

007698517
福建商业经济统计年鉴
福建省商业统计年鉴
福建贸易经济统计年鉴
福建省统计局编 北京 中国统计出版社 1993—1997
〔馆藏卷期〕1991/1992 1994 1996

008866897
福建对外经济统计年鉴
福建省统计局编 福州 福建省统计局
〔馆藏卷期〕2001

007236272
福建对外经贸年鉴
福建省对外经济贸易委员会编 福州 福建人民出版社 1990—
〔馆藏卷期〕1990 1994 1995

007698572
福建省对外经贸年鉴
福建省对外经贸委编 北京 中国书籍出版社
〔馆藏卷期〕1996 1997 1998 1999 2000 2001 2002 2003 2004 2005 2006 2007 2008 2009 2010 2011

008588872
福建财政年鉴
福建财政年鉴编辑委员会编 福建 福建财政年鉴编辑委员会
〔馆藏卷期〕1992 1994 1995 1996 1997 1998 1999 2000 2001 2002 2004 2005 2006 2007 2008 2009 2010 2011 2012 2013 2014

011139704
福建地税年鉴
福建地税年鉴编辑委员会编 福州 福建地税年鉴编辑委员会 2000—
〔馆藏卷期〕1999 2001 2004 2005 2006 2008 2009 2010 2011 2012 2013

008977253
福建金融统计年鉴
中国人民银行福州中心支行编 北京 中国统计出版社 2002—
〔馆藏卷期〕1998/2002

008923176
福建科技年鉴
福建省科学技术厅编 福州 福建科学技术出版社 2002—
〔馆藏卷期〕2001 2002 2003 2004 2005 2006 2007 2008 2009 2010 2011 2012 2013

007920205
福建科技统计年鉴
福建科技统计年鉴编委会编 北京 中国统计出版社 1992—
〔馆藏卷期〕1992 1993 1994 1995 1996 1998 1999 2000 2001 2002

009840725
福建教育年鉴
福建省教育委员会编 福州 福建教育出版社 1999—
〔馆藏卷期〕1995 1997 1998

013898497
福建美术年鉴
福建省美术家协会编 福州 福建省美术家协会
〔馆藏卷期〕2007 2008 2009 2010

013898505
福建摄影年鉴
福建摄影年鉴编委会编 福州 福建摄影

家协会
〔馆藏卷期〕2010

004683559
福建省戏剧年鉴
中国戏剧家协会福建省分会 福建省戏曲研究所编 福州 福建省戏曲研究所 1981—
〔馆藏卷期〕1981 1982 1983 1984 1985 1986 1987 1988 1989 1990 1992 1994 1995 1996 1997 1998 1999

012723230
福建卫生年鉴
福建省卫生厅编 福州 海风出版社 2010—
〔馆藏卷期〕2008 2009 2011 2012 2013

013898511
福建省港口航道统计年鉴
福建省地方海事局编 福州 福建省港航管理局
〔馆藏卷期〕2006 2007

福州市

006909411
福州年鉴
福州经济年鉴
福州年鉴编辑委员会编 北京 中国统计出版社 1995—
〔馆藏卷期〕1995 1996 1997 1998 1999 2000 2001 2002 2003 2004 2005 2006 2007 2008 2009 2010 2011 2012 2013 2014

009588971
福州统计年鉴
福州市统计局编 北京 中国统计出版社
〔馆藏卷期〕2003 2004 2005 2006 2007 2008 2009 2010 2011 2012 2013 2014

011139710
福州市中级人民法院年鉴
福州市中级人民法院年鉴编辑委员会编 福州 福州市中级人民法院 2006—
〔馆藏卷期〕2005 2006 2007 2008 2009 2010 2011 2013

005059974
福州经济年鉴
福州年鉴
福州经济年鉴编辑委员会编 北京 中国统计出版社
〔馆藏卷期〕1988 1989 1991 1992 1993 1994

011139708
福州经济普查年鉴

福州市第一次经济普查领导小组办公室编 福州 福州市第一次经济普查领导小组办公室 2006
〔馆藏卷期〕2004

002397209
中国企业登记年鉴 福州专辑
中华人民共和国国家工商行政管理局 福州市工商行政管理局编 陈永芳总编辑 北京 中国新闻出版社 1985
〔馆藏卷期〕1985

008990652
福州建设年鉴
福州建设年鉴编辑委员会编 福州 福州建设年鉴编辑委员会
〔馆藏卷期〕1993/1995 1996/1998 1999/2000

008588874
福州铁路分局年鉴
福州铁路分局史志编委会编 福州 福建教育出版社 1993—
〔馆藏卷期〕1993 1994 1995 1996 1997 1998 1999 2000 2001 2002 2003 2004

013821858
中国电信福州分公司年鉴
中国电信股份有限公司福州分公司编 福州 中国电信福州分公司
〔馆藏卷期〕2009

009933342
中国工商银行福建省分行统计年鉴
福建工商银行统计年鉴
中国工商银行福建省分行编 福州 中国工商银行福建省分行 2003—
〔馆藏卷期〕1991/2000

013790785
中国人民财产保险股份有限公司福建省分公司财产保险业务统计年鉴
财产保险业务统计年鉴
保险业务统计年鉴
中国人民财产保险股份有限公司福建省分公司编 福州 中国人民财产保险股份有限公司福建省分公司
〔馆藏卷期〕2002

013369819
福州科技年鉴
福州市科学技术局编 福州 福州市科学技术局
〔馆藏卷期〕2004 2010

013926042
福建省普通教育教学研究室年鉴
福建省普通教育教学研究室编 福州 福建省普通教育教学研究室
〔馆藏卷期〕2006

008990660
福州教育年鉴
福州市教育史志编纂委员会编 福州 福州市教育史志编纂委员会 1996—

〔馆藏卷期〕1990/1995 1996/1997 1998 1999 2000 2001 2002 2003 2004 2005 2006 2007 2008 2009 2010

012923429
福州第一中学年鉴
福州第一中学编 福州 福州第一中学
〔馆藏卷期〕2009

009926238
福建农林大学年鉴
福建农林大学年鉴编辑委员会编 福州 福建教育出版社
〔馆藏卷期〕2003 2004 2009

013157479
福建师范大学年鉴
福建师范大学校长办公室编 福州 福建师范大学
〔馆藏卷期〕1997 1998 1999 2000 2001

012351799
福州大学年鉴
福州大学校长办公室编 福州 福州大学
〔馆藏卷期〕1991 1995 2002 2008 2010 2011

012923434
福州师范学校年鉴
福州师范学校年鉴编写组编 福州 福州师范学校
〔馆藏卷期〕1991/1997

鼓楼区

009036972
鼓楼区综合年鉴
鼓楼区地方志编纂委员会编 福州 海潮摄影艺术出版社
〔馆藏卷期〕1996/1999

仓山区

013809487
福州市仓山区经济年鉴
仓山区统计局编 仓山 福州市仓山区统计局
〔馆藏卷期〕1996 2001

马尾区

008274968
福州市经济技术开发区马尾区年鉴
福州经济技术开发区年鉴
福州市经济技术开发区马尾区经济年鉴 1994
福州经济技术开发区统计局编 北京 中国统计出版社 1996—
〔馆藏卷期〕1994 1996 1997 1998 1999 2000 2001 2002 2003 2006 2007 2008 2009 2010 2011 2012 2013

长乐区

009081300
长乐市年鉴
长乐年鉴 2010—
长乐市地方志编纂委员会编 福州 福建人民出版社
〔馆藏卷期〕1995/2000 2006 2010

013467330
长乐经济年鉴
长乐经济年鉴编辑委员会编 长乐 长乐经济年鉴编委会 1995—
〔馆藏卷期〕1995 1997 1998

福清市

013898521
福清统计年鉴
福清市统计局编 福清 福清市统计局
〔馆藏卷期〕2004 2005 2006 2007 2010

闽侯县

012792650
闽侯年鉴
闽侯年鉴编委会编 闽侯 闽侯年鉴编委会
〔馆藏卷期〕1997 2000 2003 2004 2005

连江县

013467453
连江年鉴
连江经济年鉴
连江年鉴编委会编 连江 连江年鉴编委会
〔馆藏卷期〕1996

罗源县

013788404
罗源统计年鉴
罗源县统计局编 罗源 罗源县统计局
〔馆藏卷期〕2004 2005 2007 2008 2010

闽清县

013467465
闽清年鉴
闽清年鉴编辑委员会编 闽清 闽清年鉴编辑委员会
〔馆藏卷期〕2002

014014406
闽清统计年鉴
闽清统计年鉴编辑委员会编 闽清 闽清统计年鉴编辑委员会
〔馆藏卷期〕2009 2010

永泰县

011823298
永泰年鉴
永泰县地方志编纂委员会编 永泰 永泰县地方志编纂委员会 2008—
〔馆藏卷期〕2007 2008 2012 2013

013899393
永泰统计年鉴
永泰县统计局编 永泰 永泰县统计局
〔馆藏卷期〕1949/1993 2008

013899386
永泰经济年鉴
永泰县统计局编 永泰 永泰县统计局
〔馆藏卷期〕1995 2002

平潭县

013898734
平潭统计年鉴
平潭县统计局编 平潭 平潭县统计局
〔馆藏卷期〕2007

厦门市

004724438
厦门经济特区年鉴
厦门经济特区年鉴编辑委员会编 北京 中国统计出版社 1986—
〔馆藏卷期〕1986 1990 1991 1992 1993 1994 1995 1996 1997 1998 1999 2000 2001 2002 2003 2005 2006 2007 2008 2009 2010 2011 2012 2013 2014

009208622
厦门年鉴
厦门市地方志编纂委员会办公室编 厦门 鹭江出版社
〔馆藏卷期〕2002 2003 2004 2005 2006 2007 2008 2009 2010 2011 2012 2013 2014

012361518
厦门市社会科学界联合会年鉴
厦门市社会科学界联合会年鉴编辑部编 厦门 厦门市社会科学界联合会 2008—
〔馆藏卷期〕2007 2008

007466928
厦门统计年鉴
厦门市统计局编 北京 中国统计出版社
〔馆藏卷期〕1986 1993 1994 1995

009913104
厦门社会发展年鉴
厦门市政协办公厅 厦门市社会发展研究会主编 福州 福建人民出版社
〔馆藏卷期〕1997/2001 1998 2002/2004

013174659

厦门市中级人民法院年鉴

厦门市中级人民法院年鉴编辑委员会编 厦门 厦门市中级人民法院年鉴编辑委员会

〔馆藏卷期〕2002 2003 2004 2005 2008

004724468

厦门市城乡社会经济调查年鉴

厦门市城市社会经济调查队 厦门市农村社会经济调查队编 厦门 厦门市城市社会经济调查队 厦门市农村社会经济调查队 1989—

〔馆藏卷期〕1989

014217057

厦门市对外经济统计年鉴

厦门市统计局编 北京 中国统计出版社 1989

〔馆藏卷期〕1989

013898898

厦门市经济普查年鉴

厦门市第二次全国经济普查领导小组办公室编 北京 中国统计出版社

〔馆藏卷期〕2004 2008

011503566

厦门国土资源与房产年鉴

厦门市国土资源与房产管理局编 厦门 厦门市国土资源与房产管理局

〔馆藏卷期〕2006 2009 2010 2011 2012

011967525

厦门高新技术年鉴

厦门高新技术发展协会编 厦门 厦门市科学技术局 2007—

〔馆藏卷期〕2006 2007 2008 2009 2010 2011

002397210

中国企业登记年鉴 厦门经济特区专辑5

中华人民共和国国家工商行政管理局 厦门市工商行政管理局编 陈永芳总编辑 北京 中国新闻出版社 1985

〔馆藏卷期〕1985

012200244

厦门房地产年鉴

厦门市建设与管理局编 厦门 厦门东南置业有限公司 2005—

〔馆藏卷期〕2001 2002/2005

010227010

厦门市科技工作年鉴

厦门市科学技术局编 厦门 厦门市科学技术局

〔馆藏卷期〕2002 2004 2005 2006 2007 2008 2009 2010 2011

思明区

009307975

开元区经济社会年鉴

开元区经济社会年鉴编辑委员会编 北

京 中华书局
〔馆藏卷期〕2003

009927813
思明区经济社会年鉴
思明区经济社会年鉴编辑委员会编 北京 中华书局 2005—
〔馆藏卷期〕2004 2005 2006 2007 2008 2009 2010 2011 2012

湖里区

011503573
厦门市湖里区年鉴
厦门市湖里区发展和改革局 厦门市湖里区统计局编 厦门 厦门市湖里区发展和改革局

〔馆藏卷期〕2005 2006 2008 2009 2010 2011

集美区

013677734
集美年鉴
厦门市集美区地方志办公室编 厦门市集美区人民政府主办 北京 中华书局 2013—
〔馆藏卷期〕2012 2013

013714571
厦门市集美区统计年鉴
厦门市集美区发展和改革局编 集美 厦门市集美区统计局
〔馆藏卷期〕2011

莆田市

008278846
莆田市统计年鉴
莆田统计年鉴 2011—
莆田市统计局编 莆田 莆田市统计局
〔馆藏卷期〕1989 1991 1992 1994 1995 1996 1997 1998 1999 2000 2002 2003 2004 2005 2006 2007 2010 2011 2012 2013

013603212
莆田宣传年鉴
中共莆田市委宣传部编 莆田 中共莆田市委宣传部
〔馆藏卷期〕2008 2011

010102115
莆田法院年鉴
莆田法院年鉴编辑委员会编 莆田 莆田法院年鉴编辑委员会
〔馆藏卷期〕2003

城厢区

013935872
城厢年鉴
城厢区地方志编纂委员会编 北京 方志出版社
〔馆藏卷期〕2010/2011

涵江区

008438706
涵江年鉴
涵江区地方志编纂委员会编 北京 方志出版社
〔馆藏卷期〕1995/1997 1998/2000 2001/2004 2005/2008 2010 2011 2012 2013 2014

三明市

011503326
三明年鉴
三明市地方志编纂委员会编 三明市人民政府主办 北京 方志出版社 2007—
〔馆藏卷期〕2007 2008 2009 2010 2011 2012 2013 2014

008381695
三明经济统计年鉴
三明统计年鉴
三明市统计年鉴
三明市统计局编 三明 三明市统计局
〔馆藏卷期〕1990 1991 1992 1993 1994 1995 1996 1997 1998 1999 2000 2002 2003 2004 2005 2006 2007 2008 2011 2012 2013

008990515
三明钢铁厂年鉴
三明钢铁厂年鉴编辑委员会编 福建省三明钢铁厂主办 三明 福建省三明钢铁厂
〔馆藏卷期〕1999

梅列区

013173238
梅列年鉴
三明市梅列区地方志编纂委员会编 三明市梅列区人民政府主办 福州 海峡文艺出版社 2011—
〔馆藏卷期〕2008/2011 2012 2014

永安市

009004499
永安年鉴
福建省永安市地方志编纂委员会办公室编 永安 永安市地方志编纂委员会办公室 1990—
〔馆藏卷期〕1990 1991/1992 1993/1994 1995/1996 1997/1998 1999/2002 2003/2004 2006/2008 2010 2011 2012

013899372
永安统计年鉴
国家统计局永安调查队编 永安 福建省永安市统计局
〔馆藏卷期〕2008

明溪县

013793232
明溪年鉴
明溪县地方志编纂委员会编 明溪县人民政府主办 明溪 明溪县地方志编纂委员会
〔馆藏卷期〕2011 2012 2013 2014

清流县

013090034
清流年鉴
清流县地方志编纂委员会办公室编 清流县人民政府主办 清流 清流县地方志编纂委员会办公室 2007—
〔馆藏卷期〕2007 2008 2009 2010

宁化县

009307855
宁化年鉴
宁化县志编纂委员会办公室编 宁化 宁化县志编纂委员会办公室
〔馆藏卷期〕1988 1989 1990 1992 1993 1994 1995 1996 1997 1998 1999 2000 2001 2002 2003 2004 2005 2006 2008 2009 2010 2012

大田县

008397453
大田年鉴
大田县地方志编纂委员会编 北京 方志出版社 1998—
〔馆藏卷期〕1997 1998 1999 2000 2001 2002 2003 2004 2005 2006 2007 2008 2010 2012 2013

尤溪县

009616780
尤溪年鉴
尤溪县地方志办公室编 尤溪县人民政府主办 尤溪 尤溪县人民政府 2002—

〔馆藏卷期〕2002 2003 2004 2005 2006 2007 2008 2009 2011 2012 2013

沙县

008990521

沙县年鉴

沙县地方志编纂委员会编纂 沙县 沙县地方志编纂委员会 2000—

〔馆藏卷期〕1989/1998 2000 2001 2002 2003 2004 2006 2007 2008 2009 2010 2011 2012

泰宁县

009004463

泰宁年鉴

泰宁县地方志编纂委员会编 泰宁 泰宁县地方志编纂委员会

〔馆藏卷期〕1995/1996 1997/1998 1999 2000 2001 2002 2003

建宁县

011966683

建宁年鉴

建宁县统计局编 建宁 建宁县统计局 2006—

〔馆藏卷期〕2006 2006/2008

泉州市

008981621

泉州年鉴

福建省泉州市地方志编纂委员会编 北京 方志出版社

〔馆藏卷期〕1996/2000 2002 2003 2004 2005 2006 2007 2008 2009 2010 2011 2013 2014

008336646

泉州统计年鉴

福建省泉州市统计局编 泉州 福建省泉州市统计局 1988—

〔馆藏卷期〕1988 1989 1993 1995 1996 1997 1998 1999 2000 2001 2002 2003 2005 2007 2008 2009 2010 2011 2012 2013 2014

010102120

泉州公安年鉴

泉州市公安局编 泉州 泉州市公安局 2005—

〔馆藏卷期〕2003

013789999
泉州经济普查年鉴
泉州市第一次全国经济普查领导小组办公室编 泉州 泉州市全国经济普查领导小组办公室
〔馆藏卷期〕2004

013790001
泉州市外商投资企业年鉴
泉州市对外经济贸易委员会编 泉州 泉州市对外经济贸易委员会
〔馆藏卷期〕1980/1990 1991/1992 1994/1995 1996/1997 1998/1999 2000/2001

010102133
泉州科技年鉴
泉州市科学技术局编 泉州 泉州市科学技术局 2001—
〔馆藏卷期〕1996/2000 2001 2002 2003 2004 2005 2006 2007 2008 2009

丰泽区

010101969
丰泽区统计年鉴
丰泽区计划与统计局编 丰泽 丰泽区计划与统计局 2001—
〔馆藏卷期〕1999 2000 2001 2003 2005

鲤城区

009616776
鲤城年鉴
泉州市鲤城区地方志编纂委员会编 北京 中国新闻出版社 2002—
〔馆藏卷期〕1998/2002 2009 2010 2011 2012

010101911
鲤城统计年鉴
鲤城区统计局编 鲤城 鲤城区统计局
〔馆藏卷期〕2010 2011

泉港区

010226716
泉港区统计年鉴
泉港统计年鉴 2007—
泉港区统计局编 泉港 泉港区统计局
〔馆藏卷期〕2006 2007

石狮市

010102135
石狮年鉴
石狮年鉴编纂委员会编 石狮 石狮年鉴编纂委员会 2002— 北京 方志出版社 2011—
〔馆藏卷期〕1998/2002 2009 2010 2011 2014

013609100

石狮市统计年鉴

石狮统计年鉴 2010—

石狮市统计局编 石狮 石狮市统计局

〔馆藏卷期〕2003 2004 2006 2010

晋江市

008539910

晋江年鉴

晋江市地方志编纂委员会编 北京 方志出版社

〔馆藏卷期〕1996 1997 1998 1999 2000 2001 2002 2003 2004 2005 2006 2007 2008 2009 2010 2011 2012 2013 2014

010102063

晋江统计年鉴

晋江市统计局编 晋江 晋江市统计局

〔馆藏卷期〕2002 2007

南安市

008993694

南安年鉴

南安市地方志编纂委员会编 北京 北京燕山出版社

〔馆藏卷期〕1989/1993 1999 2001 2002 2003 2004 2007

013898717

南安统计年鉴

南安市统计局编 南安 南安市统计局

〔馆藏卷期〕2009

安溪县

009520087

安溪年鉴

安溪年鉴总编室编 安溪县人民政府主办 福州 海潮摄影艺术出版社 2000—

〔馆藏卷期〕1991/1998 2000 2001 2001/2002 2003/2004 2005/2006

009805036

安溪统计年鉴

安溪县统计局编 安溪 安溪县统计局

〔馆藏卷期〕2001 2009

永春县

013790749

永春大事年鉴

永春县地方志编纂委员会办公室编 永春 永春县志办

〔馆藏卷期〕2000 2001 2002 2003 2004 2005 2006 2007 2008 2009

013899380

永春统计年鉴

永春县统计局编 永春 永春县统计局

〔馆藏卷期〕2009

德化县

013753583
德化年鉴
德化县地方志编纂委员会办公室编 福州 福建省音像出版社
〔馆藏卷期〕2009 2010

009616759
德化县大事年鉴
德化县地方志编纂委员会 德化县大事年鉴编纂委员会编 德化 德化县大事年鉴编纂委员会 1994—
〔馆藏卷期〕1994

009616763
德化综合年鉴

德化县地方志编纂委员会编纂 德化 德化县地方志编纂委员会 2001—
〔馆藏卷期〕1993/1999

013898468
德化统计年鉴
德化县统计局编 德化 德化县统计局
〔馆藏卷期〕2009

金门县

014374206
金门文化年鉴
李锡隆总编辑 傅仰添主编 金门 金门县文化局
〔馆藏卷期〕2013

漳州市

008643817
漳州年鉴
漳州市地方志编纂委员会编 福建省漳州市人民政府主办 北京 中国社会科学出版社
〔馆藏卷期〕1999 2000 2001 2002 2004/2005 2006/2007 2010 2011 2012

008432555
漳州统计年鉴
漳州市统计局编 漳州 福建省漳州市统计局
〔馆藏卷期〕1993 1997 1998 1999 2000 2001 2002 2004 2005 2006 2008 2009 2010 2011 2012 2013 2014

009926674

天福茶博物院年鉴

李瑞河总监 阮逸明主编 漳州 天福茶博物院

〔馆藏卷期〕2002 2003 2004 2006 2007 2008 2009 2011

龙海市

008438042

龙海年鉴

龙海年鉴编纂委员会编 北京 中华书局

〔馆藏卷期〕1997/1998 1999/2000 2001/2002 2003/2004 2005/2006

东山县

008643774

东山县年鉴

东山县地方志编纂委员会编 北京 中国社会科学出版社

〔馆藏卷期〕1989/1995

南靖县

012047568

南靖年鉴

南靖县地方志编纂委员会编 南靖县人民政府主办 北京 方志出版社 2009—

〔馆藏卷期〕1991/2002

南平市

008438566

南平市年鉴

南平年鉴 1999/2000—

南平市地方志编纂委员会编 南平 南平市地方志编纂委员会

〔馆藏卷期〕1995/1997 1998 1999/2000 2001 2003 2004 2005 2006 2007 2008 2009 2010

008433547

南平统计年鉴

南平市统计年鉴

南平市统计局编 南平 南平市统计局

〔馆藏卷期〕1996 1997 1998 1999 2000 2002 2003 2004 2005 2006 2007 2008 2009 2010 2011 2012 2013 2014

建阳区

008629586

建阳年鉴

建阳市地方志编纂委员会编 建阳 建阳市地方志编纂委员会

〔馆藏卷期〕1996

008437462
建阳市年鉴
福建省建阳市地方志编委会编 建阳 福建省建阳市地方志编委会
〔馆藏卷期〕1998

009933338
建阳市统计年鉴
建阳市统计局编 建阳 建阳市统计局
〔馆藏卷期〕2002 2003 2004

武夷山市

009519857
武夷山年鉴
武夷山市地方志编纂委员会编 香港 中国图书出版社 2002—
〔馆藏卷期〕1994/2000 2001/2002

011141169
世界遗产武夷文化年鉴
张廷枋主编 北京 中国社会科学出版社
〔馆藏卷期〕2005

建瓯市

009840731
建瓯年鉴
建瓯年鉴编纂委员会编 建瓯市人民政府主办 福州 福建省地图出版社 2011—
〔馆藏卷期〕2006/2010

009933333
建瓯统计年鉴
建瓯市社会经济统计年鉴
建瓯市统计局编 建瓯 建瓯市统计局
〔馆藏卷期〕2001 2004 2005 2006 2007 2008 2011

浦城县

009588876
浦城年鉴
浦城县地方志编纂委员会编著 北京 新华出版社 2004—
〔馆藏卷期〕2000

政和县

013899436
政和县统计年鉴
政和统计年鉴 1985,1991
福建省政和统计年鉴 1986—1988
政和县统计局编 政和 福建省政和县统计局
〔馆藏卷期〕1985 1986 1987 1988 1991 1994 1995 1996 1997 1998 2006

龙岩市

008272712
龙岩地区年鉴
福建省龙岩地区年鉴
龙岩地区地方志编纂委员会编 北京 方志出版社 1994—
〔馆藏卷期〕1988/1992 1993 1994 1995/1996 1997 1998 1999 2000 2001

009169610
龙岩年鉴
福建省龙岩年鉴
龙岩市地方志编纂委员会编 北京 中国社会科学出版社
〔馆藏卷期〕2002 2003 2004 2005 2006 2007 2008 2009 2010 2011 2012 2013 2014

009076369
龙岩地区统计年鉴
龙岩地区国民经济统计资料 1985—1986
龙岩地区统计局编 龙岩 龙岩地区统计局
〔馆藏卷期〕1985 1986 1987 1988 1989 1990 1991 1992 1993 1994 1995 1996

008993686
龙岩统计年鉴
龙岩市统计局编印 龙岩 龙岩市统计局
〔馆藏卷期〕1998 1999 2000 2002 2011 2012 2013 2014

012047468
龙岩市社会发展年鉴
中国人民政治协商会议龙岩市委员会办公室编 福州 海峡文艺出版社 2000—
〔馆藏卷期〕2000

新罗区

008395787
龙岩新罗年鉴
福建省龙岩新罗年鉴
龙岩市年鉴 1994—1997
新罗年鉴
龙岩市新罗区地方志编纂委员会编 北京 中国社会科学出版社 1999—
〔馆藏卷期〕1994 1995 1996 1997 1998 1999 2000 2001 2002 2003 2005 2006 2007 2008 2009 2012 2013

永定区

008437859
永定县年鉴
永定县地方志编纂委员会编 永定 永定县地方志编纂委员会
〔馆藏卷期〕1988/1992 1998 2000 2001

2001/2005 2006/2010

漳平市

008923249

漳平年鉴

福建省漳平年鉴

福建省漳平市地方志编纂委员会编 漳平 福建省漳平市地方志编纂委员会

〔馆藏卷期〕1994/1998

长汀县

008432946

长汀县年鉴

长汀县地方志编纂委员会编 长汀 长汀县地方志编纂委员会

〔馆藏卷期〕1991/1993 1994/1996 1997/1999

上杭县

008399330

上杭县年鉴

上杭年鉴 2011

上杭县地方志编委会编 龙岩 龙岩地区新闻出版办公室

〔馆藏卷期〕1995 1996 1997 1998 1999 2000 2001 2002 2003 2004 2005 2006 2007 2008 2009 2010 2011 2012 2013

武平县

008406248

武平县年鉴

福建省武平县年鉴

武平县地方志编纂委员会编 北京 方志出版社

〔馆藏卷期〕1988/1993 1994/1996 1997/1999 2000

连城县

008406148

福建省连城县年鉴

连城县地方志编纂委员会编 连城 连城县地方志编纂委员会

〔馆藏卷期〕1988/1993

宁德市

008957761

宁德地区年鉴

宁德市年鉴 2000—

宁德年鉴 2007—

宁德地区地方志编纂委员会编 乌鲁木齐 新疆人民出版社 2000—

〔馆藏卷期〕1993/1998 1999 2000 2001 2002 2003 2004 2005 2007 2008/

2009 2010 2013

009048488
宁德地区统计年鉴
宁德地区统计局编 宁德 宁德地区统计局
〔馆藏卷期〕1991 1992 1993 1994 1995 1997 1998 1999

009036725
宁德统计年鉴
宁德地区统计年鉴 1996—1999
宁德市统计局编 宁德 宁德市统计局
〔馆藏卷期〕1996 2000 2002 2003 2004 2005 2006 2007 2008 2009 2011 2012 2013 2014

蕉城区

014014324
蕉城年鉴
宁德市蕉城区地方志编纂委员会编 宁德 宁德市蕉城区地方志编纂委员会 2011—
〔馆藏卷期〕2010

福安市

009541723
福安市年鉴
福安年鉴 2007—
福安市地方志编纂委员会编 福安市人民政府主办 福安 福安市地方志编纂委员会 2004—
〔馆藏卷期〕2003 2005 2007 2008

009933321
福安市统计年鉴
福安统计年鉴 2006
福安市统计局编 福安 福安市统计局
〔馆藏卷期〕2003 2005 2006 2007 2008 2009 2010

福鼎市

008643406
福鼎年鉴
福建省福鼎市地方志编纂委员会编 福建 福建省福鼎市地方志编纂委员会
〔馆藏卷期〕1996

霞浦县

013790318
霞浦统计年鉴
霞浦县统计局编 霞浦 霞浦县统计局
〔馆藏卷期〕2007 2009 2010

古田县

008990665
古田年鉴
古田县地方志编纂委员会编 古田县人民政府主办 福州 海潮摄影艺术出

版社
〔馆藏卷期〕1991/1999 2000 2001/2002 2003/2004 2005 2006/2008

寿宁县

008990528
寿宁年鉴
寿宁县地方志编纂委员会编 寿宁 寿宁县地方志编纂委员会 2000—
〔馆藏卷期〕1999 2000

周宁县

009542222
周宁年鉴
周宁县地方志编纂委员会编 周宁县人民政府主办 福州 福建教育出版社 2001—
〔馆藏卷期〕1989/1999

柘荣县

008432736
柘荣年鉴
福建省柘荣县地方志编纂委员会编 柘荣 福建省柘荣县地方志编纂委员会
〔馆藏卷期〕1991/1996 1997/2000 2001/2003

江西省

008119759
江西年鉴
江西省政府统计室编 南昌 江西省政府统计室
〔馆藏卷期〕1936

009111410
江西年鉴
江西年鉴编纂委员会编 江西省人民政府主办 北京 方志出版社 2002—
〔馆藏卷期〕2002 2003 2005 2006 2007 2008 2009 2010 2011 2012 2013 2014

010102574
江西市县年鉴
江西省人民政府办公厅主编 南昌 江西人民出版社 1989—
〔馆藏卷期〕1987

010226262
江西城市调查年鉴
江西省城市社会经济调查队编 江西江西省城市社会经济调查队
〔馆藏卷期〕1989 1990

013656066
江西基本单位统计年鉴
江西省统计局普查中心编 南昌 江西省统计局普查中心
〔馆藏卷期〕2010 2011

013665297
江西农村统计年鉴
江西省统计局编 南昌 江西省统计局
〔馆藏卷期〕1989 1992

001992585
江西统计年鉴
江西省统计局编 北京 中国统计出版社
〔馆藏卷期〕1988 1989 1990 1991 1992 1993 1994 1995 1996 1997 1998 1999 2000 2001 2002 2003 2004 2005 2006 2007 2008 2009 2010

2011 2012 2013 2014

011398583
江西公安年鉴
江西公安年鉴编辑部 江西省公安厅编 江西省公安厅主办 南昌 江西公安年鉴编辑部 2001—
〔馆藏卷期〕2002 2003

009934193
江西宣传思想工作年鉴
江西宣传思想文化工作年鉴 2009—
中共江西省委宣传部编 南昌 江西教育出版社 2005—
〔馆藏卷期〕2001/2003 2004 2005 2006 2007 2008 2009 2010

010102566
江西省高级人民法院年鉴
江西省高级人民法院年鉴编辑委员会办公室编 江西省高级人民法院主办 南昌 江西省高级人民法院
〔馆藏卷期〕2003 2004 2005 2006 2008 2009 2010

013467380
江西扶贫和移民工作年鉴
江西扶贫和移民工作年鉴编委会编 江西扶贫和移民办公室主办 南昌 江西人民出版社 2011—
〔馆藏卷期〕2001/2009 2010

013928144
江西经济年鉴
江西经济年鉴编辑委员会编 南昌 江西人民出版社 1991—
〔馆藏卷期〕1988 1989 1992

011139906
江西经济普查年鉴
江西省第一次经济普查领导小组办公室编 北京 中国统计出版社 2006
〔馆藏卷期〕2004 2008

009035680
江西企业年鉴
国家统计局 江西省企业调查队编 北京 中国统计出版社 2002—
〔馆藏卷期〕2003 2004

002397592
中国企业登记年鉴 江西省分册
国家工商行政管理局 江西省工商行政管理局合编 北京 中国展望出版社 1985
〔馆藏卷期〕1985

009425796
江西城市年鉴
江西省统计局 江西省发展计划委员会 江西省建设厅编 北京 中国统计出版社
〔馆藏卷期〕1992/2003

012923633
江西林业统计年鉴
江西省林业厅编 北京 中国统计出版社 2010—
〔馆藏卷期〕2010

009726235
江西农村经济年鉴
江西省统计局 江西省农村社会经济调查队编 北京 中国统计出版社 2004—
〔馆藏卷期〕2004

013608633
江西工业经济年鉴
江西省经济贸易委员会编 南昌 江西省统计局
〔馆藏卷期〕2002 2003 2004 2007 2008 2009 2010

008604917
江西交通年鉴
江西省交通厅史志编审委员会编 北京 人民交通出版社
〔馆藏卷期〕1997 1998 1999 2000 2001 2002 2003 2004 2005 2006 2007 2008 2009 2010 2011 2012 2013 2014

010226289
江西省交通统计年鉴
江西省交通厅编 江西 江西省交通厅
〔馆藏卷期〕1999

008400165
江西邮电年鉴
江西省邮电文史中心 江西邮电年鉴编辑部编 南昌 江西邮电年鉴编辑部
〔馆藏卷期〕1992 1993 1994 1995 1996 1997 1998 1999

009036928
江西邮政年鉴
江西邮政年鉴编辑部编 南昌 江西省邮政局
〔馆藏卷期〕2000 2001 2002 2003 2004 2005 2006 2007 2008 2009 2010 2011 2012

009726237
江西日报社年鉴
江西日报社年鉴编辑室编纂 江西 江西日报社 2002—
〔馆藏卷期〕2001 2002 2003 2004 2005 2006 2007 2008 2009 2010 2011 2012

004575043
江西广播电视年鉴
江西广播电视年鉴编辑委员会编纂 北京 中国广播电视出版社
〔馆藏卷期〕1986 1987 1988 1989 1990 1991 1992 1993 1994 1995 1996 1997 1998 1999 2000 2001 2002 2003 2004 2005 2006 2007 2008 2009

012882826

江西广播电影电视年鉴

江西广播电影电视年鉴编辑委员会编 北京 中国传媒大学出版社 2011—

〔馆藏卷期〕2010 2011 2012

009934185

江西科技年鉴

江西省科学技术厅编 南昌 江西科学技术出版社 2005—

〔馆藏卷期〕1991 1994/1995 1996 1997 1998 1999/2000 2001 2002 2003 2004 2005 2006 2007 2008 2009 2010 2011 2012

013965322

江西省教育考试招生年鉴

江西省教育考试院编 南昌 江西省教育考试院

〔馆藏卷期〕2010

013711343

江西省招生工作年鉴

江西省高等院校招生委员会办公室编 南昌 江西省高等院校招生委员会办公室

〔馆藏卷期〕2004 2005 2006 2007 2009

012591864

江西省教育经费统计年鉴

江西省教育经费统计年鉴编写组编 南昌 江西高校出版社 2009—

〔馆藏卷期〕2007 2009

009726239

江西省教育事业统计年鉴

江西省教育事业统计年鉴编委会编 南昌 江西高校出版社

〔馆藏卷期〕1997 1998 1999 2000 2001 2002 2004 2006 2009 2010

010102563

江西省高等教育自学考试年鉴

江西省自学考试办公室编 武汉 武汉大学出版社 2002—

〔馆藏卷期〕2000/2001

009617760

江西体育年鉴

江西省体育局编 南昌 江西省体育局 2003—

〔馆藏卷期〕2003 2004 2005 2006 2007 2008 2009 2010 2011 2012 2013

004569679

江西戏曲年鉴

江西省戏曲研究所 中国戏曲家协会江西分会编 江西 江西省戏曲研究所

〔馆藏卷期〕1983

009617757

江西测绘年鉴

江西省测绘局编 南昌 江西省测绘局

〔馆藏卷期〕1991/2003

012199103

江西减灾年鉴

江西省减灾委员会编 南昌 江西人民出版社 2008—

〔馆藏卷期〕2006

南昌市

008465212

南昌年鉴

南昌年鉴编辑部编 北京 新华出版社

〔馆藏卷期〕1998 1999 2000 2001 2002 2003 2004 2005 2006 2007 2008 2009 2010 2011 2012 2013 2014

006409153

南昌统计年鉴

南昌经济社会统计年鉴

南昌市统计局编 北京 中国统计出版社 1994—

〔馆藏卷期〕1993 1996 1997 1998 1999 2000

008749144

南昌经济社会统计年鉴

南昌统计年鉴

南昌市统计局编 北京 中国统计出版社 2001—2006

〔馆藏卷期〕2001 2002 2003 2004 2005 2006

011830927

南昌统计年鉴

南昌经济社会统计年鉴

国家统计局南昌调查队编 北京 中国统计出版社 2007—

〔馆藏卷期〕2007 2008 2009 2010 2011 2012 2013 2014

010102584

中共江西省委党校年鉴

中共江西省委党校年鉴编委会编 南昌 中共江西省委党校年鉴编委会 2001—

〔馆藏卷期〕2000

013752841

南昌铁路公安局年鉴

南昌铁路公安局年鉴编纂委员会编 南昌 南昌铁路公安局

〔馆藏卷期〕2011

013467469

南昌慈善年鉴

南昌慈善总会编 南昌 南昌慈善总会 2012—

〔馆藏卷期〕1999/2011

011398648

南昌市工商年鉴

南昌市工商行政管理局编 南昌 南昌市工商行政管理局

〔馆藏卷期〕2000/2001

013608664
南昌市工商行政管理年鉴
南昌市工商行政管理局年鉴编辑委员会编 南昌市工商行政管理局主办 南昌 南昌市工商行政管理局 2009—
〔馆藏卷期〕2009 2010 2011 2012

012357202
南昌房产年鉴
南昌市房地产业协会编 南昌 南昌市统计局
〔馆藏卷期〕1999/2004

008406442
南昌市交通年鉴
南昌交通年鉴 1997
南昌市交通史志办公室编 南昌 南昌市交通史志办公室
〔馆藏卷期〕1996 1997 1998 2000 2001 2002 2003 2004

008001187
南昌铁路分局年鉴
南昌铁路分局年鉴编辑委员会编 北京 中国铁道出版社 1992—
〔馆藏卷期〕1992 1993 1994 1996

008866785
南昌铁路局年鉴
南昌铁路局年鉴编纂委员会编 北京 中国铁道出版社

〔馆藏卷期〕1995 1997 1998 1999 2000 2001 2002 2003 2004 2005 2006 2007 2008 2009 2010 2011

010102580
南昌地区邮电年鉴
南昌市邮政局史志办主编 南昌 南昌市邮政局史志办
〔馆藏卷期〕1992 1993/1995

010102200
南昌电信局年鉴
南昌电局年鉴 1991
南昌电信局文史办公室编
〔馆藏卷期〕1995

010102197
南昌电信年鉴
南昌电信年鉴编辑委员会编 南昌 江西省南昌电信局
〔馆藏卷期〕1993/1994 2001 2002 2003

013608644
南昌财政年鉴
南昌市财政局编 南昌 南昌市财政局
〔馆藏卷期〕2008 2009 2010

013791098
中国农业银行江西省分行统计年鉴
中国农业银行江西省分行编 南昌 中国农业银行江西省分行
〔馆藏卷期〕2003/2004

011502987
江西出版集团年鉴
江西出版集团年鉴编辑部编 南昌 江西出版集团年鉴编辑部
〔馆藏卷期〕2007 2008 2009 2010 2011

013173528
江西师范大学年鉴
江西师范大学办公室综合档案室编 南昌 江西师范大学
〔馆藏卷期〕1996 2004 2005 2011 2012

013467390
江西师范大学体育学院年鉴
江西师范大学体育学院档案管理室编 南昌 体育学院档案管理室
〔馆藏卷期〕2007

013608994
江西中医学院年鉴
江西中医学院党委办公室 江西中医学院办公室编 南昌 江西中医学院
〔馆藏卷期〕2008 2009

013932211
南昌大学年鉴
南昌大学年鉴编辑部编 南昌 江西人民出版社 1999—
〔馆藏卷期〕1993/1998 2007

013467477
南昌工程学院年鉴
南昌工程学院党委(院长)办公室编 南昌 南昌工程学院
〔馆藏卷期〕2004 2005 2006 2007

014014422
南昌航空工业学院年鉴
南昌航空工业学院校长办公室编 南昌 南昌航空工业学院
〔馆藏卷期〕1999 2000 2001 2002 2003 2004

东湖区

013470921
东湖年鉴
东湖年鉴编纂委员会编 中共南昌市东湖区委 南昌市东湖区人民政府主办 北京 方志出版社 2011—
〔馆藏卷期〕2011 2012 2013

青云谱区

013898764
南昌市青云谱区经济社会统计年鉴
青云谱区经济社会统计年鉴
青云谱区统计局编 青云谱 南昌市青云谱区统计局
〔馆藏卷期〕2008

湾里区

013677541
湾里年鉴

湾里年鉴编辑委员会编 中共湾里区委
　湾里区人民政府主办 湾里 湾里年鉴
　编辑委员会
〔馆藏卷期〕2013

青山湖区

013677489
青山湖年鉴
青山湖年鉴编辑委员会编 南昌 青山湖
　年鉴编辑委员会 2012—
〔馆藏卷期〕2012 2013

南昌县

012723639
南昌县年鉴
南昌县年鉴编纂委员会编 中共南昌县
　委 南昌县人民政府主办 北京 方志
　出版社 2010—
〔馆藏卷期〕2010 2011 2012 2013 2014

安义县

008331587
安义年鉴
江西省安义县地方志编纂委员会编 北
　京 方志出版社 1995—
〔馆藏卷期〕1986/1992 1993/1998
　2001/2007

进贤县

008437902
进贤年鉴
进贤县地方志编纂委员会编 北京 方志
　出版社
〔馆藏卷期〕1986/1992

013757921
进贤经济社会统计年鉴
进贤县经济社会统计年鉴
进贤县统计局编 进贤 进贤县统计局
〔馆藏卷期〕2004 2005 2006 2010

景德镇市

008001283
景德镇年鉴
景德镇年鉴编纂委员会编 北京 中共中
　央党校出版社 1993—
〔馆藏卷期〕1991/1992 1993 1994 1995
　1997 1998 1999 2000 2001 2002
　2003 2004 2005 2006 2007 2008
　2009 2010 2011 2012 2013

008306410
景德镇市统计年鉴
景德镇统计年鉴 1986/1988, 1992—

景德镇市统计局编 景德镇 景德镇市统
    计局 1987—
〔馆藏卷期〕1986 1987 1988 1989 1990
    1991 1992 1993 1994 1995 1996
    1997 1998 1999 2000 2001 2002
    2004 2005 2006 2007 2008 2009
    2010 2011 2012 2013 2014

013898438
昌河汽车年鉴
昌河汽车年鉴编辑办公室编 景德镇 中
    航工业江西昌河汽车有限责任公司
〔馆藏卷期〕2004/2008

013899524
中航工业昌飞年鉴
昌河飞机工业（集团）有限责任公司编
    景德镇 昌河飞机工业（集团）有限责
    任公司 2009—
〔馆藏卷期〕1999/2008

004625188
景德镇陶瓷工业年鉴
江西省陶瓷工业公司编 景德镇 景德镇
    陶瓷杂志编辑部出版 1985—
〔馆藏卷期〕1985 1986 1987

乐平市

008432850
乐平年鉴
乐平市年鉴编纂委员会编 合肥 黄山
    书社
〔馆藏卷期〕1993 1995 1996 1997 1998
    1999 2000 2001 2001/2002 2003
    2004 2005 2006 2007

浮梁县

012176963
浮梁年鉴
浮梁年鉴编纂委员会编 浮梁县人民政
    府主办 浮梁 浮梁县人民政
    府 2004—
〔馆藏卷期〕2004 2006

013926018
浮梁国土资源年鉴
浮梁县国土资源局编 浮梁 浮梁县国土
    资源局
〔馆藏卷期〕2006/2010

萍乡市

009913624
萍乡年鉴

萍乡年鉴编纂委员会编 北京 方志出版
    社 2005—

〔馆藏卷期〕2005 2006 2007 2008 2009 2010 2011 2012 2013

008878930
萍乡统计年鉴
江西省萍乡市统计局编 萍乡 江西省萍乡市统计局
〔馆藏卷期〕1989 1991 1992 1993 1994 1996 1997 1998 1999 2000 2001 2002 2003 2004 2005 2006 2007

2008 2009 2010 2011 2012 2013

莲花县

014014384
莲花统计年鉴
莲花县"十五"时期统计年鉴
莲花县统计局编 莲花 莲花县统计局
〔馆藏卷期〕2006

九江市

009617762
九江年鉴
九江年鉴编辑委员会编 北京 方志出版社 2004—
〔馆藏卷期〕2004 2005 2006 2008 2009 2010 2012 2013

004592989
九江经济统计年鉴
九江统计年鉴 2003—
九江市统计局编 北京 中国统计出版社 1992—
〔馆藏卷期〕△ 1992 1993 1994 1995 1996 1997 1998 1999 2000 2001 2002 2003 2004 2005 2006 2007 2008 2009 2010 2011 2012 2013 2014

013711351
九江邮电年鉴
九江邮电局邮电年鉴编辑委员会编 九江 九江市邮电局 1994—
〔馆藏卷期〕1993/1994 1995/1996

009452705
九江电信年鉴
九江电信局电信年鉴编辑委员会编 九江 九江电信局
〔馆藏卷期〕1998

柴桑区

013470944
九江县年鉴
九江县年鉴编辑委员会编 九江县人民政府主办 北京 方志出版社 2012—

瑞昌市

013677463
瑞昌年鉴
瑞昌年鉴编辑委员会编 瑞昌市人民政府主办 北京 方志出版社 2012—
〔馆藏卷期〕2012 2013

庐山市

013996313
星子年鉴
星子年鉴编纂委员会编 星子县人民政府主办 南昌 江西人民出版社
〔馆藏卷期〕2011

武宁县

012983819
武宁年鉴
武宁年鉴编辑委员会编 武宁县人民政府主办 武宁 武宁年鉴编辑委员会
〔馆藏卷期〕2010

〔馆藏卷期〕2011 2012 2013

新余市

008250243
新余年鉴
新余市地方志编纂委员会编 北京 光明日报出版社 1997—
〔馆藏卷期〕1986/1990 1991/1995 1997 1998 1999 2000 2001 2002 2003 2004 2005 2006 2007 2008 2009 2010 2011 2012 2013 2014

009519795
新余统计年鉴
新余市统计局编 新余 新余市统计局
〔馆藏卷期〕2002 2003 2004 2005 2006 2007 2011 2012 2013 2014

013758205
新余经济普查年鉴
新余市第二次全国经济普查领导小组办公室编 新余 新余市统计局
〔馆藏卷期〕2008

008239357
新余钢铁厂年鉴
江西新余钢铁总厂年鉴
新余钢铁厂年鉴编辑委员会 上海人民美术出版社编印 上海 上海人民美术出版社
〔馆藏卷期〕1988 1989

013766119

江西新余钢铁总厂年鉴

新余钢铁厂年鉴

新钢年鉴

江西新余钢铁总厂年鉴编辑委员会编 上海 上海人民美术出版社 1992—1994

〔馆藏卷期〕1992 1993

008272959

新钢年鉴

江西新余钢铁总厂年鉴

新钢年鉴编委会编 新余 新钢年鉴编委会 1995—

〔馆藏卷期〕1995 1996 1997 1998 1999 2000 2001 2002 2004 2005 2006 2007 2008 2009 2010

渝水区

005319112

渝水年鉴

渝水年鉴编辑部编 北京 光明日报出版社

〔馆藏卷期〕1984/1986 1988 1990/1995 1996/2000 2001/2004 2005/2006 2008 2009 2010 2011 2012

分宜县

008401651

分宜年鉴

分宜县地方志编纂委员会编 分宜 分宜县地方志编纂委员会

〔馆藏卷期〕1986/1990 1991/1995 2008 2011 2012 2013 2014

鹰潭市

009004494

鹰潭年鉴

鹰潭年鉴编辑部编 鹰潭市人民政府主办 北京 方志出版社 2002—

〔馆藏卷期〕2002 2003 2004 2005 2006 2007 2008 2009 2010 2011 2012 2013

013137463

鹰潭统计年鉴

鹰潭市统计局编 鹰潭 鹰潭市统计局

〔馆藏卷期〕1997 1998 2000 2001 2002 2003 2004 2005 2006 2011 2012 2013 2014

008426200

鹰潭社会经济统计年鉴

鹰潭社会经济统计年鉴编委会编 北京 中国统计出版社 1996—

〔馆藏卷期〕1993 1994 1995 1996

贵溪市

009805881
江铜年鉴
江铜年鉴编辑委员会编 北京 方志出版社 2004—
〔馆藏卷期〕1993/2000

赣州市

008849846
赣州地区年鉴
赣州市地方志办公室编 香港 天马图书有限公司
〔馆藏卷期〕1992/1995

009437205
赣州年鉴
赣州年鉴编辑部编纂 赣州市人民政府主办 北京 方志出版社
〔馆藏卷期〕2002 2003 2004 2005 2006 2007 2008 2009 2011 2013

007683404
赣州地区统计年鉴
赣州统计年鉴 2000—
江西省赣州地区统计局编 北京 中国统计出版社 1996—
〔馆藏卷期〕1994 1996 1997 1998 1999 2000 2001 2002 2003 2004 2005 2006 2007 2008 2009 2010 2011 2012 2013 2014

010224140
赣州地区工商行政管理年鉴
赣州市工商行政管理年鉴
赣州地区工商行政管理局编 赣州 赣州地区工商行政管理局 1997—
〔馆藏卷期〕1992/1995 1996/2000 2001/2005

008981603
赣南邮电年鉴
赣州地区邮电局编 赣州 赣南邮电年鉴编纂领导小组
〔馆藏卷期〕1986/1990

章贡区

009459924
章贡区年鉴
章贡年鉴
江西省赣州市章贡区地方志编纂委员编 章贡 江西省赣州市章贡区地方志编纂委员 2003—
〔馆藏卷期〕1996/2000 2001/2005 2007 2008 2009 2010 2011 2012

南康区

009436896
南康年鉴
南康县地方志办公室编 南康 南康县地方志办公室 1993—
〔馆藏卷期〕1986/1991 2001 2003 2004 2005 2006 2007 2008 2009 2010 2011 2012 2013

赣县区

009594884
赣县年鉴
江西省赣县地方志编纂委员会编 赣县 江西省赣县地方志编纂委员会
〔馆藏卷期〕1986/1990 1991/1995 2011 2012 2013

瑞金市

013711409
瑞金统计年鉴
瑞金市统计局编 瑞金 瑞金市统计局
〔馆藏卷期〕2008 2009

大余县

008588866
大余年鉴
江西省大余年鉴编纂领导小组编 胡润选主编 大余 江西省大余年鉴编纂领导小组
〔馆藏卷期〕1986/1990 1991/1995

011501812
大余县交通年鉴
大余县交通局编印 大余 大余县交通局
〔馆藏卷期〕2001 2002

上犹县

009492935
上犹年鉴
上犹县年鉴编辑委员会 上犹县史志工作办公室编 上犹 上犹县年鉴编辑委员会 2002—
〔馆藏卷期〕2002 2007/2008

崇义县

004683566
崇义年鉴
崇义县编史修志委员会编 南昌 江西人民出版社 1992—
〔馆藏卷期〕1986/1989 1990/1992 1993/1995 1996/1998 2001/2004 2007 2009 2010 2011 2012 2013 2014

安远县

008465928
安远年鉴

安远县地方志编纂委员会编 合肥 黄山
　书社 1993—
〔馆藏卷期〕1986/1991　1992/1994
　1995/1997 1998/2000

013843888
安远统计年鉴
安远县统计局编 安远 安远县统计局
〔馆藏卷期〕2003　2006

定南县

009237353
定南年鉴
定南县地方志办公室编 定南 定南县地
　方志办公室 1999—
〔馆藏卷期〕1986/1991

宁都县

011968705
黄陂年鉴
宁都县地方志办公室编 宁都 宁都县地
　方志办公室 2008—
〔馆藏卷期〕2003/2007

005345882
宁都年鉴
宁都县地方志编纂委员会编 宁都 江西
　宁都县地方志编纂办公室
〔馆藏卷期〕1983/1986　1991/1994
　1995/1999

于都县

008477456
于都年鉴
于都县地方志办公室编 北京 社会科学
　文献出版社
〔馆藏卷期〕1986/1992　1993/1997　2011
　2012　2013

兴国县

009492941
兴国年鉴
兴国县地方志编纂委员会编 兴国 兴国
　县地方志编纂委员会
〔馆藏卷期〕1996/1997　1998/2000

会昌县

008728194
会昌年鉴
会昌年鉴编纂委员会编 北京 中华书局
〔馆藏卷期〕1986/1995

寻乌县

011823291
寻乌年鉴
寻乌年鉴编辑部编 寻乌县人民政府主
　办 寻乌 寻乌年鉴编辑部 2009—
〔馆藏卷期〕2008　2009　2010　2011

石城县

012925067
石城年鉴
石城县年鉴
江西省石城县地方志办公室编 石城 江西省石城县地方志办公室 1994—
〔馆藏卷期〕1986/1990 2010 2011 2012

吉安市

013793241
吉安年鉴
吉安年鉴编辑委员会编 中共吉安市委员会 吉安市人民政府主办 北京 中华书局
〔馆藏卷期〕2011 2012

009437203
吉安统计年鉴
吉安市统计局编 吉安 吉安市统计局
〔馆藏卷期〕1998 1999 2001 2002 2003 2004 2005 2006 2007 2008 2009 2011 2012 2013 2014

吉州区

012923600
吉州年鉴
吉州年鉴编纂委员会编 吉安市吉州区人民政府主办 北京 中国文化出版社 2011—
〔馆藏卷期〕2000/2008

青原区

011398701
青原年鉴
青原年鉴编辑部编 青原区人民政府主办 北京 方志出版社 2007—
〔馆藏卷期〕2001/2006

井冈山市

013656071
井冈山市统计年鉴
井冈山统计年鉴 2008
井冈山市统计局编 井冈山 井冈山市统计局
〔馆藏卷期〕2004 2008

009934462
中国井冈山干部学院年鉴
中国井冈山干部学院年鉴编纂委员会编 井冈山 中国井冈山干部学院 2005—
〔馆藏卷期〕2003/2004 2006 2007 2008

2009　2010　2011　2014

吉安县

012983364

吉安县年鉴

吉安县地方志办公室编　吉安　吉安县地方志办公室　1997—

〔馆藏卷期〕1996

吉水县

013772760

吉水年鉴

吉水年鉴编纂委员会编　中共吉水县委员会　吉水县人民政府主办　南昌　江西人民出版社

〔馆藏卷期〕2012

新干县

008336632

新干年鉴

江西省新干县志编纂委员会编　北京　中国世界语出版社　1993—

〔馆藏卷期〕1986/1990　1991/1995

泰和县

013772755

泰和年鉴

泰和年鉴编辑委员会编　中共泰和县委员会　泰和县人民政府主办　西安　三秦出版社　2013—

〔馆藏卷期〕2012

安福县

008405357

安福年鉴

安福年鉴编纂委员会编　北京　中华书局

〔馆藏卷期〕1988/1996　1997/2005

永新县

009840936

永新年鉴

永新年鉴编辑委员会编　中共永新县委员会　永新县人民政府主办　香港　中国文化出版社　2005—

〔馆藏卷期〕2004　2012　2013

宜春市

008405434

宜春年鉴

江西省宜春市地方志办公室编　宜春　江西省宜春市地方志办公室

〔馆藏卷期〕1993　2001/2004　2005　2006

2007 2008 2010 2011 2012

008477452
宜春统计年鉴
宜春地区统计局编 北京 中国统计出版社
〔馆藏卷期〕1997 1998 1999 2000 2001 2002 2003 2004 2005 2006 2010 2011 2012 2013

013656184
宜春市经济普查年鉴
宜春市经济普查办公室编 宜春 宜春市经济普查办公室
〔馆藏卷期〕2008

丰城市

008403702
丰城年鉴
中共丰城市委编史修志办公室编 合肥 黄山书社
〔馆藏卷期〕1989/1996

樟树市

008278749
樟树年鉴
樟树市地方志编纂委员会编 北京 新华出版社 1993—
〔馆藏卷期〕1989 1990/1995

高安市

008001516
高安年鉴
高安年鉴编纂委员会编 北京 新华出版社 1992—
〔馆藏卷期〕1986/1990 1991/1993 1994/2000 2001/2003

万载县

008437440
万载年鉴
江西省万载县年鉴编纂委员会编 万载 江西省万载县年鉴编纂委员会
〔馆藏卷期〕1986/1992 1993/1994 1995/1996 1997 1998 1999/2000 2001/2002

宜丰县

008405423
宜丰年鉴
宜丰年鉴编纂委员会编 宜丰 宜丰年鉴编纂委员会
〔馆藏卷期〕1986/1991 1992/1994 1995/1997 1998/2000 2004

铜鼓县

008437436
铜鼓年鉴

江西省铜鼓县年鉴编纂委员会编 铜鼓 江西省铜鼓县年鉴编纂委员会
〔馆藏卷期〕1991/1995

抚州市

009406107
抚州年鉴
抚州年鉴编辑委员会编 中共抚州市委员会 抚州市人民政府主办 北京 方志出版社 2003—
〔馆藏卷期〕2003 2004 2005 2006 2007 2008 2009 2010 2011 2012 2013 2014

009617743
抚州统计年鉴
抚州地区统计局编 抚州 抚州地区统计局
〔馆藏卷期〕1992 1993 1994 1995 1996 1998 2000 2001 2002 2003 2004 2005 2006 2010 2011 2012 2013 2014

临川区

013932144
临川年鉴
临川区地方志办公室编 临川区人民政府主办 长沙 湖南人民出版社 2013—
〔馆藏卷期〕2006/2011

009913607
临川统计年鉴
临川统计年鉴编辑委员会编 临川 临川统计局
〔馆藏卷期〕2001

黎川县

008438605
黎川年鉴
黎川年鉴编纂委员会编 黎川 黎川年鉴编纂委员会
〔馆藏卷期〕1991/1994 1995/1998

金溪县

008437613
金溪年鉴
金溪年鉴编纂领导小组编 合肥 黄山书社
〔馆藏卷期〕1986/1992 1998

广昌县

008788770
广昌年鉴
广昌年鉴编纂委员会编 南昌 江西省新闻出版局
〔馆藏卷期〕1991/1997

上饶市

008749447
上饶地区综合年鉴
江西省上饶地区地方志编纂委员会编 北京 方志出版社
〔馆藏卷期〕1997

011734338
上饶年鉴
上饶年鉴编辑委员会编 北京 方志出版社 2008—
〔馆藏卷期〕2007 2008 2009 2010 2011 2012 2013 2014

009436794
上饶经济社会统计年鉴
上饶统计年鉴
上饶市统计局编 上饶 上饶市统计局 2003—
〔馆藏卷期〕2003 2004 2005 2006 2007 2008 2009 2010 2011 2012 2013

009436757
上饶统计年鉴

上饶经济社会统计年鉴
上饶地区统计局编 上饶 上饶地区统计局
〔馆藏卷期〕△1990 1991 1992 1993 1994 1995 1996 1998 1999 2000 2001 2002 2014

信州区

008749449
上饶市年鉴
上饶市志编纂委员会办公室编 北京 方志出版社
〔馆藏卷期〕1986/1995

009934197
信州区统计年鉴
信州区统计局编 信州 信州区统计局
〔馆藏卷期〕2001

广丰区

008749365
广丰年鉴
广丰县年鉴编纂委员会编 北京 方志出版社
〔馆藏卷期〕1993/1995

德兴市

013935886
德兴年鉴
德兴年鉴编纂委员会编 德兴市人民政府主办 德兴 德兴年鉴编纂委员会
〔馆藏卷期〕2007/2009

013965179
德兴统计年鉴
德兴市统计局编 德兴 德兴市统计局
〔馆藏卷期〕2007

弋阳县

008574205
弋阳年鉴
弋阳县地方志办公室编 合肥 黄山书社 1993—
〔馆藏卷期〕1986/1992 1993/1996 2006/2009 2007

婺源县

013608692
婺源年鉴
婺源县地方志办公室编 婺源 婺源县地方志办公室 1999—
〔馆藏卷期〕1987/1997

山东省

001992577
山东年鉴
山东省地方史志编纂委员会 山东年鉴编辑部编 济南 山东人民出版社 1988—
〔馆藏卷期〕1987 1988 1989 1990 1991 1992 1993 1994 1995 1996 1997 1998 1999 2000 2001 2002 2003 2004 2006 2007 2008 2009 2010 2011 2012 2013 2014 2015

005402341
山东省城市统计年鉴
山东城市统计年鉴
山东省统计局编 济南 山东省统计局 1988—
〔馆藏卷期〕1986 1987

005402288
山东城市统计年鉴
山东省城市统计年鉴
山东省城市社会经济调查队编 济南 山东省城市社会经济调查队
〔馆藏卷期〕1990 1991 1992 1999 2000 2001 2002 2003 2005 2006

012007959
山东调查年鉴
国家统计局山东调查总队编 香港 中国国际文化出版社
〔馆藏卷期〕2007 2008 2009 2010

013898908
山东区域统计年鉴
山东省省情研究会编 济南 山东省统计局
〔馆藏卷期〕1995

007630646
山东省农村统计年鉴
山东农村统计年鉴
山东省农业统计年鉴 1996—1998
山东农业统计年鉴 1996—1998
农业厅编 济南 山东省农业厅

〔馆藏卷期〕1991 1992 1993 1994 1996 1997 1998 1999 2000 2001 2002 2003 2004 2005 2007 2008 2009 2010 2011 2012

005196996
山东统计年鉴
山东省统计局编 北京 中国统计出版社
〔馆藏卷期〕1989 1990 1991 1992 1993 1994 1995 1996 1997 1998 1999 2000 2001 2002 2003 2004 2005 2006 2007 2008 2009 2010 2011 2012 2013 2014

009264707
中共山东年鉴
中共山东年鉴编辑部编 中共山东省委主办 北京 中共党史出版社
〔馆藏卷期〕2002 2003 2004 2005 2006 2007 2008 2009 2010 2011 2012 2013 2014

008434193
山东工会年鉴
山东工会年鉴编审委员会编 济南 山东工会年鉴编审委员会
〔馆藏卷期〕1995 1996 1997 1998 1999 2000 2001 2002 2003 2004 2005 2006 2007 2008 2009 2010 2011

008405453
山东省分县乡农民生活统计年鉴
山东省农村社会经济调查队编 济南 山东省统计局
〔馆藏卷期〕1993/1994 1995 1997 1998

008405253
山东省农民生活统计年鉴
山东省农村社会经济调查队编 济南 山东省统计局
〔馆藏卷期〕1999

011503354
山东省妇女工作年鉴
山东省妇女联合会编 济南 山东省妇女联合会 1992—
〔馆藏卷期〕1991 1992 1994 1995 1996

012361400
山东机关事务年鉴
山东省省级机关事务管理局编 济南 山东省新闻出版局 2009—
〔馆藏卷期〕2009 2010 2011

011139961
山东公安年鉴
山东省公安厅编 北京 中国出版社
〔馆藏卷期〕2001 2002 2003/2004 2005 2006 2007 2008 2009 2010 2011 2012 2013

009934500
山东民政统计年鉴
山东省民政统计年鉴 1992
山东省民政厅计财处编 济南 山东省民政厅

〔馆藏卷期〕1992 1993 1994 1997 1998 1999 2000 2001 2002 2003 2004 2005 2006 2007 2008 2010 2011 2012

011967170
山东宣传年鉴
中共山东省委宣传部编 北京 研究出版社 2005—
〔馆藏卷期〕2003

009726251
山东劳动保障年鉴
山东省劳动和社会保障厅编 济南 黄河出版社
〔馆藏卷期〕2004 2005 2006 2007 2008 2009

009065031
山东武警年鉴
武警山东总队年鉴
中国人民武装警察部队山东省总队编史办公室编 济南 中国人民武装警察部队山东省总队编史办公室
〔馆藏卷期〕1999 2000 2001 2002 2003 2004 2009

005553814
山东省城镇居民生活调查统计年鉴
山东城镇居民生活调查统计年鉴
山东省物价与人民生活调查统计年鉴
山东省城市抽样调查队编 济南 山东省城市抽样调查队

〔馆藏卷期〕1987 1988 1989 1990 1991

011139934
山东经济普查年鉴
山东省第一次经济普查领导小组办公室编 济南 山东省统计局
〔馆藏卷期〕2004 2008

012924998
山东开发区年鉴
山东省开发区协会编 济南 山东省对外贸易经济合作厅 2009—
〔馆藏卷期〕2008/2009 2010 2011

011140567
山东省县域经济年鉴
高焕喜主编 孙宪青副主编 济南 山东省县域经济年鉴编审委员会 2006—
〔馆藏卷期〕2005 2006 2007 2008/2009

013471053
山东国土资源年鉴
山东省国土资源厅编 济南 山东省地图出版社
〔馆藏卷期〕2011 2012

009927917
山东省注册会计师年鉴
侯本领主编 济南 山东人民出版社 2004—
〔馆藏卷期〕2003

012724231
山东人力资源和社会保障年鉴
山东省人力资源和社会保障厅编 济南 山东友谊出版社 2010—
〔馆藏卷期〕2010 2011 2012 2013 2014

013898934
山东物资管理年鉴
山东省物资局经营管理处编 济南 山东省物资局
〔馆藏卷期〕1991

008604933
山东企业调查年鉴
山东省企业调查队编 济南 山东企业调查年鉴编辑委员会
〔馆藏卷期〕2000

009726272
山东企业年鉴
山东省统计局 山东省经济贸易委员会编 北京 中国财政经济出版社 2004—
〔馆藏卷期〕2004 2005 2006 2007 2008 2009 2010 2011 2012 2013

008805282
山东企业统计年鉴
山东省企业调查队编 济南 山东企业调查年鉴编辑委员会
〔馆藏卷期〕2001 2002 2003

011823142
山东建设年鉴
山东省建设厅编 济南 黄河出版社 2007—
〔馆藏卷期〕2007 2008 2009 2010 2011 2012 2013 2014

012592262
山东省畜牧业统计年鉴
山东省畜牧局编 济南 山东省畜牧局
〔馆藏卷期〕2001 2005 2006 2007 2008

011823154
山东渔业统计年鉴
山东省海洋与渔业厅编 济南 山东省海洋与渔业厅
〔馆藏卷期〕2002 2004 2005 2006 2007 2008 2010 2011 2012

011503339
山东煤炭工业年鉴
山东煤炭工业年鉴编审委员会编 济南 山东煤炭工业年鉴编审委员会 1995—
〔馆藏卷期〕1993 1994 1996 1997

011503415
山东省水利统计年鉴
山东省水利厅编 济南 山东省水利厅
〔馆藏卷期〕1994 1998 2000 2001 2003 2005 2006 2009 2010

008402984

山东水利年鉴

山东省水利厅编 北京 气象出版社

〔馆藏卷期〕1994 1996 1997 1998 1999 2000 2001 2002 2003 2004 2005 2006 2007 2008 2009 2010 2011 2012

008325250

山东冶金年鉴

山东冶金年鉴编辑委员会编 北京 冶金工业出版社

〔馆藏卷期〕1990 1991 1992 1993 1994 1995

009459848

山东省工业大型骨干企业风采与工业统计年鉴

山东省统计局编 济南 山东省统计局

〔馆藏卷期〕1997

005650960

山东省工业统计年鉴

山东工业统计年鉴

山东省统计局编 济南 山东省统计局

〔馆藏卷期〕1989 1991 1992 1993 1994 1995 1998 1999 2000 2001 2002 2003 2004 2006 2007 2008 2009 2010

009617876

山东旅游年鉴

山东旅游年鉴编辑部编辑 山东省旅游局主办 北京 中国工人出版社 2004—

〔馆藏卷期〕2003 2004 2005 2006/2007 2008/2009 2010/2011 2012/2013

009617920

山东邮政年鉴

山东邮政年鉴编纂委员会编 济南 山东邮政年鉴编纂委员会 2000—

〔馆藏卷期〕2000 2001 2002 2008

012925004

山东联通统计年鉴

中国联合网络通信有限公司山东省分公司编 济南 中国联通山东分公司

〔馆藏卷期〕2009 2010

012530143

山东省电信统计年鉴

山东省电信公司编 济南 山东省电信公司

〔馆藏卷期〕2000 2001

012530144

山东网通统计年鉴

中国网络通信集团公司山东省分公司编 济南 中国网通山东省分公司 2005—

〔馆藏卷期〕2004 2005 2007

007436990

山东省物价调查统计年鉴

山东省城市社会经济调查队编 北京 中

国统计出版社
〔馆藏卷期〕△1987 1988 1990 1991 1992

007437031
山东省物价与人民生活调查统计年鉴
山东省城镇居民生活调查统计年鉴
山东省城市社会经济调查队编 济南 山东省城市社会经济调查队 1993—
〔馆藏卷期〕1993 1994 1995 1997 1998

008272205
山东国内贸易统计年鉴
山东贸易业统计年鉴
山东省统计局编 济南 山东省统计局
〔馆藏卷期〕1994

007712974
山东贸易统计年鉴
山东省统计局 山东省贸易厅编 济南 山东省贸易厅 1996—
〔馆藏卷期〕1996 1997

012751675
山东商务年鉴
山东对外经济贸易年鉴
山东省商务厅编 济南 齐鲁书社 2010—
〔馆藏卷期〕2010 2011 2012 2013 2014 2015

013471056
山东省湖北商会年鉴

山东省湖北商会年鉴编辑部编 济南 山东省湖北商会
〔馆藏卷期〕2011

008434244
山东对外经济统计年鉴
济南 山东省统计局
〔馆藏卷期〕1978/1995

008272233
山东贸易业统计年鉴
山东国内贸易统计年鉴
山东贸易统计年鉴
山东省统计局 山东省计划委员会编 济南 山东省统计局
〔馆藏卷期〕1995

008433911
山东贸易外经统计年鉴
山东省计划委员会编 济南 山东省计划委员会
〔馆藏卷期〕1998 1999/2001 2004/2007 2007/2013

009104877
山东对外经济贸易年鉴
山东商务年鉴
山东省对外贸易经济合作厅编 济南 齐鲁书社
〔馆藏卷期〕2002 2003 2004 2005 2007 2008 2009

011503335
山东旅游商品年鉴
山东省旅游局 山东省旅游商品开发服务中心编 济南 山东省地图出版社 2006—
〔馆藏卷期〕2003/2005 2006/2009

008405193
山东财政年鉴
济南 山东人民出版社
〔馆藏卷期〕1994 1995 1996 1997 1998 1999 2000 2001 2002 2004 2007 2008 2009 2010 2011 2012

008998329
山东地方税务年鉴
山东省地方税务局编 北京 中国税务出版社
〔馆藏卷期〕1999 2000 2001 2002 2003 2004 2005 2006 2007 2008 2009 2010 2011 2012

012361389
山东地方税务统计年鉴
山东省地方税务局编 济南 山东省地方税务局
〔馆藏卷期〕1995 1998 1999 2000 2001 2003 2004

012079263
山东工商银行年鉴
山东城市金融学会编 济南 山东工商银行年鉴编辑部 1987—

〔馆藏卷期〕1986 1987

008405262
山东省固定资产投资和建筑业统计年鉴
山东省固定资产投资房地产开发投资和建筑业统计年鉴 2004—
山东省统计局编 济南 山东省统计局
〔馆藏卷期〕1990 1991 1992 1993 1994 1995 1996 1997 1998 1999 2001 2002 2003 2004/2008

013173241
山东省大舜文化研究会年鉴
山东省大舜文化研究会编 济南 山东人民出版社 2011—
〔馆藏卷期〕2007/2010

011398720
山东文化文物统计年鉴
山东省文化厅计财处编印 济南 山东省文化厅计财处
〔馆藏卷期〕2004 2005 2006 2007 2008 2009 2010 2011 2013

008437509
山东广播电视年鉴
山东省广播电视年鉴
山东广播电视年鉴编辑委员会编 济南 山东广播电视年鉴编辑委员会
〔馆藏卷期〕1994 1995 1996 1997 1998 1999 2000 2001 2002 2003 2004 2005 2006 2007 2008 2009 2010

2011　2012

009913708
山东科技年鉴
山东省科学技术厅编　济南　山东科学技术出版社　2004—
〔馆藏卷期〕2004　2005　2006　2007　2008　2009　2010　2011　2012　2013

008278810
山东科技统计年鉴
山东省统计局　山东省科学技术委员会编　济南　山东省统计局　1992—
〔馆藏卷期〕1991　1991/1992　1992　1993　1994　1995　1996　1997　1998　2000　2001　2002　2003　2004　2005　2006　2007　2008　2009　2010　2011　2012/2013

012617429
山东省科学技术协会年鉴
山东省科学技术协会年鉴编委会编　济南　山东省科学技术协会年鉴编委会
〔馆藏卷期〕2010　2012　2013　2014

011140117
山东省科学技术协会统计年鉴
山东省科学技术协会编　济南　山东省科学技术协会
〔馆藏卷期〕2006

009157849
山东招生考试年鉴
山东省招生委员会办公室编　济南　山东人民出版社
〔馆藏卷期〕1990　1991　1992　1993　1994　1995　1996　1998　1999　2001　2002　2003　2004

009062528
山东教育年鉴
山东省教育厅编　济南　齐鲁书社　2002—
〔馆藏卷期〕2002　2003　2004　2005　2006　2007　2008　2009　2010　2011　2012　2013

009215386
山东体育年鉴
山东省体育局编　济南　济南出版社　2002—
〔馆藏卷期〕1990/1997　1998/2002　2003　2004　2005　2006/2007　2008/2009

012361425
山东美术年鉴
山东省美术家协会编　济南　山东省美术家协会
〔馆藏卷期〕2004/2009

013467719
山东玉器精品年鉴
山东省珠宝玉石首饰行业协会编　齐鲁周刊社　山东省珠宝玉石首饰行业协会主办　济南　齐鲁周刊社
〔馆藏卷期〕2010　2011

012242628
山东省广告摄影年鉴
山东省广告摄影委员会编 北京 民族出版社 2004—
〔馆藏卷期〕2003

011140563
山东设计年鉴
山东设计年鉴编辑委员会编 济南 山东文化音像出版社 2005—
〔馆藏卷期〕1995/2005

011140119
山东省卫生统计年鉴
山东卫生统计年鉴
山东省卫生厅编 济南 山东科学技术出版社 2007—
〔馆藏卷期〕2006 2007 2008 2009 2010 2011 2012 2014

011503356
山东省各级卫生防疫站年鉴
山东省卫生防疫站编 济南 山东省卫生防疫站
〔馆藏卷期〕1987 1993 1994

013378993
山东省疾病预防控制机构年鉴
山东疾病预防控制机构年鉴 2006
山东省疾病预防控中心编 济南 山东省疾病预防控中心
〔馆藏卷期〕2004 2006 2007 2009 2010

010102648
山东卫生监督年鉴
山东卫生监督年鉴编委会编 济南 山东卫生监督所 2003—
〔馆藏卷期〕2003 2004 2005 2006 2007 2008 2010 2011

012792707
山东卫生年鉴
山东省卫生厅编 济南 山东卫生报刊社 2009—
〔馆藏卷期〕2009 2010 2011 2012 2013

济南市

004569642
济南年鉴
济南市志编纂委员会办公室编 济南 济南出版社
〔馆藏卷期〕1989 1990 1991 1992 1993 1994 1995 1996 1997 1998 1999 2000 2000/2001 2001 2002 2003 2005 2006 2007 2008 2009 2010 2011 2012 2013 2014

004569650
济南统计年鉴

济南市统计局编 北京 中国统计出版社
〔馆藏卷期〕1984 1985 1990 1991 1992 1993 1994 1995 1996 1997 1998 1999 2000 2001 2002 2003 2004 2005 2006 2007 2008 2009 2010 2011 2012 2013 2014

009492556
济南铁路分局工会年鉴
济南铁路分局工会工运史志编审委员会编 济南 济南铁路分局工会
〔馆藏卷期〕1999 2000 2001 2003

009309842
济南铁路局工会年鉴
济南铁路局工会年鉴编审委员会编 济南 济南铁路局工会年鉴编审委员会
〔馆藏卷期〕1999 2000 2001 2002 2003 2004 2005

011398571
济青工会年鉴
济青高速公路管理局工会编 济南 济青高速公路管理局 1999—
〔馆藏卷期〕1994/1999

013369984
济南公安年鉴
济南公安年鉴编纂委员会编 济南 济南公安年鉴编纂委员会
〔馆藏卷期〕2010

011398567
济南市中级人民法院年鉴
济南法院年鉴编纂委员会编 济南 济南市中级人民法院
〔馆藏卷期〕2001/2002

008267883
济南钢铁总厂年鉴
济钢年鉴 1987
济南钢铁总厂年鉴编辑委员会编 北京 冶金工业出版社 1987—
〔馆藏卷期〕1987 1988 1989 1990 1991 1992 1993 1994

008268409
济钢年鉴
济南钢铁总厂年鉴
济钢年鉴编辑委员会编 北京 冶金工业出版社 1995—
〔馆藏卷期〕1995 1996 1997 1998 1999 2000 2001 2002 2003 2004 2005 2006 2007 2008 2009 2010 2011 2012 2013

012194332
济南轨道交通装备有限责任公司年鉴
济南轨道交通装备有限责任公司年鉴编纂委员会编 济南 济南轨道交通装备有限责任公司 2008—
〔馆藏卷期〕2008 2009

013898919
山东省烟草包装印刷有限公司年鉴

山东省烟草包装印刷有限公司编 济南
　　山东省烟草包装印刷有限公司
〔馆藏卷期〕2001 2002

012792712
山钢年鉴
山钢年鉴编纂委员会编 北京 冶金工业
　　出版社 2010—
〔馆藏卷期〕2009/2010 2011 2012 2013

012983881
中国北车集团济南机车车辆厂年鉴
中国北车集团济南机车车辆厂年鉴编
　　纂委员会编 济南 济南机车车辆
　　厂 2003—
〔馆藏卷期〕2001/2002 2006 2007

008017318
济南铁路分局年鉴
济南铁路分局年鉴编辑委员会编 济南
　　山东友谊出版社
〔馆藏卷期〕1986/1995 1997 1998 2003

008435287
济南铁路局工程总公司年鉴
济南铁路局工程总公司史志编纂委员
　　会编 济南 济南铁路局工程总公司史
　　志编纂委员会
〔馆藏卷期〕1986/1990 1992/1996
　　1997/1999

012651885
济南铁路工程集团有限责任公司年鉴
济南铁路局工程总公司年鉴
济南铁路工程集团有限责任公司编 济
　　南 济南铁路工程集团有限责任公
　　司 2002—
〔馆藏卷期〕2000/2002

008187446
济南铁路局教育年鉴
济南铁路局教育委员会史志办公室编
　　济南 济南铁路局教育委员会史志办
　　公室
〔馆藏卷期〕1991 1992 1993 1994 1995
　　1996 1997 1998 1999 2001 2002
　　2003

007999452
济南铁路局年鉴
济南铁路局史志编纂领导小组办公室
　　编 济南 济南铁路局史志编纂领导小
　　组办公室 1991—
〔馆藏卷期〕1991 1992 1993 1994 1995
　　1996 1997 1998 1999 2000 2001
　　2002 2003 2004 2005 2006 2007
　　2008 2009 2010

008139882
济南铁路局物资工业公司年鉴
物资工业公司年鉴
济南铁路局物资工业年鉴 1990—
物资工业年鉴 1990—
物资工业总公司年鉴 1998—
物资工业公司史志办公室编 济南 物资
　　工业公司史志办公室 1987—

〔馆藏卷期〕1987　1990　1993　1994
　　1998　2002

008477391
铁道部第十四工程局年鉴
铁道部第十四工程局年鉴编审委员会
　　编　北京　中国铁道出版社
〔馆藏卷期〕1993/1994　1995　1996　1997
　　1998　1999　2000　2001

008574224
中铁第十四工程局年鉴
中铁十四局集团年鉴　2002—
中铁第十四工程局史志办公室编　北京
　　中国铁道出版社
〔馆藏卷期〕2000　2002　2003　2004

011968449
中铁十局集团有限公司年鉴
中铁十局集团有限公司党委宣传部编
　　济南　中铁十局集团有限公司　2008—
〔馆藏卷期〕2004　2005　2006　2008

011140566
济南管理处年鉴
山东省济南市公路管理段年鉴　1986
济南市公路管理段年鉴　1987—1993
济南市公路管理局年鉴　2000—
济青高速公路管理局济南管理处编　济
　　南　济南管理处　1995—
〔馆藏卷期〕1986　1987　1988　1989　1990
　　1991　1992　1994　1995　1996　1997
　　1998　2000　2005　2006

012194341
济南通信年鉴
山东省通信公司济南市分公司编　济南
　　济南市通信分公司
〔馆藏卷期〕2002

011140424
济南网通年鉴
济南网通年鉴编辑部　中国网通（集团）
　　有限公司济南市分公司编　乌鲁木齐
　　新疆人民出版社　2005—
〔馆藏卷期〕2005　2006　2007

013603119
济南地方税务年鉴
济南地税年鉴
济南市地方税务局编　济南　济南市地方
　　税务局
〔馆藏卷期〕2010　2011　2012　2013　2014

012079779
招商银行济南分行统计年鉴
招商银行济南分行计划财务部编　济南
　　招商银行济南分行
〔馆藏卷期〕2000/2005　2006/2010

009036965
中国人民银行济南分行金融年鉴
中国人民银行济南分行编　北京　中国金
　　融出版社　2001—
〔馆藏卷期〕2000　2001　2002　2003　2004

009806755

山东金融年鉴

中国人民银行济南分行编 北京 中国财政经济出版社 2005—

〔馆藏卷期〕2005 2006 2007 2008 2009 2010 2011 2012 2013 2014

011823149

山东省科学院年鉴

山东省科学院办公室编 济南 山东省科学院 2004—

〔馆藏卷期〕2004 2005 2006 2007 2008 2009 2010 2011 2012 2013

013369988

济南教育年鉴

济南市教育局编 北京 新世界出版社 2011—

〔馆藏卷期〕2010 2011 2012

012983366

济南外国语学校年鉴

苏旭勇等主编 济南 济南外国语学校

〔馆藏卷期〕2009 2010 2011 2012 2013

011141234

育英中学年鉴

济南市育英中学编 济南 济南市育英中学

〔馆藏卷期〕2001

012521533

济南大学年鉴

济南大学年鉴编纂委员会编 济南 黄河出版社 2009—

〔馆藏卷期〕2008 2009 2011 2012 2013

013634176

齐鲁师范学院年鉴

齐鲁师范学院编 济南 齐鲁师范学院 2012—

〔馆藏卷期〕2011 2012

011967135

山东财政学院科研统计年鉴

山东财政学院科研处编 济南 山东财政学院 2005—

〔馆藏卷期〕2004

009081481

山东大学年鉴

山东大学档案馆编 济南 山东大学出版社 2002—

〔馆藏卷期〕2000/2001 2002 2003 2004 2005 2006 2007 2008 2009 2010 2011

009913691

山东交通学院年鉴

山东交通学院年鉴编委会编 济南 山东交通学院 北京 中国水利水电出版社 2012—

〔馆藏卷期〕2002/2003 2004 2011

013936429

山东轻工业学院年鉴

山东轻工业学院年鉴编辑委员会编 济南 山东轻工业学院 2010—
〔馆藏卷期〕2006/2008

011140581
山东师范大学年鉴
山东师范大学校长办公室编 济南 山东师范大学
〔馆藏卷期〕2011 2012

011398729
山东中医药大学年鉴
山东中医药大学年鉴编辑部编 济南 山东中医药大学年鉴编辑部 2007—
〔馆藏卷期〕2007

012361393
山东工艺美术学院年鉴
山东工艺美术学院年鉴编辑部编 济南 山东工艺美术学院年鉴编辑部 2009—
〔馆藏卷期〕2007

013757868
济南城市水文年鉴
济南市水文局编 济南 济南市水文局
〔馆藏卷期〕2010

013609094
山东省胸科医院山东省结核病防治中心年鉴
山东省胸科医院山东省结防中心年鉴 2007

山东省胸科医院 山东省结核病防治中心编 济南 山东省胸科医院
〔馆藏卷期〕2002 2003 2004 2005 2006 2007 2008 2009 2010

011822139
济南卫生监督年鉴
济南卫生监督年鉴编委会 济南市卫生局卫生监督所编 济南 山东省济南市卫生局卫生监督所 2005—
〔馆藏卷期〕2005 2007 2010

009324436
山东省农业科学院年鉴
山东省农业科学院办公室编 济南 山东省农业科学院办公室
〔馆藏卷期〕1991 1992 1993 1994 1995 1996 1997 1998 1999 2000 2001 2002 2003 2004 2009

市中区

009617878
市中年鉴
济南市中年鉴
济南市市中区地方志编纂委员会编著 济南市市中区人民政府主办 北京 中华书局 2000—
〔馆藏卷期〕1989 1991/1997 1998/2004

009617883
济南市市中区统计年鉴
市中统计年鉴

济南市市中区统计局编 济南 济南市市中区统计局

〔馆藏卷期〕1992/1993 1998/1999 2001 2002 2003 2004 2005 2006 2007 2009 2011 2012

历下区

013634352

历下区统计年鉴

历下区统计局编 济南 历下区统计局

〔馆藏卷期〕2003 2004 2006 2007 2008 2009 2011

槐荫区

013898492

段店镇年鉴

济南市槐荫区段店镇史志编纂委员会编 段店镇 济南市槐荫区段店镇史志编纂委员会

〔馆藏卷期〕1988 1990 1991 1993 1994

天桥区

008966650

北园镇年鉴

济南市天桥区北园镇年鉴编纂委员会办公室编 北京 中华书局 1998—

〔馆藏卷期〕1989/1996

008398295

天桥年鉴

济南市天桥年鉴 2009/2010—

济南市天桥年鉴编纂委员会编 济南 山东人民出版社

〔馆藏卷期〕1991/1993 1994/1995 1996 1997/1998 1999/2003 2004/2009 2009/2010

008643799

天桥法院年鉴

济南市天桥法院年鉴编纂委员会编 济南 山东人民出版社

〔馆藏卷期〕1993/1997

历城区

008728203

历城年鉴

济南市历城区历城年鉴编纂委员会编 济南 泰山出版社

〔馆藏卷期〕1986/1995 1996/2001

009617872

历城统计年鉴

济南市历城区统计局编 济南 济南市历城区统计局

〔馆藏卷期〕2000 2001 2002 2003 2004 2005 2006 2007 2008 2009 2010 2011

长清区

008406446

长清年鉴

长清县人民政府 长清县史志办公室编 北京 中华书局

〔馆藏卷期〕1986/1997

012909305

长清人物年鉴

济南市长清区史志办公室编 济南市长清区人民政府主办 长清 济南市长清区史志办公室 2006—

〔馆藏卷期〕1978/2004

章丘区

008944143

章丘年鉴

章丘市史志编纂委员会编 北京 中华书局

〔馆藏卷期〕1990/1992 1996/2000 2006/2010

009617916

章丘统计年鉴

章丘县统计年鉴

章丘市统计局编 章丘 章丘市统计局

〔馆藏卷期〕1990 1991 1994 2002 2003 2004 2005 2006 2007 2008 2009 2010

009913731

章丘企业年鉴

章丘市史志办公室 章丘市经济贸易局编 章丘市人民政府主办 北京 中国工人出版社 2004—

〔馆藏卷期〕1949/2002

011141251

章丘文学双年鉴

李文秀主编 北京 华艺出版社

〔馆藏卷期〕2004/2005 2006/2007 2008/2009 2010/2011

012200444

章丘园林年鉴

章丘园林五年鉴 2003/2008

章丘市园林局编 章丘 章丘市园林局 2008—

〔馆藏卷期〕2003/2008

平阴县

013378996

平阴年鉴

平阴县史志办公室编 平阴县人民政府主办 济南 山东人民出版社 2012—

〔馆藏卷期〕2004/2010

013814941

平阴统计年鉴

平阴县统计局编 平阴 平阴县统计局

〔馆藏卷期〕2000 2002 2003 2005

济阳县

009840982
济阳年鉴
济阳县史志办公室编 济阳县人民政府主办 济南 济南出版社 1997—
〔馆藏卷期〕1991/1995

012079185
济阳统计年鉴
济阳县统计年鉴
济阳县统计局编 济阳 济阳县统计局 2001—
〔馆藏卷期〕2000 2003 2006 2007 2008 2011 2012

商河县

012925017
商河年鉴
商河县党史县志办公室编 商河县人民政府主办 济南 济南出版社 2011—
〔馆藏卷期〕2007/2010

009617299
商河统计年鉴
商河县统计局编 商河 商河县统计局
〔馆藏卷期〕2001 2002 2003 2004 2005 2007 2008

青岛市

006998133
青岛年鉴
青岛年鉴编辑委员会编 青岛 青岛出版社 1989—
〔馆藏卷期〕1988 1989 1990 1991 1992 1993 1994 1995 1996 1997 1998 1999 2000 2001 2002 2003 2004 2005 2006 2007 2008 2009 2010 2011 2012 2013 2014

007705665
(伪)青岛特别市公署行政年鉴
(伪)青岛特别市公署总务局编 青岛 (伪)青岛特别市公署总务局 1942

〔馆藏卷期〕1940

009411548
(伪)青岛特别市市公署行政年鉴 二十八年度
(伪)青岛特别市公署总务局编 青岛 (伪)青岛特别市公署总务局 1939
〔馆藏卷期〕1939

004590749
青岛统计年鉴
青岛市统计局编 青岛 青岛市统计局
〔馆藏卷期〕1990 1991 1992 1993 1994 1995 1996 1997 1998 1999 2000

2001 2002 2003 2004 2005 2006
2007 2008 2009 2010 2011 2012
2013

012048922

中共青岛市委办公厅年鉴

中共青岛市委办公厅编 青岛 中共青岛市委办公厅 2005—

〔馆藏卷期〕2004

012360324

青岛青年工作年鉴

共青团青岛市委青运史志办公室编 青岛 共青团青岛市委 2001—

〔馆藏卷期〕1996 1997 1998 1999 2000

009934589

进藏工作年鉴

西藏日喀则市青岛援藏干部小组编 青岛 青岛援藏干部小组

〔馆藏卷期〕1996 1997/1998

011141237

援藏工作年鉴

青岛市第四批援藏工作小组编 青岛 青岛出版社

〔馆藏卷期〕2002/2004 2004/2005 2006/2007

014014838

青岛劳动和社会保障年鉴

青岛市劳动和社会保障协会编 济南 山东省地图出版社

〔馆藏卷期〕2008

013467669

青岛市烟草专卖局·山东青岛烟草有限公司年鉴

青岛年鉴编辑部编 青岛市烟草专卖局 山东青岛烟草有限公司主办 青岛 青岛市烟草专卖局(有限公司) 2002—

〔馆藏卷期〕1999/2000

008728210

青钢年鉴

青钢年鉴编纂委员会编 北京 冶金工业出版社

〔馆藏卷期〕1991/1994 1997/1998 1999/2000 2001/2002 2003/2004 2007/2008

012530149

山东中烟工业公司青岛卷烟厂年鉴

青岛卷烟厂年鉴

山东中烟工业公司青岛卷烟厂编 青岛 青岛卷烟厂

〔馆藏卷期〕2007 2008

008969151

颐中集团年鉴

颐中烟草(集团)有限公司办公室编纂 青岛 颐中烟草(集团)有限公司

〔馆藏卷期〕1994/1996 1997 1999 2000 2002 2003 2005 2006 2007

008137667

青岛铁路分局年鉴

青岛铁路分局史志编纂委员会编 北京 中国铁道出版社 1992—

〔馆藏卷期〕1992 1993 1994 1995 1996 1997 1998 1999 2000 2001 2002

013758023

青岛广东商会年鉴

青岛广东商会年鉴编辑委员会编 青岛 广东商会主办 香港 孔子文化出版（香港）有限公司社 2011—

〔馆藏卷期〕2006/2011

012199533

青岛教育年鉴

青岛市教育局编 北京 新华出版社 2009—

〔馆藏卷期〕2008 2009 2010 2011

013965419

青岛大学附属医院年鉴

青岛大学附属医院编 青岛 青岛大学附属医院

〔馆藏卷期〕2008/2013

012048443

青岛科技大学年鉴

青岛科技大学档案馆编 青岛 青岛科技大学档案馆

〔馆藏卷期〕2006 2008

012199542

青岛理工大学年鉴

青岛理工大学党委校长办公室编 青岛 青岛理工大学 2007—

〔馆藏卷期〕2006

008849887

青岛卫生年鉴

青岛卫生年鉴编辑委员会 青岛市卫生局编 青岛市卫生局主办 北京 五洲传播出版社

〔馆藏卷期〕1997 1998 1999 2000 2002 2003 2004 2005 2006 2007 2008 2009 2010 2011 2013

009806073

青岛药监年鉴

青岛市药品监督管理局编 香港 香江出版有限公司

〔馆藏卷期〕2003 2004

013965427

青岛食品药品监管年鉴

青岛药监年鉴

青岛市食品药品监督管理局编 青岛 中国收藏出版社 2005—

〔馆藏卷期〕2005

013393824

青岛市木工机械协会年鉴

青岛市木工机械协会年鉴编辑部编 青岛 青岛市木工机械协会年鉴编辑部

〔馆藏卷期〕2011 2012 2013 2014

011399610

引黄济青工程运行年鉴

运行年鉴

山东省引黄济青工程管理局编 青岛 山东省引黄济青工程管理局

〔馆藏卷期〕1992/1993 1993/1994 1995/1996 1996/1997 1997/1998

市南区

012792741

市南年鉴

青岛市市南区史志办公室 青岛市市南区档案局(馆)编 中共青岛市市南区委员会 青岛市市南区人民政府主办 青岛 中国海洋大学出版社 2010—

〔馆藏卷期〕2010 2011 2012

市北区

012079341

市北年鉴

青岛市市北区史志办公室编 中共青岛市市北区委 青岛市市北区人民政府主办 济南 黄河出版社 2009—

〔馆藏卷期〕2009 2011

009913725

四方年鉴

四方区史志办公室编 青岛市四方区人民政府主办 济南 山东地图出版社 2005—

〔馆藏卷期〕2005 2006/2007

009502481

西陵年鉴

西陵年鉴编纂委员会编 中共宜昌市西陵区委员会 宜昌市西陵区人民政府主办 宜昌 西陵年鉴编纂委员会 2000—

〔馆藏卷期〕1987/1997 1998/2003

012592680

市北统计年鉴

市北区统计局编 青岛 青岛市市北区统计局

〔馆藏卷期〕2009

012592706

四方统计年鉴

四方区统计局编 四方 青岛市四方区统计局

〔馆藏卷期〕2009

009324906

南车四方机车车辆股份有限公司年鉴

公司年鉴编撰领导小组编辑 青岛 南车四方机车车辆股份有限公司史志编纂委员会 2003—

〔馆藏卷期〕2003 2007

008439098

四方机车车辆厂年鉴

四方机车车辆厂史志编纂委员会编 青岛 四方机车车辆厂史志编纂委员会

[馆藏卷期]1996 1997

009617890

铁道部四方车辆研究所年鉴

铁道部四方车辆研究所史志编辑委员
会编 北京 铁道部四方车辆研究所
[馆藏卷期]1999

黄岛区

009324893

胶南年鉴

胶南市史志办公室编 胶南市人民政府
主办 北京 五洲传播出版社 2003—
[馆藏卷期]2003 2004 2005 2006 2007
2008 2009 2010 2011 2012 2013

011503199

青岛经济技术开发区·青岛市黄岛区年鉴

青岛市黄岛区年鉴
青岛经济技术开发区管理委员会 青岛
经济技术开发区史志办公室编 青岛
经济技术开发区管理委员会 青岛市
黄岛区人民政府主办 济南 黄河出
版社
[馆藏卷期]2007 2008 2009 2011

011966719

胶南统计年鉴

胶南市统计局编 胶南 山东省胶南市统
计局 2003—

[馆藏卷期]1989 1990 1991 1993 1998
2001 2002 2003 2005 2006 2007
2008 2009 2010 2011 2012

011967084

青岛经济技术开发区统计年鉴

青岛经济技术开发区·青岛市黄岛区
统计年鉴 2010—
黄岛区统计局编 青岛 青岛经济技术开
发区统计局 2003—
[馆藏卷期]2003 2010

011822119

黄岛检验检疫年鉴

黄岛出入境检验检疫局编 黄岛 黄岛出
入境检验检疫局 2007—
[馆藏卷期]2007

崂山区

009913656

崂山年鉴

崂山区史志办公室编 崂山区人民政府
主办 北京 五洲传播出版社 2005—
2006 北京 方志出版社 2009—2010
济南 黄河出版社 2013—
[馆藏卷期]2005 2006 2007 2008 2009
2013

013932348

青岛市崂山区统计年鉴

崂山统计年鉴 2002—
青岛高科技工业园青岛市崂山区统计

年鉴 1996

青岛市崂山区青岛高科技工业园统计年鉴 1999,2000—2001

崂山区统计局编 崂山 青岛市崂山区统计局

〔馆藏卷期〕1996 1997 1998 1999 2000 2001 2002 2003 2004 2005

李沧区

013470951

李沧年鉴

青岛市李沧区档案馆（局） 青岛市李沧区史志办公室编 中共青岛市李沧区委员会 青岛市李沧区人民政府主办 济南 黄河出版社

〔馆藏卷期〕2010 2011 2012

008975039

青岛市沧口区统计年鉴

青岛市沧口区统计局编 青岛 青岛市沧口区统计局

〔馆藏卷期〕1992 1993

008802305

青岛市李沧区统计年鉴

青岛李沧统计年鉴 2001—

李沧统计年鉴

青岛市李沧区统计局编 青岛 青岛市李沧区统计局

〔馆藏卷期〕1994 1996 1997 1998 1999 2000 2001 2002 2003 2004 2005

2006 2007 2009

城阳区

011500371

城阳年鉴

青岛市城阳区史志办公室编 青岛市城阳区人民政府主办 济南 黄河出版社 2007—

〔馆藏卷期〕2007 2008 2009 2010 2011 2012 2013 2014

即墨区

008397837

即墨年鉴

即墨市档案局 中共即墨市委编 北京 新华出版社

〔馆藏卷期〕1992/1998 2000 2001 2002 2003 2004 2005 2006 2007 2008 2009 2010 2011/2012

009617864

即墨统计年鉴

山东省即墨市统计局编 即墨 山东省即墨市统计局

〔馆藏卷期〕2000 2003 2004 2005 2006 2008 2009 2011 2012 2013 2014

胶州市

009502655

胶州年鉴

胶州市档案局 胶州市史志编纂委员会办公室承编 胶州市人民政府主办 呼

和浩特 远方出版社 2004—
〔馆藏卷期〕2004 2005 2006 2007 2008 2009 2010 2011 2012

010226291
胶州统计年鉴
山东省胶州市统计局编 胶州 胶州市统计局
〔馆藏卷期〕1994 1995 1996 1997 1998 1999 2000 2001 2002 2003 2004 2005 2006 2007 2009 2010

011822238
胶州市新农村建设年鉴
胶州市建设社会主义新农村工作领导小组 胶州市新闻中心编 北京 中国国际文化出版社 2008—
〔馆藏卷期〕2007

平度市

009541768
平度年鉴

平度市史志办公室 平度市档案局承编 平度市人民政府主办 北京 中国档案出版社 2004—
〔馆藏卷期〕2004 2005 2006 2007 2008 2009 2010 2011 2012/2013

莱西市

011966772
莱西年鉴
莱西市档案馆编 莱西市人民政府主办 香港 天马出版有限公司 2008—
〔馆藏卷期〕2006 2007 2008 2009 2010 2011 2013

011503005
莱西统计年鉴
莱西县统计年鉴
莱西市统计年鉴 1991—
莱西市统计局编 莱西 莱西市统计局
〔馆藏卷期〕1988 1989 1991 1993 1994 1995 1996 1997 1998 1999 2000 2001 2002 2003 2004 2005 2006 2011 2012

淄博市

005756716
淄博年鉴
淄博年鉴编辑委员会编 武汉 武汉出版社
〔馆藏卷期〕1987 1988 1989 1990 1991 1992 1993 1994 1995 1996 1997

1998 1999 2000 2001 2002 2003 2004 2005 2006 2007 2008 2009 2010 2011 2012 2013 2014

006214234
淄博统计年鉴
淄博市统计局编 淄博 淄博市统计局
〔馆藏卷期〕1990 1991 1992 1993 1994 1996 1997 1998 1999 2000 2001 2002 2003 2004 2005 2006 2007 2008 2009 2010 2011 2012 2013 2014

012079856
淄博经济社会年鉴
淄博市经济研究中心编 淄博 山东省出版总社淄博办事处 1985—
〔馆藏卷期〕1985

012617570
原山林场年鉴
原山林场年鉴编纂委员会编 北京 中国出版社 2010—
〔馆藏卷期〕2006/2010

008278751
齐鲁石化年鉴
齐鲁石化年鉴编纂委员会编 齐鲁石化公司主办 济南 齐鲁书社 1995—
〔馆藏卷期〕1990/1994 1995/1996 1997/1998 1999/2000 2001/2002 2003/2004 2005/2006 2007/2008 2010 2011 2012 2013

008957581
淄博公路年鉴
淄博公路年鉴编纂委员会编 淄博市公路管理局主办 济南 山东省地图出版社
〔馆藏卷期〕1986/1990 1991 1993 1994 1995/1996 1997/1998 1999/2000 2001/2002 2003/2004 2005 2006

012049098
淄博经贸年鉴
淄博市经济贸易委员会编 北京 国际文化出版公司 2003—
〔馆藏卷期〕2003

008405213
淄博财政年鉴
淄博财政年鉴编辑委员会编 北京 中国财政经济出版社
〔馆藏卷期〕1996 1999 2000 2001 2002 2003 2004 2005 2006 2007 2008 2009 2010 2011 2012 2013

011504690
淄博科技年鉴
淄博市科学技术局编 香港 中国文化出版社 2006—
〔馆藏卷期〕2004/2005 2011

011968565
淄博教育年鉴
淄博教育年鉴编纂委员会编 淄博市教育局主办 北京 中国国际文化出版

社 2009—
〔馆藏卷期〕2002 2003 2004 2005 2007 2008 2009 2010

013471063
淄博实验中学年鉴
山东淄博实验中学年鉴
淄博实验中学年鉴编辑委员会编 淄博 淄博实验中学
〔馆藏卷期〕2008 2009 2010 2011 2012

011967140
山东理工大学年鉴
山东理工大学办公室编 淄博 山东理工大学 2004—
〔馆藏卷期〕2003 2006 2007 2009 2010 2011

012593624
淄博体育年鉴
淄博市体育局编 淄博 淄博市体育局
〔馆藏卷期〕2004/2007 2008 2009 2010

011824431
淄博卫生监督年鉴
淄博市卫生局卫生监督所编 淄博 淄博市卫生监督所 2006—
〔馆藏卷期〕2006 2007 2008 2009

张店区

012838933
张店年鉴
张店区史志办公室编 张店区人民政府主办 张店 张店区史志办公室 2010—
〔馆藏卷期〕2009

012048820
张店十年鉴
周善杰主编 淄博市张店区档案局编 张店区人民政府主办 北京 中华书局 2000
〔馆藏卷期〕1988/1997

008966666
张店区教育年鉴
淄博市张店区教育委员会主编 淄博 淄博市新闻出版局
〔馆藏卷期〕1996/1998 1999 2000

博山区

009913629
博山年鉴
博山年鉴编纂委员会编 博山区人民政府主办 北京 中华书局 1999—
〔馆藏卷期〕1986/1997

临淄区

009589758
临淄年鉴
临淄区史志办公室编 临淄区人民政府主办 北京 方志出版社 2004—

〔馆藏卷期〕2004 2005 2006 2007 2008 2009 2010 2011 2013 2014

012049090
朱台年鉴
朱台年鉴编纂委员会编 朱台镇人民政府主办 朱台 朱台年鉴编纂委员会 2008—
〔馆藏卷期〕2005/2007 2010/2011

周村区

008957079
周村年鉴
山东省淄博市周村区年鉴编纂委员会编 济南 齐鲁书社 1995—
〔馆藏卷期〕1986/1992 1993/1995 2003/2005 2009/2010 2011 2013 2014

桓台县

008477016
桓台年鉴
山东省桓台县史志编纂委员会编 济南 齐鲁书社
〔馆藏卷期〕1988/1991 2003/2006 2007/2008

011823734
中共桓台年鉴
桓台县党史工作办公室编 中共桓台县委主办 香港 中国文化出版社 2008—
〔馆藏卷期〕2008

高青县

013369824
高青年鉴
高青县地方史志办公室编 高青县人民政府主办 高青 高青县地方史志办公室
〔馆藏卷期〕2005/2010 2012 2013 2014

枣庄市

008966663
市中年鉴
枣庄市中年鉴
枣庄市市中区史志办公室编纂 枣庄市市中区人民政府主办 长春 吉林人民出版社
〔馆藏卷期〕2004/2008 2009/2010

008325245
枣庄年鉴
枣庄市地方史志编纂委员会办公室编 济南 齐鲁书社 1994—
〔馆藏卷期〕1993 1994 1995 1996 1997 1998 1999 2000 2001 2002 2003 2004 2005 2006 2007 2008 2009 2010 2011 2012 2013 2014

008264907
枣庄统计年鉴
枣庄市统计局编 枣庄 山东省枣庄市统计局
〔馆藏卷期〕1992 1993 1994 1995 1996 1997 1998 1999 2000 2001 2002 2003 2004 2005 2006 2007 2008 2009 2010 2011 2012 2013 2014

013174668
枣庄红十字年鉴
枣庄市红十字会编 枣庄 枣庄市红十字会
〔馆藏卷期〕2008/2009

013899429
枣庄检察年鉴
枣庄人民检察院办公室编 枣庄 山东省枣庄市人民检察院
〔馆藏卷期〕2010

011503696
枣庄烟草年鉴
赵波主编 北京 中央文献出版社 2007—
〔馆藏卷期〕2006 2007

009927914
枣庄交通年鉴
枣庄市交通史志编纂委员会编 北京 中华书局 2004—
〔馆藏卷期〕1998/2002

011823307
枣庄卫生监督年鉴
枣庄卫生局卫生监督所编 枣庄 枣庄市卫生局卫生监督所
〔馆藏卷期〕2004/2005 2006

011399625
枣庄卫生年鉴
枣庄市卫生局编 枣庄 枣庄市卫生局
〔馆藏卷期〕1986/1995

薛城区

012724291
薛城年鉴
薛城区地方史志办公室编 薛城区人民政府主办 济南 山东友谊出版社 2010—
〔馆藏卷期〕2007/2008 2009/2012

009617892
薛城统计年鉴
薛城区统计局编 薛城 薛城区统计局
〔馆藏卷期〕1995 1996 1998 1999 2003

2004 2005 2011

市中区

012079775

枣庄市市中区统计年鉴

市中区统计年鉴 2004

市中区统计局编 枣庄 市中区统计局 2004—

〔馆藏卷期〕2003 2004 2006 2007 2008 2009 2010 2011

台儿庄区

012079531

台儿庄统计年鉴

台儿庄区统计局编 枣庄 枣庄市台儿庄区统计局

〔馆藏卷期〕1998/2002 2000 2001/2005

山亭区

011823158

山亭年鉴

枣庄市山亭区地方史志办公室编 枣庄市山亭区人民政府主办 济南 山东地图版社 2005—

〔馆藏卷期〕2003/2006 2007/2008 2011 2013

滕州市

013608975

官桥年鉴

官桥镇年鉴

官桥镇志编纂委员会编 官桥镇 官桥镇志编纂委员会 1991—

〔馆藏卷期〕1986/1988

008405337

滕州年鉴

滕州市地方史志编纂委员会办公室编 济南 齐鲁书社

〔馆藏卷期〕1991/1995 2008 2009 2013 2014

012079542

滕州统计年鉴

滕州统计局编 滕州 滕州市统计局 2000—

〔馆藏卷期〕1997 2000 2004 2006 2010 2011 2012 2014

东营市

007916791
东营年鉴
东营市地方史志编纂委员会办公室编 济南 齐鲁书社 1993—
〔馆藏卷期〕1993 1994 1995 1996/1998 2000 2001 2002 2004 2005 2006 2007 2008 2009 2010 2011 2012 2013

006058822
东营统计年鉴
东营市统计局编 北京 中国统计出版社
〔馆藏卷期〕1990 1991 1992 1993 1994 1995 1996 1999 2000 2001 2002 2003 2004 2005 2006 2007 2008 2009 2010 2011 2012 2013

011967158
山东胜利股份有限公司年鉴
山东胜利股份有限公司编 东营 山东胜利股份有限公司 1995—
〔馆藏卷期〕1995 1996 1997 1998 2000 2001 2002 2003 2004 2005 2006 2008 2009 2010

009123971
东营油区年鉴
东营油区年鉴编审委员会编 东营市油区工作办公室主办 东营 石油大学出版社
〔馆藏卷期〕1996/2000

012617098
海洋钻井公司年鉴
海洋钻井公司党政办公室编 胜利石油管理局 海洋钻井公司主办 东营 中国石油大学出版社 2010—
〔馆藏卷期〕2009 2010 2011

008969087
黄河钻井总公司年鉴
黄河钻井总公司编纂 东营 黄河钻井总公司
〔馆藏卷期〕1998 2009

008969091
黄河钻井钻前公司年鉴
黄河钻前公司编纂 东营 黄河钻井钻前公司
〔馆藏卷期〕1999

008426305
胜利油田年鉴
胜利石油管理局政策研究室编 东营 胜利石油管理局
〔馆藏卷期〕1991 1993 1994 1995 1997 1998 1999 2001 2002 2003 2004 2005 2006 2007 2008 2009 2010 2011 2013

009104903
石油大学（华东）年鉴
中国石油大学（华东）年鉴 2006

石油大学（华东）年鉴编辑部编　东营　石油大学出版社

〔馆藏卷期〕1991　1999/2000　2001　2002　2003　2004　2006

东营区

008944079

东营区年鉴

东营区史志办公室编　东营区人民政府主办　济南　山东省地图出版社

〔馆藏卷期〕2000　2001　2002　2003　2004　2005　2006　2007　2008　2009　2010　2011　2012　2013　2014

河口区

009288913

河口年鉴

东营市河口区地方史志办公室编　东营市河口区人民政府主办　河口　东营市河口区人民政府

〔馆藏卷期〕1996/1998　2001　2003　2004　2005　2006　2007　2008　2009　2010　2012　2013

011396297

河口一中年鉴

河口一中年鉴编委会编　河口　东营市河口区第一中学

〔馆藏卷期〕2004　2006

垦利区

009502664

垦利年鉴

垦利县党史史志办公室编　垦利县人民政府主办　北京　中国广播电视出版社　2004—

〔馆藏卷期〕2004　2005　2006　2007　2008　2009　2010　2011　2012　2013

利津县

008728204

利津年鉴

利津县地方史志编纂委员会办公室编　利津　利津县人民政府

〔馆藏卷期〕1996　1997　1998　1999　2000　2001　2002　2003　2004　2005　2006　2007　2008　2009　2010　2011　2012　2013

广饶县

008990610

广饶年鉴

广饶县史志办公室编　广饶县人民政府主办　广饶　广饶县史志办公室

〔馆藏卷期〕2001　2002　2003　2004　2005　2006　2007　2008　2009　2010　2011　2012

烟台市

004625044
烟台年鉴
烟台市人民政府 烟台年鉴编辑部编 北京 科学普及出版社 1990—
〔馆藏卷期〕1990 1991 1992 1993 1995/1996 1997 1998/1999 2000 2001 2002 2003 2004 2005 2006 2007 2008 2009 2010 2011 2012

013379118
烟台经济技术开发区统计年鉴
烟台经济技术开发区经济发展与科学技术局编 烟台 经济发展与科学技术局
〔馆藏卷期〕2007 2008

006934113
烟台统计年鉴
烟台市统计局编 烟台 烟台市统计局
〔馆藏卷期〕1985 1986 1987 1988 1989 1990 1991 1993 1994 1995 1996 1997 1998 1999 2000 2001 2002 2003 2004 2005 2006 2007 2008 2009 2010 2011 2012 2013

012079666
烟台青年工作年鉴
烟台青年工作年鉴编辑委员会编 烟台 烟台青年工作年鉴编辑委员会 1986—
〔馆藏卷期〕1986

012243728
烟台电力统计年鉴
烟台供电公司编 烟台 烟台供电公司 2008—
〔馆藏卷期〕1949/2007

011823294
烟台市邮电年鉴
烟台市邮电年鉴编审委员会编 烟台 烟台市新闻出版局 1999—
〔馆藏卷期〕1988/1999

011823292
烟台日报传媒集团年鉴
孙为刚主编 北京 中国出版社 2007—
〔馆藏卷期〕2007 2008 2009 2010 2011 2012 2013

013932379
山东工商学院年鉴
山东工商学院党委办公室 山东工商学院院长办公室编 烟台 山东工商学院 2009—
〔馆藏卷期〕2009

009913716
烟台大学年鉴
烟台大学办公室编 烟台 烟台大学

〔馆藏卷期〕1995/2000 2001 2002 2003 2004 2006 2007 2008

013939424

烟台师范学院年鉴

烟台师范学院院长办公室编 烟台 烟台师范学院

〔馆藏卷期〕1992 2000

芝罘区

013609294

烟台市芝罘区统计年鉴

山东省烟台市芝罘区国民经济统计年鉴 1989—1990

芝罘区统计局编 烟台 烟台市芝罘区统计局

〔馆藏卷期〕1989 1990 1992 1993 1995 2001 2005 2006 2007 2008 2009 2010 2011

福山区

013821796

烟台市福山区统计年鉴

福山统计年鉴 2010

福山区统计局编 烟台 烟台市福山区统计局

〔馆藏卷期〕2002 2004 2005 2010

牟平区

010226492

牟平统计年鉴

牟平区统计局编 牟平 牟平区统计局

〔馆藏卷期〕1994 1997 2011

莱阳市

008990614

莱阳年鉴

山东省莱阳市史志办公室编 莱阳市人民政府主办 北京 五洲传播出版社 2001—

〔馆藏卷期〕2000 2000/2001 2002/2004 2005/2007 2006

莱州市

012526080

莱州统计年鉴

国家统计局莱州调查总队编 莱州 山东省莱州市统计局

〔馆藏卷期〕2004 2005 2007 2009 2011

蓬莱市

008969134

蓬莱年鉴

蓬莱市人民政府办公室 蓬莱年鉴编辑部编 蓬莱市人民政府主办 济南 山东友谊出版社 1999—

〔馆藏卷期〕1998

招远市

008413347
招远年鉴
招远年鉴编辑部编 孙奎桢主编 北京 华龄出版社 1996—
〔馆藏卷期〕1995 2009 2011 2013

011968154
招远统计年鉴
招远市统计局编 招远 招远市统计局 2002—
〔馆藏卷期〕2002 2003

海阳市

012617060
海阳年鉴
海阳市党史方志办公室编 中共海阳市委 海阳市人民政府主办 香港 中国国际图书出版社 2010—
〔馆藏卷期〕2007/2008

013790828
海阳企业年鉴
海阳市党史方志办公室编 香港 华夏翰林文化出版社 2012—
〔馆藏卷期〕1949/2010

潍坊市

008396804
潍坊年鉴
潍坊年鉴编辑委员会编 济南 齐鲁书社
〔馆藏卷期〕1995 1996 1997 1998 1999 2000 2001 2002 2003 2004 2005 2006 2007 2008 2009 2010 2011 2012 2014

005325782
潍坊统计年鉴
潍坊市统计局编 北京 中国统计出版社
〔馆藏卷期〕1990 1991 1993 1994 1995 1996 1997 1998 1999 2000 2001 2002 2003 2004 2005 2006 2007 2008 2009 2010 2011 2012 2013

012048633
潍坊新村街道年鉴
潍坊社区党工委员会 潍坊新村街道办事处编 上海 潍坊新村街道办事处 2005—
〔馆藏卷期〕1998 2002 2003 2005 2008

013752797
潍坊医学院年鉴
潍坊医学院年鉴编审委员会编 潍坊 潍坊医学院年鉴编审委员会
〔馆藏卷期〕2011

奎文区

009425751
奎文年鉴
潍坊市奎文区奎文年鉴编纂委员会编 潍坊市奎文区人民政府主办 济南 齐鲁书社 2000—
〔馆藏卷期〕1994/1997 1998/2002

潍城区

008396758
潍城年鉴
潍坊市潍城区年鉴编纂委员会编 济南 山东人民出版社
〔馆藏卷期〕1996

坊子区

011396127
潍坊市坊子区年鉴
坊子区年鉴
潍坊市坊子区地方史志编纂委员会办公室编 坊子 潍坊市坊子区地方史志编纂委员会办公室 1986—
〔馆藏卷期〕1985 1987

青州市

012924978
青州年鉴
青州市地方史志办公室编 青州市人民政府主办 北京 方志出版社 2011—
〔馆藏卷期〕2010

013815009
青州统计年鉴
国家统计局青州调查队编 青州 青州市统计局
〔馆藏卷期〕2007 2010

诸城市

012048969
中共诸城年鉴
中共诸城市委党史研究室编 中共诸城市委主办 济南 山东省新闻出版局 2006—
〔馆藏卷期〕2004 2005 2006 2007 2008 2009

寿光市

008406200
寿光年鉴
寿光年鉴编纂委员会编 济南 山东人民出版社
〔馆藏卷期〕1995 1996/2000 2001/2005 2006/2010

013820242
寿光经济普查年鉴
寿光市第一次经济普查领导小组办公室编 寿光 寿光市经济普查领导小组

办公室

〔馆藏卷期〕2004

高密市

008438614

高密年鉴

高密市年鉴编辑委员会编 济南 齐鲁书社

〔馆藏卷期〕1986/1996

013710783

高密统计年鉴

高密市统计局编 高密 高密市统计局

〔馆藏卷期〕1988 1990 1991 1993 1994 1995 1996 1997 1998 1999 2000 2002 2003 2004 2005 2006 2009

昌邑市

013787872

昌邑统计年鉴

昌邑市统计局编 昌邑 昌邑市统计局

〔馆藏卷期〕2004 2008 2009

临朐县

012521535

临朐年鉴

临朐县年鉴编纂委员会编 临朐县人民政府主办 北京 方志出版社 2010—

〔馆藏卷期〕2001/2008

济宁市

009014905

济宁年鉴

济宁市地方史志办公室编 济宁市人民政府主办 北京 五洲传播出版社 2003—

〔馆藏卷期〕2003 2004 2005 2006 2007 2008 2009 2010 2011 2012

008274895

济宁统计年鉴

济宁市统计年鉴 1996

山东省济宁市统计局编 济宁 济宁市统计局

〔馆藏卷期〕1986 1987 1988 1989 1990 1991 1992 1993 1995 1996 1997 1998 1999 2000 2001 2002 2003 2004 2005 2006 2007 2008 2009 2010 2011 2012

009219750

中共济宁年鉴

中共济宁年鉴编辑部编 中共济宁市委

主办　北京　中共党史出版社　2002—
〔馆藏卷期〕2002　2003　2004　2005　2006
　　2007　2010

009913719
樱花[公司]年鉴
樱花年鉴编纂办公室编　济宁　樱花公司
〔馆藏卷期〕2004

011966671
济宁公路年鉴
济宁市公路管理局编　济宁　济宁市公路管理局　2005—
〔馆藏卷期〕2000　2003/2004　2005/2006

012243239
济宁邮电年鉴
济宁市邮电局史志编纂委员会编　济宁　济宁市邮电局史志编纂委员会　2000—
〔馆藏卷期〕1991/1995

012047335
济宁财政年鉴
济宁市财政局编　济南　山东人民出版社　2009—
〔馆藏卷期〕2001/2005

011966674
济宁疾控年鉴
济宁市疾病预防控制中心编　济宁　济宁市疾病预防控制中心　2007—
〔馆藏卷期〕2006　2007　2008

013711325
济宁卫生监督年鉴
济宁卫生监督年鉴编委会编　济宁　济宁市卫生局卫生监督所
〔馆藏卷期〕2006/2008

任城区

008728198
济宁市中区年鉴
济宁市市中区年鉴　1999/2004—
济宁市市中区地方史志办公室编　济宁市市中区人民政府主办　北京　中华书局
〔馆藏卷期〕1996/1998　1999/2004　2005/2009　2010/2012

013677352
任城年鉴
任城区地方史志办公室编　任城区人民政府主办　北京　中国文史出版社　2012—
〔馆藏卷期〕2012　2013

013636588
济宁市任城区统计年鉴
任城区统计年鉴
任城区统计局编　济宁　济宁市任城区统计局
〔馆藏卷期〕2008　2010　2011　2012

014014298
济宁市市中区统计年鉴

市中区统计局编 济宁 济宁市市中区统计局

〔馆藏卷期〕2005 2006 2007 2009 2010

兖州区

008633832

兖州年鉴

兖州市地方史志编纂委员会编 兖州市人民政府主办 香港 香港天马出版社

〔馆藏卷期〕1996/1999 2000 2001/2002 2003/2005 2006/2008 2009 2010/2012

012361570

兖州统计年鉴

兖州统计局编 兖州 兖州市统计局

〔馆藏卷期〕2005

009015903

中共兖州年鉴

中共兖州市委党史研究室编 中共兖州市委主办 北京 中共党史出版社

〔馆藏卷期〕2002 2003 2004/2007

曲阜市

008247786

曲阜年鉴

山东省曲阜市人民政府编 曲阜 山东省曲阜市人民政府 1995—

〔馆藏卷期〕1991/1993 1994/1995 1996/1998 1999/2002 2003/2005 2006/2007 2008/2011

013932359

曲阜统计年鉴

曲阜市统计局编 曲阜 曲阜市统计局

〔馆藏卷期〕1994 1995 1996 1999 2000 2001 2002 2003 2006

009035966

中共曲阜年鉴

中共曲阜市委办公室 中共曲阜市委党史研究室编 北京 中共党史出版社

〔馆藏卷期〕2002 2002/2004

009913664

曲阜师范大学年鉴

曲阜师范大学办公室编 曲阜 曲阜师范大学

〔馆藏卷期〕1992 1993 1994 1995 1996 1997 1998 1999 2000 2001 2002 2003 2004 2007

邹城市

008589005

邹城市年鉴

邹城年鉴 2001/2002—

山东省邹城市人民政府编 泰安 泰安市新闻出版局

〔馆藏卷期〕1991/1995 1996/1998 1999/2000 2001/2002 2003/2004

012530663
邹城市统计年鉴
邹城统计年鉴 2007
邹城市统计局编 邹城 山东省邹城市统计局
〔馆藏卷期〕2000 2001 2003 2004 2005 2006 2007 2008 2009 2010 2011

012079796
中共邹城年鉴
中共邹城市委编 中共邹城市委主办 北京 中共党史出版社 2008—
〔馆藏卷期〕2008 2010 2012

微山县

008966661
微山年鉴
微山县地方史志编纂委员会编 北京 中华书局
〔馆藏卷期〕1991/1998 1999/2000 2001/2002 2003/2005 2006/2010

009589501
微山县财政年鉴
微山县财政税务年鉴编纂领导小组编 微山 微山县财政税务年鉴编纂领导小组 2003—
〔馆藏卷期〕2002 2003 2004 2005 2006

011734894
微山县财政税务年鉴
微山县财政税务年鉴编纂办公室编 微山 微山县财政税务年鉴编纂办公室 2008—
〔馆藏卷期〕2007 2008 2009 2010 2011 2012 2013

009589507
微山县税务年鉴
微山县财政税务年鉴编纂领导小组编 微山 微山县财政税务年鉴编纂领导小组 2003—
〔馆藏卷期〕2002 2003 2004 2005 2006

金乡县

009589481
金乡年鉴
金乡县地方史志编纂委员会编 济宁 新闻出版局
〔馆藏卷期〕1991/1995

嘉祥县

009840997
嘉祥县年鉴
嘉祥县地方史志编纂委员会编 嘉祥 嘉祥县地方史志编纂委员会 1987—
〔馆藏卷期〕1986

013965304
嘉祥统计年鉴
嘉祥县统计局编 嘉祥 嘉祥县统计局
〔馆藏卷期〕2009

汶上县

009589520
汶上年鉴
汶上县史志办公室编 汶上县人民政府主办 汶上 汶上县人民政府 2004—
〔馆藏卷期〕2000/2002

泗水县

008437425
泗水年鉴
山东省泗水县地方史志编纂委员会编 泗水 山东省泗水县地方史志编纂委员会
〔馆藏卷期〕1992 1994 1995 1997/1998 2002 2003 2004 2005/2006 2007 2008 2009 2010 2011 2012 2013 2014

泰安市

004187698
泰安年鉴
泰安市人民政府 泰安年鉴编辑部编 北京 中国旅游出版社 1992—
〔馆藏卷期〕1985/1990 1992 1993 1994 1995 1996 1997 1998 1999 2000 2001 2002 2003 2004 2005 2006 2007 2008 2009 2010 2011 2012 2013 2014

008278744
泰安统计年鉴
泰安市统计局编 北京 中国统计出版社
〔馆藏卷期〕1990 1991 1994 1995 1996 1997 1998 1999 2000 2001 2002 2003 2004 2005 2006 2007 2008 2009 2010 2011 2012 2013

011399030
中国人民政治协商会议山东省泰安市委员会年鉴
泰安市政协年鉴
泰安市政协编 济南 济南出版社 2000—
〔馆藏卷期〕1998 1999 2000 2001 2002/2007

009360376
泰安财政年鉴
泰安市财政局编 北京 中国财政经济出版社 2000—
〔馆藏卷期〕2000

011140558
山东服装学院年鉴

山服年鉴 2007—
山东服装学院年鉴编写组编 山东服装
　职业学院院委会主办 泰安 山东服装
　职业学院 2005—
〔馆藏卷期〕2005 2006 2007 2008

011503347
山东农业大学年鉴
山东农业大学校长办公室编辑 泰安 山
　东农业大学
〔馆藏卷期〕1996 1997 1998 1999 2001
　2008

011823201
泰安卫生监督年鉴
泰安市卫生局卫生监督所编 泰安 泰安
　市卫生监督所 2008—
〔馆藏卷期〕2006/2007

泰山区

008406187
泰山区年鉴
泰安市泰山区人民政府编 济南 齐鲁
　书社
〔馆藏卷期〕1985/1996 2003/2007

新泰市

008588969
新泰年鉴
新泰年鉴编辑委员会编 天津 天津社会
　科学院出版社
〔馆藏卷期〕1986/1992 1993/1997
　2001/2005 2006/2010

013711475
新泰统计年鉴
新泰市统计局编 新泰 新泰市统计局
〔馆藏卷期〕1999/2000 2001 2002/2003
　2007/2008 2010 2011

011141259
中共新泰年鉴
中共新泰市委编 中共新泰市委主办 北
　京 中共党史出版社 2006—
〔馆藏卷期〕2006 2007

012048757
新泰市人民法院年鉴
新泰市人民法院年鉴编辑委员会编 新
　泰市人民法院主办 北京 中国出版
　社 2007—
〔馆藏卷期〕2002/2006

肥城市

008378166
肥城年鉴
肥城市人民政府肥城年鉴编辑部编 北
　京 中国书籍出版社 1993—
〔馆藏卷期〕1988/1992 1993/1997
　2003/2007 2008/2011

011398875
石特年鉴
石特年鉴编辑委员会编 济南 山东省地
　图出版社 2007—
〔馆藏卷期〕2001/2005 2007 2008 2009
　2009/2010 2011/2012

宁阳县

012243266
宁阳年鉴
宁阳县党史史志办公室编 中共宁阳县委员会 宁阳县人民政府主办 济南 黄河出版社 2009—
〔馆藏卷期〕2003/2007

东平县

012617049
东平年鉴
东平县史志办公室编 东平县人民政府
　主办 北京 中国文化出版社 2007—
〔馆藏卷期〕1986/1993

威海市

008399609
威海年鉴
威海市人民政府 威海市地方史志办公
　室编 济南 齐鲁书社
〔馆藏卷期〕1998 1999 2000 2001 2002
　2003 2004 2005 2006 2007 2008
　2009 2010 2011 2012 2013 2014

012200200
威海经济技术开发区统计年鉴
威海经济技术开发区统计局编 威海 威
　海经济技术开发区统计局
〔馆藏卷期〕2002 2008

007553907
威海统计年鉴

威海市统计局编 威海 威海市统计局
〔馆藏卷期〕1990 1992 1993 1994 1995
　1996 1997 1998 1999 2000 2001
　2002 2003 2004 2005 2007 2008
　2009 2010 2011 2012 2013 2014

009065041
威海火炬高技术产业开发区年鉴
威海火炬高技术产业开发区编纂委员
　会编 威海火炬高技术产业开发区管
　理委员会主办 北京 中华书
　局 2001—
〔馆藏卷期〕1991/2000

013996172
威海经济技术开发区年鉴

威海经济技术开发区年鉴编纂委员会
　编　北京　方志出版社　2013—
〔馆藏卷期〕2011/2012

013608689
威海建设年鉴
威海建设年鉴编纂委员会编　北京　方志
　出版社　2012—
〔馆藏卷期〕2007/2011

011141178
威海通信年鉴
威海通信年鉴编辑部　山东省通信公司
　威海市分公司编　威海　山东省通信公
　司威海市分公司
〔馆藏卷期〕2004

012530214
威海日报社年鉴
威海日报社史志办公室编　威海日报社
　主办　北京　方志出版社　2010—
〔馆藏卷期〕2009

环翠区

013711459
威海市环翠区统计年鉴
环翠区统计局编　环翠　威海市环翠区统
　计局
〔馆藏卷期〕1994　2002　2003　2004

文登区

008275214
文登年鉴
文登市地方史志编纂委员会办公室编
　中共文登市委　文登市人民政府主办
　北京　方志出版社
〔馆藏卷期〕1991/1995　1996/1997　1998
　1999　2000　2002　2003　2004　2005
　2006　2007　2007/2009　2010　2011/
　2012

011140146
文登市统计年鉴
文登统计年鉴
文登市统计局编　文登　文登市统计局
〔馆藏卷期〕1995　1998　2002　2004
　2005　2006

008434089
文登农业年鉴
文登市农业局编　文登　文登市农业局
〔馆藏卷期〕1991/1997

013936502
文登新一中年鉴
文登新一中十年鉴 2002/2012
文登新一中年鉴编纂委员会编　文登　文
　登新一中　2012—
〔馆藏卷期〕2002/2012

013656112
文登师范年鉴

文登师范十年鉴
文登师范学校编 济南 山东电子音像出版社 2010—
〔馆藏卷期〕2000/2010

013932390
山东省文登整骨医院年鉴
山东省文登整骨医院年鉴编委会编 文登 山东省文登整骨医院年鉴编委会
〔馆藏卷期〕2004/2008

009036687
文登海洋与水产十年鉴
文登市海洋与水产局编 威海 威海市新闻出版局 2001
〔馆藏卷期〕1991/2000

011967491
文登建设年鉴
文登市建设局编 文登 文登市建设局 2008—
〔馆藏卷期〕1990/2000 2001/2008

荣成市

008773091
荣城年鉴
荣城市年鉴编纂委员会编 北京 方志出版社
〔馆藏卷期〕1996/1999

010226718
山东省荣成市国民经济统计年鉴
荣成市统计局编 荣成 荣成市统计局
〔馆藏卷期〕1998

乳山市

008435376
乳山年鉴
乳山市年鉴编纂委员会编 北京 华龄出版社
〔馆藏卷期〕1996/1998 2000 2001 2002 2003 2004 2005 2006 2007 2008 2009 2010 2011 2012

010101973
乳山市统计年鉴
乳山市统计局编 乳山 乳山市统计局
〔馆藏卷期〕1998

日照市

008389355

日照年鉴

日照年鉴编纂委员会编 济南 齐鲁书社

〔馆藏卷期〕1990/1994 1995 1996 1997 1998 1999 2000 2001 2002 2003 2004 2005 2006 2007 2009 2010 2011 2012 2013 2014

008277825

日照统计年鉴

山东省日照市统计局编 日照 日照市统计局 1994—

〔馆藏卷期〕1994 1995 1996 1997 1998 1999 2000 2001 2002 2003 2004 2005 2006 2007 2008 2009 2010 2011 2012 2013

014014847

日照港第一港务分公司年鉴

日照港第一港务分公司编 日照 日照港第一港务分公司

〔馆藏卷期〕1985/2012

009913685

日照港年鉴

日照港年鉴编纂委员会编 济南 山东画报出版社 1998— 日照 日照港年鉴编辑委员会 2000

〔馆藏卷期〕1994/1996 1997/1999 2000/2002 2003/2005 2009/2011

013609046

日照地方税务年鉴

日照地方税务年鉴编辑委员会编 日照 日照地方税务年鉴编辑委员会

〔馆藏卷期〕2003 2004 2008 2009

012924979

日照卫生监督年鉴

日照卫生监督年鉴编委会编 日照 日照市卫生局卫生监督所

〔馆藏卷期〕2010 2011 2012

东港区

013898478

东港法院年鉴

人民法院研究室编 东港 山东省日照市东港区人民法院

〔馆藏卷期〕2010

岚山区

011503010

岚山统计年鉴

岚山区统计局编 岚山 岚山区统计局

〔馆藏卷期〕2006

五莲县

008438699
五莲年鉴
五莲年鉴编委会编 济南 山东人民出版社
〔馆藏卷期〕1989/1997 2009

013965498
五莲统计年鉴
五莲县统计局编 五莲 五莲县统计局
〔馆藏卷期〕2003 2010

莒县

014014365
莒县统计年鉴
莒县统计局编 莒县 莒县统计局 1984—
〔馆藏卷期〕1972/1984 1985/1987 1989 1990 1992/1993 1994 1995

014014370
莒县卫生年鉴
莒县卫生年鉴编辑委员会编 莒县 莒县卫生局
〔馆藏卷期〕1995

莱芜市

008398329
莱芜年鉴
山东省莱芜市年鉴编委会编 济南 齐鲁书社
〔馆藏卷期〕1994 1995 1996 1997 1998 1999 2000 2001 2002 2003 2004 2005 2006 2007 2008 2009 2010 2011 2012 2013 2014

008400303
莱芜统计年鉴
莱芜市统计局编 莱芜 莱芜市统计局
〔馆藏卷期〕1991 1993 1994 1995 1996 1997 1998 1999 2000 2001 2002 2003 2005 2006 2007 2008 2009 2010 2011 2012

008278812
莱芜钢铁总厂年鉴
莱芜钢铁总厂年鉴编辑部编 济南 齐鲁书社
〔馆藏卷期〕1991/1992 1993 1994 1995 1996 1997 1998 1999

008728201
莱钢集团公司年鉴
莱钢年鉴 2007—
莱芜钢铁总厂年鉴

莱钢集团公司年鉴编辑部编 香港 香港新时代出版社

〔馆藏卷期〕2000 2001 2002 2003 2004 2005 2006 2007 2008 2009 2010 2011 2012 2013 2014

010305673
莱钢年鉴 十五技改卷
莱钢年鉴十五技改卷编辑部编 莱钢集团十五技改工程指挥部主办 济南 山东省地图出版社 2005—
〔馆藏卷期〕2003/2004

008437675
莱钢统计年鉴
莱钢统计年鉴编辑委员会编 北京 中华书局
〔馆藏卷期〕1970/1995

013711356
鲁矿集团年鉴
鲁矿集团年鉴编辑委员会编 莱芜 鲁中冶金矿业集团公司

〔馆藏卷期〕2004

011822283
莱芜卫生监督年鉴
莱芜市卫生局卫生监督所编 莱芜 莱芜市卫生监督所 2005—
〔馆藏卷期〕2005 2006 2007 2008 2009 2010

莱城区

013957272
莱城年鉴
莱芜市莱城区党史史志办公室编 莱芜市莱城区人民政府主办 北京 中国图书出版社 2013—
〔馆藏卷期〕2012

013965367
莱芜市莱城区统计年鉴
莱城区统计局编 莱芜 莱芜市莱城区统计局
〔馆藏卷期〕2001

临沂市

008505170
临沂年鉴
临沂市地方史志办公室编 济南 齐鲁书社
〔馆藏卷期〕1995 1996 1997 1998 1999 2001 2002 2003 2004 2005 2006 2007 2008 2009 2010 2011 2012

008276755
临沂统计年鉴
临沂市统计局编 临沂 临沂市统计局
〔馆藏卷期〕1989 1990 1991 1992 1993

1994 1995 1996 1997 1998 1999 2000 2001 2002 2003 2004 2005 2006 2007 2008 2009 2010 2011 2012

012047463
临沂检察年鉴
临沂人民检察院编 临沂 山东省临沂市人民检察院
〔馆藏卷期〕1999 2004 2005 2006 2007 2008 2010

013790897
临沂地区经济社会年鉴
临沂地区经济社会年鉴编辑委员会编 临沂 山东省出版总社临沂分社 1986—
〔馆藏卷期〕1986

012047460
临沂国税年鉴
临沂市国家税务局编 临沂 临沂市国税局 2007—
〔馆藏卷期〕2006

012048470
山东省交通技术学院年鉴
山东省交通技术学院编 临沂 山东省交通技术学院 2007
〔馆藏卷期〕2007

兰山区

008406305
兰山年鉴
临沂市兰山区史志办公室编 济南 齐鲁书社
〔馆藏卷期〕1996 1997 1997/2002 2003 2004 2005 2006 2007 2008 2010 2011

012923782
兰山共青团年鉴
共青团兰山区委员会编 兰山 中国共产主义青年团兰山区委员会
〔馆藏卷期〕2009 2010

罗庄区

011966854
罗庄区年鉴
罗庄年鉴 1998/2004—
罗庄区史志办公室编 北京 中国出版社
〔馆藏卷期〕1995/1997 1998/2004

河东区

013753730
河东区统计年鉴
河东区统计局编 临沂 临沂市河东区统计局
〔馆藏卷期〕2004 2010

沂南县

009264742
沂南年鉴
沂南县史志办公室编 沂南县人民政府主办 济南 山东省地图出版社 2001—
〔馆藏卷期〕1990/1999 2006/2010

郯城县

011967374
郯城年鉴
郯城县地方史志办公室 中共郯城县委编 中共郯城县委 郯城县人民政府主办 北京 中国出版社 2006—
〔馆藏卷期〕2000/2004 2005/2007 2008/2010

沂水县

008643805
沂水年鉴
沂水县地方史志编纂委员会办公室编 济南 齐鲁书社
〔馆藏卷期〕1991/1999 2004/2005 2006/2007 2008/2009 2010 2011 2012

013899367
沂水县统计年鉴
沂水县统计局编 沂水 沂水县统计局
〔馆藏卷期〕1992 1994 1996 1997 1998 1999 2000 2001 2002 2003

兰陵县

012351751
苍山年鉴
苍山县地方史志办公室编 苍山县人民政府主办 北京 中国文化出版社 2009—
〔馆藏卷期〕1996/2006

费县

013859246
费县年鉴
费县史志办公室编 中共费县县委 费县人民政府主办 济南 济南出版社 2013—
〔馆藏卷期〕2011/2012 2014

012079114
费县统计年鉴
费县统计局编 费县 费县统计局 2007—
〔馆藏卷期〕1997 2005 2006

012048909
中共费县年鉴
中共费县县委党史研究室编 中共费县县委主办 北京 中共党史出版社 2009—

〔馆藏卷期〕2003/2007 2009

平邑县

014015012
中共平邑年鉴
中共平邑县委员会党史研究室编 烟台 黄海数字出版社
〔馆藏卷期〕2010

莒南县

008902161
莒南年鉴
莒南县地方史志办公室编 莒南县人民政府主办 济南 齐鲁书社 1999—
〔馆藏卷期〕1994/1998 1999/2003 2004/2006 2011 2012 2013 2014

013936039
莒南法院年鉴
人民法院研究室编 莒南 山东省莒南县人民法院
〔馆藏卷期〕2008

蒙阴县

008396712
蒙阴年鉴
蒙阴县地方史志编纂委员会办公室编 北京 中国经济出版社
〔馆藏卷期〕1988/1993 1994/1995 1996/2003 2004/2008

临沭县

011140369
临沭年鉴
临沭县地方史志办公室编 临沭县人民政府主办 北京 方志出版社 2007—
〔馆藏卷期〕2001/2005 2007 2008 2009/2010 2011 2012

德州市

007955721
德州年鉴
山东省德州地区行政公署主办 山东省德州地区史志办公室编 济南 齐鲁书社 1993—
〔馆藏卷期〕1993 1994 1995 1996 1997 1998 1999 2000 2001 2002 2003 2004 2005 2006 2007 2008 2009 2010 2011 2012 2013 2014

008271384
德州地区统计年鉴
德州统计年鉴
山东省德州地区统计局编 德州 德州地

区统计局
〔馆藏卷期〕1992　1994

008272742
德州统计年鉴
德州市统计局编　德州　德州市统计局
〔馆藏卷期〕1995　1996　1997　1998　1999　2000　2001　2002　2003　2004　2005　2006　2007　2008　2009　2010　2011　2012　2013　2014

009913634
德州邮电年鉴
德州邮电史志编纂委员会编　德州　德州市邮电局
〔馆藏卷期〕1996/1998

禹城市

008437877
禹城年鉴
山东省禹城市地方志办公室编　北京　方志出版社
〔馆藏卷期〕1986/1995　2001/2005

平原县

008437715
平原年鉴
山东省平原县史志编纂委员会编　北京　中国大百科全书出版社
〔馆藏卷期〕1986/1995

武城县

013713397
武城统计年鉴
武城县统计年鉴　2013
武城县统计局编　武城　武城县统计局
〔馆藏卷期〕2012　2013

聊城市

008433961
聊城年鉴
聊城市地方史志编纂委员会办公室编　济南　齐鲁书社
〔馆藏卷期〕1991/1994　1995/1997　1998/2001　2002/2003　2005　2006　2007　2008　2009　2010　2011　2012　2013

008400334
聊城统计年鉴
聊城市统计局编　聊城　聊城市统计局
〔馆藏卷期〕1998　2000　2001　2002　2003　2004　2005　2006　2007　2008　2009　2010　2011　2012　2013　2014

013936042
聊城经济技术·高新技术产业开发区年鉴
聊城经济技术开发区(高新区)地方史志编纂委员会编　长春　吉林人民出

版社
〔馆藏卷期〕2009/2011

013965370
聊城水利年鉴
聊城市水利局编 聊城 聊城市水利局
〔馆藏卷期〕1991/1997

东昌府区

014014218
东昌府年鉴
聊城市东昌府区地方史志办公室编 聊城市东昌府区人民政府主办 北京 中国文史出版社
〔馆藏卷期〕2006/2011

013603054
东昌府统计年鉴
东昌府区统计局编 东昌府 东昌府统计局
〔馆藏卷期〕2011 2012 2013 2014

临清市

008902170
临清年鉴
山东省临清市地方史志办公室编 山东省临清市人民政府主办 济南 齐鲁书社 2000—
〔馆藏卷期〕1991/1998

013603180
临清统计年鉴
临清市统计局编 临清 临清市统计局
〔馆藏卷期〕1945/2004 2007 2011

013788394
临清文化年鉴
临清市文化广电新闻出版局编 临清 临清市文化广电新闻出版局
〔馆藏卷期〕2005/2011

阳谷县

008438581
阳谷年鉴
阳谷县地方史志编纂委员会办公室编 济南 齐鲁书社
〔馆藏卷期〕1988/1994 1995/1999 2000/2003

茌平县

008405349
茌平年鉴
茌平县人民政府 茌平县地方史志办公室编 济南 齐鲁书社
〔馆藏卷期〕1986/1996 1997/2009

东阿县

013787991
东阿年鉴

东阿县地方史志办公室编 东阿县人民政府主办 香港 香港天马图书有限公司
〔馆藏卷期〕1986/1999 2005/2010

014103707
东阿统计年鉴
东阿县统计局编 东阿 东阿县统计局
〔馆藏卷期〕2013 2014

高唐县

008643776
高唐年鉴
高唐县地方史志编纂委员会办公室编 济南 齐鲁书社
〔馆藏卷期〕1988/1998 1999/2004

滨州市

008399502
滨州年鉴
滨州地区行政公署 滨州地区地方史志办公室编 北京 方志出版社
〔馆藏卷期〕1997 1998 1999 2000 2001 2002 2003 2004 2005 2006 2007 2008 2009 2010 2011 2012 2013 2014

008261201
滨州统计年鉴
滨州地区统计局编 滨州 滨州地区统计局
〔馆藏卷期〕1991 1992 1993 1994 1996 1997 1999 2000 2001 2002 2003 2004 2005 2006 2007 2008 2009 2010 2011 2012 2013 2014

012176884
滨州宣传年鉴
中共滨州市委宣传部编 滨州 中共滨州市委宣传部
〔馆藏卷期〕2007/2008 2009

011965708
滨州交通年鉴
滨州地区交通委员会编 滨州 滨州地区交通委员会 2001—
〔馆藏卷期〕1991/2000

滨城区

008399531
滨州市年鉴
滨州市人民政府 滨州市地方史志办公室编 北京 中华书局
〔馆藏卷期〕1998 1999

013787261

滨城区统计年鉴

滨城统计年鉴 2007

滨城区统计局编 滨城 滨城区统计局

〔馆藏卷期〕2006 2007

沾化区

008433944

沾化年鉴

沾化县地方史办公室编 北京 方志出版社

〔馆藏卷期〕1988/1997

惠民县

008588889

惠民年鉴

惠民县地方史志编纂委员会办公室编 北京 方志出版社

〔馆藏卷期〕1986/1997 1998/2000 2001/2009

阳信县

008643802

阳信年鉴

阳信县史志编纂委员会办公室编 济南 齐鲁书社

〔馆藏卷期〕1986/1995

013714922

阳信统计年鉴

阳信县统计局编 阳信 阳信县统计局

〔馆藏卷期〕1997 1999 2006 2011

无棣县

008438588

无棣年鉴

无棣县地方史志办公室编 北京 方志出版社

〔馆藏卷期〕1991/1997 1998/2000

013481560

无棣统计年鉴

无棣县统计局编 无棣 无棣县统计局

〔馆藏卷期〕2008 2011 2012

013758178

无棣县经济普查年鉴

无棣县第二次全国经济普查领导小组办公室编 无棣 无棣县全国经济普查领导小组办公室

〔馆藏卷期〕2008

博兴县

008438199

博兴年鉴

博兴县地方史志编纂委员会编 北京 方志出版社

〔馆藏卷期〕1986/1996 1997/1999

2000/2002 2003/2005

013925178

博兴统计年鉴

博兴县统计年鉴

博兴县统计局编 博兴 博兴县统计局

〔馆藏卷期〕2004

邹平县

008437703

邹平年鉴

山东省邹平县地方史志编纂委员会办
　公室编 济南 齐鲁书社
〔馆藏卷期〕1986/1995 1996/1998
　1999/2003 2004/2009 2010 2011
　2012

010296044

邹平统计年鉴

邹平县统计局编 邹平 邹平县统计局
〔馆藏卷期〕1997 2010 2011

菏泽市

008403673

菏泽地区年鉴

菏泽年鉴

菏泽地区行政公署 菏泽地区地方志办
　公室编 济南 齐鲁书社
〔馆藏卷期〕1999 2007 2008 2009 2010
　2011 2012 2013 2014

008400292

菏泽地区统计年鉴

菏泽统计年鉴

菏泽地区国民经济统计资料 1991—1993

菏泽地区统计局编 菏泽 菏泽地区统
　计局
〔馆藏卷期〕1991 1992 1993 1994 1995
　1996 1997 1998 1999 2001 2002
　2003 2004 2005 2006 2007 2008
　2009 2010 2011 2012 2013

011966592

菏泽公路年鉴

菏泽市公路管理局编 菏泽 菏泽市公路
　管理局 2005—
〔馆藏卷期〕2000/2001 2009/2010

定陶区

011141257

中共定陶年鉴

中共定陶县委党史资料征集研究委员
　会编 中共定陶县委主办 北京 中共
　党史出版社 2006—

〔馆藏卷期〕2005 2007 2008 2009 2011 2012 2013

成武县

007850593
成武年鉴
山东省成武县地方史志编纂委员会办公室编 成武 山东省出版总社菏泽分社 1990—
〔馆藏卷期〕1988 1990 1991 1992 1996 1997 1998 2000 2002 2008 2009 2010 2011 2013

郓城县

008643813
郓城年鉴
郓城县地方史志办公室编 山东省郓城县人民政府主办 济南 齐鲁书社
〔馆藏卷期〕1991/1997 1998/2001

013714705
中共郓城年鉴
中共郓城年鉴编辑工作领导小组编 济南 黄河出版社
〔馆藏卷期〕2010 2011

013821846
郓城县教育年鉴
郓城县教育年鉴办公室编 郓城县教育委员会主办 郓城 郓城县教育委员会
〔馆藏卷期〕1986/1997

鄄城县

008642760
鄄城年鉴
鄄城年鉴编辑部编 北京 方志出版社
〔馆藏卷期〕1991/1995 1996/2000 2013 2014

东明县

013996351
东明年鉴
东明县史志办公室编 东明县人民政府主办 香港 中国国际文化出版社有限公司 2013—
〔馆藏卷期〕2013 2014

009617861
东明统计年鉴
东明县国民经济统计年鉴 2000—2001
东明县统计局编印 东明 东明县统计局
〔馆藏卷期〕2000 2001 2002 2003 2004